suhrkamp taschenbuch 4659

Tuvia Tenenbom, aufgewachsen als Sohn eines Rabbiners in Jerusalem, begibt sich auf Entdeckungsreise durch Deutschland. Auf seiner Suche nach der deutschen Identität, schreckt er vor keiner Begegnung zurück: Er ist zu Gast in einem rechtsradikalen Club, er begleitet linke Autonome auf Demonstrationen. Er besucht Synagogen, Konzentrationslager, den Weltkirchentag, die Passionsspiele in Oberammergau. Er spricht mit Studenten und Professoren, mit Bankern und Industriellen, mit Politikern und Künstlern, mit Obdachlosen und Junkies. Quer durch alle gesellschaftlichen Schichten stellt er immer wieder die gleichen, drängenden Fragen: Wie ist es um den Nationalstolz der Deutschen bestellt? Wie gehen sie mit der deutschen Vergangenheit, wie mit dem Antisemitismus um? Wie reflektiert und kritisch sind sie dabei?

»Tenenboms Deutschland-Reportage ist gradlinig und lässig formuliert, getragen von einer sanften Verzweiflung, von Spott und einem guten Maß Selbstironie. Und sie ist trotz der Abgründe, die sie auslotet, ziemlich unterhaltsam.« *Sebastian Hammelehle, Spiegel Online*

Tuvia Tenenbom, 1957 in Tel Aviv geboren, stammt aus einer deutsch-jüdisch-polnischen Familie und lebt seit 1981 in New York. Er studierte u. a. englische Literatur, angewandte Theaterwissenschaften, Mathematik und Computerwissenschaften sowie rabbinische Studien und Islamwissenschaften. Er arbeitet als Journalist, Essayist und Dramatiker und schreibt für zahlreiche Zeitungen in den USA, Europa und Israel. 1994 gründete er das Jewish Theater of New York. Zuletzt erschienen: *Allein unter Flüchtlingen* (st 4758), *Allein unter Amerikanern* (st 4734), *Allein unter Juden* (st 4684).

Tuvia Tenenbom
ALLEIN UNTER DEUTSCHEN

Eine Entdeckungsreise

Mit Fotos von Isi Tenenbom

Aus dem Amerikanischen von

Michael Adrian

Suhrkamp

Die amerikanische Originalausgabe erschien 2011 unter dem Titel *I Sleep in Hitler's Room.*

Einige der dort veröffentlichten Gespräche wurden aufgrund des Einspruchs der Interviewten nicht in die vorliegende deutsche Übersetzung übernommen. Unter denen, die nicht in dem Buch erscheinen wollten, finden sich folgende Personen: Stanislaw Tillich, Ministerpräsident des Freistaates Sachsen; Joachim Herrmann, Innenminister von Bayern; Zülfiye Kaykin, ehem. Staatssekretärin für Integration beim Minister für Arbeit, Integration und Soziales des Landes Nordrhein-Westfalen; Volkhard Knigge, Direktor der »Stiftung Gedenkstätten Buchenwald und Mittelbau-Dora«; Dietrich-Daniel Gaede, Leiter der Abteilung Gedenkstättenpädagogik an der Gedenkstätte Buchenwald.
Aufgrund gerichtlicher Anordnung mussten mehrere Passagen in Kapitel 18 dieses Buches unkenntlich gemacht werden.

3. Auflage 2017

Erste Auflage 2015
suhrkamp taschenbuch 4659

Druck und Bindung: CPI – Ebner & Spiegel, Ulm
Umschlaggestaltung: Regina Göllner und Hermann Michels
Umschlagfoto: Isi Tenenbom
Printed in Germany
ISBN 978-3-518-46659-9

ALLEIN UNTER DEUTSCHEN

Dieses Buch ist meiner Frau Isi Tenenbom gewidmet,
die mich auf dieser Reise begleitete,
unterwegs an die 2000 Fotos machte,
mich in schwierigen Stunden liebevoll tröstete,
und zusammen mit mir lachte, als alles getan war.

INHALT

VORBEMERKUNG

Mein ursprünglicher Plan für diesen Sommer war recht einfach: Ich wollte die schönen Tage des Jahres bei der Hamas in Gaza verbringen. Schon letztes Jahr hatte ich dort hinfahren wollen, doch es kam nicht dazu. Erst sagten mir die Palästinenser, ich sei willkommen, während die Israelis sagten, sie würden mich nicht über die Grenze lassen. Als die Israelis dann ihre Meinung änderten, änderten die Palästinenser ihre auch. Das ist in dieser Gegend normal. Dieses Jahr habe ich daher beschlossen, gar nicht erst zu fragen, damit niemand mehr solche Spielchen mit mir spielen kann.

Ich war bestens vorbereitet. Ich hatte mir sogar die privaten Telefonnummern einiger führender Hamas-Vertreter geben lassen. Sie würden mir, einem guten Deutschen, ganz sicher helfen, sollte ich auf der anderen Seite der Grenze in Schwierigkeiten geraten.

Bin ich ein Deutscher, ein guter gar? Eigentlich nicht. Aber wann immer ich mich in arabischen Landen aufhalte, behaupte ich, ich sei Deutscher. Mit Philosophie oder Politik hat das rein gar nichts zu tun, nur mit meinem Selbsterhaltungstrieb. Als ich nämlich in Jordanien einmal einen meiner Gastgeber fragte, was er täte, wenn ich ein Jude wäre, zögerte er keine Sekunde und antwortete, er würde mich auf der Stelle töten. Daraus zog ich meine Lehre und bin seit diesem Tage ein Deutscher.

Meine arabischen Freunde, Christen wie Muslime, lieben mich dafür. »Ihr seid gute Leute«, sagen sie mir. »Was ihr Deutschen mit den Juden gemacht habt, war echt gut.«

Es gibt dabei jedoch ein kleines Problem. Ich bin kein Deutscher. Ich komme, unter uns gesagt, aus einer Familie von Holocaust-Überlebenden. Der Großteil meiner Familie, der meines Vaters und der meiner Mutter, starb im Krieg. Auf deutschen Befehl. Mein Vater war noch ein Baby, als er aus Europa vertrieben wurde, meine Mutter überlebte im Konzentrationslager. Ich frage mich, was meine Eltern sagen würden, wenn sie wüßten, daß ich mich als Deutscher ausgebe.

Was heißt es überhaupt, ein Deutscher zu sein?

Hin und wieder habe ich versucht, mir darüber klarzuwerden. Zufälligerweise bin ich Journalist, und eine der Zeitungen, für die ich regelmäßig schreibe, ist *Die Zeit*. Durch sie habe ich einige deutsche Journalisten kennengelernt, allesamt hervorragende Leute, von denen mir aber nur die wenigsten bei der Frage weiterhelfen konnten, was es heißt, »ein Deutscher« zu sein. Zufälligerweise bin ich auch noch Bühnenautor und Regisseur, was mich einige Male nach Deutschland führte, wenn meine Stücke hier aufgeführt wurden. Auch bei diesen Gelegenheiten war die Zahl der Bekanntschaften zu gering, um die »deutsche Mentalität« zu erfassen, falls es so etwas gibt. Wie dem auch sei, eines weiß ich: Deutschland hat vielleicht meine Vorfahren umgebracht, mir aber rettet es gelegentlich das Leben. Das ist mein persönlicher kleiner »Deutschlandkomplex«, vermute ich mal.

Wie ich so über diesen Komplex nachdenke, ruft mich eine junge Dame aus einem deutschen Verlag an. Sie fragt mich, ob ich nach Deutschland kommen, ein paar Monate durchs Land reisen und ein Buch über meine Erfahrungen schreiben möchte. Es solle kein Forschungsbericht werden und auch kein Reiseführer. Nein, nein. Sie stelle sich vielmehr eine Sammlung erster Eindrücke vor. Meiner ersten Eindrücke. Wie ich es sehe. Meine Gedanken. Ein Jude aus New York besucht Deutschland.

Vielleicht, weil ich so oft »ich bin Deutscher« gesagt habe, träume ich seit einiger Zeit davon, mir eines Tages ein kleines Haus in Berlin zu kaufen. Ein Deutscher wie ich sollte in der Hauptstadt residieren, finden Sie nicht auch? Und wenn ich das Angebot der Dame annehme, was mit einem mehrmonatigen Aufenthalt in Deutschland verbunden ist, entwickle ich vielleicht ein Gefühl dafür, wie es so ist, in Deutschland zu leben –

Okay, junge Lady, ich komme!

KAPITEL 1 *In dem einer, der Cola light mit Eis trinkt, wohl ein amerikanischer Kapitalist sein muß*

Mein Büro liegt mitten in Manhattan, direkt gegenüber der Penn Station, einer stark von Touristen frequentierten Gegend. Was liegt da zur Vorbereitung auf meine Deutschlandreise näher, als mit ein paar deutschen Touristen zu schwatzen? Vielleicht können sie mir ja das eine oder andere über ihre Kultur beibringen.

Europäer sind im allgemeinen politisch interessierter als Amerikaner. Sie lassen sich liebend gerne auf Gespräche und Debatten über Politik ein, und die Deutschen bilden da keine Ausnahme. Mir gefällt das. So setze ich mich mit ein paar deutschen New-York-Besuchern zusammen. »Wir Deutschen sind gezwungenermaßen Kapitalisten, Kapitalisten wider Willen, während ihr Amerikaner willige Kapitalisten seid.« Sie lieben und hassen Amerika zugleich. Sie lieben die Beatles, erzählen sie mir. Ich mache mir nicht die Mühe, sie daran zu erinnern, daß die Beatles keine Amerikaner waren, warum sollte ich? Sie finden die Amerikaner, die sie kennengelernt haben, toll, verraten sie mir obendrein. Und sie lieben New York. Lieben es einfach. Sie sind andererseits sehr kapitalismuskritisch. Kapitalismus ist schlecht. Bier hingegen ist gut. Ich bestelle mir eine Cola light mit Eis, sie bestellen Bier. Sie sehen das Eis und sagen: »Typisch amerikanisch!« Für sie ist man Amerikaner, wenn man Cola mit Eis bestellt. Und das ist das zweite, was ich heute lerne. Nämlich wer ich eigentlich bin: ein Amerikaner. Kein Deutscher, kein Araber, kein Jude. Ein Amerikaner. Gut zu wissen.

Mein Ticket ist bezahlt, die Koffer sind gepackt, da ruft drei Stunden vor dem planmäßigen Abflug das Reisebüro an. »Fahren Sie gar nicht erst zum Flughafen«, sagt man mir. »Ihr Flug wurde gestrichen.« Gestrichen? Yep. In Island ist irgendein bescheuerter Vulkan ausgebrochen und überzieht Europa mit Aschewolken. Ich dachte, das Thema Aschewolken über Europa hätte sich seit dem letzten Krieg erledigt, aber diese hier sind anders. Nämlich höchst gefährlich für Flugzeuge oder so; ich bin kein Ingenieur. Ich weiß nur, daß eine Wolke aus Asche zwischen mir und Europa steht, zwischen den Kapitalisten und den Kapitalisten wider Willen. Und der europäische Luftraum liegt zur Hälfte am Boden. Ich bin bereit, jedes beliebige Ticket zu nehmen, das mich nach Europa bringt, und kann auf einen Flug in drei Tagen umbuchen. Kostenpunkt: 917 US-Dollar. 100 Dollar mehr als der annullierte Flug, aber das ist in Ordnung. Ein paar Stunden später wird genau dieses Ticket noch ein bißchen teurer. Das ist Kapitalismus, könnte man sagen. Die Lufthansa würde sich glücklich schätzen, mich für schlappe 9800 Dollar ans selbe Ziel zu bringen. Aber die Lufthansa ist deutsch, also kann das ja so recht kein Kapitalismus sein.

KAPITEL 2 *Dem zu entnehmen ist, daß man in Rom Bescheid weiß: Schon die alten Juden aßen Schinken und Muscheln*

Drei Tage später hebt mein Flieger ab. Angehörige meiner Familie verschwanden in den Aschen Europas, ich hingegen trickse jetzt die Aschewolke aus. Ich bin ein amerikanischer Held. Ich werde Europa besiegen! Deutschland wird zu meinen Füßen liegen wie ein offenes Buch. Das jedenfalls ist der Plan.

Ich sitze jetzt im Bauch des Flugzeugs. In vier Stunden lande ich in Rom. Von dort fliege ich nach Budapest. Und von Budapest nach Hamburg. Ein kleiner Umweg nach Deutschland, aber ein sicherer Weg an der dämlichen Wolke vorbei. Wir Juden sind seit Tausenden von Jahren auf Wanderschaft, wir kennen die sichersten Wege. Und tatsächlich, schließlich landet dieser amerikanische Held, ein weltreisender Jude, in Rom. Wohlbehalten. Sicher. Pünktlich. Perfekt. Ich laufe hinüber zu meinem Anschlußflug. Ich bin am Gate. Das Flugzeug nicht. Ich bin allein am Gate. Alle übrigen Fluggäste sind am anderen Ende des Flughafens, wie mir bald klar wird. Also nichts wie hin. Ich bin kein Polizist und weiß nicht recht, wie man Menschenmengen zählt, aber meiner vorsichtigen Schätzung nach sind hier etwa zehn bis 20 Millionen versammelt. Ich laufe zu ihnen hinüber und versuche, ein Gespräch mit ihnen anzuknüpfen. Worauf sie sich bereitwillig einlassen würden. Ob ich Italienisch spreche? Ja klar, als alter Lateiner.

Nein, natürlich nicht, kein einziges Wort!

Da fühlt sich Ihr amerikanischer Held plötzlich wie ein amerikanischer Soldat in Afghanistan. Man hat ihn hierher verfrachtet, und er möchte für sein Leben gern so schnell wie möglich wieder weg, weiß aber nicht, wie er das anstellen soll. Der jüdische Reisende in mir entdeckt mit einemmal ein Englisch sprechendes Individuum. Einen jungen Zigeuner. Auch er ist auf dem Weg nach Budapest, erzählt er. Prima! Recht schönen Dank an meine Glückssterne! Kann er mir erklären, wie ich nach Budapest komme? Ja, klar! Er führt mich zu einer Warteschlange. Sie ist leider länger als die Chinesische Mauer. Immer noch besser als ein verwaistes Gate, sollte man meinen. Was macht man angesichts einer solchen Schlange? frage ich ihn.

»Hinten anstellen und warten«, antwortet er.

Und wie lange?

»Drei Tage«, läßt er mich in makellosem Englisch wissen. Wenn ich möchte, kann ich auch dort schlafen, wo er die Nächte verbringt.

Und das wäre wo?

»Direkt hier, auf dem Boden. Hab schon ein Weilchen keine Dusche mehr gesehen, aber das Leben ist schön.« Seine Freundin ist bei ihm.

Wo genau?

»Irgendwo hier«, sagt er, deutet auf die Millionen und macht sich davon.

Da fällt mir inmitten dieses Chaos ein unscheinbarer kleiner Zettel auf, der an einer Schnur über etwas Schalterähnlichem hängt und von Hand mit dem Wort »Budapest« beschriftet ist. Dorthin muß ich mich wohl wenden. Bei näherer Betrachtung erweist sich die Chinesische Mauer nämlich als eine Ansammlung vieler verschiedener Schlangen. Ich stelle mich in meiner an. Ein Italiener verrät mir, daß der Flughafen von Budapest geschlossen ist, am Abend aber wieder geöffnet wird. Er wird einen Platz in einem Abendflug bekommen, vertraut er mir an, weil er Leute kennt. »Kennen Sie auch Leute?« fragt er mich.

Von was für Leuten redet er?

»Aus der Branche.«

Wenn's sonst nichts ist. Der Leiter des Budapester Flughafens ist mein Zwillingsbruder, nur weiß er das dummerweise noch nicht. Ob mein neuer italienischer Freund wohl so freundlich wäre, diese Info an seine Ansprechpartner in der Luftfahrtindustrie weiterzuleiten? »Das wird Sie eine Stange kosten«, sagt er mir.

Mit dem Handy in der Hand entfernt sich mein neuer Berater, ruft hier an, ruft dort an. Er muß nicht Schlange stehen. Ich schon.

Rom ist europäisch, kommt mir in den Sinn. Womöglich sozialistisch, auf die eine oder andere Weise. Vielleicht sind sie hier ebenfalls Kapitalisten wider Willen. Wie die Deutschen. Also, tröste ich mich, kann ich hier immerhin etwas über die Wege der Widerwilligen lernen. Wie sie es machen. Eigentlich ein Glücksfall, rede ich mir zu, daß ich hier mitten in China gestrandet bin. Ich schaue mir die Leute um mich herum etwas näher an. Etliche Amerikaner stehen in meiner Schlange. Und alle sitzen sie im heiligen Rom fest.

Die Stunden verstreichen, und ich nähere mich dem kleinen Zettel über dem Behelfsschalter, an dem ein italienischer Ticketverkäufer sitzt und die Massen abfertigt. Der Mann nimmt Kreditkarten entgegen und stellt neue Flugtickets aus. Die Leute hier haben wohlgemerkt schon für ihre Flüge bezahlt. Diese Flüge sind aber gestrichen, so daß man die Wahl hat, entweder mit dem Zigeuner und seiner Freundin hierzubleiben und zu warten, bis die gebuchten Fluglinien den Betrieb wiederaufnehmen, oder seine Dollars beziehungsweise

Euros für alle möglichen Kombinationen von Flügen mit anderen Gesellschaften lockerzumachen. Rom ist demokratisch. Man hat die freie Wahl.

Nach einer Ewigkeit bin ich an der Reihe. Der italienische Angestellte läßt mich wissen, daß meine Linie nicht fliegt, eine andere aber sehr wohl, und er mir für zusätzliche 500 Euro gerne einen Platz suchen wird. Heute abend. Falls noch welche frei sind, was er erst prüfen muß. Wenn nicht, kann ich auch erst mal in Rom bleiben; ein Zwei-Sterne-Hotel in der Nähe des Flughafens kostet 300 Euro die Nacht. Oh, er hat einen Platz gefunden. »Für heute abend. 500 Euro, bitte. Der Platz ist jetzt verfügbar.« Großartig, der Flughafen von Budapest ist geöffnet! »Im Moment«, sagt er.

Wie meint er das?

»Der Flughafen ist jetzt geöffnet, Tickets kosten 500 Euro für den Abendflug, schließt jedoch der Flughafen von neuem, dann kommen Sie morgen wieder, und wir verhandeln über einen neuen Flug.«

Ist der dann umsonst?

Nein! »Er kostet dann noch mal 500 Euro.«

Noch mal 500 Euro?

»Ja.« Dieser Ticketverkäufer nimmt bloß Geld, er gibt einem keins zurück. So sind die Regeln. »Hier kaufen Sie Tickets«, erklärt er mir. »Wenn ich Ihnen ein Ticket verkaufe und der Flug nicht stattfindet, dann wenden Sie sich an die Fluggesellschaft und reklamieren dort. Nicht bei mir. Haben Sie Gepäck? Wollen Sie es mitnehmen? Das kostet extra. Zehn Euro pro Kilo. Wie viele Kilo haben Sie?«

Nun, ich bin hier in Europa und passe mich wohl besser an. Auch wenn es ins Geld geht. Mit meinen Koffern komme ich auf satte 1000 Euro. Für einen Flug, den ich bereits bezahlt habe.

Dieser Ticketverkäufer hat genug von mir, das sehe ich ihm an der Nasenspitze an. Er hat nun wirklich Besseres zu tun, als seine Zeit mit New Yorker Kapitalisten zu verplempern. »Falls Sie nicht täglich 500 Euro zahlen wollen«, teilt er mir mit, »könnte ich Sie auch auf einen Flug in vier Tagen buchen.«

In vier Tagen?

Ja. »Vorher ist nichts frei. Alles ausgebucht. Ihre Fluggesellschaft fliegt zwar morgen früh, und der Flug würde Sie nichts kosten, weil es ja Ihre Gesellschaft ist, er ist aber ausgebucht. In den nächsten drei Tagen ist alles ausgebucht. Was wollen Sie machen?«

Ich bin mir nicht sicher, was *Kapitalismus wider Willen*, auch *Sozialismus* oder *Sozialdemokratismus* genannt, genau bedeutet. Sicher bin ich mir jedoch, daß ich die Lektion des heutigen Tages nunmehr beenden muß. Wie zufällig lasse ich jenem hilfsbereiten Herrn meinen Presseausweis vor der Nase baumeln, so daß er ihn schwerlich übersehen kann.

»Ein Ticket hätte ich noch«, sagt er streng. »Aber nur eins! Für den Flug morgen früh. Ohne Aufpreis. Nur dieses eine. Wollen Sie's? Mehr als dieses eine kann ich Ihnen nicht geben!«

Ja. Eigentlich wollte ich meinen ganzen Harem mitnehmen, aber ich begnüge mich mit diesem einen Ticket.

In der Innenstadt von Rom finde ich nahe der amerikanischen Botschaft ein Vier-Sterne-Hotel für ungefähr ein Drittel des Preises, den das Zwei-Sterne-Hotel am Flughafen kosten sollte. Hat wohl mit Sozialismus zu tun. Das Hotel hat Charme und ist ganz wunderbar. Mein einziges Problem ist, daß mir meine Koffer fehlen. In der Kleidung, die ich auf dem Leib trage, habe ich schon geschlafen. Und bin ich eine Menge rumgelaufen. Kurz gesagt, sie müffelt. Ich drehe den Wasserhahn auf und weiche sämtliche Klamotten, die ich anhabe, im

Waschbecken ein. Ich fühle mich großartig: Ich habe das Schicksal überlistet! Mein jüdisches Erbe hat die Oberhand behalten. In diesem Augenblick klingelt mein Handy. Alvaro ist dran, ein italienischer Journalist.

»Wie wäre es, wenn ich mit meinem Motorrad vorbeikomme, und wir machen eine Spritztour durchs nächtliche Rom?«

Ich werfe einen Blick auf meine eingeweichte Kleidung, einen anderen auf mein Handy und entscheide blitzschnell. »Ich bin dabei.«

Die erste Nacht meiner Deutschlandreise werde ich nicht nackt in einem Hotelzimmer in Rom verbringen. Lieber auf einem Motorrad. Soll der Wind meine Klamotten trocknen!

Alvaro ist ein dicker Mann. Ich bin ein dicker Mann. Sein Motorrad aber ist stärker als Mussolini und trägt uns durch Rom wie ein Ameisenpärchen.

Während er seinen Feuerstuhl mit diesem nassen Mann durch die Nacht steuert, erzählt mir Alvaro, daß er, ja er das letzte Interview mit Israels starkem Mann Ariel »Arik« Scharon geführt hatte, bevor Herr Scharon von der Bildfläche verschwand. Und dann sagt er: »Was ist bloß mit den Juden los? Sie haben sich total verändert!«

Wie man weiß, waren die Juden einmal die Guten. Heute sind sie die Bösen.

Langsam dämmert es mir: Ich bin nicht in Amerika. Das ist so klar wie die römische Nacht. Seit 30 Jahren lebe ich in New York und habe so etwas noch nie gehört. Nein. Alvaro ist kein Judenhasser. Im Gegenteil, er mag die Juden. Irgendwie. Nachdem er mir den Vatikan gezeigt hat, nimmt er mich auf eine Tour zu den »ältesten Juden« mit. In Rom, verrät er mir, gibt es die ursprünglichsten Juden überhaupt. »Soll ich dich zu dem authentischsten jüdischen Restaurant bringen?«

Ja, sage ich. Ich würde mich gerne mit meinen nassen Sachen etwas aufwärmen.

Ich schaue mir die Karte an: Reiche Auswahl an Schinken. Reiche Auswahl an Muscheln.

Meint Alvaro das ernst? Oder ist er durchgeknallt?

Oder bin ich es vielleicht?

Das hier ist ein anderer Kontinent. Definitiv. Wer weiß, was mich erst in Deutschland erwartet. Wenn es schon so anfängt, weiß der Himmel, wo es enden mag.

Alvaro ist ein liebenswürdiger Mann. Und ein Intellektueller noch dazu. Er kennt sich mit Geschichte und Philosophie so gut aus wie ich mich mit Cola light. Und auch ich habe nicht umsonst 15 Jahre an diversen Universitäten verbracht und weiß das eine oder andere. Aber wenn er über Juden spricht, verstehe ich kein Wort. Ich habe keinen Schimmer, was er da verzapft. Nicht nur über Juden, sondern auch über Amerika. Er hat, durch eigene Recherchen, herausgefunden, daß niemand anderes als die amerikanische Regierung die Twin Towers in Schutt und Asche gelegt hat. Ja, im Ernst. Eine Stunde lang erklärt er mir mit Feuereifer und bis ins kleinste Detail, wie die Amerikaner das angestellt haben und warum. Alvaro hat alle Infos. Er macht mich sprachlos. Der Mann ist entweder ein Schwachkopf oder ein Genie. Man bräuchte wohl eine ganze Armee von Psychiatern, um das herauszufinden. Nicht, daß es wirklich wichtig wäre: Wir sind damit beschäftigt, uns die Bäuche vollzuschlagen, und das Essen ist köstlich.

Nachdem wir unsere »typisch jüdische Mahlzeit« beendet haben, gibt mir Alvaro freundlicherweise noch einige Tips für die Reise:

»Katholiken sind korrupt. Die Deutschen nicht. Deshalb ist die Reformation bei den Deutschen losgegangen. Luther. Ein Deutscher. Die Deutschen sind am demokratischsten.«

Na, dann wollen wir mal sehen, was Sache ist!

KAPITEL 3 *In dem ich in Deutschland lande, wo gerade REVOLUTION! gemacht wird, und ich mit der radikalen Linken marschiere*

Am folgenden Morgen fliege ich nach Budapest, von wo aus ich ein paar Tage später ins Vaterland aufbreche. Warum ich diese nebensächlichen Details aufschreibe? Weil ich ein getreuer Chronist bin ... Jedenfalls lande ich schließlich in Hamburg, wir schreiben den 1. Mai. Ich bin in Deutschland!

In Amerika begehen wir auch den Tag der Arbeit, aber das ist im September. Der 1. Mai gefällt mir besser. Denn der Sommer steht vor der Tür, und es wird wärmer. Eine gute Zeit zum Feiern. Ich bin bereit! Ich frage ein bißchen herum, wo ich feiern könnte, und erfahre, daß die Gewerkschaften eine »Demo« veranstalten, während die »Anarchisten«, die Leute von der radikalen Linken, einen Protestmarsch durchführen. Was mir lieber wäre? In den Vereinigten Staaten nutzen Kaufhäuser wie Macy's den Tag der Arbeit, um Rabattaktionen durchzuführen. Hierzulande genießen es die Menschen hingegen, nach draußen zu gehen. Soll mir recht sein. Ich werde beide Veranstaltungen aufsuchen. Ich habe Zeit.

Zuerst die Gewerkschaften. Ein Gewerkschaftsvertreter läßt sich auf einer Bühne über Lautsprecher vernehmen, während die Leute ringsum damit beschäftigt sind, zu trinken, zu essen oder zu rauchen, wenn sie nicht alles gleichzeitig tun. Zuzuhören scheinen nur wenige. Einer von den wirklich Interessierten hält ein Banner der Partei Die Linke hoch, dessen tiefrote Farbe mir so gut gefällt, daß ich auch so eins will, also spreche ich ihn an. Er ist ein Antikapitalist, sagt er mir. Er fühlt sich verpflichtet, »die Menschen zu bekämpfen, die nur ans Geld denken«, jene verhaßten Kapitalisten.

In Ordnung. Das ist sein gutes Recht. Deutschland ist die demokratischste Nation, wie mich Alvaro gelehrt hat, und in einer Demokratie muß man auch hassen dürfen. Kein Problem.

Doch, ein kleines Problem: Wie kriege ich ihn dazu, daß er mir sein Banner überläßt?

Vielleicht kann ich es ihm ja abschwatzen.

Sieht gut aus, sage ich ihm. Ich mag das Rot. Das ist ein wirklich gutes Rot. Kann ich das Banner haben?

Der Antikapitalist scheint sich darüber zu freuen, daß ich seine Fahne mag: »Die kriegen Sie für fünf bis zehn Euro auf der Website von Die Linke.«

Sie sagen, Sie sind ein Antikapitalist, stimmt doch, oder?

»Ja, genau.«

Was sind dann, im Grunde genommen, zehn Euro zwischen Leuten wie Ihnen und mir? Das ist doch kein Geld.

Bernhard, ein älterer Herr, der neben ihm steht, ist ein überzeugter Linker und total gegen den Kapitalismus. Was haben die Kapitalisten getan, daß er sie so sehr haßt? »Sie wollen Geld!«

Der Gewerkschafter auf der Bühne spricht laut, er brüllt fast. Worüber redet er? Nun ja, Geld. Die Menschen – also die Arbeitnehmer – sollten mehr Geld bekommen. Und noch mehr Geld. Ich frage Bernhard, ob er dem Gewerkschafter zustimmt.

Er ist ein bißchen sauer auf mich. Natürlich stimmt er ihm zu, was soll die dämliche Frage! »Die Menschen müssen etwas zu essen haben, und dafür brauchen sie Geld, das ist doch nicht so schwer zu verstehen?!«

Ich bitte Bernhard, mir den Unterschied zwischen dem Gewerkschafter und den Kapitalisten zu erklären, die er so glühend haßt. Wollen nicht beide dasselbe – Geld?

Jetzt wird Bernhard wirklich böse auf mich. Er will wissen, wer ich bin und wo ich herkomme. Das muß schon ein seltsames Land sein, das solche Idioten hervorbringt.

Ich bin aus Jordanien, erzähle ich ihm.

Das besänftigt ihn. Jordanien scheint er zu mögen. In Jordanien hat der Kapitalismus noch nicht so recht Fuß gefaßt, oder? Heiß ist es da und überhaupt, sinniert er mit mir.

Sagen Sie mir, Bernhard, was ist für Sie der Sinn des Lebens? Was treibt Sie an?

Keine Ahnung, warum ich ihn das frage. Kam mir halt so in den Sinn.

Mich verblüfft seine Antwort: »Zwei Dinge: Frieden schaffen. Kapitalisten bekämpfen.«

Vielleicht steckt da ein kleines Paradox drin, aber ich sage nichts. Dieser 1. Mai ist sein Tag, und den will ich ihm nicht verderben. Wir Jordanier sind freundliche Menschen.

Ich schaue mich noch ein wenig um und inspiziere die paar Stände, die es hier gibt, weil ich von diesen geldhassenden Gewerkschaftsleuten gerne etwas umsonst bekäme, aber nein.

Zeit für den Protestmarsch!

Ein paar junge Leute, die ein Transparent mit der Aufschrift »Weg mit §§ 129a« tragen, halten sich bereit. Ich frage sie, worum es bei Paragraph 129a geht.

Einige wissen es nicht so genau, während andere sagen, es »geht um die Gefangenen«.

Ähm, was?

»Halt um Freiheit.«

Welche Freiheit?

»Freiheit! Ist das so schwer zu verstehen?!«

Da ich nicht will, daß alle sauer auf mich werden, halte ich den Mund. Ich bin ein wohlerzogener Jordanier.

Der Marsch hat noch nicht begonnen. Das scheint noch etwas zu dauern.

Ich habe es glücklicherweise nicht eilig.

Das hier sind keine Gewerkschafter, das sind Jugendliche. Und diese Jugendlichen haben allem Anschein nach etwas Wichtiges mit mir gemeinsam: Auch sie haben Zeit. Jede Menge.

Während sie sich auf ihren Marsch vorbereiten, schlagen sich die jungen Kapitalismusgegner die Mägen voll mit frischem Obstsalat, Eis, Crêpes, Würstchen und Bier. Einige von ihnen – bitte erwarten Sie von mir keine Erklärung – trinken Bier und kotzen es gleich wieder aus. Dann trinken sie weiter. Das Leben ist ein Kreislauf, vermute ich. Sie kaufen mehr Bier. Manche gleich mehrere Flaschen auf einmal. Warum auch nicht? Geld scheint hier nicht das Problem zu sein.

Sie trinken und trinken, und ab und zu essen sie was. Sonst tut sich nichts.

Das hier sind die Linksradikalen, sagte man mir. Es wäre

interessant zu erfahren, was die Rechtsradikalen heute so treiben. Kaufen die weniger Bier? Mehr? Essen die grünen Salat statt Obstsalat? Wer weiß. Ich muß es herausfinden. Ich mache mir eine Notiz: Rechtsradikale treffen.

Nach der Futterei bellt jemand aus einem sehr lauten Lautsprecher: »1. Mai!« Und die Menge bellt mit vollen Bäuchen zurück. Ehrlich gesagt, ich bin völlig verwirrt. Falls diese Leute hier zusammengekommen sind, um zu demonstrieren, kann ich nichts davon erkennen. Vielleicht hat man mich falsch informiert. Das hier ist kein Demonstrationszug, das ist eine Party. Ja, so muß es sein.

Als wollten sie meine Überlegungen bestätigen, fangen plötzlich junge Deutsche in schwarzen Klamotten mit roten Fahnen in der Hand einen Rap an. Beziehungsweise so etwas ähnliches. Wenn man aus New York kommt und das Original aus den Clubs oder U-Bahn-Stationen kennt, merkt man sofort, daß das hier kein Rap ist. Nur junge Deutsche, die versuchen, einen auf schwarz zu machen. Andererseits ist es ja nur ein Partyspaß. Wen also juckt es?

Offensichtlich angeregt von dem Sound, beginnen andere junge Leute zu johlen: Revolution!

Ist das auch ein Song? Wer weiß!

Da warten noch andere Akteure, fällt mir auf, während ich als bislang einziger Marschierer herumlaufe. Die Polizei. Upps! Ich habe mich anscheinend geirrt. Dies ist doch eine Demonstration.

Die Polizisten bereiten sich vor, spazieren entspannt in der Gegend herum, Helme in den Händen. Rechnen Sie mit Ärger? frage ich einen von ihnen.

»Ich hoffe nicht, daß es Ärger gibt«, antwortet er auf englisch. Gut.

Es wird weiter gerappt und Bier getrunken. Allmählich bildet sich endlich so etwas wie ein Demonstrationszug. Ich marschiere mit. Slogans fliegen hin und her, die der internationalen Solidarität gelten, dem Frieden, der Liebe, der Revolution, dem Antikapitalismus, der Gleichheit, der Gerechtigkeit und anderen großen Worten. Einige haben sich sogar Slogans an die Klamotten geheftet: DIE STADT GEHÖRT UNS. Ein junger Mann klebt eine weitere Parole an einen Strommast. Worum geht es da? frage ich ihn.

»Alkohol und Limonade«, verkündet er stolz.

Würden Sie das bitte wiederholen?

»Alkohol und Limonade. Gemischt.«

So. Und das ist der Grund, warum Sie hier demonstrieren?

»Ja.«

Können Sie mir das erklären?

»Das sollte erlaubt sein.«

Ist es denn verboten?

Im Laufe dieses Wortwechsels schaltet sich ein Mitdemonstrant ein. »Es geht um die Brutalität der Polizei«, sagt er.

Nicht um Limonade?

»Nein! Das mit der Limonade und dem Alkohol«, erklärt er, »ist bloß ein Wortspiel. Hat aber mit Limonade in Wirklichkeit nichts zu tun. Niemand ist hier wegen Limonade auf der Straße. Echt nicht!«

Hier geht es also um Polizeibrutalität?

»Ja!«

Gut. Wir machen Fortschritte. Der Typ mit der Limonade gibt auf. Brutalität? Brutalität! Ich muß meine Ratlosigkeit eingestehen. Wie kommt man von Limonade auf Brutalität, wenn die Frage gestattet ist?

»Wo kommst du her?«

Aus Jordanien. Heute bin ich aus Jordanien.

Auch dieser Mann hat ein Faible für Jordanien und nimmt sich Zeit, dem dummen, aber liebenswürdigen Araber zu erklären, was Sache ist: »Die Polizisten hier sind brutal. Sie denken nicht selber. Sie folgen nur Befehlen.«

Es ist verregnet und schmutzig, und ich wüßte gerne, wie weit wir noch marschieren müssen. Ich frage ihn, ob er weiß, wohin der Demonstrationszug führt.

Er weiß es nicht.

Und wo gehst du hin?

»Da, wo alle hingehen.«

Du folgst den anderen?

»Ja.«

Wie die Polizisten ihren Befehlen?

Er grinst. »Ja«, sagt er, »so kann man es sehen.« Er zündet sich eine Zigarette an, nimmt noch einen Schluck Bier und starrt mich an.

Jordanier sind vielleicht gar nicht so dumm.

Wir kommen zu einem Platz namens Sternschanze. Hier geschieht nichts Besonderes. Außer, daß noch mehr Bier getrunken wird. Und noch mehr. Wer kein Kapitalist ist, folgere ich, trinkt Bier. Unmengen. »Wir warten auf den Einbruch der Nacht«, vertraut mir schließlich jemand an.

Dann ist es endlich Nacht. Die Jugendlichen, die seit Stunden Bier trinken wie die Kamele, beschließen, daß sie noch etwas haben wollen für ihr Geld: einen Mehrwert aus den leeren Bierflaschen. Klar! Schließlich haben sie sie bezahlt. Also werfen sie die Flaschen. Überallhin. Auf die Polizisten, auf Geschäfte. Alles, was sich bewegt oder nicht bewegt, verdient eine leere Flasche. Dann fliegen Steine. Oder was auch immer. Hauptsache, es kann jemanden verletzen oder töten. Rechts von mir sehe ich einen jungen Mann, der blutend zwischen

zwei Autos auf der Straße liegt. Niemand schert sich drum. Das hier ist ein Kriegsschauplatz. Eine Schlacht. Und in der Schlacht zwischen den jungen Biertrinkern, die Limonade wollen, und der Polizei, die sie ihnen vorenthalten will, scheint letztere zu unterliegen. Die Polizei wehrt sich mit Wasserwerfern, die sie aber nur sporadisch einsetzt. Spritz und stop. Spritz. Stop. Sie benutzt aber nicht nur Wasser, sondern auch Videokameras. Das ist ein überraschend schöner Anblick: Die Polizisten halten Videokameras in die Menge. Nicht die Limoisten, sondern die Polizisten scheinen Angst zu haben, im Gefängnis zu landen. So läuft das hier, scheint mir. Die Polizisten müssen ihr »korrektes Verhalten« dokumentieren.

Auf dem Treppenabsatz neben mir zersplittern Flaschen. Ich frage die Limoisten, warum sie das machen. Sie erklären mir, daß sie an Freiheit, Frieden und Liebe glauben.

Ich hoffe, die verlieben sich nicht in mich. Diese Liebe scheint unbändig. Im weiteren Verlauf der Nacht fangen die Liebenden/Limoisten an, Molotowcocktails zu werfen. Bumm! Bumm! Bumm!

Dies ist Tag eins meiner Deutschlandreise, und schon fühle ich mich völlig verloren. Ich habe Stunden hier zugebracht und verstehe rein gar nichts. Das einzige, was ich bislang herausgefunden habe, ist: Ich bin Zeuge einer Schlacht zwischen Limoisten und Videokameraträgern, bei der die Beteiligten beider Seiten im Krankenhaus oder auf dem Friedhof landen können. Aber was ich nicht begreife: Warum können beide Parteien nicht friedlich zusammen trinken und Schnappschüsse machen? Irgend etwas entgeht mir hier. Das muß mir unbedingt jemand erklären.

Ich verlasse dieses Bumm! Bumm! Bumm!-Techno/Rap-Konzert und gehe zur nächsten S-Bahn-Station. Nur leider fahren die S-Bahnen nicht. Die U-Bahnen auch nicht. Und die Taxen auch nicht. Ich muß zu Fuß gehen, wie Adam und Eva. Mit dem Unterschied, daß die Straßen hier mit Glasscherben übersät sind, ein Garten Eden ist das nicht. Wie kamen wir gleich noch mal von frischem Obstsalat zu Mollies?

Zurück in die Studenten-WG, in der ich während meiner Zeit in Hamburg ein Zimmer habe. Vielleicht kann mir hier jemand erklären, was ich eben gesehen habe. Aber als ich gerade mit meinen Fragen loslegen will, sehe ich, daß die Wohnung voll mit leeren Bierflaschen ist. Bier, wohin ich auch blicke. Es müssen Hunderte Flaschen sein. Wahrscheinlich sollte ich keine Zeit damit verschwenden, mit weiteren Trinkern zu diskutieren. Wie diese Studenten es schaffen, irgend etwas zu studieren, ist mir ein Rätsel.

Im obersten Stockwerk des Hauses lebt eine alte Dame, die kaum noch laufen kann. Junge deutsche Studierende versammeln sich in der Nähe ihrer Wohnung, trinken, rauchen und haben Sex. Die alte Dame wird heute nacht nicht schlafen können, der Lärm ist schlicht unerträglich. Die Studis aber haben ihren Spaß. Nur daß sie sich nicht als »Spaßvögel« bezeichnen. Wie die Bumm-Rapper an der Sternschanze bezeichnen sich auch diese Studenten als Anarchisten. Und diese Anarchisten wollen Deutschland verändern. Weil das Leben hier nämlich sehr hart ist, auch wenn es mir schwerfällt, das nachzuvollziehen. Es gibt keine Freiheit, sagen sie mir. Ich kann mir das beim besten Willen nur so erklären: Die deutschen Behörden zwingen diese jungen Menschen, zu trinken, zu rauchen und Sex zu haben. Gnadenlos und ohne Unterlaß.

Während der nächsten paar Tage grüble ich über eine einzige Frage: Warum bin ich hier? Ohne ein abgeschlossenes Studium in Psychiatrie oder dergleichen habe ich keine Chance, irgend etwas zu verstehen. Warum habe ich mich auf dieses Buchprojekt eingelassen? Vielleicht sollte ich einfach mal ins Kino gehen.

Ein Filmplakat vor dem Abaton zeigt zwei schwule orthodoxe Juden in Israel. Der Film heißt *Du sollst nicht lieben*. Im Schaukasten des Kinos hängt ein Zettel, auf dem behauptet wird, laut dem Talmud gebe es gar keine Homosexualität. Ich weiß nicht, wer ihnen dieses spezielle Detail gesteckt hat, da es einfach nicht stimmt. Vielleicht wurden sie durch Bemerkungen des iranischen Präsidenten Ahmadinedschad verwirrt, der in einer Rede an der Columbia University in New York unlängst beteuerte, im Iran gäbe es keine Homosexuellen.

Vielleicht nehme ich aber auch all das zu wörtlich. Vielleicht steckt ein tieferer Sinn dahinter, der sich mir noch nicht erschließt. Vielleicht sind die Anarchisten Genies, und ich kapiere es nur nicht. Die deutsche Kultur muß so komplex sein, daß man sie nur unter größten Schwierigkeiten verstehen kann. Das klingt plausibel, oder? Mercedes, Audi, BMW sind ja schließlich auch alle deutsch.

Zu jeder Anstrengung bereit, spaziere ich wieder in die Gegend um die Sternschanze, um einige der Demonstranten aufzutreiben und mir von ihnen erklären zu lassen, was sie da eigentlich vor einigen Nächten getrieben haben.

An einem überaus häßlichen Ort namens Rote Flora lerne ich Ole kennen, einen jungen Mann, eigentlich noch ein halbes Kind.

Kennen Sie die Rote Flora? Dort verkehren junge Menschen mit orangem und blauem Haar, das steil nach oben gegelt ist. Sie tragen üblicherweise zerrissene Lederjacken, schmutzige Hosen, sind überall gepierct und gern in Begleitung großer Hunde und großer Flaschen unterwegs.

Nur zu gerne teilt mir Ole seine Lebensphilosophie mit:

A. Er glaubt an den Frieden.

B. Es sollte keine Polizei geben, die den Staat beschützt.

C. Anarchie ist gut.

D. Die Leute sollen die Dinge selbst regeln.

Ein wenig von uns entfernt befindet sich ein selbstgebasteltes Mahnmal für einen Linken, der hier in der Gegend starb. *In stiller Trauer ... Joe*, ist darauf zu lesen.

Woran ist er gestorben?

»Weiß ich nicht.«

Was würdest du tun, wenn es keine Polizei gäbe und dir ein Mörder in die Hände fiele?

»Mit ihm reden, damit er's bereut und nie wieder tut.«

Und wenn jemand eine Frau vergewaltigt, was sollte dann mit ihm geschehen?

»Dasselbe. Die Idee ist, daß die Leute es selber regeln sollen, ohne Polizei.«

Hast du eine Freundin?

»Nein.«

Schon mal eine gehabt?

»Ja.«

Hast du sie geliebt?

»Ja. Sehr.«

Wenn ich sie vergewaltigt hätte, was hättest du dann mit mir gemacht?

»Ich hätte dich umgebracht!«

Moment mal! Hast du nicht gerade gesagt ...

»Bei meiner Freundin ist es was anderes!«

Siehst du eine Logik in dem, was du sagst?

»Ich muß los. Tut mir leid. Ich bin in Eile.«

Ich muß aus diesen Leuten schlau werden!

Ich wage mich in die Rote Flora hinein. Innen sind die Wände genauso mit Graffiti übersät wie draußen:

NO MEANS NO! – NEIN heißt NEIN

no border, no nation, stop deportation!!!

Erst geschossen, NIE gedacht, JETZT habt IHR Kinder UMGEBRACHT

Die müssen hier für irgend etwas kämpfen, nur bin ich nicht sicher, was es ist, oder ob sie in Wirklichkeit nicht dafür kämpfen, sondern dagegen. Dieser Ort sieht aus wie ein Stall, was ich nicht negativ meine: Ställe haben auch ihr Gutes. Doch die Graffiti sind der einzige Anhaltspunkt dafür, daß hier Menschen leben und nicht Pferde. Die Leute, allesamt jung, laufen zwischen den graffitiübersäten Räumen herum, wobei sie einen geschäftigen Eindruck erwecken. Ihre Hauptbeschäftigung ist Bier trinken und rauchen. Also besorge ich mir ein Bier, stecke mir eine an, werde wie sie und suche das Gespräch mit ihnen. Ein junger Mann erzählt mir, wie ihn vor kurzem diese Nazis erwischt und krankenhausreif geschlagen haben und wie er knapp, ganz knapp dem Tode entronnen ist. Ein Wunder, daß er überlebt hat. Sie sind gefährlich, die Nazis, läßt er mich wissen, und lauern überall in diesem Land.

Das ist es, was wir hier tun. Die verfluchten Nazis bekämpfen.

Es gibt einen Sinn im Leben, vermute ich: Wichtiger als gegen die Polizei zu kämpfen ist gegen die Nazis zu kämpfen.

An diesem Wochenende feiern die Rote Flora und andere Institutionen der radikalen Linken in der Gegend den Sieg über die Nazis. Glück gehabt, ich bin genau im richtigen Moment gekommen. Der Kampf geht weiter: heute gegen die Polizei, morgen gegen die Nazis, und dazwischen ein paar Bier.

Nach ungefähr einer Stunde fühle ich mich in der Roten Flora zu Hause. An der Kasse – ja, sie haben eine – sitzt niemand. Eine gute Gelegenheit. Ich gehe rüber, setze mich auf den verdreckten Stuhl und bereite mich auf den Verkauf von Eintrittskarten vor. Junge Burschen und Mädels schauen vorbei und fragen mich, was abgeht. Gott, wenn ich das wüßte! Ich studiere den Stapel Postkarten, der vor mir liegt, um mich mit dem Angebot vertraut zu machen. Ich sollte es schließlich wissen, oder? Ich bin schließlich die Kasse. Hoppla, hier ist etwas, das mich interessiert, eine Postkarte, auf der steht: *Hitler kaputt!* Was ist denn das? Ach ja, ein Konzert in der Roten Flora.

Diese Jungspunde, denen noch die Muttermilch von den Lippen tropft, feiern *Hitler kaputt!* In welchem Jahr befinde ich mich eigentlich? In welchem Jahrhundert?

Ich ahne, daß ich in diesem Deutschland den Verstand verlieren werde, bevor ich überhaupt eine einzige Zeile geschrieben habe. Eine Stimme in mir sagt: Vergiß das Buch! Ich entwerfe einen Brief an meinen Verlag:

> Lieber Verleger,
> suchen Sie sich einen anderen Dummkopf!

Dann entwerfe ich einen zweiten Brief:

> Liebe Kapitalisten wider Willen,
> ich mache es nur, wenn Ihr mir eine Milliarde Euro zahlt.

Und noch einen:

> Liebe Freunde,
> ich brauche eine psychiatrische Rund-um-die-Uhr-Betreuung. Und das bitte gleich.

Mein Vertrag mit dem Verlag ist ziemlich kurz und simpel. Ich schreibe, sie zahlen. Aber er hat eine Klausel, die besagt, daß ich nichts Obszönes schreiben darf. Ich möchte gerne *Fuck You!* schreien. Kann ich aber nicht. Nicht jetzt. Ich verkaufe die Eintrittskarten in der Roten Flora und muß mich benehmen.

Möchte jemand zu *Hitler kaputt!*?

Ein Nigerianer schaut vorbei.

»Was geht ab, Mann?« fragt er mich.

Bin gerade mit meinem Bier fertig und brauche ein neues, sage ich.

»Wie viele willst du? Ich besorge sie dir.«

Halt ein paar.

Oha, ich bin wirklich von der Rolle.

Er zieht ab, um mir Bier zu kaufen.

Langsam schwant mir, was ich mir da eingebrockt habe. Wie lange kann ich meinen Fake noch aufrechterhalten?

Ich wechsle besser die Seiten. Schnell. Vielleicht sollte ich ein paar Nazis auftreiben, die mich beschützen, bevor diese Kids anfangen, mir leere Bierflaschen an den Kopf zu schmeißen.

Ich verlasse meinen Kartenverkäuferhocker und laufe herum. Wo kann ich die Nazis finden? frage ich die Jugendlichen.

»Überall«, sagen sie.

Überall?

»Ja, überall.«

Verstanden. So viele brauche ich gar nicht. Kann mir nicht jemand einfach mal *einen* zeigen, bitte? Einen, zwei, drei, meinetwegen auch vier. Das würde reichen. Kann mir irgend jemand vier Nazis zeigen?

»Nein.«

Drei?

»Nein.«

Zwei?

»Nein.«

Ich fühle mich wie Abraham, der mit Gott über ein paar Gerechte in Sodom feilscht.

Wasser, Wasser überall, aber kein Tropfen zu trinken, wie Coleridge in *Die Ballade vom alten Seemann* schreibt. Nazis, Nazis, überall, aber nirgends einer, den ich mir anschauen kann.

Sie verstecken sie, diese Linken! Sie verstecken meine Nazis. Diese Kids wollen alle Nazis für sich selbst haben, ich verstehe.

Ich verlasse das Gebäude. Muß einen Nazi für mich finden, der mir ganz allein gehört!

Aber wo? Und wie?

Ich laufe durch die Straßen Hamburgs und bitte Leute, mir einen Gefallen, einen wirklich großen Gefallen zu tun: mich zu einem Nazi zu bringen.

Die Kenner der Szene bieten mir sofort ihre Hilfe an. »Du mußt in den Osten«, sagen sie mir. »Bayern«, sagen andere. Viele wollen mich nach Österreich schicken.

Ich bin aber in Norddeutschland. Gibt es im Norden keine Nazis?

Selbstverständlich nicht. Hamburger können keine Nazis sein. »Wir in Norddeutschland haben keine Nazis«, brüsten sich die stolzen Hamburger. Außer natürlich, man begegnet hier Menschen, die keine gebürtigen Hamburger sind, Leuten, die sich einen Deubel um Hamburgs guten Ruf scheren. »Ja«, behaupten diese Leute nämlich, die Nordhasser, »es gibt jede Menge Nazis« hier. Und wo? »Fang mal in Neumünster an«, sagen sie, »und dann einfach dranbleiben.«

Neumünster. Noch nie gehört? Ich bis dahin auch nicht, aber das gibt es wirklich. Nichts wie hin!

KAPITEL 4 *In dem ich mich im Kampf gegen den jüdischen Teufel den Rechtsradikalen anschließe*

Ausgangspunkt: Titanic. Halb Café, halb Club, vor allem aber eine Dartkneipe. Männer und Frauen, die sich allesamt kennen und alle zwei Minuten gegenseitig abklatschen, werfen Darts auf fünf Dartscheiben. Zwischendurch trinken sie Bier, mehr Bier, Kaffee und noch mehr Bier. Cappuccino. Bier und Bier. Noch einen Cappuccino. Noch ein Bier. Mehr Bier. Und noch ein Bier. Dann einen Kaffee. Und ein Bier. In den rund zwei Stunden, die ich zuschaue, trifft ein Mann einmal ins Bull's Eye. Meistens aber landen die Pfeile nicht näher am Ziel als irgendwo zwischen dem Double- und dem Triple-Ring, etliche auch außerhalb des Doubles. Auf dem Boden zum Beispiel. CIA-Attentäter werden diese Leute nicht mehr. Aber wen juckt's? Einen Kaffee und zwei Bier, bitte.

Die Linken beziehungsweise Linksradikalen trinken Bier. Bier und noch mal Bier, sage ich mir. Diese Leute hier mischen Bier und Kaffee. Heißt das jetzt, daß sie Nazis oder Neonazis sind?

Könnte schon sein. Wir sind hier in Deutschland. Hier ist alles möglich. Limonade bedeutet ja schließlich links, man stelle sich vor.

Ich hätte gern zwei Kaffee und ein Bier, sage ich dem Kellner, denke aber sofort: Hoffentlich habe ich keinen Fehler gemacht. Zwei Kaffee und ein Bier könnten hier Wer-weiß-was bedeuten. Zum Beispiel, daß man ein *Jude* ist. Das wäre schrecklich. Ich meine, wenn das hier Nazis sind.

»Sei bloß vorsichtig«, sagte man mir, bevor ich nach Neumünster fuhr. »Das ist ein gefährliches Pflaster. Trag auf keinen Fall deinen roten Schal. Rot heißt links. Laß deinen Schal zu Hause. Bitte!«

Ich lachte, und mein roter Schal lachte mit mir. Aber jetzt sind wir etwas kleinlaut geworden, mein roter Schal und ich.

Zwei Kaffee. Hab ich sie noch alle?

Vielleicht sollte ich eine Flasche Wodka bestellen, murmele ich ... Nein, bitte nicht! Nicht mit diesem roten Schal ...!

Oha, nicht mehr lange, und ich verliere noch komplett den Verstand.

In Hamburg hatten mir seinerzeit die Nordhasser von einem Ort namens Club 88 in Neumünster erzählt. 88 steht für HH, *Heil Hitler*. Fragt sich: Wo zum Henker ist der? Vielleicht wissen es diese Dartfreunde. Ich kann sie ja mal fragen, oder?

Entschuldigung, wissen Sie, wie ich von hier zum Club 88 komme?

Fragen kostet nichts. Und selbst wenn diese Leute hier Linke wären und Schußwaffen hätten, müßte ich mir keine Sorgen machen. So wie sie zielen.

Doch wie sich zeigt, denken die Typen von der Titantic gar nicht daran, mich zu erschießen. Nicht einmal im Traum. Sie freuen sich vielmehr, mir weiterhelfen zu können. Der Club 88 ist genau ihr Ding. Bereitwillig weisen sie mir den Weg. Klasse. Ich habe ins Bull's Eye getroffen.

Club 88. Schon mal dort gewesen? Von außen sieht der Laden vielversprechend aus. Nur leider ist er geschlossen. Die schwarzen Türen reagieren auf keinen meiner Versuche, sie zu öffnen. Aber Juden, soviel sei gesagt, hätten nicht Tausende Jahre im Exil überlebt, wenn sie nicht geduldig gewesen wären. Ich habe Geduld. Und Geduld zahlt sich aus.

Frank, der Besitzer des Clubs, fährt vor. Er stellt seinen Wagen ab und sagt Hallo.

Heil Hitler. Wir sind im Geschäft.

Er öffnet weit die Türen.

Und Menschen strömen herein. Anhänger.

Ich erzähle meinen neuen Freunden, daß ich ein Computerfachmann aus den Vereinigten Staaten bin und deutsche Eltern habe. Ich wurde in Deutschland geboren, erkläre ich ihnen, doch wanderten meine Eltern nach Amerika aus, als ich ein Jahr alt war. Ich heiße Tobias und bin ein reinrassiger Arier. Ich bin in Deutschland auf der Suche nach meinen Wurzeln, außerdem hätte ich so gerne eine dieser Club-88-Mützen. Sie mögen meine Geschichte, das sehe ich an ihren Blicken. Ich entscheide mich für die Mütze, in der ich am dümmsten aussehe, praktisch geistig zurückgeblieben, und setze sie auf.

Es tut gut, zu seinen Wurzeln zurückzukehren!

Sieg Heil, Freunde. Ich wünschte, unser Führer Adolf Hitler könnte mich jetzt sehen.

Frank findet Gefallen an mir. Dieser Club ist auch so etwas wie eine Bar. Es gibt viele süße Getränke hier, nicht nur Bier. Das ist nicht die Rote Flora. Hier mögen sie es süß. Ob ich mal den blauen Likör probieren mag? Der ist hervorragend, sagt Frank. Egal, was ich möchte, geht alles aufs Haus. Soviel ich will. Der Club 88 heißt seinen verlorenen Sohn willkommen. Tobias. Mich.

Sie werden es nicht glauben, aber Frank ist zuvorkommend, sympathisch, hat immerzu ein Lächeln auf den Lippen und ist sehr gastfreundlich. Ich habe keine Ahnung, warum die Jungen aus der extrem schmutzigen Roten Flora ihn am liebsten umbrächten. Er ist sauberer als Gott. Und während er sich mit mir unterhält, sucht er die ganze Zeit Schmutzflekken, die er entfernen kann. Vielleicht hassen ihn die Linken und ihre Freunde deswegen so.

Ob ich einen Energydrink möchte? Alles für den Gast!

Da ich den Großteil meines Lebens betrüblicherweise außerhalb des Vaterlands zugebracht habe, ist mir naturgemäß manches entgangen. Frank würde sich glücklich schätzen, meine Bildungslücken zu schließen.

Frank nimmt seine neue Aufgabe so ernst, daß er Bücher herbeiholt.

Hier ist ein Buch über Juden. Mit Bildern, Illustrationen, Tabellen und anderem gelehrten Kram. Ein wissenschaftliches Werk. Keine Fiktion.

Auf diesem Bild sieht man den »jüdischen Teufel«, erfahre ich von Frank. Es handelt sich um einen Stempel.

»Die Juden, die die Welt beherrschen, stempeln alles, was ihnen gehört, mit diesem Stempel ab. Wenn du diesen Stempel siehst, dann weißt du, daß du völlig unter jüdischer Kontrolle stehst.«

Er will wissen, ob mich der Stempel an irgend etwas erinnert.

Tut er nicht.

Er holt seinen Personalausweis heraus, dreht ihn auf die Rückseite und stellt diese auf den Kopf. Daneben hält er eine Abbildung aus einem Buch mit dem Titel *Das Deutschland-Protokoll* und zeigt mir die Ähnlichkeiten zwischen dem Bild des jüdischen Teufels und dem Bild auf dem deutschen Personalausweis. Die sehen mehr oder weniger gleich aus.

Ob er mir das Bild erklären kann?

Aber gerne.

Oben sind zwei Hörner. Und Juden haben von Natur aus Hörner. Darunter, auf mittlerer Höhe, eine lange Nase – ein weiteres jüdisches Merkmal, wie man auf der ganzen Welt weiß.

Ja. Der Jude hat Deutschland unter Kontrolle. Und Amerika auch, falls es mich interessiert.

Lassen wir die Juden für einen Moment beiseite. Wie denkt Frank über Präsident Obama?

»Obama ist ein Nigger und gehört nach Afrika.«

Frank kommt auf die Juden zurück, seine eigentliche Leidenschaft.

»Im Zweiten Weltkrieg sind nie und nimmer sechs Millionen Juden umgekommen. Einen Menschen zu vergasen und zu verbrennen, dauert 72 Minuten. Wie hätte man da so viele so schnell verbrennen können? Was ich gerade sage, brächte mir, wenn die Polizei es mitbekäme, sechs Jahre Knast ein.«

Gut, sprechen wir also über die Juden. Wie sollten wir mit den heutigen Juden verfahren?

»Sie töten!«

Türken sind schlecht. Idioten. Oder, so Frank, »dumme Juden«. Türken haben keine Geduld, können nicht vorausplanen. Nicht so die Juden. Die machen dich noch in fünf Jahren herunter. Warte nur ab. »Die Juden sind am schlimmsten. Es gibt Millionen von Juden in Deutschland.«

Wie viele Millionen?

»Mindestens eine Million.«

Wollen wir hoffen, sagt Frank, daß »der amerikanische Nigger-Präsident sich um die Juden in Israel kümmert, die den Palästinensern das Wasser stehlen, und diese Juden ein für allemal in die Schranken weist«.

Frank kennt sich gut in der Politik aus. Weiß alles: »Ein deutscher Kanzler muß immer Amerika besuchen, um sich den Alliierten zu unterwerfen. Immer noch. Das ist eine Schande für Deutschland!«

Was hält er von, sagen wir mal, Helmut Schmidt?

»Der ist gut.«

Ist er ein Jude?

»Nein.«

Ich habe gehört, daß er einer ist.

»Echt? Scheiße!«

Das Deutsche Reich existiert noch, verrät er mir, nur kann es wegen Amerika und der Alliierten, die unter der Kontrolle der Juden stehen, nicht wiederhergestellt werden.

Zwischendurch bietet Frank seinem Gast Bier und Weinbrand aufs Haus an. Und fährt fort: »Die deutsche Linke ist dumm, beschränkt. Die interessieren sich nur für Pornos und Alkohol. Die wollen nur saufen. Und sich Pornos reinziehen. Von wem kommen die Pornos? Von den Juden. Die Juden. Sie halten sich für die Kinder Gottes, haben aber ihrem Gott früher die eigenen Kinder geopfert. An diesem Brauch halten sie noch immer fest. Nur heute nehmen sie Puppen für die Rituale. Ja. Als George Bush Präsident war, haben jüdische Führer ein solches Ritual in Anwesenheit von ihm und anderen Weltpolitikern vollzogen. Dieses Ritual wurde gefilmt und gibt's auf YouTube.«

Wo auf YouTube?

Frank öffnet seinen Laptop, um mir den Clip auf YouTube zu zeigen. Es dauert einige Zeit. Es dauert endlos. Er kann ihn im Moment nicht finden. Vielleicht hat ihn ein Berliner Jude geblockt. Aber keine Sorge. Frank hat den Clip auf einer DVD. Zu Hause. Vielleicht komme ich ja wieder.

»Hast du den Juden Michel Friedman gesehen? An seiner Frisur ist leicht zu erkennen, daß er ein Jude ist. Juden haben eine andere Art Haar. Gewelltes Haar. So tragen es die Juden. Und Michel Friedman, ein Jude, raucht auch alle möglichen verbotenen Kräuter.«

Ich bin entzückt, daß es so leicht ist, einen Juden zu erkennen.

Nein, Frank sucht keinen Ärger, erklärt er mir. Er will bloß Frieden und Liebe. Die Vereinigung von Deutschland, Österreich, Dänemark und paar anderen Ländern hält er für notwendig, weil sie ein Land, ein Volk sind. Und weil die weiße Rasse durch die Vereinigung geschützt wird. Nur die Polen gehören nicht dazu. Und im übrigen sollte man um der aufrichtigen und wahren Geschichtsschreibung willen endlich einmal zur Kenntnis nehmen, daß »Deutschland nie in Polen eingefallen ist. Das ist eine Lüge.

Die Familienehre, die brüderliche und schwesterliche Liebe, das ist es, was zählt. Und die Juden loszuwerden, ein für allemal. Diese intriganten Kreaturen, die eine Geschichte über irgendeinen Holocaust erfunden haben, um Milliarden von Euro plus vier U-Boote aus Deutschland herauszuquetschen. Und dann, als sie noch mehr Geld wollten, haben sie das World Trade Center in die Luft gesprengt und Amerika dazu gebracht, für sie zu kämpfen.«

Franks zweitgrößter Feind ist die Polizei. Auf die deutsche Polizei – hier stimmt er mit den Anarchisten völlig überein – kann man verzichten. Und wie die Leute auf der Linken ersehnt er sich eigentlich nur *peace and love.*

Was mich an Frank am meisten verblüfft, ist, daß es sich um einen wirklich liebenswürdigen und großzügigen Menschen handelt. Bevor ich hierherkam, warnten mich einige Leute vor den Gefahren, die hinter den Türen des Club 88 auf mich lauerten. Diese Leute sehen die Neonazis im Fernsehen und halten sie für Bestien. Wenn die wüßten. Frank ist kein Massenmörder, sowenig wie die anderen Leute hier im Club. Ganz im Gegenteil: Er ist nett und überaus gastfreundlich. Er gibt Getränke aus, widmet einem seine ganze Aufmerksamkeit und ist ständig am Lächeln.

Er singt auch gern. Er singt mir ein Liedchen vor, eine romantische Weise. Ich möchte sie Ihnen nicht vorenthalten: »Wir haben Krematorien, und in jedem steckt ein kleiner

Jude ...« Er lächelt, während er das singt. Frank hat übrigens eine gute Stimme.

So wurde wahrscheinlich meine Familie in den Tod geschickt, denke ich. Mit einem Lied und einem Lächeln auf den Lippen.

Es ist Zeit zu gehen. Frank läßt sich mit mir, dem amerikanischen Computerfachmann, fotografieren. Wir geben uns die Hand und umarmen uns. »Ich liebe mein Volk, ich liebe meine Familie, und ich liebe mein Land«, sagt er zum Abschied. »Alles, was ich will, ist, sie zu beschützen.«

Die Kirchgänger, die man beim Sonntagsgebet antrifft, haben mit ihm einiges gemeinsam: Sie wollen nur das Beste für ihre Familien, sie engagieren sich für ihre Überzeugungen und sie glauben, kommt mir merkwürdigerweise in diesem Moment in den Sinn, an tote Juden.

Unsere Wege trennen sich, und ich fahre zurück nach Hamburg.

KAPITEL 5 *In dem ich bei Deutschlands Geisteselite zu Gast bin und mich mit Altkanzler Helmut Schmidt sowie Giovanni di Lorenzo, dem Chefredakteur der ZEIT, unterhalte*

Ich streife durch Hamburgs Straßen und frage Passanten, ob sie stolz darauf sind, Deutsche zu sein. Offensichtlich habe ich endgültig den Verstand verloren. Jetzt gibt es kein Zurück mehr. Ich bin kurz davor, Prophet, Revolutionär, Philosoph oder sonst eine unheilbare Krankheit auf zwei Beinen zu werden.

Sind Sie stolz darauf, Deutscher zu sein?

Nein, nein, nein, nein, nein, nein, nein, nein, lauten die Antworten. Nicht ein Mal ja.

Ich komme mit einer jungen Frau ins Gespräch, deren Ehemann gut und gerne ihr Großvater sein könnte. Er war einmal ihr Professor, erzählt sie mir. Muß ein großer Denker sein, der so eine Frau dazu bringen kann, sich in ihn zu verlieben. Auch mit ihm plaudere ich. Sind Sie stolz darauf, Deutscher zu sein? frage ich ihn. »Nein, natürlich nicht«, antwortet er. Wir reden noch ein bißchen. Er trinkt ein paar Bier, ich Cola light. Und dann flüstere ich ihm ins Ohr: »Sie sind ganz allein in einem dunklen Raum und sind völlig nackt. Es ist ein herrlicher Abend. Ein Engel fällt vom Himmel, um Ihnen zu Diensten zu sein. Und dieser Engel fragt Sie: ›Bist du stolz darauf, Deutscher zu sein?‹ Was würden Sie antworten?«

»Ja, das bin ich!« verkündet der Professor lautstark.

Kein Wunder, daß sich diese attraktive junge Dame in diesen alten Weisen verliebt hat.

Wer sind die Deutschen? Keine Ahnung.

Gibt es etwas speziell »Deutsches« jenseits von Ausweisen und international anerkannten Grenzen? Aber freilich. Tun Sie mir bitte nur den einen Gefallen und fragen Sie mich nicht, worin es besteht. Ich weiß es wirklich nicht. Das einzige, was ich Ihnen verraten kann, ist: Ich bin beschäftigt. Sehr beschäftigt. Ich versuche nämlich jemanden zu finden, der mir gesteht, daß er oder sie stolz darauf ist, deutsch zu sein. Ich weiß nicht, was ich mit der betreffenden Person tun werde, wenn ich sie gefunden habe – sie küssen oder sie ohrfeigen –, aber ich glaube, es wird meiner geistigen Gesundheit zuträglich sein.

Tags darauf lerne ich Mathias kennen. Er ist stolz darauf, Ostdeutscher zu sein, sagt er, kann aber nicht behaupten, er wäre stolz, Deutscher zu sein. Niemals. Die Westdeutschen, erzählt er mir, trinken viel weniger Alkohol als ihre ostdeutschen Brüder und Schwestern. Diese Information muß ich erst mal verdauen. Was heißt »weniger«? Was ist im Osten los, gütiger Himmel! Badet man dort in Flüssen aus Bier? Während er sich sein Bier schmecken läßt, lassen er und seine Freundin Evelyn mich an ihren Gedanken über die charakteristischen Eigenschaften eines Deutschen teilhaben: »Ernsthaftigkeit, Ordnungsliebe, Unfreundlichkeit, Sauberkeit.« Wie sie mir auch erklären, sind »deshalb die Linksradikalen so schmutzig ... aus Protest gegen das ›Deutsche‹«.

Wenn ich nicht bald jemanden treffe, der bei klarem Verstand ist und mir aus diesem Durcheinander heraushilft, setze ich mich ins nächste Flugzeug und verlasse dieses Land. Aschewolke hin oder her. Ich zahle der Lufthansa 9800 Dollar, damit sie mich nach Island fliegt. Ist mir doch egal.

Meine Hoffnung richtet sich jetzt auf Altkanzler Helmut Schmidt. Der Mann ist hier ein Idol, wurde mir gesagt. Das kommt mir zupaß. Nur ein Idol kann mich wieder ins rechte Gleis bringen.

Ich habe noch keine drei Sätze gesagt, da höre ich von dem Idol:

»Lassen Sie mich eine Bemerkung zur weiteren Vorgehensweise machen. Ich bin 91 Jahre alt, meine Ohren aber sind schon 101 Jahr alt. Ich verstehe nur die Hälfte von dem, was Sie sagen. Die andere Hälfte muß ich mir in meinem kleinen Computer hier oben zurechtlegen, und der ist weder von Apple noch von HP. Er ist von Gott und arbeitet deshalb langsam. Sie sprechen viel zu schnell für mich. Sprechen Sie bitte langsam.«

Sehr langsam, so langsam, wie mir möglich ist, stelle ich meine erste Frage:

Der frühere französische Präsident Valéry Giscard d'Estaing sagte seinerzeit, der Vater Ihres Vaters sei Jude gewesen. Trifft das zu?

Weiß der Himmel, warum dies die erste Frage ist, die ich ihm stelle. Als ob mich das etwas angeht. Oder auch nur wirklich interessiert. Aber ein loses Mundwerk kann man nicht stoppen.

Die Antwort?

»Ja.«

Und ich fasse nach, wie ein echter Armleuchter:

Das haben Sie bislang niemandem verraten. Warum nicht?

»Es gab keinen Grund, darüber zu sprechen.«

Also, man kann Herrn Schmidt als Idol bezeichnen. Für mich aber, lachen Sie nicht, ist er ein Jude. Darauf gebe ich Ihnen Brief und Siegel. So seltsam es für Sie klingen mag, wird dieses Interview ein Gespräch zwischen zwei Juden werden. Zwei Juden halten einen Schwatz.

Und der Erste Jude, meine Wenigkeit, fragt den Zweiten Juden, Ihr Idol:

Gibt es ein nationales Charakteristikum, das einen Deutschen zum Deutschen macht?

Der Zweite Jude denkt nach. Dieser Jude nimmt sich Zeit für seine Antwort. In 2000 Jahren im Exil haben die Juden Geduld gelernt. Also warte ich, bis mein jüdischer Mitbruder mit einer Antwort aufwartet. Was er, so sicher wie das Exil, schließlich auch tut:

»Darüber könnte man ein ganzes Buch schreiben.«

Genial. Genau die Antwort, die ich erwartet habe. Wir Juden verstehen uns. Geduldig warte ich auf seine näheren Erläuterungen.

Gib einem Juden Zeit für nähere Erläuterungen, und er wird sie sich nehmen.

Herr Zweiter Jude spricht mit mir über die Landessprache. Über Literatur. Über das kollektive Gedächtnis. Er erzählt mir, daß Völker dazu neigen, stolz auf die guten Dinge in ihrer Geschichte zu sein, und daß dies auch für die Deutschen gilt. »Doch die Deutschen schämen sich für zahlreiche Ereignisse in ihrer Geschichte. Nehmen wir zum Beispiel den Holocaust. Das Wort steht für einen ganzen Komplex von Ereignissen.«

Und sie leben ihn bis zum heutigen Tage aus.

»Die Deutschen«, sagt er, »halten sich zurück, wenn sie über den Konflikt zwischen den Arabern und Israelis urteilen sollen, weil sie befürchten, als Antisemiten bezeichnet zu werden.«

Klar und deutlich faßt er es für den Ersten Juden zusammen:

»Der Holocaust ist Teil von Deutschlands kulturellem Erbe und wird dies auch bleiben.«

Sollten Sie je daran gezweifelt haben, daß dieser Mann tatsächlich ein Jude ist, können Sie jetzt sicher sein: Er ist ganz klar ein Jude. Was mich, wie es zwischen zwei plaudernden Juden üblich ist, zu der Frage veranlaßt:

Wie lange wird dies Teil des deutschen Erbes bleiben?

Juden, falls Sie es noch nicht wußten, beantworten eine Frage mit einer Gegenfrage. Und so fragt der andere Jude, um die Tradition zu wahren:

»Wie lange ist es her, daß Nebukadnezar die Juden aus Jerusalem vertrieben hat?«

2000 Jahre, sage ich.

Kein Jude würde je die Antwort eines anderen Juden akzeptieren, ohne sie zu korrigieren. So auch Rabbi Helmut:

»Fünfundzwanzighundert Jahre. Über fünfundzwanzighundert Jahre.«

Jetzt verstehe ich die Antwort. Wenn wir, die Juden, 2500 Jahre trauern, sollen die Deutschen doch mindestens genausolang trauern. Und um sicherzustellen, daß ich es auch wirklich richtig verstanden habe, fügt der Rabbi hinzu:

»Der Holocaust wird« von den Deutschen »mindestens genausolange erinnert werden. Jahrhundertelang, jahrtausendelang – er wird bleiben. Ich hoffe doch, daß diese absehbare Zukunftstatsache die Deutschen davon abhalten wird, jemals wieder Neigungen zu solchen Verbrechen zu entwickeln.«

Eine weitere Gewohnheit der Juden, falls Ihnen das nicht bewußt sein sollte, besteht darin, historische Geschehnisse auf die Gegenwart zu beziehen und vergangenen Kummer mit gegenwärtigem zu vermischen. Also bitte ich meinen Rabbi, mir die Gewaltausbrüche bei den Demos in Hamburg zu erklären.

Wie es die rabbinische Tradition gebietet, beginnt der Rabbi, indem er seine Bescheidenheit bekundet:

»Ich kann dazu nichts sagen, weil ich nicht dabei war, ich weiß es nicht.« Und nun, da wir die Übung in Bescheidenheit absolviert haben, fährt der Rabbi – wie es Tradition ist – fort, um tatsächlich zu antworten und DAS WISSEN ZU VERBREITEN. Er sagt: »Ich habe jedoch in den Zeitungen gelesen, daß sie übers Internet von überallher Leute organisiert haben, die nach Hamburg kommen sollten, um sich einen Spaß aus der Anwendung von Gewalt zu machen. Nicht wenige von ihnen sind gar keine Deutschen. Nicht wenige von ihnen haben einen türkischen Hintergrund. Manche hätte man früher als

Anarchisten bezeichnet. Aber nicht im ideologischen Sinne. Es sind bloß junge Leute, die grundsätzlich keine Form von Autorität akzeptieren. Man sieht das in den Pariser Vorstädten und in manchen Vierteln Londons. Ich glaube nicht, daß es sich um ein spezifisch deutsches Phänomen handelt. Das hat mit den elektronischen Medien zu tun. Wenn es kein Fernsehen gäbe, wenn es kein Internet gäbe, wäre es wesentlich schwieriger, solche Dinge zu organisieren.«

Vielleicht sind Sie selbst schon drauf gekommen, aber mein jüdischer Mitbruder und meine Wenigkeit rauchen unentwegt, während wir uns unterhalten. Ich weiß nicht wirklich, ob die Gesetzeslage in diesem Land das erlaubt oder nicht, aber eines muß jetzt sofort klargestellt werden: Niemand in Hamburg wird zwei rauchende Juden aufhalten. Vergeßt es. Wenn irgend jemand es versucht, wird er sofort des Antisemitismus bezichtigt. Und das braucht kein Deutscher in seinem Lebenslauf.

Und so frage ich ihn zwischen zwei Zügen:

Sind Sie stolz darauf, Deutscher zu sein?

»Ich habe nie den geringsten Stolz auf meine Kultur zum Ausdruck gebracht.«

Nie?

»Nein.«

Hätte er gerne einer anderen Kultur angehört?

»Ebenfalls nein.«

Und dann, zwischen einer Zigarette und der nächsten, als er im Begriff ist, sich die neue Zigarette zwischen die Lippen zu stecken, während er zugleich sein Feuerzeug hält, das im nächsten Moment aufflammen wird, prahlt der ketterauchende Rabbi ein wenig über seine jungen Jahre:

»Ich war nach dem Krieg versucht, in die USA auszuwandern. Mein Onkel bot mir eine Stelle in seiner Fabrik an, er bot mir ein leerstehendes Haus an, das ihm gehörte. Es war eine wirkliche Versuchung«, klagt der ältere rauchende Jude. Doch ach, er nahm das Angebot nicht an.

Warum nicht?

»Weil ich ein Deutscher war.«

Ich muß sagen, der deutsche Rabbi ist lustig.

Diese Erkenntnis verlangt nach einer weiteren Zigarette.

Wenn ein Jude sich eine neue Zigarette ansteckt, darf er keinesfalls vergessen, auch ein neues Gesprächsthema anzuschlagen.

Irgendein Kommentar zu Angela Merkel? frage ich meinen Rauchpartner.

Partner oder nicht, Rabbi Schmidt verweigert jeglichen Kommentar, da er seit 30 Jahren nicht mehr in der Politik sei. Später aber, als ich ihn frage, wie es ist, im heutigen Deutschland ein lebendes Idol zu sein, tut er dies mit dem Hinweis ab, der wahre Grund dafür, zu einem Idol gemacht zu werden, »hat mit dem Umstand zu tun, daß die Regierung heute nicht mehr so imponierend ist, wie sie es einmal war«.

Das nenne ich einen echten Rabbiner!

Helmut ist eine seltene Kombination aus Gelehrter und Politiker, wenngleich ich mir nicht sicher bin, welcher Teil welchen beeinflußt und welcher seine stärkere Seite ist. Schwer zu sagen. Eines scheint mir jedenfalls klar: Er ist ein Mensch, der die Geschichte lebt und liebt. Er beeindruckt mich als jemand, der mit den oft widersprüchlichen Wendungen der Geschichte bestens vertraut ist und sein Vergnügen selbst an winzigen Details hat – Details, die andere lieber übersähen. Er sitzt in einem Rollstuhl, ganz offensichtlich fordern die Jahre ihren Tribut von ihm, doch wirkt er geistig stets hellwach und scharfsinnig. Er hat Spaß an seiner Tätigkeit für *Die Zeit*, über die er geradezu liebevoll spricht: »Wir sind vollkommen unabhängig. Niemand sagt uns, was wir drucken sollen und was nicht.« Darauf ist er stolz.

Als ich mich schon von diesem älteren Juden verabschieden möchte, kommt er auf den arabisch-israelischen Konflikt zurück. Seine Bewunderung, erzählt er mir, gilt dem früheren ägyptischen Präsidenten Anwar as-Sadat, nicht aber dem früheren israelischen Präsidenten Menachem Begin.

Denn:

»Hätte Mosche Dajan [seinerzeit israelischer Außenminister] den Friedensvertrag mit Anwar as-Sadat unterzeichnet, dann hätten wir heute einen dauerhaften Frieden im Nahen Osten. Diejenigen, die sowohl Rabin als auch Sadat ermordeten, wußten, was sie taten.«

Irgendwie habe ich das Gefühl, daß dieser Mann in seinen jungen Jahren nicht auf die Straße gegangen ist und mit leeren Flaschen auf Menschen geworfen hat, weil das so viel Spaß macht.

Als ich den Zweiten Juden verlasse, fühle ich mich gefaßter. Ich habe den Eindruck, meinen Verstand wiederzufinden. Ich werde nicht nach Island fliegen. Noch nicht. Das alles folgt einer gewissen Logik. Es gibt ein System hier in Deutschland. Nicht alle sind bescheuert. Hier geht es um Geschichte, nicht nur um Bier.

Ich bin aber doch ein klein wenig beunruhigt. Ich weiß nämlich mit Sicherheit, daß das, was der rauchende Jude mir sagte – »nicht wenige von ihnen haben einen türkischen Hintergrund« –, absolut nicht stimmt. Im Unterschied zu ihm habe ich an den Demos teilgenommen – und nicht einen Türken oder eine Türkin in der Menge gesehen.

Nun, er sagte, er habe diese Information aus den Medien.

Und da ich heute reichlich Zeit habe, beschließe ich, dem einmal nachzugehen.

Wie nimmt man die Medien unter die Lupe? Eine gute Idee wäre, einfach mal vorbeizuschauen.

Frage: Bei wem vorbeizuschauen?

Antwort: Mir wurde gesteckt, aber das bleibt unter uns, daß es hier im Norden einen smarten Medienmenschen geben soll, halb Italiener, halb Deutscher, der auf den Namen Giovanni di Lorenzo hört. Er ist Chefredakteur der *Zeit*.

Den besuche ich.

Seit er elf ist, erzählt er mir, lebt er in Deutschland.

»In Italien bin ich der Deutsche, in Deutschland der Italiener.«

Im Unterschied zu Rabbi Schmidt ist dieser Mann kein Jude.

Was also sind Sie? frage ich ihn, Deutscher oder Italiener?

»Das kann ich nicht sagen.«

Das ist kein Jude, soviel ist schon mal klar. Er kann meine Frage nicht beantworten. Oder auch nur eine Gegenfrage stellen. Er ist halb und halb.

Wie ist es, halb und halb zu sein? Hören wir ihn einfach selbst:

»Zu den Italienern habe ich ein leidenschaftliches Verhältnis. Zu den Deutschen eher ein eheähnliches. Zuviel Leidenschaft in der Ehe kann tödlich sein.«

Jetzt wird es hochphilosophisch und gleichzeitig tiefenpsychologisch unergründlich. Ich brauche Zeit, um darüber nachzudenken.

Ich gehe zum Small talk über und frage ihn also:

Was zeichnet einen Deutschen aus?

Ich hoffe, daß er sich jetzt für eine halbe Stunde über dieses und jenes ausläßt und mir dadurch genügend Zeit gibt, um über das nachzudenken, was er eben gesagt hat. Aber von wegen! Dieser Halb-und-halb-Chef schwingt sich zu immer höheren, immer tiefgründigeren Bereichen des Denkens auf, und ich bin komplett verloren.

Er beginnt mit seiner deutschen Hälfte und sagt die üblichen Dinge – daß wir alle gleich sind, alle gleichwertig, alle von gleicher Hautfarbe und Größe. Dann, nachdem der Deutsche in ihm restlos zufriedengestellt ist, schlüpft er in seine bessere Hälfte, die italienische.

Deutsch, sagt er, ist die Befürchtung, daß man jedes einzelne Kleidungsstück, welches man in der Reinigung abgegeben hat, beschädigt zurückbekommt.

Gefällt mir! Ich beginne, den Mann zu mögen!

Ich verrate Ihnen – unter uns, und wenn Sie mich je zitieren, streite ich alles ab: Das bin ich, wie ich leib und lebe! Das ist eine meiner geheimsten Ängste: die Reinigung. Kein Wunder, daß mich Leute, wenn sie wirklich sauer auf mich sind, »Deutscher!« schimpfen.

In mir steckt ein Deutscher. Wie ist das denn passiert? Vielleicht bin ich nach der Geburt im Krankenhaus vertauscht worden. Lachen Sie nur, aber so was kommt immer wieder vor.

Man stelle sich vor, meine jüdischen Freunde fänden heraus, daß ich in Wirklichkeit ein Deutscher bin. Das fehlte mir noch.

Ich bin so geschockt, daß ich den Chef um weitere Einzelheiten bitte.

Gott sei's gedankt, daß der Chefredakteur der *Zeit* nichts Besseres zu tun hat, als diesem heimlichen Deutschen die eigentliche Ursache seiner geheimsten Angst zu erklären.

Es handelt sich um eine pathologische Angst vor Patina, vor Schmutz, sagt er. Das ist »deutsch«.

Er spricht von mir und weiß es nicht!

O Gott: Mir geht eben ein Licht auf: Bin ich wirklich deutsch? Das hätte mir gerade noch gefehlt. Nachdem ich ein

Leben als Jude gelebt habe, stellt sich plötzlich und auf brutale Weise heraus, daß ich ein Deutscher bin!

Kann ich nicht irgend jemand anderes sein? Ich gäbe alles daran, ein Italiener zu sein. Ein Ire. Sogar ein Albaner. Aber ein Deutscher? Nachdem ich ein Jude war!

Das ist die Hölle. Aber ich kann niemandem die Schuld daran geben. Wenn man sich mit Halbitaliener/Halbdeutscher trifft, was soll schon Gutes dabei herauskommen? Nur ein Narr wie ich, der kein bißchen vorausdenkt, begibt sich in ein so gefährliches Fahrwasser.

Und dieser Herr Halb und Halb, der, ich bin mir sicher, ganz klar um meine innere Misere weiß, findet plötzlich großen Gefallen daran, auf diesem dämlichen Thema herumzureiten.

»Vor Jahren«, sagt Herr Halb und Halb, »mußte einmal ein deutscher Minister zurücktreten, weil er einen Empfehlungsbrief für seinen Schwager geschrieben hatte. Als Halbitaliener sage ich Ihnen: Ein italienischer Minister wäre zurückgetreten, wenn er das nicht getan hätte. In Deutschland muß man zurücktreten, weil man es getan hat.«

Jaja, machen Sie sich nur lustig über mich! Meinen Sie etwa, daß ich kein Italiener sein will, kein heißblütiger Italiener? Ich würde alles dafür geben, Berlusconi zu sein. Warum piesacken Sie mich so?

Dies diktiert mir mein Herz, aber es aussprechen? Niemals! Statt dessen frage ich wie ein x-beliebiger neurotischer Durchschnittsjude:

Wie konnte ein so aufgeklärtes Land im Zweiten Weltkrieg so tief sinken?

Ich frage mich, ob in den ehrwürdigen Redaktionsräumen der *Zeit* jemals eine so idiotische Frage gestellt wurde. Sollte ich irgendwann einmal Chefredakteur der *Zeit* werden, würde ich garantiert jeden rausschmeißen, der mir mit solchen Fragen käme. Zu meinem Glück ist noch immer Halb und Halb der Chef.

»Ich habe diese Frage letztens mit Helmut Schmidt erörtert. Er erzählte mir, daß er den Deutschen nicht traut. Und das als ehemaliger Bundeskanzler!«

Was diese Antwort mit meiner Frage zu tun hat, ist mir nicht ganz klar, aber die bloße Erwähnung dieses anderen Juden, Rabbi Helmuts, bewirkt, daß ich mich wohlfühle und meine Nerven sich völlig beruhigen.

Und jetzt, da ich wieder entspannt bin und mich gleich wieder jüdisch fühle, frage ich Giovanni nach den Anarchisten. Juden lieben es, über alle möglichen Extreme zu sprechen. Aus irgendeinem Grund liegt ihnen dieses Thema, seit sie aus Ägypten herausspaziert sind.

»Die Anarchisten werden den Leuten, die sie bekämpfen, immer ähnlicher«, sagt er. »Das ist eine Konstante bei allen radikalen politischen Bewegungen. Ich glaube nicht an die genetische Disposition eines Volkes im Unterschied zu einem anderen.«

Ich bin mir nicht sicher, ob ich ihm zustimme, aber ich bin mir auch nicht sicher, ob ich ihm nicht zustimme. Ich bin, schlicht gesagt und so traurig es ist, kein Genetiker. Gewiß, ich hätte Arzt werden sollen oder wenigstens Biologe, es kam aber anders. Das einzige, was ich über Gene weiß, ist, wie man sie buchstabiert: *G.e.n.e.* Mehr nicht. Ich glaube aber nicht, daß ich meine Genunwissenheit gerade jetzt bekunden sollte. Also wechsle ich das Thema. Ich erzähle Halb und Halb, mit wie offenen Armen mich die Neonazis empfangen haben. Fragen Sie nicht, wie mir dieser spezielle Teil meiner jüngsten Vergangenheit plötzlich in den Sinn kommt. Psychiater bin ich nämlich auch nicht.

Halb und Halb scheint überrascht.

»Wirklich?«

Und dann gehe ich, da ich nun einmal mit Herrn Halb und Halb spreche, von der radikalen Rechten zur radikalen Linken über. Warum auch nicht? Ich berichte ihm von meiner Beobachtung, daß die radikale Linke schmutzig ist, im Unterschied zu den rechten Saubermännern. Seine Reaktion: »Ja, das stimmt. Aber aus der Perspektive eines Linken, der ich nicht bin, würde ich doch sagen: Nobody is perfect.«

Falls es Sie interessiert: Giovanni kommt mir vor wie ein Deutscher in einem italienischen Anzug. Mit anderen Worten: deutsche Seele in italienischem Körper. Er ist charismatisch, hat alles im Griff und herrscht mit einem Lächeln auf den Lippen über sein journalistisches Reich. Klischeehaft gesagt: Sein Führungsverhalten ist »germanisch«, kommt aber italienisch rüber. Der Mann hat Stil. Aber es gibt noch eine andere, tiefere Ebene in ihm, der man jedoch nur gewahr wird, wenn er sich mit einem wohlfühlt und es zuläßt, daß man auf den Grund seiner Persönlichkeit taucht. Er ist der perfekte Gastgeber: freundlich, liebevoll, witzig und ein toller Geschichtenerzähler. Er muß erst warm werden, aber wenn er es ist, dann glänzt er.

»Kennen Sie den Unterschied zwischen Deutschland und Italien? Nein? Also wenn meine zweijährige Tochter *Ja* sagen will, spricht sie Italienisch, auch mit Deutschen. Wenn sie aber *Nein* sagen will, sagt sie *Nein* und nur *Nein*, niemals *No*, auch nicht zu Italienern.«

Wie erklären Sie sich das?

Herr Giovanni bricht in Gelächter aus. »Mit dem Klang der Sprache!«

Ein Klischee, das Sie vermutlich auch kennen, besagt, das beliebteste deutsche Wort sei *verboten*. Stimmt das? Er verneint. Es entspricht nur dem stereotypen Bild so gut.

Normalerweise liest er Zeitungen wie die *New York Times* und *International Herald Tribune*, und »die behaupten, daß Deutschland sich von Europa abwenden und mit den Russen zusammentun will, aber das ist totaler Quatsch. Sie leben nicht in Deutschland und sind in ihre Stereotypen vernarrt.«

Von der *Times* und der *Tribune* zu sprechen bringt Giovanni auf sein Lieblingsthema: die Medien.

»*Die Zeit* ist die größte Zeitung nach der *Bild*-Zeitung.«

Was macht *Die Zeit* aus?

»An erster Stelle die Tradition, wir stehen hier wirklich in einer großen Tradition. Ich bin seit fünfeinhalb Jahren hier. Wir versuchen, die Zeitung zu erneuern, ohne dabei folgende zwei Dinge aufzugeben. Zum einen wollen wir niemanden indoktrinieren. Wir sagen den Leuten nicht, was sie denken sollen, sondern geben ihnen nur die Möglichkeit, sich ihre eigene Meinung zu bilden. Zum anderen verweigern wir uns stets dem Zeitgeist und folgen keiner Modeerscheinung. Ein nettes Wortspiel, nicht? *Zeitgeist.*«

Von draußen hört man Glockengeläut. Eine tolle Gelegenheit für Giovanni, mit einer kleinen Geschichte aufzuwarten: »Vor einigen Wochen war ein jüdischer Freund von mir aus Tel Aviv hier, und als wir die Kirchenglocken hörten, sagte er: ›Oha, der Pfarrer hat gesehen, daß hier ein Jude sitzt. *Sabotage!*‹«

Er steht auf, um das Fenster zu schließen, und hat einen Lachanfall, während er durchs Zimmer geht. Auf dem Rückweg sagt er:

»Als ich hier anfing, sagte ich: Ich respektiere die Tradition des Hauses, aber mit einer Tradition werde ich brechen. Damals lautete das Motto: ›Wir machen die Zeitung, die uns gefällt.‹ Das würde unseren Ruin bedeuten, sagte ich. Scheiße schmeckt nicht, nur weil Millionen Fliegen sie mögen. Ich glaube, sagte ich, daß wir eine Zeitung in dem Bewußtsein machen müssen, was unsere Leser lesen wollen. Wir können nicht nur das machen, was unsere kleinen Gehirne sich wünschen. In fünf Jahren haben wir 60 Prozent zugelegt.«

Welches ist das stärkste Ressort und welches das schwächste?

»Politik und Feuilleton sind die stärksten Teile«, antwortet er und fügt später hinzu: Und die Wirtschaft.

Aber er vergißt geflissentlich zu erwähnen, welches das schwächste Ressort ist.

Wie das alte jüdische Sprichwort sagt: Nur ein Tor schüttet all seinen Unmut aus.

Giovanni di Lorenzo weiß, daß ich eine lange Reise vor mir habe, und er möchte mir behilflich sein. Er vertraut mir an, wie er tief im Innern über Deutschland empfindet:

»Die Menschen hier glauben, in einem Land zu leben, das nicht besonders gut funktioniert. Aber im Vergleich zu allen Ländern, die ich gesehen, die ich besucht habe, kann ich sagen: Dieses Land hier ist beispielhaft. Dieses Land wurde auf den Ruinen des entsetzlichsten Staates in der Geschichte der Menschheit errichtet. Laßt uns zusammen daran arbeiten, daß dieses sagenhafte Werk, das hier geschaffen wurde, Bestand hat. Mein Großvater war in einem Konzentrationslager, und wenn meine Großmutter darüber sprach, senkte sie ihre Stimme, weil sie befürchtete, die Nachbarn, ehemalige Nazis, könnten sie hören. Gott sei Dank gehört *jenes* Deutschland der Vergangenheit an, sind seine Bewohner tot. Ich kenne dieses Land. Ich bin mit Deutschland verheiratet. Es gibt wildere Leidenschaften, aber für eine Ehe ist es ideal.«

Ich verabschiede mich von Halb und Halb, und dann fällt es mir ein: Ich habe ganz vergessen, ihn nach den Türken zu fragen. Ich Dussel. Ich mache mir eine gedankliche Notiz: Die Türken besuchen, bevor deine Reise zu Ende ist.

KAPITEL 6 *In dem deutsche Technik auf Disney trifft und Geld dabei herauskommt*

Evelyn und Mathias, zwei der liebenswürdigsten Menschen, die ich in Hamburg kenne, erzählen mir, daß sie morgen zur Autostadt fahren. Klingt nicht sehr türkisch für mich, aber der Name gefällt mir. *Autostadt.* Da bin ich mit von der Partie. Kennen Sie die Autostadt? Sie liegt in Wolfsburg. VW stellt da seine Autos aus.

Mein erster Halt in der Autostadt ist das Ritz-Carlton-Hotel. Ich steige aus dem Auto, zünde mir eine Zigarette an und werde von drei herbeieilenden Angestellten darauf hingewiesen, daß ich mich in einem Nichtraucherbereich befinde. Zuvorkommend sind sie. Einer von ihnen bringt mir einen Aschenbecher, damit ich meine Zigarette ausmachen und später weiterrauchen kann. Aber hier bitte nicht mehr rauchen, sagt er zu mir.

Hinein ins Hotel.

Es gibt mehr als eine Eingangstür, und jede wird von einer anderen lächelnden Hotelmitarbeiterin aufgehalten. Das Personal lächelt hier ausnahmslos. Der Zyniker in mir befürchtet, daß sich mein Portemonnaie für jedes Lächeln, das ich von diesen gutaussehenden jungen Angestellten einheimse, irgendwann erleichtern wird. Aber ich schiebe diesen garstigen Gedanken ganz schnell beiseite. Viel lieber möchte ich glauben, daß diese jungen schönen Menschen mir wirklich zugetan sind und mich nur anstrahlen, weil ich wirklich so ein toller Typ bin. Ich fühle mich pudelwohl. Das Personal des Ritz-Carlton ist, wie soll ich sagen, anders. Alle Hotelangestellten tragen eine kleine Broschüre mit sich herum, die mit »Service

Values« betitelt ist und die Zwölf Gebote des Ritz-Carlton enthält. Es beginnt mit »1. Ich baue starke Kundenbeziehungen und lebenslange Bindungen der Gäste ans Ritz-Carlton auf« und endet mit »12. Ich bin verantwortlich für unbedingte Sauberkeit sowie für eine sichere und unfallfreie Umgebung.«

Aber nicht doch. Nicht eine von ihnen lächelt mich nur wegen irgendeiner Broschüre an. Sie lächeln mich an, weil ich einfach jedem Menschen ein Lächeln auf die Lippen zaubere. Man erblickt mich, schaut mich an, mag mich.

Yeah!

Ich betrete mein prächtiges Zimmer und werde unmittelbar von einem Großbildfernseher empfangen, der mich doch glatt verderben will. Hier gibt es erotische Filme für mich, so ich möchte. Auf dem Bildschirm windet sich eine sexy junge Dame und, ja, sie lächelt mich an. Selbst die Fernsehdamen mögen mich! Ein tolles Gefühl! Darüber hinaus schätzt sich das Ritz glücklich, mir das Vergnügen der kostenlose Benutzung eines Bademantels zu ermöglichen, den ich freilich auch für schlappe 128 Euro kaufen könnte. Ein Schnäppchen. Vielleicht kaufe ich ihn ja, aber nicht jetzt. Ich verabschiede mich von meiner Lover Lady auf dem Fernsehbildschirm und verlasse das Hotel.

Die Autostadt, ein deutsches Disney, ist einfach umwerfend. Alles glitzert und glänzt, und auf den Straßen ist das Rauchen verboten. VW sorgt sich um die Menschen, und Rauchen ist nicht gut für die Gesundheit. Benzin ist gut für den Menschen, was man von Nikotin nicht behaupten kann.

Eine Mitarbeiterin namens Angélique führt mich persönlich durch das Auslieferungssystem der Autostadt. Viele deutsche Kunden kommen offensichtlich gerne hierher, um ihren neuen Wagen an der Quelle in Empfang zu nehmen.

Als erstes zeigt sie mir die beiden Glassilos, zwei glänzende Türme, in denen die VWs auf ihre Käufer warten. Heute wurden bereits 690 Fahrzeuge übergeben. Es ist ein erstaunlicher Anblick. Ein Liftsystem hebt das Auto, das man Ihnen gleich übergibt, aus dem Bauch des Silos wie ein Baby aus dem Mutterleib.

Darauf folgt eine lange Leier. Wenn man sein Auto schließlich erhält, erscheinen VW-Vertreter mit Kameras. Sie machen Fotos von Ihnen und gegebenenfalls Ihrer Begleitung mit dem neuen Wagen – eine Zeremonie, die mich an eine Hochzeit erinnert. Der Käufer und das Fahrzeug, in guten wie in schlechten Tagen.

VW hat hier etwas Wunderbares geschaffen: eine Gemeinschaft von tollen Käufern, von liebenswürdigen Jüngern.

Lachen Sie nur. Es funktioniert tatsächlich. Man kann sagen, was man will, das hier ist zweifellos eine Liebesgeschichte. Zwischen dem deutschen Käufer und seinem Auto.

Hier ist eine Familie, die 500 Kilometer weit gefahren ist, um ihren Wagen in der Autostadt in Empfang zu nehmen.

Sie sind glücklich, daß sie den langen Weg hierher nicht gescheut haben. Es ist ein besonderes Erlebnis. Sie werden sogar noch einen Tag länger im Ritz bleiben. Soeben beschlossen. Aber »meine Frau ist besser als das Auto«, sagt der Göttergatte. »Sie ist weicher.«

Ich beginne – beginne! – zu verstehen, was es mit dem Kapitalismus wider Willen auf sich hat. Vielleicht lasse ich mich ja bekehren.

An einer Wand im Audi-Pavillon ist eine grandiose Verkündung zu lesen:

»Vorsprung ist für uns ein innerer Antrieb. Der innerste Antrieb. Vorsprung liegt uns in den Genen. Vorsprung durch Technik ... Technische Führerschaft besitzt ihre Stärken nicht nur auf der Straße. Auch im direkten Wettkampf mit den besten Konkurrenten der Welt zeigt sie ihre Überlegenheit.«

Vorsprung. Gefällt mir. Ich möchte auch deutsch sein. Tuvia Schmidt.

Im ersten Stock des Volkswagen KonzernForums kann man die »LEVEL GREEN«-Ausstellung besichtigen. In ihr geht es darum, daß die Generationen nach uns ein gutes Leben haben können, wenn wir unseren Teil dazu beitragen. Und VW will uns zeigen, wie das gehen soll.

Eine weitere Ausstellung nebenan dreht sich um Bewässerungsfragen und darum, wie wir Wasser sparen können.

In jeder Ausstellung findet sich ein gutgekleideter Mensch,

ein Mitarbeiter, dessen Aufgabe darin besteht, dem Besucher alle möglichen guten Dinge zu erklären. Mir gefällt, wie sie aussehen, wie frisch geduscht. Extra für uns.

Ich bin von Liebe umfangen.

Ich halte einen Plausch mit einem dieser Mitarbeiter, René. »Volkswagen erkennt seine Verantwortung für die Welt an«, sagt er mir, und aus diesem Grund leistet es sich das Unternehmen, sein Personal mit dem allgegenwärtigen Problem der Wasserknappheit auf unserem Planeten zu beschäftigen.

Meine innere jüdische nervende Stimme liegt mir in den Ohren. Es gibt zwei Möglichkeiten, sagt sie. Erstens, die Leute, die hierherkommen, glauben nicht ein Wort von dem, was dieser René sagt. Oder zweitens, sie glauben ihm. Im Fall von Möglichkeit 1 müßte VW Deutschlands größte Lachnummer sein, wonach es irgendwie nicht aussieht. Im Fall von Möglichkeit 2 sind die Deutschen das naivste Volk auf Erden.

Still jetzt, nervende Stimme! René redet mit dir! Man braucht für eine einzige Orange 150 Liter Wasser, fährt René fort, und VW sucht nach Wegen, wie man dieses System verbessern kann.

Wird Volkswagen auch eine Ausstellung zum Weltfrieden machen? frage ich ihn.

Oh, das ist schwierig, antwortet René. Mit Orangen ist es einfacher. In Spanien beispielsweise brauchen sie nur 15 Liter Wasser pro Orange, weil sie das Wasser gezielt auf die Orange richten. Nicht so in Afrika, einem sehr reichen, aber korrupten Kontinent, der sein ganzes Wasser verbraucht, um ...

Der Mann redet und redet und redet. Wer hat ihm das alles beigebracht?

Hier geht es keinesfalls ums liebe Geld; wie kommen Sie denn auf den Gedanken? Nein, hier geht es ausschließlich um das

Gute. Wirklich. Ich, Tuvia Schmidt, weiß es. Ganz auf den Kopf gefallen bin ich auch nicht. VW wird von Leuten geführt, denen die Unversehrtheit und Gleichheit der Menschen am Herzen liegt; es ist nicht wirklich ein Autohersteller, sondern eine Kirche. In dieser Kirche finden sich viele Nonnen und Pfarrer, allesamt selbstlose Freiwillige.

Über ihnen allen thront Otto F. Wachs, Autostadt-Geschäftsführer. Wir setzen uns zusammen, um über die Gemeinnützige Organisation und Kulturaustauschinitiative namens Autostadt zu sprechen.

Er macht diesen Job seit 15 Jahren und fährt selbst einen »sehr schnellen Audi«.

Er erklärt mir, dem etwas begriffsstutzigen Amerikaner: »Wir Deutschen sind sehr technikorientiert. Wir sind vielleicht nicht so gut wie ihr im Kommunikationsbereich, wie ihr in Silicon Valley seid.«

Ich weiß nicht, was mich plötzlich überkommt, wahrscheinlich ein kurzzeitiger Anfall von Wahnsinn. Mein Gesicht verzerrt sich grotesk, wie bei einem dieser dicken amerikanischen Journalisten, und ich werde fies: Ich sage ihm, er möge doch bitte die Maske fallen lassen und daß ich es ihnen nicht abkaufe, wenn die Mitarbeiter sagen, VW ginge es um die Menschen, und daß diese ganze Level-Green-Geschichte für mich nach einer einzigen Riesenheuchelei klingt. Ob er das wohl bestreiten wird?

Ich brauche einen Psychiater, keine Frage.

Otto schaut mich an und sagt:

»Sie wollen eine ehrliche Antwort? Wir verkaufen Autos. Sie werden nicht glauben, wie viele Autos wir verkaufen!«

Hat nun auch er den Verstand verloren? Hat er das wirklich gesagt? Daß all diese Ausstellungen bloße Show sind?

»Meine Aufgabe ist es, Autos zu verkaufen.«

Offensichtlich ist Wahnsinn ansteckend.

VW, erzählt er mir, baut über sechs Millionen Autos im Jahr. Die meisten Deutschen kaufen Autos aus Liebe zu diesem Produkt. »Sie kaufen es nicht aus Gründen der Mobilität – um von Punkt A nach Punkt B zu kommen. Ganz anders als in Ihrem Land.«

Mercedes-Benz, läßt er mich stolz wissen, hat das Auto erfunden, worauf die Deutschen stolz sind.

Es gibt aber noch mehr Unterschiede zwischen Amerikanern und Europäern.

»Ich erinnere mich an diese *60-Minutes*-Sendung auf CBS, in der ein Geistlicher sagte: ›Meine Tochter wurde von diesem Audi in der Garage totgefahren, weil mein Wagen von selbst beschleunigte. Ich konnte nichts dagegen tun und habe meine eigene Tochter auf dem Gewissen.‹ *60 Minutes*, CBS. Danach waren wir natürlich aus dem Geschäft. Jetzt muß ich auch einmal etwas sagen, weil ich sehr offen mit Ihnen war. Ihr seid eine sehr offene, demokratische Gesellschaft. Aber in Ihrem Land ... Ihrer Öffentlichkeit, Ihren Medien ... Manchmal ist es mehr als strapaziös, wie die Medien in Ihrem Land auf Ereignisse reagieren.«

Die deutschen Medien, glaubt er offensichtlich, würden so etwas nie tun.

Gut zu wissen. Sollte ich irgendwann einmal einen Automobilkonzern besitzen und plötzlich wegen überraschender Beschleunigungsprobleme in die Bredouille kommen, dann nichts wie ab nach Deutschland.

Otto ist heute guter Dinge. Im weiteren Gespräch verrät er mir die Idee, die hinter alldem steckt:

»Wenn Sie die Autostadt verlassen, dann glauben Sie an VW ... und werden eher geneigt sein, sich einen VW zuzulegen.«

Wir unterhalten uns noch lange, dann begleitet er mich hinaus. Er sagt mir, daß ich in seiner Gesellschaft ruhig rauchen darf, daß niemand mich daran hindern wird. Ich probiere es gleich aus. Er hat recht! Es funktioniert! Ich gehe zurück ins Hotel. Ich bin müde. Sesam, öffne dich, mit einem neuerlichen Lächeln. Ich gehe auf mein Zimmer. Meine Fernsehdame ist verschwunden. Muß wohl böse auf mich sein. Ich lege mich aufs Bett. Wie soll es nun weitergehen?

Wenn ich heute etwas gelernt habe, dann dies:

Sozialismus ist, wenn man Geld verdient, indem man über die Umwelt spricht. Kapitalismus ist, wenn man Geld verliert, weil man gigantische Rückrufaktionen hat.

Stimmt das? Ach, ich weiß überhaupt nichts mehr. Vielleicht sollte ich mir einen Stuhl schnappen und nach unten gehen, mich zwischen die Eingangstüren setzen und mich stundenlang von all diesen liebreizenden Ladies anlächeln lassen.

Der Schlaf übermannt mich, wiegt mich in Träume vom Ewigen Lächeln der Ritz-Carlton-Damen und zaubert mir selbst ein seliges Lächeln ins Gesicht.

KAPITEL 7 *In dem wir Katholiken und Protestanten in freudiger Erwartung sehen, den »Leib Jesu« zu verspeisen, während die Juden die Nacht durchmachen, um sich anders verköstigen zu lassen*

In München, flüstert mir am nächsten Morgen ein Vögelchen ins Ohr, findet etwas statt, das sich Kirchentag nennt. Deutschlands Katholiken und Protestanten schließen Frieden oder so ähnlich. Ich wußte gar nicht, daß es einen Krieg gibt, aber was weiß ich schon? Nicht viel; ich bin nur ein Tourist.

Tausende und Abertausende Deutsche strömen nach München; vielleicht sollte ich mich ihnen anschließen. Nach dem Hotelfrühstück nehme ich einen Zug gen Süden. Ich bin kein Christ, aber mich faszinieren Menschen, die sich vereinigen wollen. Ich liebe Vereinigungen, sie vermitteln mir ein Gefühl von Wärme. Wie ich es gerade heute brauche. Es ist bewölkt und regnerisch, und die Aschewolke zieht noch immer über Europas Himmel. Die *Bild*-Zeitung verkündet, dies sei der kälteste Sommer seit 100 Jahren. Die Menschen klagen darüber, sind aber immer noch voller Hoffnung, daß Deutschland die Weltmeisterschaft gewinnt. Die Deutsche Bahn bietet eine Fan-BahnCard an. Auch ich kriege eine. 25 Prozent Preisnachlaß für zwei Monate ab heute, und jedesmal, wenn das deutsche Team gewinnt, gibt's einen weiteren Monat mit 25 Prozent Rabatt dazu.

Die Straßen von München sind voller betender Menschen. Ich hatte keine Ahnung, daß es so viele Gläubige in Deutschland gibt. Hier haben wir eine Gruppe, die für Afghanistan betet.

Auf der gegenüberliegenden Straßenseite betet eine andere

Gruppe zu Maria. Oder umgekehrt – ich bin verwirrt. Regina, eine nette Dame aus Lübeck, empfiehlt das morgige Gebetstreffen.

Was ist das?

»Wir werden herausfinden, auf welcher Seite von Jesus wir im Himmel sitzen werden.«

Auf welcher Seite sehen Sie sich?

»Das werde ich morgen erfahren.«

Ich bin ganz aufgeregt. Wenn ich lange genug hierbleibe, kriege ich einen hübschen Platz im Himmel. Vielleicht, ich meine, *vielleicht* könnte ich die Lächellady von meinem Ritz-Carlton-Fernseher mitnehmen. Wahrscheinlich sollte ich es

Ihnen nicht auf die Nase binden, aber ich habe meine Freude an dieser ganzen Himmelskiste. Regina aus Lübeck kriegt Jesus und ich kriege Frau Ritz.

Ich trotte in eine Kirche, um mich schlauer zu machen.

»Sie haben einen jüdischen Akzent«, sagt Manfred zu mir, als ich pünktlich zur Sperrstunde in einem der kircheneigenen *Gute Nacht*-Cafés einlaufe. Ich will schon wieder gehen, aber die guten Menschen hier lassen einen Himmelssucher nicht einfach in die Nacht entschwinden. Ich bekomme sogar ein Stück Kuchen mit frischgebrühtem Kaffee, und Manfred setzt sich auf einen Schwatz zu mir.

Er hat einige Juden aus dem jüdischen Staat kennengelernt, läßt er mich wissen, und mein Akzent klingt wie ihrer. Bin ich ein Jude?

Nein, ich bin Pole. Heute zumindest. Jordanier und Deutscher war ich lang genug. Ich brauche eine Veränderung. *Change*, ganz Barack Obama.

Manfred: »O Gott. Die Israelis sind ziemlich aggressiv. Sie schließen die Grenzen, so daß die anderen nichts zu essen haben, sie hungern die Palästinenser im Gazastreifen aus, sie sind militärisch sehr aktiv. Sie wollen keinen Frieden, sie wollen Krieg.«

Gut, gut, aber da ist ein kleines Problem. Gaza ist zwischen Israel und Ägypten eingeklemmt. Während die Israelis gewisse Nahrungsmittel und Medikamente nach Gaza hineinlassen, halten die Ägypter ihre Grenze zu Gaza hermetisch geschlossen und lassen gar nichts hinein.

Stört es Sie, daß Ägypten seine Grenze noch mehr verschlossen hält als Israel?

»Ich weiß nicht, warum die Ägypter das tun, also kann ich es auch nicht beurteilen.«

Aber natürlich weiß er alles über *die Juden*.

Vielleicht weiß er auch, daß ich kein Pole bin. Ich fühle mich bloßgestellt. Ich sitze hier in München und esse diesen köstlichen Kuchen, während ich gleichzeitig die Palästinenser im Gazastreifen aushungere. Ein so gräßlicher Mensch kriegt keinen Platz im Himmel. Ich werde nicht da oben neben Frau Ritz sitzen. Ein gräßlicher Jude, das ist alles, was ich bin. Morgen gehe ich zur Beichte.

Am nächsten Tag aber spaziere ich, gräßlich, wie ich nun mal bin, in ein Ausstellungszelt namens *Oase der Versuchung*. Wohin sonst! Meine Versuchung für heute ist eine attraktive Dame, die auf den Namen Schwester Jutta-Maria hört. Eine lächelnde Nonne. Sie war zwei Jahre lang mit einem Mann zusammen und beschloß dann, daß sie mehr von einer Beziehung wollte, was sie aber nur haben konnte, wie sie meinte, wenn sie sich mit Jesus vermählte. Also mit Jesus Christus. Seit fünf Jahren ist sie jetzt eine Schwester, und sie kommt Jesus stetig näher. In drei Jahren, so ist momentan der Plan, wird sie sich mit Ihm vermählen.

Wie sieht Jesus aus?

»Er ist kein Italiener. Er hat einen kurzen Bart und braunes Haar.«

Kann er gut küssen?

»Sind Sie Katholik oder Protestant?« lautet die Gegenfrage.

Ich? Protestant! Ein amerikanischer Protestant aus New York.

Kein Jude, kein Pole, kein Jordanier, kein Deutscher. Ich kann gar nicht glauben, wie oft ich meine Identität wechsle. Psychiater würden sagen, daß ich an einer Entwicklungsstörung oder etwas in der Art leide. Aber mir macht es einfach Spaß. Ein Leben habe ich zu leben, ich will aber noch viele Leben mehr. Ich kann Ihnen nur empfehlen, es einmal auszuprobieren, es ist sehr erhebend.

Kann Jesus gut küssen?

Hier wird die Schwester deutlich vorsichtiger. »Er ist kein, kein, kein –«

Kein was?

»Sie wissen schon, kein, wie sagt man auf englisch? Ich weiß es nicht. Er ist kein, Sie wissen schon.«

Wie wird es sich abspielen? frage ich sie. Wird Jesus nachts in Ihr Zimmer im Kloster kommen und rufen: »Hallo, Schwester Jutta. Hier bin ich!«?

»Jutta-Maria!« korrigiert sie mich. Ihr Geburtsname ist Jutta, ja, aber ihr ist die Jungfrau erschienen und hat ihr gesagt, »sie wolle ihren Namen hören, wann immer Menschen mich ansprechen«. Also, lächelt sie, »habe ich den Namen Maria hinzugefügt«.

Gut. Dann wollen wir jetzt versuchen, uns die Brautwerbungsszene vorzustellen: Jesus wird nachts in Ihr Klosterzimmer kommen und sagen: »Hallo, Schwester Jutta-Maria. Hier bin ich!« Was werden Sie dann tun?

Erst, erzählt sie mir, wird sie die Sache prüfen, um sicherzustellen, daß Er es ist. Ihr Vater ist Polizist, und sie vertraut nicht jedem einfach so.

»Sind Sie in Versuchung?« fragt sie mich und wechselt das Thema.

Ergreift sie die Initiative, möchte sie, daß ich sie in mein Ritz-Schlafzimmer entführe? Nein, nein. Sie bietet mir Chips an. Chips, sagt sie, sind eine echte Versuchung. Zwei Tüten in der Woche pflegte sie zu verzehren, bevor sie sich in Jesus verliebte. Heute sehnt sie sich nur alle zwei Monate nach ihnen. Sie lebt in einem Kloster, und wenn die Versuchung sie übermannt, wendet sie sich an die Oberin und schildert ihr das Problem. Und die Oberin sagt: »Mit Vergnügen gebe ich dir Chips.« Aber nicht immer. Manchmal gibt es keine Chips. Kann passieren. Jutta-Maria bietet mir Schokolade an – ihre Versuchung Nummer 2.

Ich sage, danke schön, aber heute werde ich der Versuchung widerstehen!

Sie schaut zur Oberin, die in der Nähe sitzt, und fragt, ob sie später die Schokolade haben könnte.

Ja!

Nun bringt Schwester Jutta-Maria ihrem amerikanischen protestantischen Besucher ein wenig Hebräisch bei.

»*Maria*«, sagt sie, »bedeutet *Geliebte Gottes* auf hebräisch.«

Dieser amerikanische Protestant schätzt sich sehr glücklich, in München Judaismus und Hebräisch studieren zu können.

Meine Reise nach Deutschland erweist sich als eine Reise ins Judentum.

Das Leben ist voller Überraschungen.

Manfred hätte sehen sollen, wie ich der Versuchung widerstanden habe. Er wäre stolz auf diesen Polen.

Ich bin auf der Münchner Messe, einem der Veranstaltungsorte, an denen Tausende deutscher Christen, Katholiken wie Protestanten, versuchen, sich ein wenig näher zu kommen.

Nur wenige Schritte entfernt von mir hält Margot Käßmann eine Rede. Ganz in Schwarz gekleidet, liest sie ihre Rede vom Blatt ab. Sie bekommt wiederholt Applaus. Ich sehe Journalisten und Pressefotografen in der Menge. Und nicht gerade wenige. Einige der Fotografen machen Fotos von anderen Fotografen.

Sie wirkt nicht sehr charismatisch auf mich, aber die Leute hier scheinen ihre Fans zu sein. Ich weiß nur wenig über sie. Sie war so eine Art Bischöfin und trat von ihrem Amt zurück, nachdem sie »unter Alkoholeinfluß«, wie man in New York vornehm sagt, am Steuer erwischt wurde. Ich frage mich, was mein Halb und Halb aus Hamburg von ihr hält. Ich sehe ihn in seinem Büro vor mir, im sechsten Stock des *Zeit*-Gebäudes, wie er in einem fort lacht!

Margot brauchte ein Leben lang, um ein Bistum zu bekommen, und ein Glas Wein oder Bier, um es wieder zu verlieren.

Komm zu mir, Giovanni, und wir laufen zusammen durch die Straßen von München und lachen uns schief, bis diese Stadt explodiert!

An einem Tisch gleich hinter Margot sitzt ein Bischof. Griechisch-orthodox. Er heißt Constantin Miron, hat einen langen Bart, einen großen Bauch und einen Pferdeschwanz. Er bohrt in der Nase, schaut sich um und bohrt wieder in der Nase. Sie spricht über das Gute, das alle Religionen den Menschen geben, oder etwas in dieser Richtung, und der Grieche bohrt in der Nase. Falls ich sie recht verstehe, sagt sie, daß wir alle voller Hoffnung sein können, wenn wir uns nicht den Regeln der Medien beugen – und der Pulk der Pressefotografen drückt auf die Auslöser. Applaus. Musik. Ende. Sehr PC. Das Publikum tobt. Die Deutschen, scheint es, bevorzugen nicht-charismatische Führungsfiguren. Nüchterne, leidenschaftslose Führer treiben die deutsche Seele und Psyche zu immer neu-

en Höhen. Die Versammelten, Margots Anhänger, nähern sich nun mit ihren Digitalkameras dem Podium. Sie drücken und drängeln. Sie wollen Fotos machen. Fotos von ihrer lebenden Göttin.

Immer mehr Leute treibt es nach vorne.

Sie tritt vom Podium herunter, eine kleine Frau in Schwarz, und die Menge folgt ihr.

Es entwickelt sich ein regelrechtes Gedränge. Die Leute können einfach nicht loslassen. Nur noch ein Bild. Nur noch ein Autogramm. Sie machen Männchen, um ihr nahe zu kommen. Sie wissen noch nicht, auf welcher Seite von Jesus sie da oben sitzen werden, aber sie wissen, auf welcher Seite von Margot sie hier unten stehen wollen. Sie versuchen ihre Digitalkameras höher zu halten als die anderen Digitalkameras. Hier möchte jemand ein Halstuch signiert haben. Margot liebt augenscheinlich alle Nationen und alle Religionen und nimmt ihrer aller Bewunderung gnädig entgegen.

Wo ist der nasebohrende griechische Typ hin? Hat sich verabschiedet. Er ist verschwunden, ohne daß es auch nur jemand bemerkt hätte. Es gibt nur Margot, die Bewunderer und das Halstuch. Eine Dreifaltigkeit. Ich stehe neben ihr, verblüfft über die Menschenmenge. Wer weiß, eines Tages wird dieses Halstuch an einem Ort namens Turin 2 zur Schau gestellt, und Millionen werden dorthin pilgern, um die Wunder des Tuchs zu sehen. Und ich werde von meinem Platz im Himmel neben Frau Ritz aus lächeln und der Frau aus Lübeck zu Jesu Linken sagen: Ich war dabei, als alles begann, ich habe es mit eigenen Augen gesehen!

Nur daß ich mich jetzt, noch auf Erden weilend, mit einer alten Dame befassen muß, die mir gerade auf den Fuß getreten ist. Was natürlich leicht zu verschmerzen ist; schließlich bin ich dafür bei der Geburt eines Wunders dabei.

Während ich dies schreibe, und ich gewöhne mich langsam schon daran, bleiben Menschen bei mir stehen und betrachten mein iPad, das es in Deutschland anscheinend noch nicht gibt. Sie fragen, ob sie mir zuschauen dürfen, wie ich auf ihm schreibe, und wüßten gerne Näheres darüber, wenn die Frage gestattet sei. Ich bin beeindruckt: Keinem dieser Menschen kommt beim Anblick des iPad in den Sinn: »Darauf möchte ich spielen.« Nein. Sie machen sich Gedanken über die Technik, die sie in dem Gerät vermuten und ernsthaft bewundern. Und ich bewundere ihre Bewunderung. Ich kenne keine andere Kultur, in der die Menschen so technikbegeistert sind.

Ich erinnere mich an den Apple Store in New York vor nur wenigen Wochen, als das iPad Premiere hatte. Es gab sagenhaft lange Schlangen vor dem Laden. Drinnen fühlte man sich wie in einer Sardinenbüchse. Jeder wollte das iPad anfassen. Und in dem Moment, wo die Menschensardinen es in die Finger bekamen, spielten sie diverse Spiele darauf. Die Begeisterung galt den Spielen. Aber das ist nicht die Einstellung der Leute hier, dieser Deutschen. Sie wollen das technische Drumherum wissen. Niemand fragt mich nach irgendwelchen Spielen. Hier stellen sie Fragen wie: Haben Sie wirklich gerade darauf getippt? Ist das leicht? Man kann Dateien damit anlegen, nicht nur ... Kann ich die Tastatur mal sehen? Und dann per E-Mail versenden? Ist es besser als ein Computer?

Komisch, aber das ist es, was auf diesem Kirchentag am meisten Eindruck auf mich macht. Und nein, sie sind nicht nur hier so. In Hamburg genauso, in der Autostadt genauso. Nur daß ich hier Gruppen von Menschen erlebe, die innehalten, um dieses Wunderding in meinen Händen zu sehen. Unglaublich, diese Deutschen. Ich bin beeindruckt. Sie lernen gerne, und ich liebe meine neue Rolle als Lehrer.

Doch hat jede menschliche Begeisterung ihre Grenzen, wie Sie sicherlich wissen, und nach einem Tag voller Spiritualität für meine Seele erheischt nun auch mein Magen ein klein wenig Aufmerksamkeit.

Ich verlasse die Messe und gehe in die Stadt. Direkt neben der sehr hübschen Frauenkirche lächelt mich das Restaurant Andechser am Dom an. Hier werde ich essen.

Reiner, ein Katholik, der mir gegenübersitzt, läßt mich an seinen Gedanken über den Kirchentag teilhaben. Er findet es gut, wenn Katholiken und Protestanten miteinander ins Gespräch kommen, glaubt aber nicht, daß sich in der Praxis etwas ändert, solange sich die katholische Kirche für die einzig wahre hält. Nein, seiner Meinung nach soll die katholische Kirche nicht ihr Selbstverständnis aufgeben. Täte sie es, dann würde sich die Kirche auflösen. Und dann gebraucht er dieses lange deutsche Wort: *Alleinvertretungsanspruch*. Man muß wohl Katholik sein oder drauf und dran, einer zu werden, um zu verstehen, was das bedeutet.

Eine sehr freundliche Blondine kommt vorbei. Die Bedienung. Was ich gerne essen würde? Tja, was kann sie mir empfehlen? Ich habe Lust auf etwas Leckeres. Wir einigen uns auf ein Schnitzel. Sie lächelt, ich lächle, sie macht einen Scherz, ich mache einen Scherz, und Reiner schwingt eifrig Reden. Reiner hält Obama für den besten Präsidenten seit Roosevelt.

Was findet er an Obama so gut?

Na ja, Reiner ist persönlich sehr beeindruckt von Obama. Für einen Schwarzen, sagt Reiner, ist Obama außergewöhnlich intelligent. Obama, sagt Reiner, kann eine Stunde lang reden, ohne einen Fehler zu machen! Dieses erstaunliche Phänomen mußte Reiner erst mal verarbeiten, einen schwarzen Mann mit einem derartigen Auftritt! Obama hat die Führungsetage von Goldman Sachs gefeuert, fügt Reiner hinzu, und das war gut so. Reiner ist gegen Kapitalisten überall auf der Welt, und gegen Kriege ist er auch. Obama will aus Afghanistan heraus, und das ist gut. Obamas Politik im Nahen Osten ist noch nicht gut, weil er nicht viel tun kann gegen den »starken Druck der amerikanischen Presse, die jüdisch ist, sowie den Druck amerikanischer Finanzinstitutionen und amerikanischer Ökonomen, die ebenfalls jüdisch sind«. Kann er mir eine amerikanische Finanzinstitution nennen, die zugunsten der Juden Druck auf Obama ausübt? Ja, Goldman Sachs. Lehman Brothers, nebenbei, wurde von amerikanischen Juden aus Deutschland gegründet.

Das alles interessiert mich sehr, weil mir offen gesagt nicht bewußt war, daß ich so reich bin. Ich wußte nicht, daß ich so viele Finanzinstitutionen besitze. Wenn ich zurück in New York bin, werde ich keine Vorstandssitzung von Goldman Sachs mehr auslassen. Auch werde ich einen Finanzberater engagieren müssen, der sich um meine ganzen Medienbeteiligungen kümmert.

Reiner ist viel klüger als ich. Er weiß, was er besitzt: 500 Morgen Land an einem Ort namens Ammersee.

Reiner ist ein Quell der Weisheit. Er kennt sich nicht nur mit den Juden aus, sondern auch mit den Frauen. Österreicherinnen sind deutschen Frauen vorzuziehen. Die deutschen Frauen, warnt er mich, sind emanzipiert – was Minuspunkte gibt. Aber man darf ihn nicht mißverstehen: Diese österreichischen Schönheiten sind keine dummen Püppchen. Sie sind scheinbar ergeben, aber sie wissen, wie sie ihre naiven Ehemänner um ihre kleinen gehorsamen österreichischen Finger wickeln können!

Also Vorsicht!

Das Schnitzel kommt. Es ist ausgezeichnet. Unter uns gesagt, ist es mir ziemlich wurscht, was Deutsche über Juden denken. Solange ich ihre Schnitzel genießen kann, sollen sie gesegnet sein.

Zu gegebener Zeit ist der Schnitzelteller geleert, während sich in einem anderen Teil der Stadt der Kirchentag langsam seinem Ende zuneigt. Wohin sollte ein reicher Jude wie ich jetzt gehen?

Da kommt diesem Goldman-Sachs-Aktienbesitzer eine Idee: Nachdem du jetzt die Christen besucht hast, warum nicht deine jüdischen medienbesitzenden Partner im Lande aufsuchen?

So wird's gemacht. Zusammen besitzen wir so viel, daß wir uns kennenlernen sollten.

Wohin geht man, um in Deutschland Juden zu finden?

Vielleicht nach Berlin. Das ist die Hauptstadt; der richtige Ort für reiche Juden.

Zufälligerweise steht Schawuot, das jüdische Wochenfest, vor der Tür. Religiöse Juden erinnert dieser Feiertag an den Empfang der Zehn Gebote auf dem Berg Sinai. Traditionell »empfängt« man die Thora, indem man an Schawuot die ganze Nacht aufbleibt und religiöse Schriften studiert. Mal sehen, wie deutsche Juden es damit halten. Reich, wie sie sind, müssen sie ja wohl sagenhaft zu feiern wissen.

Ich beschließe, die Nacht durchzumachen und aufzusuchen, was immer ich an jüdischen Tempeln finde.

Ich kaufe mir eine jüdische Lokalzeitung und schaue nach, wo was stattfindet. Als erstes begebe ich mich zu der Synagoge in der Pestalozzistraße. Der hiesige Rabbi kommt aus Israel. Der Kantor auch. Die Menschen sprechen hebräisch miteinander. Bin ich in Israel? Nicht ganz. 40 israelische Touristen sind anwesend, verrät mir der Mann vom Sicherheitsdient, der ebenfalls Israeli ist. Ohne sie wären nur sehr wenige Besucher hier. Ein israelischer Journalist, der in Berlin lebt, erzählt mir, daß er einmal daran gedacht habe, ein Buch über deutsche Juden zu schreiben. Nur gebe es da nicht viel zu schreiben. Was immer Sie gelesen haben mögen, ergänzt er, hat mit der Realität nichts zu tun.

Ich betrachte die Aufschrift an der Wand, die an die sechs Millionen Toten erinnert, während ich dem Gebet des Kantors lausche, der Gott dafür preist, daß er die Juden beschützt.

Ich beginne, an meiner Zurechnungsfähigkeit zu zweifeln. Schon wieder.

Die Synagoge befindet sich auf der straßenabgewandten Seite eines Hofs. Das, bequemt sich ein Mann mir zu erklären, geht auf die jüdische Geschichte in Deutschland vor dem Krieg zurück. Auf Juden, die ihren Glauben heimlich praktizieren mußten.

Ich wäre hier dann soweit fertig. Es reicht.

Es gibt noch einen anderen jüdischen Tempel in Berlin. Man erkennt ihn an einer goldenen Kuppel oben, Polizeiabsperrungen unten und patrouillierenden deutschen Polizisten davor. Nichts wie hin.

Dieser Synagoge steht eine Rabbinerin namens Gesa S. Ederberg vor. Sie trägt eine Kippa und legt obskure Texte über Käse aus, der von Nichtjuden hergestellt wurde. Kostprobe gefällig?

»Bithynischer Käse von Nichtjuden ist verboten, und zwar erstreckt sich das Verbot auch auf die Nutznießung – so Rabbi Meir; die Weisen sagen, das Verbot erstrecke sich nicht auf die Nutznießung. ... Weil sie ihn durch das Lab von Aastieren gerinnen lassen.«

Es gibt so viele Texte im Talmud, die entschieden sinnvoller und erhellender sind. Warum hat diese Rabbinerin sich für einen solchen Nonsens entschieden? Fragen Sie nicht mich.

Ich bin in der jüdischen Kultur aufgewachsen, und irgend etwas fühlt sich hier fremd an, obwohl ich es nicht genau benennen kann. Was könnte es sein? Vielleicht sind das hier Konvertiten, denke ich mir. Ich weiß es aber wirklich nicht und frage also die Rabbinerin: Wie viele Konvertiten haben Sie hier? Sie antwortet, daß sie die Zahl nicht kennt, nur daß »wir einige haben«. Wieviel sind »einige«? 20 Prozent, 50 Prozent? »Ich weiß es nicht«, gibt sie scharf zurück, spürbar verärgert.

Tja, wenn die Rabbinerin es nicht weiß, wer sonst! Ihre Assistentin. 60 Prozent, sagt sie mir, als ich sie ausfindig gemacht habe. 60 Prozent sind, jüdisch gesprochen, ungefähr 96 Prozent.

Es folgt eine weitere Unterrichtseinheit, dieses Mal von einer Gastrabbinerin, die ebenfalls eine Kippa trägt. Sie erläutert die Käseherstellung. Sie hängt ein großes Blatt an die Wand, auf dem Informationen von der Art: Milch, 3,8 Prozent Fettgehalt, stehen.

Sie fährt fort, eine Predigt über Hüttenkäse, Milch, Sauerrahm und alle möglichen Käsesorten zu halten.

Das einzige, was mir dazu einfällt, ist: Offensichtlich gehören diese Leute nicht zu meinen Partnern bei Goldman Sachs!

Auch eine Chabad-Synagoge gibt es in Berlin. Dorthin zieht es mich jetzt.

Chabad oder auch Lubawitsch nennt sich eine chassidische Bewegung, die sich selbst für »die dynamischste Kraft im heutigen jüdischen Leben« hält und sich der Aufgabe verschrieben hat, die Juden auf der ganzen Welt, also auch in Deutschland, mit ihrer Ausrichtung des jüdischen Glaubens vertraut zu machen. Die Bewegung, die in Wort und Tat missionarisch ist, sendet zu diesem Zweck »Emissäre«, die in der Regel aus den USA kommen, in verschiedene Länder aus. Diese Emissäre müssen sich auf eigene Faust etablieren und selbst die finanziellen Mittel aufbringen, um ihre neuen Gemeinschaften aufzubauen.

Der hiesige Emissär, der natürlich zugleich auch der Gemeinschaft vorsteht, heißt Rabbi Yehuda Teichtal. Er erzählt mir, daß »wir nicht zu der deutschen Regierung gegangen sind und gesagt haben: ›Ihr habt unsere Synagogen niedergebrannt, jetzt baut sie auch wieder auf.‹ Wir haben diese Synagoge aus eigenen Kräften errichtet.«

Erscheint Ihnen Rabbi Yehuda ein wenig streng? Vielleicht. Aber er hat auch eine sehr witzige Seite. Ist Ihnen zum Beispiel schon mal dieses überall anzutreffende, komisch aussehende *Polizeihäuschen* aufgefallen? Im Normalfall mit zwei oder drei Polizisten besetzt, finden sich diese Polizeihäuschen vor vielen jüdischen Einrichtungen in Deutschland. Vielleicht haben Sie sich dann auch gefragt, was es damit auf sich hat, so wie ich mich das gefragt habe, als ich sie in Hamburg sah. Nun, seit heute weiß ich endlich, wozu sie gut sind.

Yehuda will mir die Mikwe seines Tempels zeigen, also das rituelle Tauchbad, das »mit der modernsten Wassertechnik der Welt« ausgestattet ist. Nur ist das Bad leider heute geschlossen und liegt somit in völliger Dunkelheit. Yehuda hat die Schlüssel, darf aber an einem jüdischen Feiertag nicht selbst das Licht anmachen. So lautet das Gesetz. Auch darf er keinen nichtreligiösen Juden bitten, es für ihn zu tun. An diesem Punkt erweist sich der Polizist, der deutsche Polizist, als ausgesprochen praktisch. Yehuda ruft seinem Sohn zu, er möge den Polizisten hereinbitten. Dem Sohnemann ist sofort klar, welcher Notfall hier vorliegt, und bald darauf erscheint der deutsche Polizeibeamte. Nun ist es nach dem jüdischen Gesetz so, wie Rabbi Yehuda bemerkt, daß man zwar einen Nichtjuden bitten kann, eine solche »Arbeit« für einen zu verrichten, dies aber nicht direkt zum Ausdruck bringen darf.

»Es ist dunkel hier drinnen«, sagt der Rabbi.

»Hier?« fragt der Polizist.

»Ja, hier.«

»O. k.« Der Polizist macht das Licht an und will wieder gehen.

Da sagt der Rabbi: »Hier ist es auch dunkel« und zeigt auf die nächste Tür.

Da sagt der Polizist: »Hier?«

Da sagt Yehuda: »Ja, hier.«

Der Polizist will wieder gehen. Der Rabbi aber sagt: »Da ist es dunkel.«

»Da?« fragt der Polizist.

»Ja, da.« Der Polizist macht das Licht an und will wieder gehen.

Doch Yehuda ist noch nicht fertig. »Können Sie noch weiter hochgehen mit mir, da drinnen ist es auch dunkel ...« Das geht so weiter, bis überall das Licht eingeschaltet ist.

Und Yehuda sagt zu mir: »Sehen Sie diese Römerbäder?«

Aber ich kann gar nicht mehr aufhören zu lachen. Was sich hier zugetragen hat, ist einfach zu komisch. Besuchen Sie Yehuda am Sabbat und bitten Sie ihn, daß er Ihnen seine Mikwe zeigt. Man sollte das einmal im Leben gesehen haben, so gut tut es!

Und es dann mir gleichtun und die Einladung zum Essen in seinem Haus annehmen. Sie werden es nicht bereuen. Viele Menschen tauchen da auf. Man hat das Gefühl, bei einem König zu dinieren. Es gibt hier mehr Speisen, als das Auge erfassen kann. Und Getränke jeglicher Art. Alles koscher, natürlich. Und ja, das Essen ist einfach köstlich.

Glauben Sie ihm aber bloß nicht, wenn er behauptet: »An Sabbat kann man so viel essen, wie man will, ohne ein Gramm zuzunehmen!«

Sie werden sicher ein paar Pfund zunehmen, aber das ist das Vergnügen wert. Sie werden glücklich von dannen schreiten.

Upps, fast hätte ich es vergessen: Sie müssen Jude sein, um hier eingeladen zu werden. Diese Missionsgruppe arbeitet ausschließlich innerhalb der jüdischen Gemeinde. Falls Sie Nichtjude sind, gehen Sie zu Rabbinerin Gesa.

Fürs Protokoll: Yehuda bestreitet, daß ihm Goldman Sachs gehört.

Mit meinem wohlgefüllten Magen verspüre ich das Bedürfnis, irgendwo hinzugehen, wo ich mich ein wenig ausruhen kann. An einen netten Ort mit Aussicht. Was käme da in Frage?

KAPITEL 8 *In dem wir von einem ungewöhnlichen Ansinnen hören: Schatz, laß uns da heiraten, wo sie die Judenvernichtung beschlossen haben!*

Haus Sanssouci, was auf deutsch »sorglos« bedeutet, ist ein Hotel mit drei Zimmern. Es ist zugleich ein Restaurant mit Platz für 259 Gäste. Angesichts seiner schönen Lage ist es kein Wunder, daß das Haus vor allem von März bis September auch für Hochzeitsfeiern genutzt wird. »Jeden Freitag und Samstag findet mindestens eine Hochzeit statt. Manchmal sind es auch fünf am Tag«, erzählt mir Michael, der Oberkellner, der seit acht Jahren hier arbeitet. »Die Leute kommen hierher, weil es so ruhig ist und wir echte deutsche Küche servieren. Unsere Spezialität ist Kalbsleber auf deutsche Art, mit Zwiebelringen und Kartoffelbrei.«

Das Haus Sanssouci liegt, falls Sie es nicht schon wußten, am Wannsee. In der Villa direkt neben diesem Hochzeitshotel veranstalteten Nazifunktionäre am 20. Januar 1942 die berüchtigte Wannsee-Konferenz, auf der der letzte Nagel in den Sarg des europäischen Judentums gedroschen wurde. Heute ist die Villa ein Museum. Wie fühlt es sich an, sich in unmittelbarer Nachbarschaft zur Endlösung der Judenfrage eine Kalbsleber zu gönnen?

»In Berlin wird man alle fünf Meter an diese Geschichte erinnert. Also weiß man Bescheid, man versteht es, aber es ist Geschichte. Man lebt nun mal hier, so ist das eben. Bundestagsmitglieder führen immer wieder einmal Parteifreunde an einen Ort, der ihnen wichtig ist. Viele von ihnen entscheiden sich für die Wannsee-Villa. Und anschließend kommen sie zu uns, um hier zu essen.«

Günter Bolle ist der Eigentümer von Haus Sanssouci.

»Mein Vater kaufte das Haus 1954 von einem Juden, der nach Amerika ging.«

Wie kam ein Jude in den Besitz dieses Hauses?

»Das weiß ich nicht.«

Warum etabliert man ein Restaurant und ein Hotel für Hochzeiten in der Nachbarschaft eines Ortes, an dem die Vergasung der Juden feinabgestimmt wurde?

»Als mein Vater das Haus kaufte, wußte er nichts von diesem Ort. Niemand wußte etwas. Ich wußte auch nichts. Nichts.«

Ich bin mir nicht sicher, ob ich das recht verstehe. Also frage ich ihn:

Ich versuche mich in das junge Paar hineinzuversetzen, das hier seine Hochzeit feiert. Wie geht das vor sich? Ich meine, ich versuche mir ein Bild zu machen. Die Braut sagt zu ihrem Liebsten: ›Schatz, ich habe eine fantastische Idee! Laß uns direkt neben der Wannsee-Konferenz heiraten. Du weißt schon, dieser Ort mit den Juden und dem Gas.‹ Ist das die Idee, so ungefähr? Wahrscheinlich, oder? Wie erklären Sie sich das?

»Bis heute hat mir noch nie jemand diese Frage gestellt. Wirklich noch nie.«

Bei uns sitzt sein Gärtner, der das Gefühl hat, Günter verteidigen zu müssen. »Und Ihr habt die Indianer getötet!« herrscht er mich an. Was kann ich zu meiner Verteidigung sagen? Ich versuche es damit: »Ich heirate nicht ausgerechnet da, wo ich sie töte.«

Der Gärtner tut es den Bäumen und dem Gras gleich und verfällt ins Schweigen.

Nicht so Günter. Er unterhält sich gerne. »Jeder weiß, daß die Juden die amerikanische Wirtschaft kontrollieren. Aber ich habe ein gutes Auskommen in Deutschland.«

In meiner neuen Funktion als Präsident und Vorstandsvorsitzender von Goldman Sachs frage ich ihn: Wie kommt es, daß die Juden so reich sind?

»Die meisten von ihnen sind Bankiers. Sie waren es hier in Deutschland, und sie sind es in Amerika. Und wer das Geld hat, hat die Macht.«

Warum können die Juden so gut mit Geld umgehen?

»Keine Ahnung. Es ist ihr Charakter. Ich bewundere, was sie in Israel machen. Sie haben einen guten Geschäftssinn. Sie haben das in sich. Sie waren schon immer so.«

Gruselig. Nichts wie raus aus Berlin.

KAPITEL 9 *In dem wir dem Besuch eines amerikanischen Propheten und einer Hochzeit mit Engeln beiwohnen*

Ich nehme den Zug nach Hamburg. Wie ich nämlich gehört habe, gastiert ein »amerikanischer Prophet« in der Stadt, ein gewisser Mr. Patrick Holloran, und den möchte ich mir anschauen. Die in einem Hamburger Vorort gelegene Kirche ist gerammelt voll mit deutschen Gläubigen, jungen wie alten. Sie recken ihre Hände in die Luft wie amerikanische Evangelikale, sie singen, sie reden in fremden Zungen und machen einen ziemlich zufriedenen Eindruck. Auftritt des Propheten. Ein einigermaßen großgewachsener Mann mit Pferdeschwanz, Hemd über der Hose und einer stolz zur Schau gestellten Wampe. Eine Harley-Davidson würde das Bild noch komplettieren.

Er hat aber gar keine Harley-Davidson. Jedenfalls nicht hier. Dafür hat er Bilder dabei. Er zeigt den Versammelten Schnappschüsse von seiner Familie, den Kindern und was sonst noch allem. Gott, sagt er zu allen, die Ohren haben zu hören, bedient sich seiner Schwiegertochter, um Menschen zu Jesus Christus zu führen.

Jetzt ist ein Bild von seiner Frau an der Reihe.

Vor kurzem erschien ein Engel, sagt er, und »befreite sie von vier Tumoren«. Das deutsche Publikum applaudiert. Sie vertrauen diesem amerikanischen Propheten. Keine dummen Fragen. Der Mann rechts neben mir trägt ein T-Shirt mit dem Aufdruck *getitonline.eu.*

Der Prophet zeigt weitere Bilder seiner Familie. Offensichtlich sollen wir sämtliche Familienmitglieder kennenlernen.

Zu schade, daß wir die Engel auf den Fotos nicht sehen können, aber sie sind da. Hier ist seine Tochter; ihr erscheinen immer wieder Engel, sagt er. Aber leider nicht auf Fotos. Und noch einmal seine Frau. Die Frau des Propheten, erzählt der Prophet seinen deutschen Zuhörern, ist eine messianische Jüdin. Ein wichtiges Detail, vermute ich. Aufmerksam betrachten die Deutschen diese amerikanische Familie. Ihnen gefällt die Familie des Propheten. Er erzählt ihnen von der Heirat seiner Tochter, auf der, raten Sie mal, ebenfalls Engel vorbeischauten und mittanzten. Nicht nur das: 72 Hochzeitsgäste bekehrten sich auf der Stelle zu Jesus. Applaus. Erstaunlich, wie leichtgläubig die Leute hier sind. Ihre Eltern oder Großeltern glaubten einem kleinwüchsigen Österreicher, sie glauben einem hochgewachsenen Amerikaner.

Ende der Bilderstrecke. Zeit für eine Predigt.

»Geld ist gut«, sagt er und fügt hinzu: »Ein neuer BMW ist besser als ein 1972er Käfer.«

»Jesus ist mein Bankier«, verrät er. Welche Aktien Jesus wohl empfiehlt? Vielleicht sollte ich den Propheten unter vier Augen danach fragen.

Ich habe keine Ahnung, was dieser äußerst geschmacklos gekleidete Prophet von mir will. Er spricht Englisch und läßt sich von einer blonden Pastorin namens Gaby dolmetschen. Gaby hat es selbst nicht schlecht getroffen. Das Areal hier, ein ganzer Gebäudekomplex, gehört ihrer Familie. Ich habe sie vor einer Weile kennengelernt, als ich anläßlich der Aufführung eines meiner Theaterstücke hierher kam. Seinerzeit vertraute sie mir an, der Besitzer der Supermarktkette Aldi sei ein Jude. Woher sie das wisse, fragte ich sie. Weil »er so reich ist, muß er ja jüdisch sein«.

Der Prophet macht seine Sache hier ordentlich. Migränepatienten kommen zu ihm, und er befreit sie von ihrem Leid, wie er das Publikum wissen läßt. Wie er das macht? Er sagt zu Gott: Nimm ihnen ihre alten Helme ab. Gott kommt der Bitte nach und, schwupp, sind die Kopfschmerzen weg.

Zeit für die gemeinsame Bibellektüre. Lesen sollen wir »das Buch Josua, 8. Kapitel, wo Jesus Christus sagt ...«

Moment mal. Wie kommt Jesus ins Buch Josua?

Nicht so wichtig. Der Prophet wird es schon wissen.

Patrick hatte Krebs, erzählt er seinen geneigten Zuhörern, aber er besiegte ihn. Wie das? Er schrie ihn an, brüllte ihn an: »Stirb!«, und der Krebs starb. Das war's. Erledigt.

Dem ist nichts hinzuzufügen.

Nach weiteren ein bis zwei Stunden bildet sich eine Schlange. Die Leute wollen einen Moment des Gebets mit dem Propheten haben. Immerhin könnte er ihre Leiden und Krankheiten heilen. Auch ich beschließe zu warten. Ich möchte diesen Typ interviewen. Mit meinen Anteilen an Goldman Sachs wird es stetig aufwärts gehen, wenn ich nur einen direkten Draht zu meinem Bankier bekomme.

»Drei Engel sind bei dir«, sagt der Prophet zu mir. »Einer von ihnen hat den Kopf eines Löwen. Du hast sehr viel mehr Einfluß, als du glaubst!«

Sehr gut. Aber können wir uns vielleicht auch zu einem kurzen Interview zusammensetzen? frage ich ihn. »Heute abend nicht«, antwortet er, »aber morgen«, gleich nach seiner Frühpredigt.

Am nächsten Morgen jedoch teilt mir Gaby in Anwesenheit von Patrick mit, daß es nichts wird mit dem Interview, »weil du nicht zur Frühpredigt erschienen bist«.

Bitte?

»Ich hatte dir doch gesagt, daß du zur Frühpredigt kommen mußt!«

Ich habe keine Ahnung, wovon sie redet und was sie überhaupt damit zu tun hat. Vielleicht hatte sie einen Schwatz mit meinen Engeln, und die haben ihr etwas versprochen, von dem ich leider nichts weiß. Ich bitte den Propheten, sich selbst zu äußern, da wir uns ja miteinander verabredet hatten.

Ihm hat's anscheinend plötzlich die Sprache verschlagen.

Setzen wir uns zusammen und führen dieses Interview? Er starrt mich an, der Prophet, und seine Zunge klemmt irgendwo in seinem Mund.

Sagen Sie Ja oder Nein, fordere ich ihn auf und befehle ihm kraft meiner Engel, einschließlich des löwenköpfigen, mir zu antworten. »Nein«, sagt er.

Ich befehle dem Engel mit dem Löwenkopf, diesem Lügner von einem Propheten eine dafür zu verpassen, daß er mich den ganzen Weg hierher hat umsonst machen lassen, und anschließend mich verlorenen Menschen schnurstracks zu verlassen.

KAPITEL 10 *In dem wir einen Streifzug durch die deutsche Kultur unternehmen und einem Komiker, einem westlichen Scheich, Museumskids, Jurastudenten, Jesus Christus und natürlich König Ludwig II. begegnen*

Nach diesem zwielichtigen Propheten verspüre ich das Bedürfnis nach einem Komiker.

Horst Tomayer ist jetzt genau der Richtige. Wir treffen uns in einem Café in Hamburg. Der deutsche Charakter »neigt ganz offenkundig zum Gehorsam«, verrät er mir. Gehorsam aber interessiert mich nicht. Sind die Deutschen witzig? frage ich ihn.

»Nein. Sie haben nur einen schwach ausgeprägten Sinn für Humor. Für Humor braucht man Verstand, und der geht den Deutschen ab.«

Sagen Sie das noch mal!

»Seitdem es Deutschland gibt, fehlt es den Menschen hier an Verstand. Zwei Weltkriege, der Holocaust ... Wo zeigt sich da Verstand?!«

Wie können Sie so etwas sagen? Ihr habt Mercedes, BMW, VW. Dafür braucht man doch Verstand –

»Technische Fertigkeiten haben nichts mit Vernunft zu tun.«

Die dümmste Frage, die ich Horst nach dieser Einleitung stellen könnte, wäre: Sind Sie stolz darauf, Deutscher zu sein? Aber wissen Sie was, genau diese Frage stelle ich ihm jetzt.

Der Mann bricht daraufhin in ein so dröhnendes Gelächter aus, daß sämtliche Cafébesucher auf uns aufmerksam werden, milde ausgedrückt. Als er sich schließlich wieder eingekriegt hat, läßt er sich mit einem nicht weniger lauten »Nie und nimmer!« vernehmen.

Er ist einer jener seltenen Linken, die Deutschland ebenso von Herzen hassen, wie sie Israel von Herzen lieben. Es gibt solche Deutsche. Sehr wenige nur, aber es gibt sie.

Ganz im Ernst, er prophezeit, daß »die nationale Währung im Fall eines Zusammenbruchs des Euros wieder eingeführt und der Nationalismus fröhliche Urstände feiern wird«.

Er sagt, daß in diesem Fall »womöglich« die in Deutschland lebenden Türken des Landes verwiesen werden. Die Juden hingegen werden »ganz klar« ausgewiesen.

Was ist der Unterschied zwischen Türken und Juden?

»Den Juden kann man leichter zum Sündenbock machen. Da hängen immerhin Tausende Jahre Geschichte dran.«

Ich verabschiede mich von dem munteren Horst und fahre zurück zur *Zeit*, um mich dieses Mal mit Jens Jessen zu treffen, einem der beiden Feuilletonchefs. Der mir etwas erzählt, was für mich wirklich neu ist:

»Es ist die Mittel- und Oberschicht, die die *Bild*-Zeitung liest.«

Warum schreiben Sie? Nur, weil Sie gerne schreiben, oder weil Sie Menschen beeinflussen wollen?

»Ja, um Menschen zu beeinflussen. Das ist die treibende Kraft, nicht das Schreiben an sich.«

Warum?

»Das Grundgefühl meines Lebens ist Depression und Wut. Verzweiflung ist mein Normalzustand. Es gibt in meinen Augen so viel Dummheit und schlechtes Denken. Ich komme mir vor wie ein verzweifelter Lehrer.«

Deutsche sind nicht die einzigen dummen Menschen auf der Erde, aber »bei den Deutschen fällt die Dummheit stärker ins Gewicht«.

Warum das?

»Weil Dummheit in Deutschland viel gefährlicher ist als anderswo.«

Warum das?

»Es gibt kulturell bedingte Verhaltensmuster. Meine Befürchtung ist, daß totalitäre Denkweisen wie der Nazismus zurückkehren könnten. Ich sehe die Möglichkeit, in kleinen Gemeinschaften ... Der deutschen Kultur fehlt ein Sinn für Verschiedenheit.«

Sie müssen unbedingt gehorchen, die Deutschen? Ich meine, das ist nicht bloß ein Klischee ...?

»Genau. Ja.«

Woher kommt dieses Bedürfnis?

»Die Kriege zwischen Katholiken und Protestanten haben das deutsche Volk gelehrt, daß es in seiner kleinen Gemeinschaft zusammenrücken muß, um zu überleben. Ich glaube, das ist der Grund, sicher bin ich mir aber nicht.«

Wie geht die *Zeit* damit um?

»Sie versucht den Leuten beizubringen, daß man freie und offene Diskussionen führen kann, ohne Angst haben zu müssen. *Die Zeit* ist Teil eines kleinen Clubs von vier deutschen Medienunternehmen, die das versuchen.«

Vier. Und welches ist das beste der vier?

»Der *Deutschlandfunk* ist das beste.«

In welcher Hinsicht?

»In jeder Hinsicht.«

Was macht ihn so gut?

»Qualität, Tiefgang, Themenauswahl.«

In den Vereinigten Staaten würde ich dergleichen nie zu hören bekommen. Kein Redakteur des *Time*-Magazins würde je so freundlich über *Newsweek* sprechen, und umgekehrt. Und kein einziger Mitarbeiter der *New York Times* würde davor zurückschrecken, die eigene Truppe als die beste zu bezeichnen. Warum können Sie das nicht? Ist es so schwer zu sagen: Wir sind die Besten?

»Das ist eine Frage der Ehre. Man lobt sich nicht selbst. Ganz bestimmt nicht.«

Ist das eine deutsche Eigenschaft?

Jens hat die Falle schon von weitem erblickt.

Nein, sagt er. Spanien ist genauso. Jens verrät mir auch, daß der Idealismus nach der Wende in Ost- wie in Westdeutschland erloschen ist. Den Leuten ist der Eigensinn abhanden gekommen, und leider auch der Idealismus. Jeder unterwirft sich dem Diktat der Ökonomie, alle bangen nur noch um ihre Jobs. Ihm zufolge leben wir im Zeitalter des Opportunismus. Die jungen Leute etwa verstehen jene nicht mehr, die im Kampf gegen Hitler ihr Leben ließen. Sie fragen, warum diese Menschen nicht einfach ihre eigene Haut gerettet haben.

Jens gefällt mir. Er ist intelligent, ein Denker, ein Ehrenmann und ein echter Gentleman. Es gibt nicht mehr viele von seiner Art, wenn überhaupt. Gott oder die Natur, je nach Gusto, bringt keine Jense mehr hervor. Im heutigen Journalismus sind alle politisch überaus korrekt. Nicht so Jens. Nichts könnte ihm gleichgültiger sein. Er ist ein Idealist, ein Wort, das heute nur noch Verachtung auf sich zieht. Im heutigen Journalismus schreibt man nicht, was man denkt, sofern man überhaupt denkt; man schreibt, was sich verkauft. Jens' Welt ist das nicht. Er gehört einer anderen Zeit an, einer Zeit, die nur noch in Legenden fortlebt. Es war einmal eine Zeit, in der die Journalisten ehrlich schrieben, und da gab es einen Mann namens Jens ...

Während ich bei Jens sitze und ihm zuhöre, fühle ich mich wie an einem anderen Ort. Nicht wie in Deutschland, ja, überhaupt nicht wie im Westen. Die westlichen Intellektuellen predigen heute nur noch einen einzigen Wert: den der Toleranz. Das ist alles, was sie im Angebot haben. Alle sind wunderbar, und aus die Maus. Alle Kulturen sind großartig, Ende Gelände. Was sie tief im Innern denken, kann man nicht wirklich wissen. Vielleicht, nur so als Möglichkeit, denken sie rein gar nichts. Vielleicht ist das Innerste bloß ein leeres Loch. Die Toleranz ist oberstes Gebot. Und das war's.

Jens aber sagt einem, was er denkt. Er ist barsch. Er ist nicht tolerant, nicht einmal seinen eigenen Leuten gegenüber. Er glaubt. Man kann mit ihm einer Meinung sein oder auch nicht, aber man weiß, was er denkt und wo er steht. Wie nichtwestlich! Ich habe in den vergangenen Tagen mit etlichen Menschen in diesem Land gesprochen. Ich habe sie auch gefragt, was es bedeutet, Deutscher zu sein. Die Intellektuellen waren überwiegend sauer auf mich, wenn ich ihnen diese Frage stellte. »Ihr Amerikaner«, sagte einer von ihnen, »verallgemeinert immer alles!« Intellektuell gesehen ist diese Aussage natürlich ein gewaltiges Paradox. Aber lassen wir das. Wirklich interessant ist dieser weitverbreitete Gedanke: »Wir sind alle gleich. Alle Völker sind gleich.« Das ist der Gipfel ihrer Weisheit. Wenn das Intellektualität ist, bin ich ein Bayer.

Ja. Ich fühle mich wie an einem anderen Ort, in einer anderen Welt. Nein, nicht in Israel. Das ist ebenfalls ein sehr westlich denkendes Land. Seicht. Ich fühle mich, als wäre ich im arabischen Nahen Osten. Und nur wegen Jens. Vielleicht *bin* ich im Nahen Osten. Vielleicht ist dieser Mann, der mir gegenüber am Tisch sitzt und mit deutschem Akzent englisch spricht, in Wirklichkeit ein Scheich. Scheich Jens bin Mustafa. Ich bin oft im Nahen Osten. Ich spreche mit den Menschen dort und höre ihnen gerne zu. Nicht weil ich mit ihnen einer Meinung wäre, und auch nicht, weil ich nicht mit ihnen einer Meinung wäre. Das spielt gar keine Rolle. Sondern weil sie nicht diese innere Leere haben. Sie sind womöglich nicht »tolerant«, aber ich kann sie trotzdem respektieren. Sehr sogar. Es gibt etwas, wofür sie stehen. Da ist nicht innen diese Leere. Ich habe schon viele ehrliche Gespräche mit den »intoleranten« Menschen des Nahen Ostens geführt, aber bislang noch kein einziges mit den »toleranten« Menschen des Westens. Der Grund dafür ist höchst einfach: Die toleranten Menschen des Westens sind die intolerantesten Menschen, die man sich vorstellen kann. Ihre größte Furcht ist, daß ihre innere Leere entlarvt werden könnte; daher wünschen sie sich instinktiv, sobald man mit ihnen diskutieren will, man möge doch auf der Stelle tot umfallen.

Nichtsdestotrotz bin ich deprimiert, nachdem ich mich von Scheich Jens verabschiedet habe. Ich brauche Zeit, um nachzudenken und mich erst einmal wieder zu sammeln. Aber nicht hier, nicht in Hamburg. Hamburg ist eine schöne Stadt, aber die Atmosphäre hier, die menschliche Atmosphäre, ist für meinen Geschmack ein wenig zu kühl. Ich will nicht verallgemeinern. Es ist nur, was ich empfinde.

Ich behalte meine Gedanken für mich. Ich erzähle den Einheimischen nicht, wie ich über sie denke. Zu gefährlich. Die Hamburger sind sehr emotional, wenn es um ihre Stadt geht. Nimm das Wort *Elbe* in den Mund, und diese unterkühlten Menschen erwärmen sich plötzlich. Ein Mann kann Ihnen von seiner Frau erzählen, als wäre sie ein Baum, völlig emotionslos; aber sprich mit ihm über Hamburgs Bäume, und er wird tiefromantisch. Die Frauen sind nicht anders. Ich weiß nicht, wie die das machen.

Und bitte verraten Sie mich nicht! Hamburg ist die Welthauptstadt der militanten Radfahrer, und wenn die erst einmal wissen, daß ich Vorbehalte gegen sie habe, pusten sie mir vielleicht das Lebenslicht aus.

Nein, ich scherze nicht. Neulich schleppte ich mich mit zwei schweren Koffern ab und wurde dabei von Radfahrern terrorisiert. Auf einem schmalen Trottoir, das Platz entweder für mich mit meinen Koffern oder die fliegende Hamburger Miliz hatte, wie ich sie nenne, beanspruchte die Miliz das oberste Wegerecht. Ich mußte mich an einen Baum pressen, um sie vorbeizulassen. Dann kam eine andere Miliz. Dasselbe in Grün. Da war nichts zu machen. Auf ihren Rädern sind sie tickende menschliche Zeitbomben. Ich mußte meinen Fußmarsch öfter unterbrechen als der Normalbürger in Gaza während der israelischen Bombardierung vor einigen Jahren. Und ich dachte mir: Interessant, wie animalisch Menschen werden können, wenn sie nur glauben, das Recht auf ihrer Seite zu haben. Vielleicht sollten wir eine Delegation dieser militanten Radfahrer in den Nahen Osten entsenden. Sie werden da binnen eines Tages Frieden schaffen, wenn es überhaupt so lange dauert.

Jedenfalls fahre ich, ob ich recht habe oder nicht. Richtung Süden. Wohin wohl? Nach München. Schon wieder. Lieber verbringe ich meine Zeit mit Schwester Jutta-Maria als mit einer brüllenden Hamburger Miliz.

Auf dem Weg nach München schaue ich Al-Dschasira. Dank meines iPad kann ich unterwegs fernsehen. Al-Dschasira hat zwei Kanäle, einen auf arabisch und einen auf englisch, sowie zwei Websites, ebenfalls arabisch und englisch. Die englische und die arabische Version widersprechen sich diametral. Auf englisch ist Al-Dschasira moderat, der britischen BBC nicht ganz unähnlich. Dafür ist die arabische Ausführung extremer als die Hamas. Aus irgendeinem Grund, über den ich mir nicht im klaren bin, bleibt dem Westen dieser Umstand verborgen. Es bedeutet freilich nicht, daß Al-Dschasira auf arabisch uninteressant wäre. Ganz im Gegenteil. Hier kann ich Nachrichten sehen, die es nirgendwo sonst gibt.

Just in diesem Augenblick berichten sie live über eine gewisse Flotte, die von der Türkei aus zum Gazastreifen unterwegs ist. Scheich Raid Salah von der Islamischen Bewegung in Israel hält gerade eine kleine Ansprache. Wie gewöhnlich stachelt er die Menge gegen die Juden auf. Raid Salah kann mühelos den Titel des größten Antisemiten in der muslimischen Welt für sich reklamieren. Oder, weil er ja als Araber auch ein Semit ist, den des größten Judenhassers. Raid, der auch schon mal behauptet, die Juden würden das Blut nichtjüdischer Kinder in ihr Brot mischen, kriegt ordentlichen Applaus. Die türkische Regierung unterstützt diese Flottille und diesen Raid rückhaltlos, aber wenn ich ein Muslim wäre, würde ich die Flottille sofort versenken. Diese Leute lassen Muslime wie komplette Idioten aussehen. Sie nennen sich »Friedensaktivisten« und »Menschenrechtsaktivisten«, ihr Frieden jedoch ist die Friedhofsruhe. Wie ein Saudi mir vor zwei Jahren in Riad auf die Frage antwortete, ob er einen Frieden für möglich halte: »Ja. Wie es in diesem heiligen Buch heißt, werden alle Juden sterben, und es wird Frieden zwischen allen Menschen sein.« Er stellte sich einen großen Friedhof des Friedens vor, auf dem alle Juden begraben wären. »Wir kämpfen nicht gegen Friedhöfe«, sagte er mir mit einem breiten Lächeln.

Zwar ging die israelische Blockade des Gazastreifens zu weit, doch erscheint mir die Versenkung der Hilfsflotte höchst sinnvoll. Was in meinen Augen keinen Sinn hat, ist folgendes: Ich kann auf meinem kleinen iPad live mitverfolgen, was auf See geschieht. Wo aber sind all die Medien mit ihren Hunderten und Tausenden von Reportern, um darüber zu berichten? Ich kann keine einzige Meldung zu den Ereignissen finden, die der israelischen Kommandoaktion vorausgegangen sind.

Zuviel kann ich allerdings jetzt auch nicht über den Nahostkonflikt grübeln. Schließlich war es meine Entscheidung, nach Deutschland zu reisen und nicht nach Palästina. Ich bin hier. Tatsache. Und bevor ich mich's versehe, komme ich in München an.

München ohne Kirchentag, versteht sich. Die gläubigen Deutschen sind entweder abgezogen oder verstecken sich. Dafür sind die gebildeten Menschen da, und zwar überall. Wollen wir ihnen einmal einen Besuch abstatten.

Ich gehe zum Deutschen Museum. Warum nicht?

Kommen Sie, kommen Sie mit, es ist ein interessanter Ort. Hier können Sie etwas lernen. So wie ich. Ich habe nie darüber nachgedacht, aber es gibt einen Grund, warum ein Diesel Diesel heißt. Das hat nämlich mit Herrn Diesel zu tun, dem Deutschen, der die Welt veränderte. Beeindruckend, zweifellos. Man lernt nie aus.

Übrigens ist dieses Museum hervorragend konzipiert.

Sehen Sie hier, ein Tisch, auf dem die erste Atomspaltung stattfand. Bei mir um die Ecke findet man so was nicht.

In einem Bereich zum Thema »Starkstromtechnik« wird gerade ein Vortrag im Dunkeln gehalten. Dazu gibt es einen Versuch, bei dem laute Explosionen zu hören sind, jede einzelne vom versammelten Publikum frenetisch gefeiert.

Man spaziert in diesem fantastischen Museum herum, schaut nach oben und nach unten und zur Seite und kann nicht umhin, die Deutschen zu lieben. Nicht nur, weil einem plötzlich dämmert, wie viele Beiträge zur technischen Entwicklung sie im Lauf der Zeit geleistet haben, sondern gerade auch aufgrund der Art und Weise, wie selbige hier arrangiert sind. Erstaunlich, was man hier alles entdecken kann. Ich kenne kein Wissenschaftsmuseum, das diesem auch nur annähernd gleichkommt.

Bei dieser Gelegenheit kann man hier auch gleich Deutschlands Zukunft sehen: die Kinder. Wann immer ich mein iPad heraushole, das hierzulande erst seit kurzem erhältlich ist, kommen sie an. Sie sind von dem Gerät völlig fasziniert. Sie möchten wissen, wie es funktioniert! Wo ist das Modem? Auf ihre Technikgene, wenn man in einem Wissenschaftsmuseum so sprechen darf, ist Verlaß.

Die Kinder, selbst wenn sie gerade einmal zwei bis drei Jahre alt sind, lieben diesen Ort! Das ist in meinen Augen die beste und eindrucksvollste Ausstellung überhaupt. Ich fühle mich jetzt viel besser. Ich liebe diese Kinder!

Das ist ein Grund zu feiern. Ein Leberkäse wäre jetzt angebracht.

Admira aus Bosnien von der Metzgereikette vinzenzmurr macht mir meinen Leberkäse heiß. Seit zehn Jahren arbeitet sie nun schon hier, und sie verrät mir, was sie über die Deutschen gelernt hat:

»Männer bestellen Cola Zero; Frauen Cola light; Kinder Mezzo Mix oder Cola; ältere Menschen stilles Wasser oder Sprite.«

Das nenne ich eine Philosophin!

Ich bin so guter Stimmung, daß ich mir einen Theaterbesuch gönne. Auf dem Spielplan steht *Rechnitz (Der Würgeengel)* der Nobelpreisträgerin Elfriede Jelinek, im Schauspielhaus der Münchner Kammerspiele. Die Aufführung beginnt um acht, die Einführung um viertel nach sieben. Einführung, ja. Man bekommt eine Einführung, um das Stück zu verstehen. Kann ein Kunstwerk nicht für sich sprechen?

Vielleicht ja nicht.

Die Einführung gibt Julia Lochte, die Chefdramaturgin.

Das Stück spielt in der österreichischen Stadt Rechnitz. Es handelt von 180 Budapester Juden, die zu Zwangsarbeitern gemacht wurden und den Südostwall der Stadt bauen mußten. Sie waren zu schwach zum Arbeiten und wurden 1945 in den letzten Kriegstagen erschossen, kurz bevor die Russen kamen.

Elfriede, deren Vater Jude war, gebraucht in ihrem Stück nicht einmal das Wort *Jude*. Sie nennt sie vielmehr »Hohlmenschen«.

Helmut Schmidt ist nicht der einzige Jude in der deutschsprachigen Welt. Elfriede Jelinek ist auch eine Jüdin.

Das Stück selbst macht sehr schnell klar, daß sein Thema Sex und Tod ist. Ein Mann masturbiert beziehungsweise rubbelt sich im Schritt mit einem Frauenfuß. Wieder und wieder. Während die Charaktere von Mord, Massengräbern und anderen Nettigkeiten sprechen, haben sie auch Sex miteinander. Was will mir das sagen? Ich weiß nicht recht. Auf der Habenseite ist eine interessante humorvolle Note zu verbuchen. »Ich bin stolz darauf, ein Deutscher zu sein«, sagt eine der Figuren, »obwohl ich gar kein Deutscher bin.« Auf der anderen Seite ist das Stück zu banal. Falls es darauf abzielt, die Banalität des Bösen zu porträtieren, na, dann hat das Hannah Arendt in *Eichmann in Jerusalem* sehr viel besser gemacht.

Nach der Aufführung treffe ich mich mit Julia auf einen kleinen Plausch. Über einem Glas eiskalter Cola light frage ich sie, warum die Charaktere miteinander herummachen, während sie von Mord und Totschlag sprechen.

»Die Obszönität des Bösen«, antwortet Julia.

Ich sage nichts.

Interessante Notiz am Rande:

Im Dramentext heißt es: »Schon die Kreuzritter wollten nach Palästina und sind im Gazastreifen angekommen.« Heute jedoch ergänzte der Darsteller: »Sie sind wenigstens angekommen!« – mit Bezug natürlich auf die Nachricht des Tages, daß israelisches Militär die Schiffe gekapert hat, die die israelische Blockade des Gazastreifens durchbrechen wollten.

(Die von propalästinensischen Organisationen organisierte und von der türkischen islamischen Gruppe IHH sowie der türkischen Regierung unterstützte »Free Gaza«-Hilfsflotte bestand aus sechs Schiffen, die Kurs auf Gaza nahmen. Die israelische Marine forderte sie auf, den Kurs zu ändern und die israelische Hafenstadt Aschdod anzufahren. Die Aktivisten verweigerten dies, woraufhin die Israelis das größte der Schiffe, ein türkisches Passagierschiff namens *Mavi Marmara*, angriffen. Dabei wurden neun Menschen, die alle mit der IHH zu tun hatten, getötet. Die Kommandoaktion fand in internationalen Gewässern statt, und was sich genau abspielte, ist umstritten. Die Aktivisten sagen, daß sie Nahrungsmittel und Medikamente, hingegen keine Waffen zu den in Gaza eingeschlossenen Menschen bringen wollten. Während sie »die Morgengebete verrichteten, eröffneten israelische Soldaten das Feuer«. Die israelische Seite jedoch behauptet, die »Demonstranten« an Bord hätten ihre Marinesoldaten »mit scharfer Munition und leichten Waffen wie Messern und Knüppeln« angegriffen.)

Ich treffe den Schauspieler im Restaurant und bitte ihn um eine Erklärung seines Tuns.

»Ich finde das, was da heute passiert ist, einen Skandal, eine Katastrophe, einen Horror«, sagt André Jung, der den »Ausnahmeboten« spielte. »Was die israelische Armee da getan hat. Ein Schiff geentert und Leute umgebracht, die Essen und Medikamente zu eingeschlossenen Menschen bringen wollten.«

Auf die Frage, ob er alle Fakten berücksichtigt und ob diese

Geschichte nicht vielleicht zwei Seiten habe, antwortet er: »Ich habe nicht die Zeit, alles zu lesen.«

Was soll ich dazu sagen? Soll ich sagen: Sie müssen aber die Fakten kennen, bevor Sie zu einem Urteil kommen, besonders, wenn Sie ein öffentliches Statement auf der Bühne abgeben? Ich vermute, daß das Zeitverschwendung wäre.

Jossi Wieler hat bei diesem Stück Regie geführt. Er ist Jude, hat Verwandte in Israel und reist gelegentlich in das Land. Steht er hinter der improvisierten Bemerkung, die Herr Jung heute in sein Spiel einstreute?

Wieler denkt laut darüber nach, ob er diese Frage beantworten soll, ob seine Antwort ihm nicht Ärger einbringen könnte, wenn er das nächste Mal in Israel ist, und sagt dann: »An einem solchen Tag, mit solchen Nachrichten, stehe ich dahinter. Künstlerisch und politisch.«

Nun, das ist zweifellos eine mutige Antwort.

Sollten Sie einmal von einem deutsch-jüdischen Regisseur hören, der im Dunkel der Tel Aviver Nacht von maskierten Sicherheitsleuten entführt wurde, wissen Sie jetzt, warum.

Komisch. Kein Deutscher, der etwas auf sich hält, befürchtet, die Israelis würden sich an ihm rächen, wenn er ihren Umgang mit der Gaza-Hilfsflotte kritisiert. Ein solcher Gedanke ist unter der Würde jedes noch so gewöhnlichen Antisemiten. Jossi, der Jude, scheint da ganz anderer Ansicht zu sein.

Ich wende mich an Julia und frage sie: Sind Sie stolz darauf, Deutsche zu sein?

»Ich bin stolz darauf, gebürtige Hamburgerin zu sein«, sagt sie.

Ich frage Jossi: Sind Sie stolz darauf, ein Jude zu sein? Ja oder nein?

Wow. Der Mann möchte mich am liebsten erwürgen. Wie kann ich es wagen, ihm ein klares Bekenntnis, ja oder nein, abzuverlangen? Wie kann ein Mensch ein so grober Vereinfacher sein? Wenn ich so weitermache, teilt er mir mit, »dann gehe ich«. Punkt. Wer bin ich, die *Bild*-Zeitung? Meine Frage war eine sehr komplexe, die nach einer sehr komplexen und ausführlichen Antwort verlangt!

Es ist ein regnerischer Tag heute in München. Ich besuche die Ludwig-Maximilians-Universität, genauer, die dortige juristische Fakultät, um mir Deutschlands nächste Generation anzuschauen. Mich interessiert, ob die künftige Richterschaft und die künftige juristische Intelligenz mit dem Gaza-Schauspieler einer Meinung sind ... Ich mische mich unter die Studierenden.

Wie denken Sie über die israelische Reaktion auf die Gaza-Flotte?

David: »Das war illegal.«

Christof: »Völkerrechtswidrig.«

Christian: »Das ist eine israelische Aggression.«

Eine Gruppe von Studierenden meist weiblichen Geschlechts kommt des Wegs. Ich frage auch sie, doch sie laufen davon und wollen nicht antworten. Eine von ihnen meint: »Dazu sage ich nichts!«

Peter Landau kommt zufällig vorbei. Der Rechtsgelehrte hat kein Problem damit, meine Frage zu beantworten. »Ich war ausgesprochen wütend«, sagt er. »Das war ein großer Fehler. Die Israelis handelten aus nationalistischen Motiven. Sie schaden sich damit selbst. Ich hoffe, daß Israels staatliche Existenz bewahrt werden kann, doch seit dem Jom-Kippur-Krieg haben sie sich nicht mehr richtig verhalten.«

Da er den Krieg bei seinem hebräischen Namen nennt, frage ich ihn, ob er Jude ist.

»Ich habe jüdische Vorfahren. Aber mein Vater ist getauft.«

Meine Güte, ist denn jeder in Deutschland Jude!

Warum verweigerten die jungen Frauen das Gespräch? frage ich ihn.

»Bedingt durch den Holocaust fürchten manche Menschen, Ärger zu bekommen, wenn sie sagen, was sie denken. Ich teile diese Ängste nicht.«

Sind Sie stolz darauf, ein Deutscher zu sein?

»Ich akzeptiere es, ein Deutscher zu sein, würde aber zögern zu sagen, ich sei stolz darauf.«

Zwei Studenten laufen vorbei, ein deutscher und ein türkischer. Auf das Thema angesprochen, geben sie an, von nichts zu wissen. Zu eifrig am Studieren.

Ganz anders Johanna. Sie sagt: »Ich empfinde Abscheu vor dem, was die Israelis getan haben. Mich macht ihr Vorgehen perplex. Als ich zuerst davon hörte – ich bin gerade aus dem Urlaub zurückgekehrt –, dachte ich, o Gott, wie konnte das geschehen? Wie konnten die Israelis das nur tun?!«

Sind Sie stolz darauf, Deutsche zu sein?

»Meistens.«

Was bedeutet es, deutsch zu sein?

»Immer pünktlich sein, pflichtbewußt, manchmal langweilig, nicht so offen, eher den Kopf gebrauchend als das Herz.«

Was ist das Beste daran, eine Deutsche zu sein?

»Daß man im Zentrum Europas ist und leicht herumreisen kann.«

Wir stehen draußen, und immer mehr Studenten kommen heraus. Zigarettenpause! Was geht ihnen durch den Kopf? Wie denken sie über die Flottengeschichte?

»Schlecht. Sehr schlecht. Man kann nicht einfach so Leute erschießen.«

Sarah: »Ich kann nicht verstehen, weshalb sie sie erschossen haben. Welches iPad haben Sie da? Eins mit 3G oder bloß Wi-Fi?«

Florian: »Eine Schande.«

Sarah: »Ich weiß nicht, wozu man ein iPad braucht. Warum nicht einfach ein Netbook?«

Ich frage sie, ob sie stolz darauf sind, Deutsche zu sein.

Alle bejahen. Interessant!

Aber, hoppla, es hatte noch nicht jeder Gelegenheit, seine Meinung zur Flottengeschichte zu äußern. Auch Mark möchte zu Wort kommen.

Mark: »Das ist sehr, sehr schlecht.«

Da sich weitere Studenten um mich versammeln, frage ich, ob irgend jemand anderer Ansicht ist.

Nein, sagt Alex. Nicht einer von ihnen.

Wie kommt es, frage ich sie, daß in einer demokratischen Gesellschaft alle der gleichen Meinung sind? Was ist aus der Ideenvielfalt geworden? Und was aus dem Grundsatz, erst einmal die Fakten zu klären? Kennen sie die Fakten? Hat irgendeiner unter ihnen die israelische Version berücksichtigt, der zufolge die Israelis zuerst angegriffen wurden?

Nein. Nicht ein einziger.

Warum lehnen sie die israelische Sicht der Dinge ab? Hat einer von ihnen einen Beweis dafür, daß die Israelis lügen?

Nein. Nicht ein einziger.

Wie kamen sie, als zukünftige Anwälte oder auch Richter, zu einem Schluß, bevor sie die Faktenlage untersuchten? Dies ist die juristische Fakultät, oder nicht? Könnte es sein, fasse ich nach, daß Sie zu dem Schluß kamen, Israel sei schuld, weil Sie – wie sage ich es möglichst schonend – Israel nicht mögen, weil die Israelis Juden sind –?

Schweigen. Stille. Die Zeit vergeht, und niemand sagt ein Wort. Die fröhlichen jungen Menschen haben auf einmal lange Gesichter. Ob ich ein Foto von dieser traurigen Versammlung machen soll?

Ich wiederhole die Frage, dringe offensiver auf eine Antwort.

Schließlich gibt Alex nach. »Es ist eine Verletzung des Völkerrechts, deshalb sind wir dagegen.«

Und Sie studieren also Völkerrecht?

»Nein.«

Woher also wissen Sie das?

Schweigen.

Hier sagt freiwillig keiner mehr ein Sterbenswörtchen. Sarah bricht schließlich die Stille.

Sarah: »Ich bin zum Apple Store gegangen, weil ich den iPad 3G kaufen wollte, aber sie hatten keine mehr. Ausverkauft. Ich würde ihn kaufen, wenn sie ihn hätten, aber sie hatten keine mehr.«

Ist es gut, deutsch zu sein?

Ja, sagen alle.

Werden sie die Nationalflagge schwenken?

Nur bei Fußballspielen.

Warum nur dann?

Sarah: »Man würde uns als Nazis bezeichnen, wenn wir es bei anderer Gelegenheit täten.«

Und dann ist da Lenard, ein weiterer Student.

Lenard: »Ich habe im Fernsehen gesehen, daß es irgendwelche Waffen an Bord gab. Und solange wir nicht alle Fakten kennen, kann ich nicht entscheiden. Das heißt es, ein Rechtsanwalt zu sein, man braucht zuerst die Fakten.«

Sind Sie stolz darauf, Deutscher zu sein?

Er lacht laut auf. »Oh, nein!«

Michael Krüger, Verleger des Hanser Verlags, und André Schiffrin, Gründer und Verleger von New Press, lachen nicht. Sie sind ernsthafte Leute. Und beide Schwergewichte der Buchbranche.

André, früher Leiter von Pantheon Books und der Mann, der die amerikanischen Leser mit Foucault und Chomsky vertraut gemacht hat, spricht heute abend in der Seidlvilla, in der ich mich just in diesem Moment befinde. André wird englisch reden, Michael ihn übersetzen. Neben diesen beiden zieren viele weitere Eminenzen meine Gesellschaft. »Die Crème de la Crème«, sagt ein Mann zu mir, »der deutschen Kultur ist heute abend hier versammelt.«

Das Programm dieses hochintellektuellen Abends beginnt. Wir alle setzen uns, und André ist nur zu gerne bereit, uns mit seiner Weisheit und seinem Wissen zu erleuchten. Er erzählt seinem geschätzten Publikum, daß Condoleezza Rice, die ehemalige amerikanische Außenministerin, vor dem Einmarsch in den Irak die Chefs der führenden amerikanischen Fernsehsender traf und sie bat, keine Bilder von verwundeten Soldaten zu senden. Die Chefs willigten ein. Dies sei der Grund, erklärt André, warum der frühere US-Präsident George W. Bush für eine zweite Amtszeit wiedergewählt wurde, und dies sei auch der Grund, warum damals 75 Prozent der Amerikaner glaubten, der Irak habe Masservernichtungswaffen besessen. Um sich zu revanchieren, fährt André fort, bemühte sich die Bush-Regierung, jenes Gesetz aufzuheben, daß es den Eigentümern von Printmedien verbietet, zusätzlich Fernsehsender zu besitzen.

Diese Geschichte über die großen amerikanischen Fernsehsender ist eine starke Behauptung. Im wesentlichen läuft sie darauf hinaus, daß es keine echte Demokratie in den Vereinigten Staaten gibt und selbst die »freien Medien« von der Regierung kontrolliert werden. Dieser Erzählung zufolge sind die USA in Wirklichkeit ein diktatorisches Regime. Michael scheint jedes einzelne Wort dieser Geschichte zu genießen, so wie er während des Vortrags nickt. Auch der Rest dieser angesehenen Gesellschaft scheint völlig gefesselt zu sein, hängt gebannt an Andrés Lippen.

Ich habe diese Story schon früher gehört und versucht, sie zu erhärten, konnte aber lediglich einige Propagandafilme ohne Beweiskraft finden. Vielleicht wird André dieses Rätsel nun für mich lösen. Und so fange ich ihn nach seiner Rede ab und frage ihn nach einer Quelle für seine Behauptungen.

André: »Danach hat mich noch nie jemand gefragt. Ich habe schon oft davon gesprochen und wurde noch nie aufgefordert, eine Quelle anzugeben. Sie können das in Google überprüfen.«

Irgendeine konkretere Quelle?

»Haben Sie es mit Google versucht?«

Habe ich, vor geraumer Zeit, ohne auf etwas Nennenswertes zu stoßen. Verfügen Sie über eine konkretere Quelle als bloß Google?

»Nein, ich habe keine bestimmte Quelle.«

Können Sie es sonst irgendwie untermauern?

»Warum fragen Sie mich das?!«

Ich bin zufälligerweise Journalist und brauche eine Quelle, um –

»Wenn Sie wollen, daß ich Ihnen eine Quelle angebe, dann kann ich das nicht.«

Der Unterschied zwischen den Intellektuellen hier und den einfachen Leuten, die ich in der Kirche eines Hamburger Vororts gesehen habe, ist nicht sonderlich groß. Beide glauben an einen amerikanischen Propheten, dem sie blind folgen. Warum werden beide Gruppen so von amerikanischen Lügenbeuteln angezogen? Ich weiß es nicht. Allerdings weiß ich ganz sicher, daß ich jetzt eine Pause brauche. Es sind zu viele Geistesmenschen um mich herum, und mich verlangt es nach etwas Leichterem. Irgendwelche »leichteren« Deutschen in der näheren Umgebung? Hat jemand einen Tip für mich?

Man erzählt mir von einem Ort, der mit dem Zug in zwei Stunden zu erreichen ist und in dem die Stadtbewohner 1633 gelobten, alle zehn Jahre ein Passionsspiel aufzuführen, das die Leidensgeschichte Jesu darstellen sollte. Sie glaubten, auf diese Weise von der Pest verschont zu werden, die damals die Gegend heimsuchte. Tatsächlich blieb ihnen die Pest der Überlieferung nach erspart, und die Stadt hat ihr Gelübde seitdem ohne Unterbrechung gehalten. Dieses Jahr findet wieder eine Aufführung statt. Ich kann ihr morgen beiwohnen. Hunderttausende aus aller Welt werden dasein, um sie zu sehen. Warum nicht auch ich? Abgesehen davon liebe ich es, Zug zu fahren, und dies ist ein prima Vorwand.

Nebenbei bemerkt: Viele Deutsche sagen mir, die DB sei fast immer unpünktlich. Lassen Sie mich eines klarstellen: Blödsinn! Die Deutsche Bundesbahn betreibt eines der effizientesten Schienenverkehrssysteme der ganzen Welt. Es ist hochentwickelt, schnell und auf die Minute genau. Man kann seine Uhr danach stellen.

Mit dem Zug also fahre ich nach Oberammergau, um mir die weltberühmten Passionsfestspiele anzusehen.

Die Fahrt führt durch herrliche Landschaften. Starnberg: eine wahre Augenweide. Man kann den Blick nicht abwenden. Der Zug gleitet durch eine schöne Landschaft nach der anderen. Kilometer um Kilometer. Offen liegen Täler zwischen Bergen, die von spielerisch aufsteigenden Wolkengebilden umtanzt werden. Engel in Form von Weihern und Flüssen wechseln sich mit Kühen und Rehen ab, die sich dem Betrachter immer wieder in ihrer ganzen Pracht darbieten. Eine derart üppige Vegetation in allen nur möglichen Erscheinungsformen liegt vor dem begierigen Auge, daß sie die Schönheit des Paradieses im Koran beschämt. Ich kann mich nicht von dieser endlosen Verlockung lösen, die sich in solcher Fülle um mich herum auftut. Prachtvolle Kirchen, Zeugen einer langen Geschichte, schließen sich nach und nach diesem Chor von magischer Majestät an, der sich unmittelbar vor mir entfaltet.

Eine solche Schönheit haben meine Augen noch nie erblickt, Reichtümer wie diese haben noch nie mein Herz bewegt, Bilder wie diese waren meinem Geist bisher fremd. Ist das hier der Himmel oder die Erde?

Glücklich die Männer, gesegnet die Frauen, deren Los und Schicksal es ist, auf diesem Teil der Weltkugel zu leben. Denn sie haben einfach alles: das Geheimnis früherer Tage, die Technologie der Zukunft und das Beste der Gegenwart.

Wer sind diese Menschen? Die Deutschen.

Ich erhebe mich von meinem Sitz, schaue nach draußen und schaue mich drinnen um, sehe die Geschöpfe um mich herum und möchte schreien: Wie konntet ihr angesichts dieser Schätze, angesichts dieses Vermächtnisses an Schönheit – wie, in Gottes Namen, konntet ihr euch jemals auf einen Krieg einlassen? Was habt ihr denn sonst noch gewollt? War euch das etwa nicht genug?

Was habt ihr euch bloß dabei gedacht?

Das Passionsspiel beginnt. Und ehe man sich versieht, erscheinen Adam und Eva, er mit braunem Haar und sie mit blondem. Dann zieht Jesus in Jerusalem ein, Kinder im Schlepptau. (Schwester Jutta-Maria hatte recht. Jesus ist kein

Italiener. Er ist Deutscher.) Hunderte von Darstellern sind auf der Bühne, wo sie die meiste Zeit praktisch reglos herumstehen. Bedauerlich, weil die Inszenierung dadurch zu statisch wird. Wer hier Regie führte, muß während der Proben geschlafen haben. Anders kann ich mir nicht erklären, wie man so etwas zulassen konnte. Alle Charaktere hier sprechen im gleichen Tonfall, Jesus auch. Das läßt mich vermuten, daß keiner dieser Hunderte von Darstellern auf der Bühne ein Berufsschauspieler ist. Ich bin mir sicher, daß diese Menschen über gewisse Fähigkeiten verfügen, vielleicht gar über so manche Fähigkeiten, aber Schauspielen gehört nicht dazu.

Diese Produktion hat große Aufmerksamkeit erregt, auch in den USA. Das liegt an der Mitwirkung einiger jüdischer Organisationen wie dem »American Jewish Committee« an der Neukonzeption dieser Inszenierung. Während jüdische Priester vor Jahren noch Hörner auf den Köpfen hatten (zuletzt 1984), wird Jesus heute als »Rabbi« angesprochen, und seine Jünger tragen Kippas. Die Erwachsenen und Kinder aus dieser deutschen Stadt rezitieren und singen Bibelverse sowie einige jüdische Gebete auf hebräisch. Interessanterweise klingt das Hebräisch dieser Oberammergauer Kinder und ihrer Eltern viel besser als das der meisten hochbezahlten amerikanischen jüdischen Rabbis.

Indem sie Jesus und seine Jünger als Juden kenntlich machen, wollten die Organisatoren dem Passionsspiel die traditionell antisemitischen Untertöne austreiben. Und indem sie sich auf das Leben Jesu und nicht nur auf seinen Tod konzentrieren – ein hartes Stück Arbeit, insofern die Quellenlage bezüglich seines Lebens sehr begrenzt ist –, zeigen sie, daß sie ein jahrhundertealtes Unrecht zu korrigieren beabsichtigen, nämlich jenes, das auf die »jüdischen Folterknechte Christi« abzuheben pflegte und das den Festspielen in der Vergangenheit so viel Beifall von den Antisemiten dieser Welt einbrachte. Adolf Hitler, so heißt es in den Geschichtsbüchern, hat das Passionspiel in Oberammergau seinerzeit sehr genossen.

Aber der hier erzählten Geschichte fehlt es an Dramatik, und der Grund für die Erschaffung einer neuen Religion ist nicht zu verstehen. In dieser Version, die auf das jüdische Empfinden Rücksicht nimmt, wirkt die Geschichte mehr wie die eines Rabbis und seiner Anhänger als wie die der Entstehung einer neuen Religion.

Der erste Teil von etwas mehr als zweieinhalb Stunden Länge geht zu Ende. Wir, das heißt eine Menge von rund 5000 Menschen, haben jetzt drei Stunden Pause. Der zweite Teil, der den Tod Jesu bringen muß, könnte spannend werden. Wie politisch korrekt wird er ausfallen? Wie wird man vor allem die Juden und Pilatus darstellen? Dies ist immerhin eine der empfindlichsten Fragen in den historischen Beziehungen zwischen Christentum und Judentum. Wie widerwillig wird die Figur des Pilatus sein, wenn sie den Befehl gibt, Jesus zu

töten? Wie sehr werden die Juden nach seinem Tod verlangen?

Teil zwei beginnt. Und in Teil zwei ist Schluß mit jeglicher politischer Korrektheit. Pilatus ist hier ein Getriebener, der vom Sanhedrin, dem Hohen Rat, und den Priestern gezwungen wird, Jesus zu töten. Er zürnt, er weigert sich, er schreit, er tut, was er nur kann. Die Juden aber sind cleverer, hinterhältiger und behalten die Oberhand. Der Laßt-uns-nett-zu-den-Juden-sein-Ansatz der Produktion geht völlig in die Binsen. Interessanterweise erscheint Pontius Pilatus hier viel weniger schuldig, als eine unvoreingenommene Lektüre des Neuen Testaments hergäbe.

Wie konnte das passieren? Wie konnte eine Produktion, die projüdisch angelegt war, antijüdisch enden? Ich weiß es nicht. Vielleicht ist das unauflöslich mit dem Neuen Testament verbunden. Immerhin war es der Apostel Paulus, der im ersten Brief an die Thessalonicher 2, 14-15, sagte, daß der Herr Jesus von »den Juden« getötet wurde. Das Problem besteht natürlich in der Neigung vieler Menschen, zu vergessen, daß auch die Frühchristen Juden waren, die miteinander diskutierten. Zugegeben: Diese Produktion versucht, die Jüdischkeit Jesu und seiner Jünger vor Augen zu führen. Gelingt es ihr aber auch? Ich setze mich mit Renate Frank zusammen, der Schwester des Spielleiters der Passionsspiele, Christian Stückl. Renate, die selbst mitgespielt hat, trägt langes Haar, das sie sich speziell für diese Aufführung wachsen ließ. Ich frage sie, ob Jesus Jude war.

»Ich glaube schon, sicher bin ich mir aber nicht.«

Wie meinen Sie das?

»Ich glaube, daß er in einer jüdischen Gegend aufwuchs, weiß aber nicht genau, was er für einer war.«

Steht irgendwo im Neuen Testament, daß Jesus Jude war?

»Ich bin mir nicht sicher. Ich habe es nicht so gründlich gelesen.«

Was Renate weiß, teilt sie mir mit: 4800 Plätze hat das »Passionstheater«, pro Saison finden 104 Aufführungen statt. Bis zu 800 Personen sind auf der Bühne, und insgesamt wirken 2000 Menschen an der Inszenierung mit. Die Stadt zählt 5000 Einwohner.

Und sie weiß auch dies:

»In Amerika hat alles irgendwie mit den Juden zu tun.«

Das Passionsspiel wird bis zum 3. Oktober aufgeführt. Was wird sie am 4. Oktober machen?

»Zum Friseur gehen! Am 3. Oktober werden wir alle weinen. Den ganzen Tag über. Alles, was man an diesem Tag macht, macht man zum letzten Mal. Beim letzten Halleluja werden alle Tore des Theaters geöffnet, und die ganze Gemeinde strömt herbei, um das letzte Halleluja mitzuerleben. Und man denkt sich: Was wird in zehn Jahren sein? Vielleicht werden meine Eltern die nächsten Festspiele nicht mehr erleben. Man sieht die alten Menschen und denkt: Sie werden beim nächsten Mal nicht mehr dabeisein. Und die jungen Leute, man sieht sie an und sagt sich: Was wird beim nächsten Mal mit ihnen sein? Ob sie verheiratet sein werden? Kinder haben werden? An diesem Tag ist jeder tief bewegt.«

Ich muß irgendwohin, wo mir gegenüber niemand das Wort *Jude* in den Mund nimmt. Gibt es einen solchen Ort in Deutschland? Suchet und ihr werdet finden, heißt es bekanntlich. Und ich fand. Schloß Hohenschwangau nämlich, die Sommerresidenz von König Maximilian II., dem Vater König Ludwigs II.

Hier zu stehen, heißt, sich auf eine Reise in die deutsche Vergangenheit zu begeben.

An diesem Ort nämlich kann man eine Ahnung, eine Idee davon bekommen, wie diese Gesellschaft geformt wurde.

Ich verstehe Rabbi Helmut Schmidt inzwischen ein wenig besser.

Die Anordnung der Gemälde in diesem Schloß, die Farben der Wände, das Mobiliar, alles zeugt nicht nur von makellosem Geschmack und großem Reichtum, sondern auch von einer inhärenten Ordnung. Auch eine Geheimtür gibt es hier für gewisse »Techtelmechtel«, wie uns unser Museumsführer mit breitem Grinsen wissen läßt, als wir eines der Zimmer betreten. Dieser Deutsche liebt seine ehemaligen Oberhäupter mit ihrer fragwürdigen Moral.

Wir gehen eine Treppe hoch. Teutonische Bronzestatuen und Wandmalereien mit nackten Babys erzählen einen Teil der Geschichte, wie dieses Land entstand. Wagner kam oft hierher und spielte genau hier im Stehen Klavier. Techtelmechtel und Wagner, Kultur kann ganz schön vielseitig sein.

Nach dem Ende der Besichtigung marschiere ich zu Schloß Neuschwanstein, der Burg König Ludwigs II. – im selben schönen Ort namens Schwangau.

Über was für ein Erbe das deutsche Volk verfügt! Eine Traumwelt.

Dieser Palast wurde als Huldigung an Richard Wagner und sein Werk erbaut, berichtet die Führerin, eine lächelnde bayrische Dame. Der König war sehr fromm, erzählt sie den Touristen und zeigt ihnen seine Hauskapelle, ein hübsches kleines Zimmer, in dem unter anderem junge blonde Frauen und ein älterer Herr auf einer Glasmalerei zu sehen sind. Auch eine Leseecke gibt es hier mit Platz für Bücher, aber kein iPad. Er besaß aber ein Telefon, sagt unsere Führerin, mit dem er das andere Schloß, Hohenschwangau, kontaktierte.

Alles in allem ist dieser Palast von einer unbeschreiblichen Schönheit. Das also hat das deutsche Volk von seinen Regenten geerbt. Das Schloß ist jetzt im Besitz des Volkes. Die Juden haben die Klagemauer geerbt. Die Deutschen Schloß Neuschwanstein.

Aber ich werde dazu nichts sagen. Ich bin sehr froh, daß heute niemand in meiner Gegenwart das Wort *Jude* gebraucht hat.

Am Ende unseres Rundgangs spreche ich die Museumsführerin an.

Dieses Telefon, das Sie uns gezeigt haben, ist es das erste in der Geschichte? frage ich sie, beeindruckt von Ludwig und der deutschen Technik.

»Ja, das erste. Siemens hat es erfunden. Es ist das erste Telefon auf der ganzen Welt.«

Als ein junger Mann, der hier der Hausmeister zu sein scheint, dies hört, unterbricht er sie: »Nein. Das Telefon hat Bell erfunden, nicht wir.«

Ich notiere, was er gesagt hat.

Die Dame guckt ihn an, dann mich. Warum schreiben Sie das auf? fragt sie mich.

Ich bin Journalist.

»Es ist nicht gestattet, irgend etwas zu schreiben«, sagt sie und verwandelt sich von einer lächelnden Lady in eine klassische Zicke. »Dieses Anwesen gehört dem Staat, und alles, was ich gesagt habe, alle meine Worte, sind Staatseigentum und dürfen NICHT verwendet werden. Ich möchte Ihren Presseausweis sehen.«

Ich zeige ihr meinen Presseausweis.

»Sind Sie als Journalist hier? Haben Sie den Behörden mitgeteilt –«

Ja, habe ich.

Sie hält den Mund. Da die »Behörden« im Bild sind, kann ich ihre Staatsworte offenbar verwenden.

Diese Frau ist gestörter als Herr König Ludwig.

Zeit, diesem deutschen Staatsanwesen Lebewohl zu sagen.

Was gar nicht so leicht ist, wie man meinen sollte.

Viele Stufen führen nach unten, und dort angekommen, muß man durch zwei Souvenirläden. Es läßt sich schlechterdings nicht vermeiden. So etwas habe ich in den Vereinigten Staaten noch nie erlebt. Natürlich gibt es in Amerika Souvenirläden, aber man wird nicht zwangsdurchgeschleust.

Gut, wir sind nicht in Amerika. Das hier ist ein anderes System. Nicht Kapitalismus, sondern Kapitalismus wider Willen. So langsam komme ich dahinter.

In meinen Händen halte ich einen Fahrplan von der DB, in dem die Bus- und Zugverbindungen vom Schloß zurück nach München aufgelistet sind.

Wollen wir doch einmal die Busse ausprobieren; mal sehen, ob die auch so pünktlich sind.

Es ist mir eine Freude, Ihnen das Ergebnis meiner Recherche mitzuteilen: Alle Busse treffen auf die Minute genau an ihrem Ziel ein.

Was für ein Land!

KAPITEL 11 *In dem wir Näheres über die Ursprünge der Rauchverbotspolitik erfahren und noch dazu lernen, wie man sich mit Hilfe eines Wasserhahns die Hände wäscht*

Ich bin wieder in München. Was mache ich als nächstes? Zum einen muß ich mich um meine Goldman-Sachs-Aktien und meine Medienholdings kümmern. Am besten wäre es vielleicht, mit anderen Vorstandsmitgliedern Kontakt aufzunehmen, die in München ansässig sind. Also besuche ich die jüdische Gemeinde, meine Geschäftspartner. Der Oberrabbiner der jüdischen Gemeinde in München, Rabbi Steven Langnas, begrüßt mich in der Synagoge.

Der Rabbi ist aus den Vereinigten Staaten »importiert«, seine Familie aber hat deutsche Wurzeln. Woher ich das weiß? Er hat es mir gesagt. Für den Fall, daß es mich interessiert, hat er mir darüber hinaus mitgeteilt, daß seine orthodoxe Gemeinde 9000 Mitglieder zählt. Ich bin entzückt. Nicht nur das, sondern bald werde ich höchstpersönlich die Bekanntschaft dieser riesigen jüdischen Gemeinschaft machen. Ich kann es kaum erwarten. Es ist Freitagabend und damit Zeit für den traditionellen Freitagabend-Gottesdienst, mit dem der Beginn des Sabbat gefeiert wird. Und zwar in diesem schönen jüdischen Zentrum von München, das Millionen gekostet haben muß und höchstwahrscheinlich vom deutschen Staat finanziert wurde. Ich bin nicht religiös, aber trotzdem begeistert, hier zu sein. Ich fange an, die 9000 zu zählen. Nur komme ich nicht sehr weit. Anzahl der Gottesdienstbesucher einschließlich sämtlicher Touristen und Gäste aus Israel und den Vereinigten Staaten: 35. Anders gesagt: Ohne die Ausländer stünde das Gebäude praktisch leer. Im Vergleich dazu ist eine durchschnittliche orthodoxe Synagoge in New York an einem Freitagabend proppenvoll. Wo sind die 9000 abgeblieben? Ich weiß es nicht. Nach dem Gottesdienst besuche ich den Rabbi zu Hause, um mit ihm zu Abend zu essen und ihm ein paar Fragen zu stellen.

Der Oberrabbiner von München wohnt in einem der oberen Stockwerke eines Apartmenthauses. Am Sabbat dürfen orthodoxe Juden weder einen Aufzug benutzen noch ein Licht anschalten, und im Unterschied zu dem einnehmenden Rabbi aus Berlin hat dieser Jude hier keinen Polizisten in der Nähe, der »Goi«-Arbeit für ihn verrichten könnte. Also gehen wir die Treppe im Dunkeln hoch. Nicht sehr spaßig, soviel sei gesagt. Aber wir schaffen es. Die Juden haben in Ägypten ein Meer durchquert, da werden sie in Deutschland Treppen steigen können.

Oben angelangt, begrüßt der Rabbi, Steven, nach alter Sitte die Engel in seiner Wohnung. »Willkommen, Engel«, singt er zu einer Melodie, die für mich typisch deutsch klingt. Ja, noch ein amerikanischer Geistlicher, der Engel im Kopf hat. Als hätte mir der »amerikanische Prophet« in Norddeutschland noch nicht gereicht.

Glauben Sie an Engel? frage ich Steven.

»Ja, selbstverständlich.«

Was machen die Engel?

»Sie begleiten die Menschen und schützen sie vor Unheil.«

Wie kann es da Autounfälle geben?

»Weil Gott sich manchmal über die Engel hinwegsetzt.«

Wenn das so ist, kann Gott dann die Menschen nicht auch ohne Engel beschützen?

»Natürlich kann er das.«

Warum brauchen wir dann überhaupt Engel?

»Möchten Sie einen Schnaps?«

Ja.

Er schenkt ein, und wir trinken auf unsere Gesundheit und auf die der 9000 Köpfe starken jüdischen Gemeinschaft. Nicht, daß dies kommentarlos vonstatten ginge. Eine der Frauen am Tisch ist davon so wenig amüsiert wie beeindruckt. »9000?« fragt sie rhetorisch. »Du solltest einmal fragen, wie viele von denen überhaupt jüdisch sind!«

Und das ist noch nicht alles. Sie fährt fort:

»Das jüdische Leben in Deutschland hat keine Zukunft. Dies hier ist ein verfluchtes Land, das uns keinen Segen bringen wird.« Was immer der Rabbi hier mache, sagt sie mir unverblümt, sei eine einzige Zeitverschwendung. Interessanterweise bleiben ihre Worte bei dem Rabbi nicht ohne Wirkung. »Haben Sie genug gehört, was Sie für Ihr Buch gebrauchen können?« fragt er mich.

Ich überlasse den Rabbi und seine Gäste sich selbst, damit sie die Zukunft des Judentums in Deutschland unter sich ausmachen können.

Ich schalte die Treppenhaus-Beleuchtung ein, da dämmert es mir plötzlich: Wo hatte ich denn bloß meinen Kopf! Ich habe völlig vergessen, mit dem Rabbi unsere Goldman-Sachs-Beteiligungen zu erörtern!

Am folgenden Morgen lerne ich in einem Straßencafé am Englischen Garten Dr. Dieter und seine Frau Juliane kennen. Juliane erzählt mir von ihrem halbwüchsigen Sohn, der »laute Musik hört und mir, seiner Mutter, sagt: ›Wenn es dir nicht paßt, dann besorg mir doch eine eigene Wohnung.‹« Er ist sehr politisch und »sehr gegen Israel eingestellt und identifiziert sich mit den Palästinensern«.

Dieses Paar, ein Arzt und seine Frau, schämt sich, wenn jemand die deutsche Fahne schwenkt. »Ich bin Europäer«, verkündet Dr. Dieter, »und stolz darauf. Auch die Europäer haben viel Scheiße gebaut. Aber ich bin trotzdem stolz darauf, ein Europäer zu sein.«

Keiner der beiden gibt dem Sohnemann die Schuld. Es ist nicht sein Problem, finden sie, sondern das des Landes. Die jungen Leute in Deutschland interessieren sich nur für eines: Alkohol. Wenn die Pubertät zuschlägt, treiben sich die Jugendlichen draußen herum und betrinken sich. Neulich fragte Dieter seinen Sohn, wieviel er trinkt, wenn er unterwegs ist. »Fünf Bier«, sagte ihm sein Sohn. Fünf?! »Ja.«

Der Alkoholkonsum der Jugendlichen ist nicht das einzige Problem hier: »Es läuft nicht gut in Deutschland«, sagt der Doktor. »Nehmen Sie die Deutsche Bahn. Nie ist sie pünktlich.«

Das kann ich so nicht stehen lassen. Ich sage zu ihm: Ihr Deutschen seid doch nur ein Haufen Meckertanten, die nicht sehen wollen, wie gut sie es haben!

Dr. Dieter schweigt. Er braucht einen Moment, um meine Anschuldigung zu verdauen. Schließlich sagt er, mit gesenktem Blick: »Ja, stimmt schon. Wir sind nie zufrieden mit dem, was wir erreicht haben, wir sind ziemlich selbstkritisch und pessimistisch. Trotzdem sind die Züge in der Schweiz pünktlicher.«

Oha, Sie sind so was von deutsch!

»Schon möglich ...«

Ich mache mich auf in den Englischen Garten, wo die Leute Bier trinken. Sie sitzen stundenlang auf einem Fleck und trinken wie die Kamele, ach was, mehr als Kamele. Andere spazieren mit Flaschen oder Krügen umher. Nicht nur Bayern, übrigens. Jedesmal, wenn ich einen Deutschen kennenlerne, ist ein Bier mit im Spiel. Warum nur? Ist das genetisch bedingt? Leiden die Menschen in Deutschland an einer angeborenen Befindlichkeitsstörung, einem katastrophalen Flüssigkeitsmangel, so daß sie unentwegt ihre Kehle befeuchten müssen? Ich hätte das mit Dr. Dieter besprechen sollen! Warum nur komme ich nicht spontan auf solche Gedanken?

Es ist schön heute. Es ist sonnig, es ist warm, es ist Juni. Nach ein paar Regentagen scheinen die Menschen die Rückkehr des Sommers mit offenen Armen zu begrüßen. Männer in Shorts und Frauen im Bikini eilen herbei, um ein paar Sonnenstrahlen zu erhaschen und sich ein wenig zu bräunen. Man stelle sich einmal vor, es wäre für dunkelhäutigere Menschen möglich, sich so gemütlich in der Sonne zu räkeln wie diese Leute hier, dabei aber weißer statt brauner zu werden. Wie viele würden von dieser Möglichkeit Gebrauch machen?

Man merkt, daß ich nichts zu tun habe.

Ich schaue mich um. Wo gibt es etwas Lustiges zu sehen? Direkt vor mir spielt eine Gruppe schwarzer Sänger und Musiker irgendeine afrikanische Musik, das machen sie echt toll. Ihr Rhythmusgefühl ist fantastisch. Einige Weiße lassen es sich nicht nehmen zu tanzen. Ihrem Tanz geht allerdings jede Anmut, jedes Talent ab, und ihr Rhythmusgefühl – wenn man davon überhaupt sprechen kann – ist völlig daneben. Eine der Tänzerinnen lacht die ganze Zeit über. Ich habe nie verstanden, warum schlechte Tänzer lachen, während sie wie wild in der Gegend herumhopsen. Beim Betrachten dieser Szene denke ich, wie gut es tut, einfach nur den kleinen Dingen im Leben zuzuschauen, ohne sich die ganze Zeit mit den Juden zu beschäftigen! Mein Entschluß steht fest: Keine Judengeschichten mehr. Ich bin diesem Thema verfallen, ohne es zu bemerken. Jetzt aber schiebe ich dieser schlechten Angewohnheit einen Riegel vor. Kein Wort mehr über Juden. Juden haben mit Deutschland nichts zu tun; Deutschland steht für Bier und grauenhafte weiße Tänzerinnen. Von jetzt an beschäftige ich mich damit, weißen Frauen beim Herumgehüpfe nach einem nicht vorhandenen Rhythmus und ihren Begleitern beim Biertrinken zuzusehen.

Ich nächtige in einer Wohnung in der schön gelegenen Kaulbachstraße. In dieser Gegend gibt's keine Juden, soweit ich das feststellen kann. Anscheinend auch keine Nazis. Und keine Raucherlaubnis in der Wohnung, wie man mir gesagt hat. Was für mich, einen Raucher, ein gewisses Problem darstellt. Soll ich einfach trotzdem rauchen, es sieht mich ja niemand? Nun ja, vielleicht lieber nicht. Ich habe versprochen, es bleibenzulassen. Aber jetzt, spät in der Nacht, ohne irgendeinen Gedanken an etwas Jüdisches, hat mich mein Verlangen nach einer Zigarette aus dem Tiefschlaf gerissen. Was soll ich machen? Ich muß eine rauchen! Ich ziehe mich rasch an und gehe auf die Straße, um nach Herzenslust zu qualmen. Langsam schlendere ich die Straße entlang, schaue nach rechts und blicke nach links. Beim dritten Zug stehe ich vor einem Plakat, auf dem chassidische Juden abgebildet sind. Wie haben die sich bloß in meine schöne nichtjüdische Straße geschlichen? Wer hat sie hereingelassen? Ich schaue mir die Sache näher an, um sicherzustellen, daß meine Augen mich nicht trügen; aber ja, es sind Juden. Die ersten Bergsteiger waren Juden, behauptet eine Broschüre, die neben dem Plakat ausliegt. Bitte? Doch, das steht da wirklich. Plakat und Broschüre werben für eine Ausstellung, die bis Februar 2011 im Alpinen Museum München läuft. Kaum habe ich mich entschlossen, mir die Juden aus dem Kopf zu schlagen, tauchen sie als Bergsteiger wieder auf. Wer braucht denn so was!

Ich rauche meine Zigarette fertig und schwöre, die Juden trotzdem zu vergessen. Laß dich doch von einer Werbung nicht verunsichern, predige ich mir. Kippe weg und ab ins Bett.

Am Morgen habe ich die jüdischen Bergsteiger komplett vergessen und freue mich auf einen neuen Tag, an dem ich nach neuen deutschen Gesichtern, neuen deutschen Ideen, neuem deutschen Denken, neuen deutschen Obsessionen, neuem Irgendwas Ausschau halte, wenn es nur neu und deutsch ist. Aber dann verspüre ich das starke Verlangen nach etwas altem, nämlich einer Zigarette. Ich gehe raus, um zu rauchen. Und nehme instinktiv die andere Richtung, die mich soweit wie möglich von den bergsteigenden Juden wegführt.

Meinen Glimmstengel anzündend, spaziere ich in gemächlichem Tempo los. Wie schön, nicht mit Juden belästigt zu werden! Mit den »Deutschen« hat man schon genug zu tun, das können Sie mir glauben.

Meine Zigaretten schmecken gut. Nach der ersten zünde ich mir noch eine an, dann noch eine, und flaniere so langsam wie die Sonne. Ich inspiziere meine Umgebung. Hier ist eine Reklame für die *Süddeutsche Zeitung*. Diese Werbetafel da an der Mauer ist eine dauerhafte, also keine, die turnusmäßig ausgetauscht wird. Kein Regenwetter kann ihr etwas anhaben. Das Motiv ist eine »typische« Seite eins der *Süddeutschen*, die offensichtlich die Leute vom Kauf der Zeitung überzeugen soll. Nach dem Motto: Was Sie hier sehen, kriegen Sie, wenn Sie unsere Zeitung kaufen. Oben auf der Seite sieht man japanische Jugendliche, die traditionelle bayrische Trachten tragen. Niedlich! Unter den Japanern befindet sich ein politischer Artikel, ein beispielhafter Artikel, nehme ich an. Dort steht, daß Obama den Friedensprozeß im Nahen Osten vorantreiben will, daß die Israelis stur sind und die Palästinenser in der Klemme stecken. Ich paffe und paffe und versuche zu verstehen, was mir diese Werbung wohl sagen will: Kaufen Sie unsere Zeitung, und Sie bekommen niedliche Japaner, sture Israelis und arme Palästinenser. Nicht schlecht. Grund genug, möchte ich meinen, für mindestens ein Zehnjahresabonnement. Und dann fällt der Groschen: Schon wieder Juden! Ach du lieber Himmel! Keine fünf Schritte kann man hier gehen ohne diese sturen Juden!

Komm runter, Tuvia, flüstert eine innere Stimme. Das ist nur diese Straße. Sonst ist München reizend und frei von jüdischen Obsessionen. Und so, um runterzukommen, nehme ich die nächste Querstraße. Ich kann nicht zulassen, daß sich »die Juden« wieder in meinen Gedanken einnisten. In dieser anderen Straße gibt es eine Buchhandlung. Mal sehen, was die so anbietet.

Ich betrachte die Bücher im Schaufenster. *Geschichte des Zionismus*. Ehrlich? Ja. Ich versuche, diesen Titel zu ignorieren, ein Einzelfall. Was gibt es noch? *Das Jüdische Kochbuch*. Alles voll mit Juden. Warum nur? Ich habe keine Ahnung. Ich gönne mir eine weitere Zigarette, während ich darüber grüble, warum die Deutschen so besessen von den Juden sind. Nolens volens beschließe ich, den deutsch-jüdischen Beziehungen auf den Grund zu gehen. Aber wie mache ich das? Vielleicht hätte ich doch besser nach Palästina reisen sollen, wie ich es ursprünglich vorhatte, um mit den Deutschen zu sprechen, die dorthin gehen, um den Palästinensern zu helfen, oder nach Israel, um mit den Deutschen zu sprechen, die dorthin gehen, um *denen* zu helfen? Moment mal: Was machen Deutsche überhaupt in diesen Gegenden? Also, wenn es die Deutschen in den Nahen Osten zieht, dann werde ich ihnen eben zu Hause auf den Pelz rücken. Wie ich höre, ist Dachau ganz in der Nähe. Man braucht kein Flugzeug; eine S-Bahn wird mich hinbringen, so daß mich nicht einmal eine Aschewolke davon abhalten könnte.

Wohlbehalten treffe ich in Dachau ein.

Als erstes fällt mir der Appellplatz auf. Hier mußten die Häftlinge mindestens eine Stunde lang reglos stehen. Auch die Toten unter ihnen hatten anzutreten. Yeah. Eine Mordsgaudi, oder? Und es geht noch besser: Wie ein Foto dokumentiert, stand auf dem Dach des Wirtschaftsgebäudes in weißen Lettern geschrieben: »Es gibt einen Weg zur Freiheit. Seine Meilensteine heißen: Gehorsam, Fleiß, Ehrlichkeit, Ordnung, Sauberkeit, Nüchternheit, Wahrhaftigkeit, Opfersinn und Liebe zum Vaterland!« Hannah Arendt würde vielleicht von der Banalität des Bösen sprechen. Auf mich wirkt es eher wie die Genialität des Bösen.

Dieses KZ, das erste, das die Nazis bauten, ist ein düsterer Ort, wie all die anderen, die ich schon gesehen habe. Hier wurde das Morden zur Kunstform erhoben: zu einem exakten, wissenschaftlichen, perfekt organisierten, grausamen, systematischen, sauberen Handwerk. Die hier erzielten Forschungsergebnisse, erzählt mir ein Mann mit Verweis auf diverse brutale medizinische Versuche, die an lebenden Menschen vorgenommen wurden, werden »bis auf den heutigen Tag von der

NASA angewendet«. Bei dem Raum, den ich anschließend betrete, scheint es sich um das Hauptgebäude zu handeln, und hier fällt mir an einer Wand in kargen schwarzen Lettern eine Nazivorschrift auf: *Rauchen verboten.* Dann eine weitere, in Rot: *Nicht rauchen.* Daß sich die Nazis in dieser Hölle von Dachau anscheinend so sehr um die Gesundheit derjenigen sorgten, die sie schon bald in den Tod schicken würden, ist von bitterer Ironie. Und auch das lerne ich hier, in Dachau: Das Naziregime war der erste moderne Staat, der im Namen der Volksgesundheit eine Kampagne gegen das Rauchen initiierte. Mit der NASA-Sache bin ich mir nicht sicher, dies hier aber ist zweifellos etwas, das wir heute »anwenden«: *Rauchen verboten.* Gehen Sie nur einmal in den Münchner Hauptbahnhof, wo die auffälligsten Schilder nicht etwa die von Coca-Cola sind, sondern die Rauchverbotshinweise.

Um mehr über die Konzentrationslager zu erfahren, will ich mich mit einem ihrer echten Kenner unterhalten, einem von den Leuten, die jeden Tag hierherkommen.

Womit wir bei Rosi wären, einer Frau mit altmodischer Brille, die zu den Angestellten dieser KZ-Gedenkstätte gehört.

Wäre sie bereit, mit mir zu sprechen? Sie sagt, daß sie mir kein Interview geben kann, dies sei ihr nicht gestattet. War's das? Nicht ganz. Sie kann mir, wenn ich möchte, ihre persönlichen Gedanken anvertrauen. Diese Art Interview ist erlaubt. Das paßt mir gut. Genau darauf bin ich ja aus.

Wenn Sie nach Hause kommen, denken Sie dann noch an das KZ?

»Nein. Ich muß mich um andere Probleme kümmern, mein Auto zum Beispiel.«

Denken Sie oft an die Greuel, die hier stattgefunden haben?

»Als ich hier anfing, mußte ich viel lernen, über die Krematorien und diese Dinge. Aber jetzt hat man es mit Touristen zu tun und solchen Fragen wie ›Wo ist denn hier die Toilette?‹«

Haben Sie durch die Arbeit hier etwas gelernt?

»Ja. Ich habe viel über andere Kulturen erfahren und auch über unterschiedliche Gruppen in Deutschland, wie Bauern, Juden und andere.«

Haben Sie schon mal einen Juden persönlich kennengelernt?

»Nein. Meines Wissens gibt es in München welche, aber ich habe noch keinen kennengelernt.«

Hat Deutschland etwas aus seiner Vergangenheit gelernt?

»Deutschland hat seine Lektion nicht verstanden. Deutschland verkauft Panzer und Flugzeuge, mit denen auch heute noch Kriege geführt werden.«

Was ist Ihr Traum?

»Ich träume vom Sommer. Wir hatten in diesem Jahr keine Sonne, und ich träume davon, an den Bodensee zu fahren und dort den Sonnenschein zu genießen. Das ist mein Traum.«

Außer Rosi und ihren Kolleginnen und Kollegen gibt es in Dachau auch Nonnen, die rund um die Uhr, und das sieben Tage die Woche, im Einsatz sind. Willkommen im Karmel Heilig Blut in Dachau.

Der Grundsatz hier ist Stille und Gebet, oder Gebet durch Stille.

Die Nonnen müssen stumm beten, das möchte ich sehen.

Leider bin ich zu spät dran.

Das Kloster scheint leer, die Nonnen müssen ausgeflogen sein.

Vielleicht unterhalten sie sich irgendwo.

Oh, Moment mal. Da hinten ist ein Buchladen. Den möchte ich mir näher anschauen.

Eine Nonne ist da. Und ein kleines Buch, eher eine Broschüre: *Edith Stein: Die neue Heilige – Jüdin und Ordensfrau.*

Warum müssen die an so einem Ort mit so vielen Toten ein Buch über noch eine tote Jüdin verkaufen? Ist Edith Stein so besonders?

Warum muß man erwähnen, daß Edith Stein Jüdin war? Dies frage ich Theresa, die Nonne, die mit einem Lächeln antwortet: »Weil die Muttergottes eine Jüdin war, weil Jesus ein Jude war, und alle Apostel waren Juden, und wenn wir uns in jenen Tagen daran erinnert hätten, dann hätte es den Holocaust nicht gegeben.«

Wußte Papst Pius XII. nicht, daß die Muttergottes Jüdin war?

»Doch, doch, er wußte es.«

Was also meinten Sie, als Sie sagten –

Hierauf erfolgt eine lange Antwort, die ich nicht wirklich verstehe. Vielleicht wäre Schweigen besser. Ich wechsle das Thema.

Waren Sie je verheiratet?

»Nein.«

Je verliebt?

Sie errötet wie ein Kind.

Also verliebt schon?

Ja ... Sie hatte eine Liebesgeschichte, doch der Mann ist gestorben. Das ist alles.

Sie kam zu diesem Lager, als sie 20 war.

»Als ich gerade meinen Führerschein hatte, bin ich direkt hierhergefahren.«

Mit 20 ist Ihr vordringlichster Wunsch, nach Dachau zu gehen??

»Ich wollte etwas über den Menschen herausfinden.«

Warum nicht in einem Biergarten?

»Weil ich mit den Juden mitfühlte.«

Mit den Juden. Warum?

»Weil die Juden alle eine Gemeinschaft bilden, überall auf der Welt sind die Juden vereint. Religiös oder nicht, sie glauben alle an einen Gott.«

Gott segne das deutsche Volk. Sie bringen mir alles über die Juden bei, was ich wissen muß.

Hätten Sie nicht gerne Kinder gehabt?

»Ich habe viele Kinder, die Kinder anderer Menschen. Das genügt mir.«

Wie sieht die Zukunft aus, was kommt nach alldem?

»Nach diesem Leben werde ich vollkommen glücklich sein.«

Was wird mit Ihnen da oben im Jenseits geschehen? Schildern Sie es mir.

»Ich habe kein besonders gutes Vorstellungsvermögen.«

Denken Sie manchmal darüber nach?

»Jesus hat gesagt, daß es wie eine Hochzeit sein wird, und so wird es dann wohl sein.«

Nicht nur Schwester Jutta-Maria träumt davon, mit Jesus verheiratet zu werden, auch Theresa tut das. Ich stelle mir den Himmel vor. Muß eine Gaudi sein da oben. Muslimische Männer sind mit ihren Jungfrauen zugange und christliche Nonnen mit Jesus. Ich frage mich, ob auch Freud da oben eine Dependance unterhält. Eines Tages sollte ich ein Buch darüber schreiben.

Im hiesigen Erdenleben ist Theresa unterdessen schon seit 19 Jahren in Dachau.

Wie fühlt sich das an?

»Ich liebe diesen Ort. So viele Menschen sind hier gestorben und haben hier ihr ewiges Leben gefunden. Ich bin überzeugt davon, daß die Menschen, die hier verbrannt wurden, jetzt bei Gott leben.«

Was ist Gott?

»Die totale Vergebung.«

Hat Gott auch Adolf Hitler vergeben?

»Ja, ich glaube schon.«

Was gab es heute zum Frühstück?

»Brot, Marmelade und Müsli. Am Sonntag bekommen wir auch Wurst und Obst. Zwischen zwei und drei Uhr nachmittags gibt es Kaffee oder Tee.«

Und zum Mittagessen?

»Mittwoch und Freitag gibt es kein Fleisch. Heute stehen Putenschnitzel und Tomatensalat auf der Karte. Und Wein.«

Abendessen?

»Kalte Küche, aber gut.«

Urlaub?

»In den vergangenen 19 Jahren habe ich keinen Urlaub genommen.«

Theresa bietet mir einen Orangensaft an und führt mich durch das Kloster. Sie macht das besser als so mancher Immobilienmakler.

»Möchten Sie bei uns übernachten? Es kostet nur 25 Euro. Ich habe da ein Zimmer, ich kann es Ihnen zeigen, es ist das Zimmer, in dem ein Jude zu übernachten pflegt, wenn er uns besucht. Ein alter Jude, über 90 ist er. Ein Überlebender. Er übernachtet hier. Es ist ein kleines Zimmer, aber sehr ruhig. Es geht auf den Hinterhof, von wo aus man den Wachturm sehen kann.«

Das nenne ich ein Zimmer mit Aussicht. Einen Steinwurf vom Krematorium entfernt.

»Sie können für eine Nacht bleiben, Sie können für eine Woche bleiben.«

Danke, ich werde es mir überlegen. Das Leben hier muß ziemlich angenehm sein, wenn sie seit 19 Jahren keinen Urlaub genommen hat.

»Ich trage einen schwarzen Schleier«, sagt sie mir, als hätte mir das entgehen können. Theresa könnte in die nächste Moschee gehen, ohne daß sich jemand daran stören würde. Zumindest nicht aufgrund mangelnder Sittsamkeit.

»Sechs Jahre hat es gedauert, bis ich den schwarzen Schleier bekam. In den ersten fünf Jahren durfte ich nur den weißen Schleier tragen, weil ich noch am Lernen war und noch nicht richtig zum Orden gehörte. Nicht ganz. Heute bin ich es. Ein Vollmitglied. Eine Karmeliterin.«

Interessant, was Menschen so glücklich macht. Ich für meinen Teil würde mich nicht so viele Jahre für einen schwarzen Schleier abplagen. Sollte es mich danach gelüsten, würde ich in ein Geschäft gehen und mir für ein oder zwei Dollar einen kaufen. Aber ehrlich, wenn man es sich recht überlegt, ist das Leben nicht komisch? An einer gewöhnlichen Universität bekommt man nach sechs Jahren harter Arbeit ein Blatt Papier, das mit so etwas wie »Master of Arts« beschriftet ist. Hier gibt es immerhin etwas Nützlicheres: einen Schleier. Keine Witze also auf ihre Kosten, bitte!

Als nächstes zeigt sie mir die Toilette. »Und wenn Sie sich dazu entschließen, über Nacht zu bleiben, dann finden Sie hier die Duschen.«

Ja, vielleicht sollte ich mal in Dachau duschen. Gute Idee. Brillant!

Ich verlasse Dachau, das KZ, bleibe aber noch ein bißchen in der Stadt. Ich möchte die Einwohner von Dachau kennenlernen. Eine ganz normale Dachauer Familie zum Beispiel.

Und bevor ich mich's versehe, wird mir mein Wunsch erfüllt. Ich werde von einer hier ansässigen Familie zum Mittagessen eingeladen.

Man heißt mich mit offenen Armen willkommen. Das Essen ist auf einem Tisch im Hinterhof angerichtet. Hering, alle möglichen Sorten Käse und Aufschnitt, gefüllte Paprika, diverse Marmeladen und ein ganzes Sortiment an Getränken. Keine Cola light. Ob ich vielleicht einen Multivitaminsaft möchte? Vielleicht ein Mineralwasser? Die Dame des Hauses entschuldigt sich dafür, daß sie heute nur Wasser mit »wenig Kohlensäure« hat. Wenn sie gewußt hätten, daß ein »Amerikaner« zu Besuch ist, dann hätten sie natürlich Sprudel mit viel Kohlensäure besorgt.

Ja, es gibt in Deutschland Mineralwasser mit unterschiedlichem Gehalt an Kohlensäure. Beziehungsweise an »gas«, da wir uns natürlich auf englisch verständigen.

Und es hört sich seltsam für mich an, wenn man in Dachau von Gas spricht.

Aber sie hat Eis für ihren amerikanischen Gast. Unmengen. Möchte ich? *Little gas with ice.*

Amerikaner mögen Eis in ihrem Mineralwasser. Jeder Deutsche kennt diese merkwürdigen amerikanischen Gewohnheiten, selbst in Dachau.

Aber genug davon. Ich bin nicht nach Dachau gekommen,

um über amerikanisches Gas und amerikanische Eiswürfel zu sprechen. Wir wollen hören, was die Leute zu erzählen haben.

Else, die Mutter, kam 1966 nach Dachau, am 1. Juni. Man muß schon genau sein: 1. Juni. Ich mag das!

Wir plaudern ein wenig.

Warum Dachau?

»Mein Mann arbeitete in München, und die Häuser waren hier billiger.«

Wußten Sie und Ihr Mann um die Geschichte der Stadt, bevor sie hierherzogen?

»Ja.«

Wäre das unter Umständen ein Grund gewesen, nicht hierherzuziehen?

»Nein.«

Man kann wohl davon ausgehen, daß einige der Menschen, die 1966 hier lebten, bereits während des Krieges hier waren. Haben Sie sie befragt, mit Ihnen darüber gesprochen, was hier während des Krieges geschah?

»Nein.«

Warum nicht?

»Wir hatten andere Probleme.«

Bedauern Sie es, nicht gefragt zu haben?

»Nein.«

Wir sind in Jürgens Haus. Elses Sohn Jürgen ist ein liebenswürdiger Mann. Er hatte vor einigen Jahren eine Begegnung mit Jesus Christus, erzählt er, und wurde »wiedergeboren«. Leiblich kam er hier auf die Welt, in Dachau.

In welchem Alter erfuhren Sie von der Geschichte Dachaus?

»Mit zehn. Im Geschichtsunterricht in der Schule.«

Und bis dahin wußten Sie gar nichts darüber?

»Nein.«

Was haben Sie empfunden, als es Ihnen zum ersten Mal klar wurde?

»Ich war schockiert.«

Können Sie diesen Schock beschreiben – ich meine, wie haben Sie reagiert?

»Gar nicht.«

Sind Sie zu Papa und Mama gegangen und haben gefragt: Wo zum Teufel leben wir hier?

»Nein.«

Warum nicht, wenn Sie schockiert waren?

»Ich weiß nicht.«

Kennen Sie irgend jemanden hier, dessen Eltern oder Großeltern am Betrieb von Dachau beteiligt waren?

»Nur eine Frau; die ist allerdings schon tot.«

Sonst niemanden?

»Nein.«

Haben Sie sich jemals umgehört?

»Nein.«

Ich weiß nicht warum, aber mich regt dieser Herr ein wenig auf, und ich treibe ihn in die Enge.

Von außen betrachtet erscheint es mir so, daß Sie es einfach nicht wissen wollten, daß es Ihnen scheißegal ist, verzeihen Sie meine Ausdrucksweise. Für mich als einen Ausländer klingt das, was Sie gesagt haben, einfach entsetzlich. Verstehen Sie das?

»Ja.«

Möchten Sie noch etwas ergänzen?

»Vor einigen Jahren wurde ich wiedergeboren, und vor einigen Jahren begriff ich auch, daß ich den Augapfel Gottes beschützen muß, das jüdische Volk. Und ich versuche mein Bestes.«

Aber Sie wollen trotzdem nicht wissen, wer von den Familien Ihrer Nachbarn auf die eine oder andere Weise mit dem KZ Dachau zu tun hatte?

»Nein.«

Warum nicht?

»Ich konzentriere mich nur auf eine Sache.«

Meinen Sie das im Ernst?

»Was ich sagen will, ist, daß ich in die Zukunft schauen und nicht an die Vergangenheit denken möchte.«

Kann man vorwärtsgehen, wenn man nicht weiß, woher man kommt?

Keine Antwort. Er straft mich mit Schweigen. Vielleicht ist er ja in Wirklichkeit ein Karmeliter. In Dachau ist alles möglich.

Ich weiß auch nicht warum, vielleicht wegen all dieser Dachauer Wachtürme, die mir an die Nieren gehen, aber ich weiß, ich bin hier noch nicht fertig. Ich fasse weiter nach, versuche mein Bestes, aus diesem Mann herauszuschütteln, was immer in ihm ist, damit er es offen auf den Tisch legt, auf seinen Tisch. Ich treibe ihn in die Enge, nutze seinen Glauben als Brechstange, um an ihn heranzukommen.

Sie sind ein frommer Mensch. Dürfte ich Sie daran erinnern, daß die Bibel voll von Geschichten ist, die alle bis ins kleinste Detail ...? Also zum Beispiel, in der Schöpfungsgeschichte liest man von diesem Mann, der der Sohn jenes Mannes ist, der selbst wiederum der Sohn eines anderen Mannes war, der seinerseits der Sohn ... Ist das nicht so?

»Ja, das stimmt.«

Und trotzdem wollen Sie niemanden nach irgend etwas fragen, Sie wollen nur der Bibel als Ihrem Leitbild folgen. Stimmt das?

»Ja.«

Hier ist die Bibel, und sie gibt Ihnen ein Beispiel, wie man sich verhalten soll, aber Sie weigern sich. Richtig?

»Ja.«

Warum?

»Ich kann das nicht beantworten.«

Wirklich nicht?

»Nein.«

Möchten Sie eine Antwort?

»Ich weiß nicht.«

Möchten Sie es wissen?

»Vielleicht will ich es nicht wissen.«

Warum wollen Sie es nicht wissen?

»Das ist das Problem, ja.«

Und was ist die Lösung?

Jürgens Augen werden feucht. Sein Widerstand bröckelt. Der selbstsichere Mann, den ich vor gerade mal einer halben Stunde kennengelernt habe, ist jetzt ein gebrochener Mann, dessen Einzelteile unverhüllt im Hinterhof seines Hauses liegen.

»Ich schaue in den Spiegel und möchte es nicht sehen.«

Warum?

»Es ist kein schönes Bild.«

Geben Sie mir eine bessere Antwort.

»Ich werde es sein, der mich da im Spiegel anstarrt. Und ich möchte das nicht sehen!«

Diese Leute sind Sie?

»Ja.«

Die?

»Ja.«

Die sind Sie?

»Ja.«

Die Nazis.

»Ja.«

Es fällt schwer, ihm jetzt ins Gesicht zu blicken, er sieht aus wie ein auf frischer Tat ertappter Verbrecher. Seine Frau, Barbara, drückt mich fest. Warum drückt sie mich? Sie sollte ihren Mann in die Arme nehmen! »Verzeihung«, sagt sie, »Verzeihung. Verzeihung für das, was wir Ihrem Volk angetan haben. Verzeihung.«

Wir sind hier in Deutschland. Wir berichten aus Dachau, der Stadt.

Während ich Dachau verlasse, will mir dieses »Motto« nicht aus dem Kopf gehen: »Es gibt einen Weg zur Freiheit. Seine Meilensteine heißen: Gehorsam, Fleiß, Ehrlichkeit, Ordnung, Sauberkeit, Nüchternheit, Wahrhaftigkeit, Opfersinn und Liebe zum Vaterland!«

Glauben Sie wirklich, Rabbi Helmut Schmidt, daß das alles in fünfundzwanzighundert Jahren vergessen sein wird? Es geht hier nicht nur darum, daß Menschen getötet wurden, Rabbi Helmut. Sondern wie es gemacht wurde. Nie wird irgend jemand »besser« morden. Niemals. Oder auch nur so zynisch.

Mörder, Mörder überall.

Und kein Mörder zu sehen.

Ich bräuchte jetzt meinen Halb und Halb, Giovanni di Lorenzo. Wir haben etwas zu besprechen. Aber Giovanni ist eine halbe Welt weit weg. Er ist im Norden unseres deutschen Planeten, ich im Süden.

Aus praktischen Gründen beschließe ich, mir lieber einen Juden zu suchen. 9000 in der orthodoxen Gemeinde Münchens, da muß doch einer für mich dabeisein.

Juden, Juden überall ...

»Fleiß« zahlt sich aus, und ich bekomme meinen Juden:

Jacques Cohen von Cohen's jüdischem Restaurant, das 1960 eröffnet wurde.

Gibt es hier jüdisches Leben? frage ich ihn.

»Bar Mitzwa, Bat Mitzwa, damit die Leute zeigen können, was sie haben. Das war es dann aber auch.«

Was für Menschen kommen in Ihr Restaurant?

»Die Gojim.«

Und warum kommen sie?

»Sie mögen die jüdische Küche«

Und die Juden?

»Die gehen zu McDonald's.«

Jacques sagt mir, daß er Henryk M. Broder mag. »Das ist ein Jude ohne Furcht und Scham, ein Jude, der sagt, was er denkt.« Wie Jacques auf Henryk M. Broder gekommen ist, ist mir schleierhaft. Jacques verbringt gerne Zeit in seinem Restaurant und denkt über die großen Fragen des Lebens nach.

Es ist schwer, ein Jude zu sein, sagt er, nirgendwo auf der Welt liebt man den Juden. Noch schlimmer ist es, eine Jüdin zu sein, überlegt er, weil sie zusätzlich zu der Bürde, gehaßt zu werden, auch noch so viel Arbeit hat. Aber das schlimmste, fügt er überraschend hinzu, ist Österreich: Da gibt es mehr Antisemiten als irgendwo sonst.

Was bedeutet es, ein Jude zu sein?

»Das bin ich noch nie gefragt worden.«

Worin besteht es?

»Was meinen Sie mit ›worin besteht es‹?«

Was bedeutet es, ein Jude zu sein –

»Religion. Die Religion.«

Sind Sie religiös?

»Nein.«

Sind Sie Jude?

»Ja. Ich bin stolz darauf, ein Jude zu sein.«

Worin besteht es?

»Sie machen mich noch ganz kirre. Ich weiß es nicht.«

Da die meisten seiner Gäste, wie er sagt, keine Juden sind – wobei ich gar niemanden erblicke, Jude oder nicht, das Restaurant ist völlig leer –, empfindet er es als seine Pflicht, sie mit den grundlegenden jüdischen Vorstellungen und Bräuchen vertraut zu machen. Auf den Tischen seines Restaurants finden sich Karten, die die jüdischen Speisegesetze und -gewohnheiten erklären. Was zum Beispiel ist »nichtkoscherer Wein«? Nichtkoscherer Wein ist den Karten zufolge ein Wein, der aus faulen Früchten gemacht wird.

Wirklich, Jacques?

»Ja.«

Ich dachte, nichtkoscherer Wein sei Wein, der von einem Nichtjuden berührt worden ist. Das ist die offizielle Erklärung, oder nicht?

Nun, Jacques ist nicht so dumm, so etwas zu schreiben, egal, was die jüdischen Speisegesetze über koschere Ernährung sagen.

»Ich muß ja nicht alles hinschreiben.«

Judentum, München-style.

Hier ist eine weitere Karte. Ein Kombi-Angebot. Gehen Sie ins Museum und essen Sie jüdisch zum Spezialpreis.

Mir ist gerade nicht danach, irgend etwas zu essen, und so mache ich mich auf ins Museum.

Ich bin in der Neuen Pinakothek. Was auch immer dieser Name bedeutet, der Museumsbau ist klasse. Heute gibt es eine Sonderführung: »Spuren des Dritten Reichs in der Pinakothek«. Die Menschen hier kommen anscheinend einfach nicht über diese Zeit hinweg. Sollte ich mich ihnen anschließen?

Hey, warum nicht? Ich bin Tourist, und Touristen machen so etwas. Touristen und eine Tour verlangen nach einem Vortrag, zumindest hierzulande. Die Vortragende heute ist eine schwer nach Kunst aussehende Frau, die von der Bombardierung des Museums im Zweiten Weltkrieg erzählt. Ich hoffe, sie nimmt es mir nicht übel, daß mir nach Dachau etwas das Mitleid feht. Die anderen Zuhörer, sehr feine Deutsche, ihrer Garderobe nach zu urteilen, teilen meine Gefühle nicht und scheinen sehr bewegt von der tragischen Geschichte der Bombardierung. Tja, wenn ich mit ihnen mitfühlen könnte, dann würde ich mich jetzt wenigstens nicht so langweilen. Ich verliere schon das Interesse, als von den Anfangstagen jenes Reiches die Rede ist, und lasse mich statt dessen von den Bildern in Beschlag nehmen. Viele Marien hier, falls Sie noch nie in diesem Museum waren, eine sexyer als die andere. Wenn die Juden nur wüßten, wie sexy sie sind – oder waren!

Erst die Jungfrauen, dann die Krieger. Hier ist ein Bild mit dem Titel *Einzug König Ottos von Griechenland in Nauplia* von Peter von Hess aus dem Jahr 1835. Verblüffende Details. Jede Gestalt in der Menge ist in ihrer ganz besonderen Stimmung eingefangen, jeder Blick und jede Bewegung bis ins kleinste Detail ausgeführt, und jedes der Schiffe und die Konturen eines jeden Steins und einer jeden Wolke, jeder Instinkt eines jeden Tiers und jedes Detail des Wetters – alles ist meisterhaft festgehalten.

Und hier ist *Park einer italienischen Villa* von Oswald Achenbach, circa 1860. So schlicht dieses Gemälde zunächst wirkt, so betörend ist es. Die Schattierungen und Schatten, mit denen der Maler spielt, sind einfach phänomenal. Sobald man es zu betrachten beginnt, wird man von diesem Bild regelrecht gefangengenommen.

Moment mal. Wo ist die Drittes-Reich-Gruppe?

Ah, hier sind sie. Fern der Jungfrauen und Recken. Sie sind in der Privatsammlung von Reichsmarschall Hermann Göring. Ich schließe mich ihnen an und versuche, ausgehend von den Bildern, einen Eindruck von dem Mann und seinem Charakter zu bekommen. Aber dann wird mir dank der Führerin hier klar, daß einige dieser Gemälde tatsächlich in jüdischem Besitz gewesen sein könnten. Zu dumm. Ich war gerade drauf und dran, eine unglaublich geniale Theorie über das Verhältnis eines Menschen zu den von ihm gesammelten Bildern zu entwickeln, die diese Dame jedoch mit einem einzigen Satz zerschmetterte.

Ja. So schwer es fällt, das zu glauben, Hermann war ein kleiner Dieb.

Ich überlasse die Nazis und Juden sich selbst und gehe weiter. Hier ist *Blick auf Arles* des armen Vincent van Gogh. Er muß guter Dinge gewesen sein, als er dieses Bild malte, dessen Farben und Stimmung durch ihre Lebhaftigkeit bestechen. Nicht weit davon hängt Claude Monets *Seinebrücke von Argenteuil*. Es ist ein Zauber in diesem Bild, besonders in dem Kontrast zwischen der strengen Härte des Industriellen und dem sanftgrünen Gras.

Ich glaube, ich sollte Kunstkritiker werden. Nicht um alles in der Welt könnte ich eine gerade Linie zeichnen, von einem Kreis ganz zu schweigen, aber als Kritiker bin ich wirklich gut! Wirklich. Ich meine es ernst!

Ich bin so in meine Gedanken und ins Schreiben vertieft, daß mir der Wärter neben mir gar nicht auffällt. Anscheinend paßt es ihm nicht, daß ich hier stehe und schreibe. Zu viele Besucher halten inne, um einen Blick auf mein iPad zu werfen. Ein klarer Fall von unlauterem Wettbewerb.

Wo zum Henker sind meine Drittes Reichler?! Vielleicht auf der Toilette.

Da schaue ich doch einfach mal nach.

Hier gibt es nun allerdings etwas Interessantes zu sehen: eine Anleitung zum Händewaschen.

Die Leiter dieser Institution und die Staatsbürokraten, die sie finanzieren, haben offensichtlich befunden, daß die Münchner Museumsbesucher in der Kunst des Waschens ihrer Hände nach Verrichten ihrer Notdurft nicht genügend bewandert sind. Die Menschen brauchen Anleitungen. Jawohl. In jeder Toilette hier findet sich eine. Wer aus religiösen Gründen auf dem Klo nicht liest, findet neben den Wasserhähnen eine weitere große Hinweistafel. Viele Schritte sind nötig, um sich die Hände zu waschen, falls Ihnen das nicht bewußt war. Halten Sie die Hände unter das fließende Wasser, meine Lieben, denn andernfalls wird das Wasser nicht zu Ihnen kommen. Schwer zu verstehen? Hier ist eine Illustration des Vorgangs. Ja, ist so. Unter einem Bild von fließendem Wasser finden Sie diese Anweisung: Hände unter fließendes Wasser halten. Bild von Seife, dann: Seife 20 bis 30 Sekunden in den Händen verreiben. Bild von Händen, dann: Auch zwischen den Fingern. Bild von Händen UND fließendem Wasser, dann: Dann gründlich abspülen. Bild von Händen und einem Papierhandtuch, dann: Sorgfältig abtrocknen.

Die Stadt München – oder der Freistaat Bayern – ist anscheinend der Meinung, daß die Münchner Vollidioten sind.

Das will ich selbst überprüfen.

Neben der prächtigen Theatinerkirche befindet sich ein kleiner Biergarten. Die Menschen kommen hierher, um Bier zu trinken, die Kirche anzustarren, sich stundenlang gegenseitig anzublicken, endlos zu tratschen oder über das Leben nachzusinnen, während sie an diesem oder jenem alkoholischen Getränk nippen.

So auch Werner, ein gutaussehender Bayer, der ganz für sich allein hier sitzt und Weißwein trinkt. Woran denkt Werner so allein zu dieser späten Stunde? An die Liebe, was sonst! »Vor zehn Jahren habe ich mich in eine amerikanische Jüdin verliebt«, die zu Besuch in München weilte. Er zeigte ihr die Stadt, und sie verbrachten eine schöne Zeit zusammen, ohne daß es zu Intimitäten gekommen wäre. Dann kehrte sie wieder heim. Zu Hause fand sie eine andere Frau in ihrem Bett vor. Ihr Gatte, der arme Kerl, hatte sich bezüglich des Zeitpunkts ihrer Rückkehr vertan. Sie jedoch nicht, und so ließ sie sich scheiden und lud Werner ein, sie in ihrem einsamen Bett zu besuchen. Was für ein wunderbares Leben erwartete Werner! Die Jüdin, welch Überraschung, erwies sich als eine sehr reiche Frau. Wie Juden halt so sind. Und sie lebte in der Park Avenue in New York. Wo sonst? Dann gab sie eines Tages eine Party. Und lud ihren Freundeskreis ein. Ihren jüdischen Freundeskreis, versteht sich. Durchweg reich, falls jemand Zweifel hatte. Und eine ihrer Freundinnen, nach Werners Beschreibung eine jüdische Schönheit wie aus Tausendundeiner Nacht, lud ihn kurz darauf in ein exklusives Restaurant ein. Juden tun so etwas manchmal. Werner konnte nicht nein sagen. Schöne Jüdinnen weist man nicht zurück, das wäre einfach unhöflich. Und er wurde ertappt. Wie nicht anders zu erwarten war. Bei jüdischen Frauen muß man wirklich vorsichtig sein! Und damit war seine Liebesaffäre beendet.

Jüdinnen, verrät Werner mir, leben in der Park Avenue und sind unwiderstehlich.

Armer Werner. Er könnte heute mit der reichen Jüdin in der Park Avenue leben. Statt dessen trinkt er mutterseelenallein Wein in München und plaudert mit einem reisenden Juden.

»Ältere jüdische Damen«, informiert Werner diesen jüdischen Reisenden, »malen sich die Gesichter an und sehen aus wie kleine Puppen.«

Tatsächlich?

»Ja.« Und »sie sind alle im Diamantengeschäft«.

Wie gut, daß ich nicht in New York geblieben, sondern hierhergekommen bin; da erfahre ich doch mal wirklich was Neues über meine Stadt.

Eines aber wüßte ich zu gerne: Warum sprechen eigentlich so viele Deutsche mit mir über Juden? Steht irgendwo auf meiner Stirn geschrieben: Sprich mit mir über Juden?

Zugegeben: Nicht nur die Deutschen können nicht von den »Juden« lassen. Vor nur wenigen Stunden beispielsweise mußte Tausende Meilen von hier Helen Thomas, eine altgediente Berichterstatterin über das Geschehen im Weißen Haus, ihren Job an den Nagel hängen, nachdem einige ältere umstrittene Bemerkungen von ihr publik geworden waren. Die Juden »sollten zum Teufel noch mal aus Palästina verschwinden« und »nach Hause zurückkehren«, womit sie ihre wahren Heimatländer meinte, zum Beispiel Polen und Deutschland.

Ich bin in Deutschland. Vielleicht sollte ich mir einen Paß besorgen.

Sehen Sie dort drüben, auf der anderen Straßenseite in diesem meinem Heimatland, links von der verehrten Kirche, hat jemand einen Davidsstern gemalt. Graffiti, könnte man sagen. Ich habe viele von ihnen in Lodz in Polen gesehen, meinem anderen Heimatland. Dort bedeutet der Davidsstern: »Du bist ein Jude!« Wie in »Du bist ein Dieb. Du bist ein Tier.« Manchmal werden die Sterne auch um eine Lesehilfe ergänzt: »Schickt die Juden in die Krematorien« oder »Juden raus!«

Wofür der Stern hier wohl steht? Für Werners bemalte Gesichter?

Als von neuem die Sonne über dem Münchner Himmel aufgeht, sitze ich im Englischen Garten. Ich schlürfe meinen frischen Kaffee und lausche den Bäumen. Ein sanftes Lüftchen weht. Sagt NEIN, fordert ein Plakat nicht weit von mir. Sagt NEIN zum totalen Rauchverbot!

Rauchen verboten, lautete die Anweisung in Dachau.

Bald füllt sich der Englische Garten mit Kindern und Teenagern. Jetzt gibt es hier mehr Jugendliche als Bäume. Und überall Radfahrer. Die aber nett sind, nicht wie die in Hamburg. Hier sind sie nicht militant, sondern freundliche Menschen. Sie leben und lassen leben.

Ich zünde mir eine Zigarette an, nippe an meinem Kaffee und betrachte die wunderschönen Jugendlichen, die viel nackte Haut zeigen, bis sich mir ein junger Mann nähert.

»Kann ich Ihnen ein paar Fragen stellen?« fragt er mich.

Ja, warum nicht.

Er ist Filmstudent an der Uni München, sagt er, und da ich ihm als gebürtiger Bayer aufgefallen bin, würde er mich gerne für seinen Dokumentarfilm interviewen.

Ich? Gebürtiger Bayer? Wie hat er das gemerkt?

»An der Art und Weise, wie Sie aussehen, wie Sie sitzen, wie Sie an Ihrem Frühstückskaffee nippen.«

Ich habe meine Reise als Jordanier begonnen und bin jetzt ein Bayer.

Nicht schlecht. Nicht schlecht. Ich bin Deutscher! Ich möchte vor Glück am liebsten aufspringen und es aus mir herausschreien: Ich bin Deutschland!

Er heißt Jonas. Er hat schon einen Film gedreht, dies soll sein zweiter werden.

Wovon handelte der erste Film?

»Dachau.«

O Gott, nicht schon wieder!

Warum Dachau?

»Ich habe vier Jahre lang in dem KZ gearbeitet.«

Hast du Töne! Warum?

»Weil es wichtig ist.«

Ist es?

»Ja.«

Warum? Hatte Ihre Familie irgend etwas damit zu tun, mit Dachau?

Er guckt mich an, als hätte ich chinesisch mit ihm gesprochen.

Ich vermute, es hat einen Grund, warum die Pinakothek ihre Besucher instruiert, wie sie ihre Hände zu waschen haben. In München sind die Leute wohl ein bißchen, na ja, schwer von Begriff. Aber gut. Ich stelle meine Frage anders:

Wissen Sie zum Beispiel, was Ihre Großeltern während des Krieges gemacht haben? Ich meine, da Sie einen Film über die Zeit gedreht und einige Jahre in einem Konzentrationslager verbracht haben – ?

Sind Sie Jude?

Jetzt bin ich beleidigt. Wie kann er mich gebürtigen Bayern einen »Juden« nennen?!

Wie kommen Sie denn darauf?

»Wegen der Art und Weise, wie Sie mich das fragen.«

Vermaledeite Pinakothek! Die Münchner sind gar nicht so dumm!

Also, haben Sie Ihre Großeltern befragt?

»Einmal.«

Einmal?

»Ja, einmal habe ich meine Großmutter gefragt.«

Einmal haben Sie Ihre Großmutter ... was gefragt?

»Ich fragte sie, wen sie 1933 gewählt hat.«

Und was sagte sie?

»Sie sagte – sie gab mir keine Antwort, sondern stellte eine Gegenfrage. Sie sagte: ›Wen hätte ich denn wählen sollen, die Kommunisten?!‹«

Und?

»Das war alles.«

Das war alles?

»Ja.«

Sie haben keine weiteren Fragen gestellt?

»Nein. Ich war schockiert. Ich konnte nichts weiter fragen. Ich konnte nicht.«

Ja, so verläuft mein Morgen. Ich wollte doch nichts weiter als einen judenfreien Tag. Aber nein.

In einem anderen Teil des Englischen Gartens sitzt ein Intellektueller und trinkt Sprudel. Von Bier hat er erst mal genug.

»Deutschland ist reich«, sagt er, »aber die Politik hier ist miserabel. Man weiß nie, wer recht hat und wer nicht, wer die Wahrheit sagt und wer lügt. Der eine sagt, daß wir wegen dieses Vulkans in Island kein Flugzeug fliegen lassen dürfen, auf gar keinen Fall. Dann sagen andere, daß das Quatsch ist, daß wir natürlich fliegen können. Wie soll man da wissen, wer ehrlich ist und wer lügt? Die politischen Parteien in Deutschland bekämpfen sich gegenseitig, und man selbst hat nicht die Mittel, um zu entscheiden, wer recht hat und wer nicht.« Das ist das Problem mit Deutschland. Davon abgesehen ist es gut. Amerika hingegen ist schlecht. »Ein großes Land, ein riesiges Land, das sich pausenlos mit ›Terror‹ und ›Terroristen‹ beschäftigt. Wie Hitler mit seinen Juden. Er gab die Schuld den Juden, Amerika gibt die Schuld den ›Terroristen‹. Sie wollen ihr Volk kontrollieren.« Er hebt die Stimme, er ist stinksauer. Er nimmt eine Bretzel und beißt energisch hinein. »Warum tut Amerika das?«

Ich habe wirklich keine Ahnung, wieso der sich mich ausgesucht hat.

Warum sind Sie so sauer auf die Amerikaner?

»Weil die Amerikaner sich weigern, die Israelis dazu zu zwingen, den Palästinensern Land abzutreten.«

Hat irgend jemand etwas in seinen Sprudel getan? Was ist los mit ihm? Oder besser: Was ist los mit diesem Land? Die sind hier ja noch viel besessener von den Palästinensern als Al-Dschasira.

Warum interessieren Sie sich für die Palästinenser?

»Weil ich Frieden in der Welt will.«

Interessieren Sie sich für Tschetschenien?

»Wie bitte?«

Tschetschenien.

»Wie bitte?«

Tschetschenien. Sie wissen schon, Rußland und so.

»Ach, ja! Tschetschenien.«

Interessieren Sie sich dafür?

»Ja klar. Tue ich.«

Aber auf Tschetschenien reagieren Sie offensichtlich überhaupt nicht emotional. Warum nicht?

»Weil, weil der Nahe Osten wichtiger ist!«

Warum?

»Weil da die Religion ist. Wegen der Religion! Das ist die Grundlage unserer –«

Sind Sie religiös?

»Ich?«

Ja. Sie. Sind Sie religiös?

»Ich? Nein.«

Mein Intellektueller ist Jahrgang 1945. Was hat sein Vater im Krieg gemacht? Er weiß es nicht. Aber eines weiß er mit Sicherheit: Er hatte nichts mit den Nazis zu tun. Woher er das weiß? Sein Vater, sagt er, war ein Schürzenjäger, und das einzige, wofür er sich interessierte, waren Frauen.

Na bitte. Kugeln flogen, Menschen starben, und der Mann war am Vögeln. »Ich bin noch nie in meinem Leben«, fügt er hinzu, »in Deutschland einem Antisemiten begegnet. Die gibt es hier nicht.«

Wo gibt es sie denn dann?

»In Österreich.«

Geliebtes Bayern, du treibst mich in den Wahnsinn!

KAPITEL 12 *In dem schnelle Schlitten in Museen stehen, Junggesellen sich an nackten Statuen erfreuen, arme Schlucker eine Nobelbar besuchen, Kuba zur einzigen Demokratie erklärt wird, erdolchte Frauen sexy sind und man seinen Doktor in Liegestützen machen kann*

Ich verlasse den Englischen Garten und statte dem BMW-Komplex mit seinem BMW Museum, seiner BMW Welt und seinem BMW Werk einen Besuch ab. Wenn man genug von den Menschen hat, bieten Autos einen wunderbaren Ersatz. An der Infotheke heißen mich zwei Damen willkommen. Die eine weiß, die andere schwarz. Sehr weiß und sehr schwarz. Wie auf einem Klavier. Ebony and Ivory. Sehr PC.

Entschuldigen Sie, meine Damen. Fahren Sie einen BMW?

Schweigen.

Ich meine, abgesehen von der Arbeit. Fahren Sie einen BMW?

»Mein Mann«, sagt die erste, »hat einen BMW, aber ich fahre einen VW.« Auch die zweite bringt den Mut auf, mir zu antworten. Sie hat ebenfalls zwei Autos, eines von jeder der beiden Marken.

Gut. Wir sind alle gleich; die Autos auch.

Nachdem ich das »Klavier« hinter mir gelassen habe, sehe ich das Motto des Unternehmens auf Videobildschirmen im Eingangsbereich:

»To bring a design to life you need to believe in it.
BMW design embodies what BMW stands for.
We create ... emotional pieces.
Emotion drives perfection.«

Emotionale Teile? Geht's noch?

In einem angrenzenden Gebäude befindet sich eine Halle, in der nur ein Auto steht, umgeben von Bildschirmen, dazu im Hintergrund ein riesiger Bildschirm.

Und dieser Satz:

»Who knew perfection could be that beautiful!«

Das Ganze wirkt wie ein Tempel, in dem das Auto die Gottheit ist. Und wir, die Schaulustigen, sind die Gottesdienstbesucher.

Ich wußte, daß Deutschland nie kapitalistisch war. Es ist eine extrem religiöse, ausgesprochen fromme Gesellschaft.

Alles in allem ist der BMW-Komplex weniger ambitioniert als die Autostadt, aber auch weniger grell und in vielerlei Hinsicht angenehmer fürs Auge. Hier wie dort muß man einfach das deutsche Design bewundern. Es ist von bestechender Schönheit. Überhaupt fallen mir in diesem Land immer häufiger dieses fantastische Design und die großartige Bildgestaltung auf. Und zwar überall. Ob es sich um ein Bühnenbild im Theater handelt, die Anlage der großen Plätze mit ihren Skulpturen oder aber um Museen wie dieses. Das deutsche Design ist nachgerade von himmlischer Schönheit. Es ist, mit einem Wort, genial.

Weiter geht's ins Werk, wo man das eine oder andere lernen kann. Das Modell, das hier hergestellt wird, ist der 3er BMW. Es dauert 52 Stunden, ein Auto vom Anfang bis zum Ende zu bauen, die Pausen der Mitarbeiter nicht eingerechnet. 900 Wagen verlassen täglich dieses Werk. Die meisten Amerikaner wollen ihren BMW in Weiß. Die Deutschen ziehen gedecktere Farben vor, Tiefblau zum Beispiel. Von den 1100 hier Beschäftigten sind zehn Prozent Frauen. Ich verstehe jedoch nicht so recht, wofür sie so viele Mitarbeiter brauchen. Wenn Sie jetzt zufällig neben mir stünden und ihnen zuschauten, würden Sie mir zustimmen. Hier ist einer, der mit seinem iPhone spielt und seine E-Mails liest. Da drüben spaziert jemand mit einem Becher Kaffee herum. Und da ist noch einer, der sich gerade einen Kaffee genehmigt. Ein hartes Leben.

Die Roboter hier machen hingegen keine Kaffeepausen. Diese Roboter arbeiten wie ein Team zusammen, und sie sind auch eins. Das hier ist Science-fiction ohne Fiction. Wie ein Roboter darauf wartet, daß ein anderer Roboter seine Aufgabe erledigt hat, bevor er seinen eigenen Part übernimmt, ist frappierend und amüsant zugleich. Und je länger man sie sich anschaut, desto mehr Gefallen findet man an ihnen, als ob sie Menschen wären, oder Haustiere.

Bald werden diese Roboter eine Gewerkschaft gründen, Roboterrechte einfordern und ihre Solidarität mit dem palästinensischen Volk erklären. Ganz bestimmt.

Ein Wort über die Sauberkeit in dieser Fabrik: Man könnte den Boden ablecken. Jeden Quadratmillimeter. Ganz im Ernst. Wie hält man einen solchen Ort so sauber? Wer hat bloß diese Deutschen erschaffen? Gott kann es nicht gewesen sein. So vollkommen ist er nun auch wieder nicht.

Ich gehe weiter. Kommen Sie mit! Schauen Sie sich den Bereich an, wo die Autos lackiert werden. Wenn ich meinen Federhalter nachfülle, veranstalte ich eine größere Sauerei als die hier. Und hier geht es um Autos. Ich spreche von *Autos*. Nicht einem, nicht zweien – sondern Hunderten. Und die Halle ist blitzeblank. Wie schaffen diese Leute das? Wie führen diese Deutschen, entschuldigen Sie meine Ausdrucksweise, ihren Auftrag mit solcher Reinlichkeit aus?

Ich weiß auch nicht wieso, aber mir kommt gerade die Rote Flora in den Sinn. Viele Gesichter hat dieses Vaterland, die sich nicht alle gleichen. Oder handelt es sich einfach um die andere Seite ein und derselben Münze?

Ich fühle mich so sauber, daß ich mich gleich übergeben muß. Ich gehe raus, nehme eine Bahn und steige zehn Minuten später wieder aus. Eine »Demo« empfängt mich. Wo bin ich, in Hamburg etwa? Nein, nein. Immer noch in München. Studenten demonstrieren. Worum geht's? Tony, Student der Politikwissenschaften, erklärt mir in einer langen und gewundenen Rede, daß es bei dieser Demo um gerechte Politik, gerechte Finanzpraktiken, gerechte Gesetze, Sozialismus, Chancengleichheit und noch einige andere Annehmlichkeiten geht.

Was wollt ihr, Tony? Sag es mir. Ich mag es kurz und knackig.

»Keine Studiengebühren zahlen.«

Mir gefallen Tony und seine trinkenden Freunde. Morgen, sagen sie mir, veranstalten sie eine Großdemonstration, der sich zur Mittagszeit voraussichtlich 5000 Studenten anschließen werden. Sie werden den Verkehr lahmlegen und der Regierung eine Lektion erteilen.

Und wenn nicht?

»Dann besetzen wir die Universität.«

Am nächsten Tag zur Mittagszeit will ich Zeuge dieses Wunders werden – wie offensichtlich auch die Münchner Polizei. Diese Demonstration, die man in New York als eine Party bezeichnen würde, ist eine einzige Hetz. Alle trinken, literweise fließt das Bier. Die höchste Studiengebühr, die diese Studis zahlen müssen, beträgt 500 Euro pro Semester. Wie mir scheint, geben sie diesen Betrag in ein paar Tagen für Bier aus. Sie sollten gegen die Bierbrauer protestieren und Freibier fordern. Man muß dringend für sie beten, scheint mir. Und da ich nun einmal vor Ort bin, versuche ich natürlich zu helfen. Diese gelbe Kirche, die Theatinerkirche St. Kajetan, die nur wenige Minuten zu Fuß von hier entfernt ist, dürfte dafür genau der richtige Ort sein.

Eine reizende Kirche. Das hier ist eine Schwarze Madonna, glaube ich. Die Muttergottes war schwarz. Da schau her.

Die Jungs und Mädels in Oberammergau sind einem Riesenirrtum erlegen.

Kann passieren.

Zwei alte deutsche Damen sitzen neben Gottes Mama. »Ist das hier eine katholische Kirche?« fragt die eine die andere. Die andere Dame zuckt mit der Achsel, ratlos wie ihre Freundin. Sie verlassen die Kirche.

Die alten Damen sind weg, und ich bin alleine mit einer Handvoll kleiner nackter Engel in der Kirche. Einer großen Handvoll, genaugenommen.

Wenn ich ein katholischer Pfarrer wäre, ein Mann, der nicht heiraten und keinen Sex haben darf, wie würde ich dann auf diese nackten kleinen Jungs mit kleinen Blumen auf ihren Penissen reagieren? Wahrscheinlich pädophil werden. In den Vereinigten Staaten von A. kassiert man, wenn man mit Bildern wie diesen außerhalb der Kirche handelt, fünfundzwanzighundert Jahre Gefängnis. Minimum.

Ich versuche die Schwarze Mama in ein Gespräch über die Studenten und mein Freibierprogramm zu verwickeln. Leider spricht sie kein Jiddisch.

Ich versuche es mit einer anderen Kirche, dem Alten Peter. Vielleicht ist da ja die Muttergottes des Jiddischen mächtig. Aber anstelle einer jiddisch sprechenden Jungfrau treffe ich dort eine ältere Frau an, die bitterlich weint. Warum weint sie?

Es ist Gebetsstunde. Die Leute setzen sich, die Leute stehen wieder auf, und so immer weiter. Ich vermute mal, daß Gott es so und nicht anders möchte. T-Mobile will Ihr Geld, um Sie zu verbinden, Gott will, daß Sie Fitneßübungen machen.

Ein alter Pfarrer nimmt Hostien und steckt sie den Leuten in den Mund, als ob sie Kinder wären. Diese Hostien sind angeblich der Leib Christi, und der Pfarrer steckt Ihnen Seinen Körper in den Mund, sofern Sie katholisch sind. Protestanten sind nicht eingeladen, Christus zu essen. Auf dem Kirchentag vor ein paar Wochen in just dieser Stadt sagten mir Protestanten, daß sie sich dadurch beleidigt fühlten. Ich nicht. Mir ist es recht, wenn ich ihn nicht esse. Ich habe auf diesem Gebiet ganz andere Vorlieben.

Ich möchte lieber in Schumann's Bar essen. Man hat mir gesagt, dort seien die Schönen und die Reichen zu finden. Klingt göttlicher für mich als eine Hostie. Immerhin muß Gott die Reichen und die Schönen lieben, sonst würde er ihnen nicht so viel Geld und so viel Schönheit geben. Korrekt? Korrekt. Ich verlasse die Kirche, um mich zu den Schönen zu gesellen.

Die erste Schönheit, auf die ich treffe, ist Charles Schumann, der Inhaber.

Was ist an seiner Bar so besonders?

»Nichts.«

Wie haben Sie sich einen solchen Namen gemacht?

»Ich habe so viele Jahre gearbeitet. 30 Jahre! Ich wollte nie berühmt sein. Vielleicht bin ich heute berühmt, aber hingearbeitet habe ich darauf nicht.«

Was haben Ihre Gäste von Ihren 30 Jahren Erfahrung?

»Gar nichts. Schumann's ist zu groß geworden.«

Wer kommt üblicherweise hierher?

»Jeder.«

Auch arme Leute?

»Ja. Die Preise hier sind niedrig.«

Ich schaue mir das Publikum in der Bar an; es ist ungefähr so arm wie er.

Welche Philosophie steckt hinter einer Bar, welche Idee?

»Daß Sie sich an einem Ort zu Hause fühlen können, an dem Ihnen Ihre Frau nicht sagt: ›Morgen gehen wir zusammen ins Kino.‹ Die Barkeeper sollten nicht zu vertraulich mit den Gästen sein, das sage ich meinen Angestellten.«

Warum kommen die Leute in die Bar?

»Um einfach alles zu vergessen.«

Diese reichen Leute sind nicht glücklich?

»Nein. Das ist das Zeichen unserer Zeit. Wir leben in einer sehr oberflächlichen Welt. Die Bars sind zu laut, auch Schumann's, und die Leute können sich kaum unterhalten. Die meisten kommen hierher, um andere zu beobachten. Sie sitzen hier und beobachten, sie halten Ausschau und freuen sich, wenn sie gutaussehende Menschen sehen. Das bringt sie in Stimmung. Ich selbst mache das manchmal nachmittags. Ich setze mich draußen hin und beobachte die Passanten. Und manchmal sage ich: Ich wünschte, die Welt würde absaufen.«

Warum das?

»Weil die Menschen sich so schlecht benehmen. Und wie schlecht sich manche erst kleiden!«

Was haben Sie in 30 Jahren, die Sie jetzt die Gäste Ihrer Bar beobachten, über die menschliche Natur gelernt?

»Ich bin kein Menschenfreund.«

Bitte um eine Erklärung.

»Nur sehr wenige Menschen sind nicht egoistisch. Ich sehe, wie sie sich verhalten. Sie sind nicht höflich. Sie sind nicht weltmännisch. Sie sind schlecht angezogen, ohne Geschmack. Einer wie der andere.«

Wenn Sie sich Ihre Nationalität frei aussuchen könnten, für welche würden Sie sich entscheiden?

»Nicht die deutsche.«

Warum nicht?

»Die Deutschen sind zu bleiern. Sie wissen nicht, wie man sich entspannt.«

Ich merke gerade, daß ich vergessen habe, für meine Studenten zu beten. Meine Güte. Aber für Reuegefühle ist jetzt keine Zeit. Charles lädt mich zum Mittagessen im Hof ein. Das muß ich annehmen. Ein Mittagessen kann man nicht ausschlagen.

Und ich bin froh, daß ich die Einladung angenommen habe. Jetzt erst bekomme ich ein richtiges Gefühl für Schumann's Bar. Erstens ist es Charles. Er mischt überall mit. Er kennt seine Klientel und begrüßt sie persönlich. Hat er sie bei ihrer Ankunft verpaßt, dann kneift er ihnen später in die Wange, sobald er an ihrem Tisch vorbeikommt. Er liebt es, die Leute zu bedienen, und tut praktisch nichts anderes. Die Regel, nicht zu vertraulich mit den Gästen zu sein, gilt für ihn nicht. Das Essen, das preislich im Rahmen bleibt, ist ausgezeichnet. Und im Unterschied zu Cohen's ist dieses Restaurant rammelvoll. In Wirklichkeit ist dies kein Restaurant und auch keine Bar. Es ist ein Club. Ein Club für eine bestimmte Klasse von Menschen. Und er, König Charles I., wacht über jedes Detail. Kein Tisch bleibt leer, kein Glas trocken. Vor Zeiten herrschte hier König Ludwig, jetzt ist es Charles. Und König Charles I. entscheidet, daß ich keine Cola trinken werde. Wein ist besser. Weißer Wein statt dunkler Cola. Ich gehorche. König Charles kneift mir in die Wange. Ich bekomme die vollen Bürgerrechte. Ich bin ein stolzer Schumannianer.

Der Rucola-Kartoffelsalat mit Pulpo findet im Eiltempo seinen Weg von meinem Mund in meinen Magen, wobei sich alles dazwischen für den himmlischen Genuß bedankt. Das Hacksteak mit Spitzkohl überzeugt nicht weniger. Das Beste aber an diesem heißen Tag ist der Drink, der den Magen schließt. Der Lillet Lacanau – mit viel Eis, Campari, Orangensaft und einem Orangenschnitz – betört den Geruchssinn beim Trinken. »Ich bin eine Flasche«, sagt mir Charles, »und ich sauge diese Zutaten in mich hinein.« Der Mann ist ein Poet.

Plötzlich fallen mir die Studenten wieder ein. Ich habe ihnen versprochen, an ihrer Demo teilzunehmen. Ich muß gehen! Doch vorher hat Charles mir noch etwas Wichtiges zu sagen:

»Es gibt eines, was ich meinen Angestellten nicht beibringen kann, nämlich die Fähigkeit, zu registrieren, wenn jemand Interessantes die Bar betritt. Das ist mein Part, und dieser Menschen nehme ich mich an.«

Das tut er zweifellos.

Ich begebe mich zu meinen Studenten. Auch ich demonstriere. Keine übermäßig schwere Tätigkeit. Mir fallen zwei junge Leute auf, die ich zuvor noch nicht gesehen habe, Kerem und Lisa, die hier herumsitzen und die Passanten beobachten. Er ist ein atheistischer Muslim, sie eine atheistische Christin. Beide sind eingefleischte Kommunisten. Sie wollen, daß Deutschland ein kommunistischer Staat wird. »Kommunismus ist gut«, sagen sie unisono. »Die Leute sollen selbst entscheiden, nicht die Politiker.«

Sie kennen sich seit vielen Jahren, diese beiden Anfang 20jährigen, und so »können wir kein Paar werden«. Niemals. Aber sie sind gute Freunde und haben dieselben Werte. Sie waren beide in Kuba. Kuba ist gut. Das Paradies auf Erden. Sie haben es mit eigenen Augen gesehen. »Kuba ist wirklich demokratisch, nicht wie Deutschland. In Kuba entscheiden die Menschen, in Deutschland sind es die korrupten Politiker, die für uns entscheiden. Wenn die Politiker in Kuba korrupt sind, dann stimmen die Leute ab und schmeißen sie raus. Hat es das in Deutschland je gegeben? Kann man korrupte Politiker mitten in ihrer Amtszeit abwählen? In Kuba kann man das.«

Habe ich eigentlich schon erwähnt, daß Kerem und Lisa stocknüchtern sind?

Ich verlasse München.

Soll mich der Zug entführen. Wohin? Nach Nürnberg. Schöner Name.

Die Fahrkarte nach Nürnberg kostet 75 Euro, es sei denn, man möchte nur zehn bezahlen. Das Preissystem für Zugfahrkarten in Deutschland ist überaus komplex. Um sich da zurechtzufinden, sollte man über 20 Jahre Erfahrung im Schachspielen verfügen, bevor man seine erste Fahrkarte kauft. Oder man ist, wenn man Glück hat, hier geboren. Bei dieser Fahrt verhält es sich konkret so: Man kann ein normales Ticket kaufen – sofern man Charles Schumann zum Vater hat – oder, falls nicht, ein »Bayernticket«.

Ich komme nach Mitternacht in Nürnberg an und danke Allah für die Araber. Nicht, weil ich es mir anders überlegt hätte und nach Palästina gehen wollte. Hat mit *diesen* Arabern nichts zu tun, sondern mit den Arabern hier. Es ist nämlich so: Aufgrund einer städtischen Verordnung, deren Einhaltung die Polizei überwacht, müssen die hiesigen Restaurant- und Cafébesitzer die Außenbereiche ihrer Gaststätten spätestens um Mitternacht schließen. Doch der irakische Besitzer eines türkischen Restaurants ist so gerührt, weil ich ihn auf arabisch anspreche – »er spricht meine Sprache«, sagt er zu einer jungen Deutschen, und seine Augen strahlen vor Freude und Vergnügen –, daß er für mich ein paar Stühle und einen Tisch draußen stehen läßt. Und das mir zubereitete Essen ist himmlisch. Auch macht er mich mit einem süßen türkischen Gebräu bekannt, das zwar total künstlich schmeckt, aber wirklich süffig ist. Ich esse und trinke und genieße dabei den Anblick, der sich auf der gegenüberliegenden Straßenseite bietet: St. Klara.

Diese Kirche wurde 1273 errichtet, informiert eine Hinweistafel, 1945 zerstört und 1953 wiederaufgebaut. Ein typisch deutsches Schicksal, möchte man hinzufügen. Der Anblick der Kirche versetzt mich in eine leicht philosophische Stimmung: Es gibt schon einen Grund, weshalb man hierzulande dem Wahnsinn anheimfallen kann. Während ich in diesem weiträumigen Land von Stadt zu Stadt reise, zeigt sich meinem Blick immer wieder das gleiche Bild: zerstörte Bauwerke aus vergangenen Jahrtausenden, die jüngst restauriert wurden. Jahrhunderte wurden dank des Zweiten Weltkriegs an einem einzigen wolkenverhangenen Tag ausgelöscht. Die Geschichte dieses Verlusts wird den Menschen hier zweifellos bis in alle Ewigkeit in Erinnerung bleiben. Wo immer sie leben – in Süddeutschland oder Norddeutschland, im Osten oder im Westen –, dieses Kainsmal wird nie verschwinden. Ihr ganzer Stolz, ihre alten Bauwerke, mußten wiederaufgebaut werden.

Ich gehe in mein Hotel, das Hotel Drei Raben, bei dem es sich um ein Themenhotel handelt.

Zeit zu schlafen. Ich habe heute zuviel gegrübelt. Ich schaue mich in meinem Zimmer um. Und sehe einen Holzkasten mit einem Knopf. Als ich ihn drücke, ertönt die Stimme eines Kindes. Sie erzählt mir die Geschichte des Hotels im Jahr 1945, wie es Feuer fing und abbrannte. Die Stimme spricht von der Bombardierung Nürnbergs durch die Alliierten.

Ich vermute, daß ich jetzt gut schlafen kann. Das muß die Absicht sein, oder?

Am nächsten Morgen treffe ich Daniela Hüttinger, die Eigentümerin.

Sie erzählt mir von den Ereignissen von 1945. Ihr Vater versuchte, das Feuer zu löschen, vergeblich. Nur das Erdgeschoß blieb stehen. Die Familie verließ unmittelbar darauf die Stadt, kehrte aber nach dem Krieg zurück.

»Mein Vater hat mir die Geschichte viele, viele Male erzählt.«

Was hat er Ihnen sonst noch über den Krieg erzählt?

»Überall lagen Leichen auf den Straßen herum.«

Hat er Ihnen gesagt, warum dies geschah?

»Nein.«

Gar nicht?

»Er erzählte mir, daß sein Vater nicht in der Partei war.«

Das ist alles?

»Ja.«

Alles?

»Er war ein einfacher Hotelbesitzer, kein Studierter, kein kritischer Mensch.«

Ich verstehe –

»Meine Großmutter war Halbjüdin, vielleicht sollten Sie das schreiben, das könnte interessant sein. Als eines Tages die Nazis vorbeikamen, um Nachforschungen anzustellen, weil mein Großvater einen ausländischen Radiosender hörte, schrie er sie mit den Worten an, er war ein Schauspieler, wissen Sie: ›Ich werde Julius Streicher [den Verleger des Hetzblattes *Der Stürmer*] anrufen, was wollen Sie von mir!‹ Und sie zogen ab.«

So langsam dämmert mir, daß es in diesem Land mehr Juden gibt als in Israel. Von Rabbi Helmut Schmidt abwärts. Außer, vielleicht, Halb und Halb. Aber ich sage nichts zu Daniela; man darf eine Mitjüdin nicht verletzen. Statt dessen frage ich sie: Warum »Drei Raben«?

»Mein Vater pflegte eine Geschichte zu erzählen, wenn Gäste ihn das fragten: Vor ewigen Zeiten stand beim Bahnhof ein Galgen, über den die Raben flogen, die alles sahen, und anschließend kamen sie hierher, setzten sich auf den Schornstein und erzählten, was sie gesehen hatten.«

Diese Stadt hat eine interessante Geschichte und ein paar nette Geschichtchen obendrein.

»Wenn mir eine Wimper ausfällt«, sagt sie und entspannt sich, »dann wünsche ich mir etwas. Mein Wunsch ist, daß alles so bleibt, wie es ist, denn ich bin rundum glücklich. Weil das Leben perfekt ist. Ich bin glücklich mit meinem Leben, obwohl ich Deutsche bin.«

Obwohl ich Deutsche bin. Ist es schwer, Deutsche zu sein? Vielleicht. Eines Tages wachst du auf, und deine Stadt wird bombardiert.

Aber Schluß jetzt. Ich möchte nichts mehr von den Nazis hören, ich möchte nicht an sie denken, ich möchte nichts über sie lesen. Nichts. Genug ist genug. Ich bin nicht wegen seiner Nazigeschichte nach Nürnberg gefahren, auch wenn das wahrscheinlich viele Juden tun. Ich wollte den Zug sehen. Klar! Hier könne man den ersten Zug besichtigen, der jemals gefahren ist. Ein deutscher Freund erzählte mir das, und ich will jetzt endlich diesen Zug sehen.

Daniela aber sagt, ich sollte das Dokumentationszentrum Reichsparteitagsgelände besichtigen. Wow, was für ein langer Name für ein Museum. Ich sage Daniela, daß das Kapitel mit den Nazis für mich abgeschlossen ist, daß es für mich vorbei ist. »Sie müssen das sehen«, befiehlt mir die Jüdin und schüttelt den Kopf. »Sie müssen!«

Jüdinnen können sehr hartnäckig sein. Besser, man gehorcht ihnen.

So kommt es, daß ich auf einmal zuhöre, wie Göring aussagt.

Er wird gefragt: Wußten Sie von dem Massenmord an den Juden?

Nein, tat er nicht. Der Mann hatte keinen Schimmer. Nichts gesehen, nichts gehört. Dies ist eine seiner letzten Bemerkungen auf Erden, sein letzter Wille für die deutsche Nation. Er wußte es nicht. Ist total neu für ihn. Hat ihm keiner gesagt. Niemand wußte es, vor allem er nicht.

Wie Danielas Vater.

Ich will hier raus!

Und geschwind, sofort, ins Museum der Deutschen Bahn! Züge sind besser als Nazis.

Laßt mich den allerersten Zug sehen!

Der erste Zug, sagt der DB-Mann, der am Infostand des DB Museums Nürnberg steht, fuhr in Manchester, 1824. Der erste in Deutschland fuhr 1835, und das war weltweit der fünfte. In diesem Museum kann man den Nachbau von 1953 eines 1935 gebauten Zuges sehen, der seinerseits ein Nachbau war. Das Original wurde 1851 an eine Textilfabrik in Augsburg verkauft.

Der Mann kennt sich aus.

Da haben wir den Salat. Ich bin umsonst nach Nürnberg gekommen.

Aber ich reise nicht ab, nur über meine Leiche. Ich habe den Abstecher hierher gemacht, jetzt bin ich hier und will Züge sehen. Originale. Nachbauten. Egal. Jede alte Kirche in diesem Land ist auch ein Nachbau. Also was soll's.

Aber eins nach dem anderen: Am Eingang dieses Museums heißt eine Aufschrift auf glänzendem Glas die Besucher willkommen. Die DB heißt Sie willkommen. Mich. In zahlreichen Sprachen, darunter auch zwei semitischen. Das hebräische »Willkommen« hat interessanterweise gleich drei Fehler. Das könnte womöglich fürs *Guinnessbuch der Rekorde* reichen. Einige der Buchstaben gehören noch nicht einmal hierher.

Wie konnte die DB so viele Fehler in einem einzigen »Willkommen« unterbringen?!

Nun, ich bin wohl der letzte, der sich beklagen sollte. Ich habe nur zehn Euro für mein Ticket nach Nürnberg bezahlt. Das arabische »Willkommen« ist, nebenbei bemerkt, makellos. Fehlerfrei.

Ich vermute mal, die arabischen Touristen kaufen die 75-Euro-Tickets.

Daran muß es liegen. Schließlich wissen die Deutschen, soweit ich weiß, sehr viel über Israel, die Juden und alles, was damit zusammenhängt. Wie kann ihnen also ein so kapitaler Fehler unterlaufen? Weil ich das Billigticket gekauft habe. Ergibt Sinn, absolut.

Hoppla, schauen Sie mal hierher! Das ist der Waggon von König Ludwig. Welch schönes Stück! Ich wäre liebend gern ein König. Und hier ist der Adler-Zug, der Nachbau des Nachbaus. Ich weiß nicht, wie Sie darüber denken, aber meiner Meinung nach stellt dieser Zug die neuen ICEs wahrlich in den Schatten. Ein echter Hingucker! Ja, die neuen Züge sind schneller, aber die alten waren einfach nur schön! Kein Wunder, daß sie nicht so schnell fuhren – die Leute wollten ja gar nicht mehr aussteigen! Und nicht nur die Züge selbst, auch die Bahnhöfe. Allein dieses Centralbahnhof-Schild am Ende des Adler-Gleises! Sie haben da eine Zeichnung des Bahnhofs. Erstaunlich gut gemacht, meine Deutschen! Hat echte Tiefe, sieht richtig echt aus. Besser als manche Gemälde in den besten Museen. Sorry. Ich starre die ganze Zeit auf die Zeichnung. Sitze bei ihr. Sie wirkt lebendig. Wirklich gut!

Ich gehe weiter, entzückt wie eine Katze über frischen Rahm.

O nein! Ohne Vorwarnung lande ich in dem Bereich der Deutschen Reichsbahn. Schon wieder die Nazis! Ich renne raus. Schluß mit den Nazis. Kommt endlich drüber hinweg!

Ich gehe zur Frauenkirche. Ich schulde den Münchner Studenten ja noch ein Gebet.

In der Kirche hängt ein riesiges Plakat, das ein Großereignis ankündigt. Irgend etwas mit einem Pogrom. Was für ein Pogrom? Eins gegen Juden. Schon wieder die Juden? Ja. Wann fand das Pogrom statt? 1349.

Man kann die Juden nicht in Ruhe lassen. Nicht eine Sekunde.

Ich habe genug von den Juden. Ich gehe raus.

Ich bin auf der Suche nach einem Leberkäse. Doch stattdessen finde ich die »Straße der Menschenrechte«, eine Gedenkstätte aus 27 Rundpfeilern, zwei Kopfplatten und einer Säuleneiche. Die armen Deutschen. Bei jeder sich bietenden Gelegenheit reiben ihnen die Leute den Zweiten Weltkrieg unter die Nase. Wobei besagte Leute, welch Ironie, die Deutschen selbst sind – in diesem Fall das Germanische Nationalmuseum, das dieses Mahnmal in Auftrag gegeben hat.

Wie ich höre, befindet sich unter dem Rathaus eine Folterkammer. Die sollte ich mir vielleicht ansehen. Hört sich nach einer guten Abwechslung zu dieser ganzen Holocaustgeschichte an. Doch ist die Folterkammer leider geschlossen. Dafür lerne ich Herrn Amano vom Juweliergeschäft »Amano Jewels« kennen. Amano, aus Sri Lanka stammend, kam vor 30 Jahren nach Deutschland. Heute hat er zwei Läden in der Altstadt und »steht gut da«.

Wir sind in einem Coffee-Shop neben einem seiner beiden Geschäfte. Die Gäste verfolgen die Eröffnung der WM auf

Großbildschirmen, Amano jedoch interessiert sich nicht dafür. Er sagt mir, daß er die Deutschen mag.

Was zeichnet sie aus?

»Sie denken viel nach.«

Und das gefällt ihm. Es gefällt ihm auch, daß seine deutschen Kunden ihn reich machen.

»Wissen Sie, was der erste Satz war, den ich je auf deutsch gesagt habe?« fragt er mich.

Nein.

»›Warum sind Sie so ernst?‹«

Und was war die Reaktion?

»Sie wurden noch ernster.«

Er erzählt mir mehr von seinem Leben, das heißt seinem Geschäft: »99 Prozent der Menschen, die in meinem Laden etwas kaufen, sind Männer. Die meisten davon Stammkunden. Manche Männer kaufen für mehr als eine Frau ein. Wenn ein Mann zu mir sagt: ›Geben Sie mir drei Ringe und drei Halsketten, die auf keinen Fall dieselbe Farbe haben‹, dann weiß ich, daß er mehr als eine Frau hat. Die teuersten Stücke, die Männer kaufen, sind für ihre Freundinnen. Die Gattinnen kriegen den billigeren Schmuck. Meine Kundschaft setzt sich aus Ärzten, Anwälten, Geschäftsleuten und Industriellen zusammen. Die meisten meiner Kunden sind Deutsche, aber manchmal kommen auch Araber und Türken. Die wollen immer Rabatt!«

Und dann fügt er hinzu: »Monotheistische Religionen sind verrückt. Da nehmen sich Christen, Muslime und Juden nichts. Ich bin nicht religiös. Ich bin Buddhist und folge Buddhas Lehren.«

Warum folgen Sie ihm, wenn Sie nicht religiös sind?

»Weil er klug ist.«

Und Nietzsche ist das nicht?

»Das war ein trauriger, ein negativer Mensch.«

Gibt es außer Buddha keine fröhlichen Klugen?

Jetzt wird es für Amano zu verwirrend.

»Was möchten Sie trinken?« fragt er mich. »Geht auf mich.«

Nicht weit von uns parkt ein Lastwagen, auf dem das Logo des Staatstheaters Nürnberg zu sehen ist sowie das Bild einer Frau, die sich selbst mit einem Messer ersticht; Blut rinnt über ihr weißes Kleid. In anderen Teilen der Welt könnte dieses Bild als Zeichen für die örtliche Nervenklinik stehen. Hier steht es für die Einwohner, die normalen Leute.

Ich gehe zum Bahnhof und nehme den nächsten Zug aus der Stadt heraus.

Im Bahnhof Lichtenfels legt der Zug eine längere Pause ein. Ich steige für ein paar Minuten aus und schaue mich um. Überall Graffiti. »Multikulti nein danke.« »Frei, sozial und national.«

Wohin fahre ich?

Zu einem Turnfest in Coburg, auf Schloß Ehrenburg. Dort wird der 150. Geburtstag des Deutschen Turnvereins gefeiert, habe ich gehört. Ich habe keine Ahnung, was das ist, werde es aber hoffentlich herausfinden.

Christof, ein Mann, der wahrlich meinen Respekt und mein Vertrauen genießt, hatte erzählt, daß es sich bei dem Turnfest um einen Gymnastikwettbewerb handelt. Das klang für mich so bizarr, daß ich dachte: Nichts wie hin. Von einem Gymnastikwettbewerb habe ich noch nie gehört. Fußball, klar. Fußball verstehe ich: Du hißt die deutsche Fahne und fühlst dich gut. Aber ein Gymnastikwettbewerb? Klingt eigentlich gut. Ich bin seit Jahren in keinem Fitneßcenter mehr gewesen und habe diesbezüglich Schuldgefühle. Vielleicht, so sagte ich mir, würde ich mich besser fühlen, wenn ich einen Gymnastikwettbewerb besuche. Ich würde ein paar Stunden in Coburg verbringen, Leuten bei ihren Liegestützen zusehen und meine Schuldgefühle überwinden.

Aber niemand hatte mir gesagt, daß es dabei auch etwas zu essen geben würde! Als ich dort eintreffe, sehe ich als allererstes Sandwiches, Berge von Sandwiches, köstlichste Sandwiches, die mich anzulächeln scheinen und mich um Aufnahme in meinen Mund ersuchen.

Und niemand, aber auch wirklich niemand hatte mir gesagt, daß obendrein zwei Stunden lang Reden gehalten würden. Ich dachte, bei einem Turnfest geht es um Liegestütze. Bedeutet *Liegestütz* in Deutschland *Ansprache*?

Eine Sportprofessorin spricht. Eine Sportprofessorin? Was werden meine Deutschen als nächstes erfinden, einen Fußballdoktor?

Ich bin so verblüfft, daß ich einfach weiteresse. Ich nehme fünf bis sieben Kilo zu. Ist bitte eine Gewichtsprofessorin in der Nähe?

Bevor ich mich in einen Elefanten verwandle, schnappe ich mir einen Mann, der mir erklären kann, wo ich bin. Es ist Dr. Reinhard H. Ganten, vormals Jurist im deutschen Justizministerium, heute Präsident des Akademischen Turnbunds.

Als er meinen Notruf vernimmt, erklärt sich der Doktor sofort bereit, mir die Idee des *Turnvereins* und dieses ganze *Turnding* zu erklären. »Sport ist ein Wettkampf«, sagt er. »Beim Turnen hingegen geht es um kontrollierte Körperbewegungen.«

Er ist 70 Jahre alt und »geistig völlig fit, weil, nun, ich glaube, das liegt daran, daß ich immer Sport getrieben habe, seit ich drei oder vier Jahre alt war«.

Ist das etwas speziell Deutsches? frage ich ihn und beiße in eine deutsche Salami.

»Verschiedene Sportarten gleichzeitig auszuüben, um die Kontrolle über seinen Körper zu erlangen und zu wissen, welche Muskeln man gebrauchen muß, ich glaube, das ist deutsch.«

Tage- und nächtelang habe ich mir kaum Schlaf gegönnt, dieweil ich über ebendiese Frage grübelte: Was ist deutsch? Und dieser Mann kennt die genaue Antwort seit 70 Jahren!

Das ist aber noch längst nicht alles:

»Das Turnfest, das erste vor 150 Jahren, trug dazu bei, diese Nation zu schaffen. Der Herzog von Coburg erlaubte es Teilnehmern aus den verschiedensten Landstrichen, zum Turnfest in seinem Herzogtum zusammenzukommen, etwas, das andere Könige und Herzöge in den von ihnen kontrollierten Gebieten nicht zuließen. Das schuf ein Gefühl der Einheit unter den Menschen, den Menschen, die später Deutschland bilden sollten. Tatsächlich rief ihr Gründer, Friedrich Ludwig Jahn, die Turnbewegung ins Leben, um die Menschen für den Kampf gegen ausländische Besatzer und die Verteidigung ihres Heimatlands zu ertüchtigen. Heute gibt es über 20 000 Vereine im Deutschen Turnerbund, mit insgesamt fünf Millionen Mitgliedern.«

Gelobt sei Jahn. Ja, ich weiß, das ist der Typ, der einst schrieb, daß die Juden, neben anderen, »Deutschlands Unglück« seien. Aber dieses Thema werde ich nicht ansprechen. Dies soll ein Tag ganz ohne Juden, Nazis und alle sonstigen empfindlichen Geschöpfe sein.

Ich spreche noch mit weiteren Leuten, Männern im Anzug und Frauen im Abendkleid, die mir bestätigen, daß dieses *Turnen* zur Seele dieses Landes, eben zum Wesen Deutschlands gehört. Das DTB-Logo, das *Turnerkreuz*, erklären sie mir, »hat vier Fs. Sie stehen für *frisch, fromm, fröhlich, frei ist die deutsche Turnerei.*« Können sie mir das auf englisch sagen? frage ich sie. Sie können, nur daß sie mir unterschiedliche Übersetzungen anbieten. Ich lasse es gut sein.

Denn wir sollten damit nicht zuviel Zeit verlieren, kommt hier doch des Pudels Kern: »Es geht nicht nur um Sport oder Übungen«, erklärt mir einer von ihnen elegant, »es ist ein Verein. Wenn ich fremden Menschen begegne, dann sieze ich sie, begegne ich aber Vereinsmitgliedern, und sei es das erste Mal, dann duze ich sie. Es ist wie eine Familie. Und das ist einzigartig deutsch.«

Verstanden? Hier lernen wir einen neuen Begriff kennen: *Verein*. Was ist das? Wen immer man auch fragt, jeder wird sofort bestätigen, daß ein Verein deutsch ist, sehr deutsch. Was heißt aber Verein? Jeder gibt mir eine andere Übersetzung: Club. Bund. Assoziation. Gruppe. Kurz: Schwer zu übersetzen. Etwas Deutsches. *Verein*.

Wißbegierig stürze ich auf die Sportprofessorin zu, in der Hoffnung auf einen intellektuellen Austausch zwischen einer Liegestützanalytikerin und einem Salamisandwichexperten. Sie heißt Prof. Dr. Gudrun Doll-Tepper.

Sagen Sie mir, Frau Doktor, wo haben Sie Ihren akademischen Grad erworben?

»An der Freien Universität Berlin.«

Können Sie mir helfen? Ich habe hier ein großes Problem. Könnten Sie mir bitte das *Turnen* erklären?

Ja, kann sie.

»Turnen ist die Ausübung einer körperlichen Aktivität mit einer bestimmten Ausrüstung. Wie einem Eisenstab.«

Klingt für mich nach einem durchschnittlichen amerikanischen Fitneßstudio. Ist es das?

»Fitneßstudios, wie wir sie heute kennen, verwenden Geräte, die vor 200 Jahren in Deutschland entwickelt wurden!«

Man braucht schon einen Doktortitel, um derlei Dinge zu wissen.

In der großen Halle von Schloß Ehrenburg hat gerade jemand ein riesiges Schild aufgestellt:

»Wir sehen uns vom 18. bis 25. Mai 2013.«

Das ist Planung, Baby! Ich weiß nicht, wo ich morgen sein werde, aber diese Leute wissen schon jetzt, wo sie in ein paar Jahren sein werden!

Aber mir bleibt keine Zeit, um mich über dieses Phänomen zu wundern. Um 19.00 Uhr findet eine Sportvorführung statt. Die örtlichen Jugendlichen, Erwachsenen und Kinder zeigen ihre gymnastischen Fertigkeiten. Es wird mit rund 1000 Besuchern gerechnet, wie man mir sagt.

Ich schließe mich der Menge an. Was für ein fröhlicher Haufen! Jeder scheint hier jeden zu kennen.

Die Bühne ist bereitet. Die Turner kommen mit dem einen Gerät, das sie haben: ihren Körpern. Sie machen Liegestütze, sie machen Fitneßübungen, sie trainieren, und das Publikum applaudiert heftig.

Wie Charles Schumann zu mir sagte: Menschen, die Menschen beobachten. Ich frage mich, ob auch Raben gerne anderen Raben zuschauen.

KAPITEL 13 *In dem die Deutschen ihre Nationalmannschaft lieben und ein Mercedesboß seine Mama*

Ein Deutscher, den ich unlängst in New York kennenlernte, meinte, ich solle ihn in Tübingen besuchen kommen, wenn ich wieder einmal in Deutschland bin. Ich bin in Deutschland, und von hier nach Tübingen sind es drei Stunden mit dem Regionalzug. Soll ich oder soll ich nicht? Nun, ich habe heute nichts Besseres vor, also los.

Ich liebe Regionalzüge. Vor allem den, in den ich gerade eingestiegen bin. Es ist einer von den alten, bei denen man noch die Fenster herunterziehen und sich die frische Sommerluft um die Nase wehen lassen kann. Ich liebe, liebe, liebe das!

Glücklich wie ein Kind lasse ich mich nieder und ziehe das Fenster herunter. Es sind nicht viele Fahrgäste in diesem Waggon, höchstens fünf, so daß ich mich ausbreiten kann. Dicke breiten sich gerne aus.

Der Zug fährt los! Die frische Luft strömt herein! Ich bin im siebten Himmel!

Doch dann beginnt die deutsche Offensive.

Zuerst kommt eine etwa 30jährige Frau auf mich zu. Auf englisch mit deutschem Akzent bittet sie mich, das Fenster hochzuschieben. »Es zieht zu sehr«, sagt sie. Woher weiß sie, daß ich englisch spreche? Sie muß vom deutschen Geheimdienst ausgebildet worden sein. Sie klingt so streng, so fordernd, daß ich ihr einen Kompromiß anbiete: halboffen, halbgeschlossen. Sie sagt nichts, was ich als Zustimmung deute, und so schließe ich das Fenster halb. Anderthalb Minuten später nähert sich eine andere deutsche Dame. Diese hier scheint in ihren frühen Zwanzigern zu sein, fit und gesund, schön und athletisch. Sie möchte, daß ich das Fenster schließe, denn »es ist zu kalt«. Wo kommt sie her, aus der Sahara? Heute ist einer der heißesten Tage des Jahres. Was stimmt nicht mit ihr? Sie verlangt, daß ich mich ihrem Befehl beuge.

Ich versuche es wieder mit der 50-Prozent-Formel. Sie dreht sich um und geht, wortlos. Ich schiebe das Fenster hoch. Jetzt steht es nur noch zu einem Viertel offen. Man sollte meinen, daß jetzt alle zufrieden sind. Pustekuchen!

Ein älterer Herr, vielleicht Mitte 60, tritt an mich heran. »Warum tun Sie das?« fragt er mit erhobener Stimme.

Lebensraum, antworte ich ihm.

Von da an ist die Fahrt friedlich.

Wenn je der Dritte Weltkrieg ausbrechen sollte, dann in einem deutschen Regionalzug. An einem herrlichen Sommertag, auf der Fahrt von Nürnberg nach Tübingen. Wegen eines Fensters.

Irgendwo zwischen Nürnberg und Stuttgart besteigen ganze Gruppen den Zug. Eine Gruppe hier, eine Gruppe da. Junge Trinker zumeist. Ich schaue sie mir genau an und lege mir sorgfältig meine Kriegsstrategie für den Fall zurecht, daß sie mich wegen meines zu einem Viertel geöffneten Fensters angreifen. Etwas ist seltsam an diesen Leuten, obwohl ich nicht genau sagen kann, was. Ich habe nicht den Eindruck, daß ich es hier mit einer Ansammlung von Individuen zu tun habe; sie wirken eher wie eine Einheit mit ihrer eigenen Energie und ihren eigenen Regeln, einer Schafherde oder einer Vogelschar gleich. Hier ist eine Gruppe von Männern in schwarzen T-Shirts auf dem Weg zu einem Konzert; dort eine weitere, auch sie allesamt junge Männer, die eine volle Stunde lang über »Titten« diskutieren und dabei ein Bier nach dem anderen trinken.

Diese Menschen, die Deutschen, meine Deutschen, erkenne ich auf einmal, sind Gruppenmenschen. *Extreme* Gruppenmenschen. Seltsam, die jungen trinkenden Wesen in diesem Zug verschaffen mir Einblick in eine Welt, die ich nun seit geraumer Zeit zu verstehen versuche: die Welt des Deutschen. Natürlich, wieso bin ich nicht früher darauf gekommen: Es ist das *Vereins*ding! Sie sind »Gruppenmenschen«, die Deutschen. Sie klammern sich aneinander, denken miteinander und sind einander. Was auch immer das bedeutet.

Jawohl!

Ob Studenten in München, Gläubige in Kirchen, Intellektuelle, Künstler, Dorfbewohner: Das hier ist ein *Vereins*land.

Es ist, als hätte sich in meinem Gehirn plötzlich eine Tür geöffnet und mir zum Verständnis vieler Eindrücke auf meiner Reise verholfen. Nämlich: Die Deutschen bewegen sich gemeinsam, gehen gemeinsam, feiern gemeinsam, handeln gemeinsam und denken gemeinsam.

Selbst in der Welt der Medien, die wahrscheinlich eine der Speerspitzen der deutschen Gesellschaft ist, haben sie diese Konferenzen, damit sie gemeinsam denken können.

Vielleicht sollte nicht ein Adler Deutschlands Nationalsymbol sein, sondern ein Lamm. Ich will niemandem zu nahe treten; auch Lämmer sind etwas Feines. Ich mag Lämmer. Wirklich.

Ich bin in Tübingen. Auf Wiedersehen Bayern, hallo Baden-Württemberg.

In Tübingen gibt es eine Kirche – sorry, wenn ich wieder mit Kirchen komme –, die man gut und gerne als philosemitisch bezeichnen könnte. Sie ist unter anderem für das Engagement bekannt, mit dem sie das Andenken an den Holocaust hochhält. So besteht eine ihrer Aktivitäten darin, sogenannte *Märsche des Lebens* an verschiedenen Orten in Deutschland zu organisieren, die an die *Todesmärsche* erinnern sollen, eine Praxis der Nazis, bei der gegen Ende des Zweiten Weltkriegs Abertausende von Menschen ums Leben kamen.

Glauben Sie nicht, diese Betonung der Erinnerung an den Holocaust mache die Mitglieder dieser Kirche zu einem traurigen Häuflein. Das Gegenteil ist der Fall, zumindest am heutigen Tag. Sie tanzen und sie singen und bewegen sich fast drei Stunden lang und scheinen weder müde noch erschöpft zu werden. Kein bißchen.

Ja, auch das ist ein *Verein.*

Vom Stil her ist das hier sehr amerikanisch-evangelikal. Sie hüpfen fröhlich, glücklich-überglücklich auf der Stelle auf und ab, sie schwingen ihre Körper wie Jeschiwaschüler in Israel. Man sieht nicht alle Tage blonde Deutsche, die wie ultraorthodoxe Juden schuckeln. Ein interessanter Anblick. Der Liedtext geht in etwa so: »Today is today, I don't worry about tomorrow. Thank you, Lord.« Die meisten hier sind in ihren Zwanzigern und Dreißigern. Ein eher junger Haufen.

Der Buchladen hier verkauft Titel wie *Wie Kinder glauben lernen.* Auf der Bühne prangen stolz die Flaggen dreier Nationen: Deutschlands, Israels und der Vereinigten Staaten. Das sagt so ziemlich alles: Diese Leute kommen nicht aus Kuba.

Zeit für eine kleine Predigt. Der Pastor prangert eingehend die Kritik der westlichen Medien an Israel im Zusammenhang mit der Gaza-Hilfsflotte an. Morgen, sagt er, wird eine Delegation der Kirche nach Israel fliegen, wo sie für zwei Wochen ein Apartment angemietet haben. Was sie dort machen? Für den Schutz Israels beten. Er selbst wird mit dabeisein.

Am Eingang der Kirche, auch als »TOS-Gemeinde« bekannt, verkündet ein Aushang in Großbuchstaben: »FREI!«

Was, vermute ich, bedeuten soll: Kommt herein, es kostet euch keinen Cent. Trotzdem wird hier Geld gesammelt, mittels eines herumgereichten Hutes. Es folgt Musik. Glückliche Menschen singen gerne. Dann, nach der Musik, hält der Pastor eine Rede über die hohen Kosten des Apartments in Israel. Er mahnt die Gläubigen zu helfen. Von neuem erklingt Musik. Er tritt von der Bühne ab. Die Gläubigen, viele von ihnen, drängen jetzt an die Bühne heran und legen dort Euroscheine ab, einen netten Eurohaufen. Viele Zwanziger und Fünfziger.

Der Pastor erscheint wieder.

Gott, sagt der Pastor, hat ihn aufgefordert, nach Israel zu gehen und von dort aus zu Ihm zu beten.

Das verstehe ich ehrlich gesagt nicht. Wenn Gott und dieser Seelsorger bereits miteinander sprechen, wenn schon eine Verbindung zwischen ihnen besteht, warum sagt Gott ihm dann, er solle nach Israel gehen und von dort aus zu Ihm beten? Wenn ich mit jemandem telefoniere und er mich auffordert, nach Japan zu reisen und das Gespräch von dort aus fortzusetzen, hänge ich auf.

Ich beschließe, daß ich persönlich mit diesem Pastor sprechen und sehen muß, wie er mir all das erklärt. Er heißt Jobst Bittner, und wir setzen uns nach dem Gottesdienst in Ruhe zu einem Interview zusammen. Er erzählt mir, daß sein Vater während des Krieges in Nordafrika und als junger Mann »sehr für Hitler war. Meine Mutter war Mitglied im Bund Deutscher Mädchen.« Ich frage ihn, ob er weiß, warum Gott ihn auffordert, nach Israel zu gehen, statt sein Gespräch in Deutschland fortzusetzen.

Nach einer rund einstündigen Ausführung habe ich immer noch keine Antwort erhalten. Ich frage ihn, was das Problem ist, warum er mir keine offene und ehrliche Antwort geben kann. Er fordert mich auf, Jesus zu suchen. Ich fordere ihn auf, Mohammed zu suchen. Und dabei belassen wir es dann mehr oder weniger.

Er scheint von dem Gedanken getrieben zu sein, Gutes für sein Land zu tun, und dabei keine Mühen zu scheuen, aber ich verstehe ihn einfach nicht. Ich komme zu dem Schluß: Meine Deutschen sind manchmal äußerst komplex, ganz gleich, welche politischen Überzeugungen sie haben.

Gleich beginnt das Fußballspiel zwischen Deutschland und Australien, und die Kirche bietet ein »Public Viewing« an. Meine Deutschen wollen das Spiel in einer Gruppe sehen. Ich hänge mich dran. Und als die Deutschen ein Tor nach dem anderen schießen, dreht diese judenfreundliche Kirche durch. Sie singen:

»Allee, Allee, Allee, Allee. Eine Straße, viele Bäume, ja, das ist eine Allee.«

»Wir wollen Tore sehen, wir wollen Tore sehen, wir wollen, wir wollen Tore sehen.«

»Einer geht noch, einer geht noch rein, zwei wären besser, drei müssen's sein.«

Nach der ersten Halbzeit steht es 2:0 für Deutschland. Die Menge ist in Hochstimmung. Bierzeit. Alle Deutschen trinken Bier. Links, rechts, in der Mitte. Völlig egal. Und dann beginnt die zweite Halbzeit. Die deutsche Mannschaft ist weiterhin gut dabei, und die TOS-Fans kreischen weiterhin gut mit. Ich höre: »Das war elegant!« sowie »Die Deutschen sind super!« Wie aus dem Nichts tauchen auf einmal Flaggen auf; offensichtlich haben die Leute sie hier für den Fall, daß ihre Mannschaft gewinnt, in ihren Taschen gehabt. Einige bemalen sich ihre Gesichter in den Nationalfarben. Andere andere Körperpartien. Küsse, Umarmungen, Lärm. Meine Deutschen sind glücklich.

Ich überlasse sie ihrem Glück und spaziere zum Marktplatz.

Sieht so aus, als fände hier eine Party oder auch eine Orgie statt. Autofahrer hupen in einem fort, so glücklich sind sie. Die Menschen tanzen bis nach Mitternacht auf dem Platz. Sie schwenken Fahnen, meine Deutschen. Sie küssen ihre Mitdeutschen. Sie tanzen wie wild. Das Spiel ging 4:0 für die deutsche Mannschaft aus, und meine Deutschen könnten stolzer nicht sein. Manche Fahnen sind viel größer, länger und breiter als ihre Träger. Sie wollen sich selbst und jeden in der Nähe in ihre Flagge einwickeln.

Extreme Leute, meine Deutschen, und sie lieben ihr Land. Zutiefst. Sie schreien. Aus vollem Hals: »Deutschland! Deutschland! Deutschland!« Immer und immer wieder. Sie springen und springen und springen. Hier ist einer, der klettert auf eine Ampel. Drei Polizisten schauen ihm lachend dabei zu. Auch sie sind Teil der glücklichen Menschenmenge. Glücklicher Haufen, die Deutschen. Schau mal, wie groß die Flagge da drüben ist: so groß wie zwei breite Doppelbetten.

Es ist gut, Deutscher zu sein!

Ich gehe zu Bett und habe einen ruhigen Schlaf. Wenn es meinen Deutschen gutgeht, geht es mir auch gut.

Sobald ich wieder auf den Füßen bin, treffe ich mich mit Bruno Gebhart-Pietzsch, dem Inhaber eines Ladens, der Fair-Trade-Kaffee und -Tee, Philosophiebücher, Biogetränke und CDs wie *Kinder der Sonne* verkauft. Darüber hinaus sitzt Bruno für die Grünen im Stadtrat.

Im Tübinger Rathaus haben die Grünen 35 Prozent und damit ihren höchsten Anteil im ganzen Land, sagt Bruno stolz.

Welche sind schöner, die schwäbischen oder die bayrischen Frauen? frage ich ihn.

Der Mann ist schockiert, er kann schlicht nicht glauben,

was seine Ohren da soeben vernommen haben. Die Frage macht ihn fassungslos.

Ein Mann, der wie ein Mitglied des britischen Parlaments gekleidet ist, betritt den Laden. Er arbeitet in der Universitätsbibliothek, wo einer der Studenten eine leere Flasche auf einem Tisch hat stehen lassen. Er hat eine Frage: Möchte Bruno sie haben?

Ich habe auch eine Frage: Versucht er, die Flasche zu verkaufen?

Nein, nein! Es ist nur so, daß leere Flaschen nicht weggeworfen werden dürfen. Sie müssen ordnungsgemäß recycelt werden.

Rechtschaffene Leute, meine Deutschen, und einigermaßen extrem. Wo sonst auf diesem Planeten findet man Menschen, die sich so sehr um eine leere Flasche sorgen, daß sie sie herumtragen, bis sie einen Grünen finden, der weiß, was mit ihr zu geschehen hat?

Ehrlich gesagt fängt diese Rechtschaffenheit an, mir Angst zu machen. Rechtschaffene Leute können sich in Sekundenschnelle in Bestien verwandeln. Blind waren diejenigen, die den Nazismus in der Weimarer Republik nicht kommen sahen. Es war nicht die schlechte Wirtschaftslage, weswegen sich das Land den Nazis zuwandte; es waren die Weimarer Bürger und ihre Rechtschaffenheit.

Ich weiß schon. Woher will ich das wissen? Weil ich in meinem Leben schon viele rechtschaffene Menschen kennengelernt habe. Nicht nur Deutsche. Und nicht ein rechtschaffener Mann oder eine rechtschaffene Frau hat mich je »enttäuscht«. Sobald ich ihnen im Weg stand, verwandelten sie sich binnen Sekunden in Bestien.

Gewiß, viele Historiker würden mir in diesem Punkt nicht zustimmen. Aber ich habe Jahre damit zugebracht, die deutsche Geschichte zu studieren, vor allem die des Dritten Reichs, und das ist der Schluß, zu dem ich gekommen bin. Ich mag falschliegen, aber daß die anderen falschliegen könnten, ist ebenso möglich.

Wie auch immer, ich mache mir eine geistige Notiz: Muß nach Weimar fahren.

Ich bin mit Bruno noch nicht fertig.

Ich frage Freund Bruno: Wer ist klüger, die Schwaben oder die Bayern?

Bruno, durch und durch politisch korrekt, denkt nicht einmal daran, auf so etwas zu antworten.

Sie sind überaus politisch korrekt, sage ich zu ihm. Waren Sie schon immer so?

»Ich war früher einmal katholisch, wurde davon aber schwer enttäuscht, als ich erwachsen wurde.«

Ist dieser Laden Ihre neue Kirche?

Er lacht und nickt. Sagt dann: »Vielleicht.«

Vor Brunos Laden steht ein Zelt der Ärzte ohne Grenzen. Ebenfalls rechtschaffene Leute. Dies ist eine Stadt der Rechtschaffenen, wie mir so langsam dämmert. Georg zum Beispiel, ein junger Mann, der Spendenabos an den Mann oder die Frau zu bringen versucht. Sie können die grenzenlosen Ärzte beispielsweise dazu ermächtigen, monatlich zehn oder 160 Euro von Ihrem Konto abzubuchen. Jobst verkauft Ihnen die Ewigkeit bei Gott, Georg die Rechtschaffenheit unter Menschen. Und die Tübinger kaufen.

Wieviel zahlt man Ihnen dafür, daß Sie hier stehen, Georg?

»Ich mache das, weil ich daran glaube!«

Wieviel, Mann? Gib mir eine Zahl!

»550 Euro die Woche.«

Da heute, soweit ich weiß, keine Interviews mehr anstehen, laufe ich ein wenig herum und rauche die eine oder andere

Zigarette. Als meine Schachtel leer ist, versuche ich mich ihrer zu entledigen. Was leichter gesagt als getan ist, wie ich sogleich herausfinde, da mich eine Anwohnerin auf frischer Tat ertappt und strengstens ermahnt: Alles, was eine Plastikverpackung hat, wie meine leere Zigarettenschachtel, muß auseinandergenommen werden, einschließlich des Silberpapiers in der Schachtel, um in dem GELBEN Abfallbehälter entsorgt zu werden, BITTE. Ausgeschlossen, die leere Packung einfach so in einen Abfalleimer zu werfen. Sie bleibt neben mir stehen, weil sie wissen will, ob ich mich ihren Anweisungen auch füge und die leere Schachtel in ihre Einzelteile zerlege. Jawohl.

Keine zehn Pferde werden mich JEMALS dazu bringen, meine Zelte in Tübingen aufzuschlagen!

Die Nazilady tritt ab, und eine andere Frau tritt auf, eine Muslimlady.

Die ist interessant. Sehr sogar.

Haben Sie schon einmal dabei zugesehen, wie eine Frau mit Burka jemanden mit ihrem Handy anruft? Sie müssen sich das hier mal anschauen. Es ist ein höchst komplexer Vorgang, der etliche Schritte umfaßt: Halten Sie den Schleier so, daß er nicht an Ihrem Gesicht klebt, es aber auch nicht freigibt, schauen Sie auf die Zahlen, aber lassen Sie kein Tageslicht hereinfallen, tippen Sie die Nummer, aber lassen Sie niemanden Ihre Finger sehen, halten Sie dann das Telefon an Ihr bedecktes Ohr, wobei sie sicherstellen müssen, daß Ihnen nichts von dem schwarzen Stoff in die Quere kommt. Sagen Sie Hallo, aber heben Sie nicht Ihre Stimme. Es könnten ja Männer in Versuchung geraten.

Gespräch beendet? Gut.

Und jetzt, wissen Sie, wo Sie das Handy aufbewahren? In Ihrem BH! Aber achten Sie darauf, daß niemand zuschaut, wie Sie es dort verstauen. Brüste sind sehr verlockend, und Männer zu verlocken, ist ein schweres Verbrechen.

So vorbildlich, wie diese Frau all diese Schritte befolgt, muß sie einen Doktor in Burka-Telefonieren von der Freien Universität Berlin haben.

Mir geht eine talmudische Frage durch den Kopf. Was sagt das Gesetz, wenn man im Schwarzwald lebt, ganz tief innendrinnen, an seiner finstersten und schwärzesten Stelle: Muß man da immer noch eine Burka tragen, oder reichen die Bäume, bieten sie hinreichenden Sichtschutz? Ich sollte in den Schwarzwald fahren und ihn untersuchen, bevor ich einen Schiedsspruch verkünde.

Ich sitze in einem Café beim Rathaus, bestelle mir eine finstere, schwarze Cola Zero und grüble mit großer Ernsthaftigkeit über diese Frage. Während ich an meiner Zero nippe, kommt eine andere Muslimin vorbei. Sie trägt einen Hijab, und man sieht ihr Gesicht. Sie geht ein paar Schritte hinter dem Boß, ihrem Mann. Sie ist ganz in Schwarz gekleidet, er trägt ein kurzärmeliges weißes Hemd und Sandalen. Während sie schwitzt, läßt er es sich gutgehen.

Vor kurzem interviewte ich eine dieser Damen, und sie versicherte mir glaubwürdig, daß sie stolz darauf sei, komplett verhüllt zu sein. Juwelen, sagte sie, verhüllt man.

Die Toten verhüllt man auch, aber diesen Gedanken behielt ich für mich.

Soweit ich es beurteilen kann, gibt es viele Frauen im Hijab auf den Straßen des Vaterlands. Verschiebt sich der Nahe Osten nach Westen, nach Deutschland? Oder bin ich in Wirklichkeit in Gaza?

Ich grüble und grüble, und als es mir endlich reicht, finde ich mich plötzlich im Schwarzwald wieder. In echt. Es ist so schön hier, daß ich unverzüglich eine Fatwa gegen jegliches Burkatragen in der Nähe dieser Bäume erlasse.

Ja, meine Fatwa ist gut. Gehen Sie im Wald spazieren, in seinen dunkleren Teilen, in seiner ehrfurchtgebietenden mächtigen Schwärze, und Sie werden erkennen, daß Burkas hier fehl am Platz sind. Rehe ja, Burkas nein. Sie würden hier ihren Zweck verfehlen. Tatsächlich sehe ich nicht eine Burkalady im ganzen Schwarzwald, zumindest nicht dort, wo ich hingefahren bin.

Ich komme mir vor wie ein Prophet. Ich und dieser amerikanische Prophet, wir sollten uns zusammentun, als Prophetenverein GmbH. Das wäre bestimmt ziemlich lukrativ.

Nicht weit von hier hat jemand die größte Kuckucksuhr der Welt gebaut. Ich komme leider etwas zu spät und kann sie mir nur noch von außen durchs Fenster anschauen; aber auch so erkenne ich sofort, daß diese Kuckucksuhr absolut unpraktisch ist. Man kann rein gar nichts mit ihr anfangen. Selbst meine Fatwa erscheint mir da wesentlich sinnvoller. Ein schöner Anblick ist sie aber schon, muß ich zugeben.

Fernab von dieser Uhr lebt ein Mann namens Johannes. Ein wirklich netter Mann. Er lädt mich ein, bei ihm zu übernachten. Er hat ein schönes Haus, ganz aus Holz, und er teilt es gerne mit anderen. Zumindest für eine Nacht. Auch kocht er gerne. Kann ich da nein sagen? Nein!

Nach dem Essen fragt er mich, ob ich seine Familiengeschichte hören möchte. Kann ich da nein sagen? Nein.

Sein Großvater weigerte sich, in die NSDAP einzutreten. Eines Tages kamen die Nazis und führten ihn mit gezogener Waffe aus seinem Haus ab. 14 Tage lang wußte niemand, wo er war, bis er wieder auftauchte, beschädigt an Leib und Seele, und nur einen Satz von sich gab: »Ich werde euch nie erzählen, was passiert ist.« Was er auch nie tat, bis ans Ende seiner Tage. Lange nachdem es keine Nazis mehr gab.

Das, erklärt Johannes seinem Gast, ist die deutsche Geschichte. Das deutsche Volk war gegen die Nazis, konnte aber rein gar nichts gegen sie machen. »Die Geschichte meines Großvaters hat sich überall in Deutschland so abgespielt. Überall. Mit jedem. In jeder Familie. Es waren nur einige wenige, die SS, die die Drecksarbeit gemacht haben.«

Und während er spricht, wird der Schwarzwald noch ein bißchen schwärzer.

Johannes' Firma, in Privatbesitz, macht im Jahr sechs Millionen Euro Umsatz, erzählt er mir. Er erzählt mir auch, daß er die Juden mag.

Und ich mag Hähnchen. Wenn sie schön knusprig sind.

Josef, ein Bauer, ist etwa 70 Jahre alt. Ich lerne ihn auf seinem Bauernhof kennen. Josef ist ein freundlicher Mann, der stark schwäbelt. Beiläufig erwähnt er, daß er einmal in seinem Leben eine Urlaubsreise machte, in den Norden, dann aber seinen schwäbischen Bauernhof so sehr vermißte, daß er schnurstracks heimkehrte.

Was unterscheidet die Schwaben beispielsweise von den Bayern?

»Schwaben sind dickköpfig, während die Bayern ganz unbeschwerte Leute sind. Wenn ich noch einmal Urlaub mache, dann in Bayern.«

Er arbeitet acht Stunden am Tag, besitzt 30 Kühe und 40 Kälber. Er betätigt sich auch als Holzfäller und führt mir vor, wie die Maschinen zur Holzverarbeitung funktionieren. »Die jungen Frauen heutzutage«, sagt er, als ich seine Maschinen ausprobiere, »sind faul. Sie wollen einen Job haben und in der Stadt arbeiten. Weil man auf dem Hof auch am Wochenende arbeiten muß. Tiere gehen nicht übers Wochenende ›nach Hause‹! Deshalb holen wir polnische Frauen in den Schwarzwald und heiraten sie. Nach einer Weile aber lernen die polnischen Frauen von den deutschen Frauen ...«

Was ist das Wichtigste im Leben, Josef?

»Geld. Geld zu haben, ist das Wichtigste im Leben.«

Auch August ist Bauer. Er teilt sein Haus mit seinen Kühen. Zuviel Arbeit, so faßt er sein Leben zusammen, und zuwenig Geld. »Diese Gegend war bis 1806 einmal Österreich, aber jetzt ist hier Deutschland.« Er ist ein Badener, dem die Schwaben egal sind und der der festen Überzeugung ist, daß der badische Volksstamm der beste im Land ist. Und wie steht es mit seiner Frau, ist sie eine Badenerin?

»Was sonst!«

Diese beiden Herren gehören, meine ich, zu Europas Kapitalisten wider Willen.

Auf den Landstraßen, unweit der Bauernhöfe, weisen zahlreiche Plakate auf die Public Viewings der WM-Spiele hin. Meine Deutschen bedienen sich gern englischer Wörter. Ich weiß nicht warum, vielleicht fühlen sie sich so internationaler.

»Public viewing«. Yo.

Man kann über das Englisch der Deutschen sagen, was man will, aber kein Brite oder Yankee, der etwas auf sich hält, würde zu einem Mercedes »nein« sagen. Und Mercedes ist nicht weit von hier. Soll ich hin?

Willkommen bei Mercedes Benz, Stuttgart. Herumgeführt werden wir heute von Manfred. Zunächst bringt er uns Touristen das Wesentliche bei. Zum Beispiel: Dieses Unternehmen hat im vergangenen Jahr einen Umsatz von 78,9 Milliarden Euro erzielt. Dann folgt eine zehnminütige Erklärung des richtigen Namens dieser Firma. Daimler, Benz, Mercedes-Benz, AG, und was der Unterschied zwischen all dem ist, was korrekt ist und was nicht.

Wir steigen in einen Bus, der uns zum Werk bringen wird.

Ich beschließe, mir keinen Kopf zu machen, um was für einen Bus es sich handelt: Daimler-AG, Daimler Chrysler, Chrysler-Daimler-AG, Daimler Benz, Benz AG, Mercedes-Benz Daimler, Benz Daimler AG.

Von mir aus kann er ein Ford sein.

Warum seid ihr so kompliziert? frage ich Thomas, einen Mitarbeiter der Besucherkommunikationsabteilung von Mercedes-Benz, oder wie auch immer die eigentlich heißen. Thomas wurde abkommandiert, um mir bei etwaigen Fragen weiterzuhelfen.

»Weil wir Deutsche sind«, antwortet er.

Der arme Thomas, mit einer solchen Frage hat er nicht gerechnet. Ich schätze, er würde am liebsten gleich wieder gehen.

»Ich treffe Sie nach der Tour, wenn das okay für Sie ist«, sagt er.

Ist es, klar.

Die Tour beginnt. Hier machen sie die Motoren für die A-Klasse. Heute müssen 711 Motoren gebaut werden. In diesem Augenblick, um 12.54 Uhr, sind 291 fertig. Sie haben bis 23.00 Uhr Zeit, um den Rest zusammenzuschrauben. Keine Roboter in diesem Teil der Fabrik, nur Menschen. Roboter sind nicht Teil der Tour. Zu schade.

Keine Ahnung, wie es sonst in diesem Werk aussieht, dieser Teil jedenfalls erinnert mich an die Bilder vom Beginn der industriellen Revolution. Äußerst deprimierend, kurz gesagt. Der Boden ist erwartungsgemäß sauber, aber wirklich häßlich. Und das gilt auch für alles andere, was man hier sieht.

Ebenfalls interessant: Im Unterschied zum BMW-Werk finden sich hier keine Arbeiter mit Kaffeebechern. Ich betrachte einige dieser nicht eben gutgelaunten Gesichter.

Arbeiten Sie gerne hier, macht Ihnen Ihr Job Spaß? frage ich zwei junge Arbeiter.

»Nicht besonders«, lautet die Antwort. »Aber was will man machen? Man muß halt arbeiten.«

»Rauchen ist in den Montagestätten und Büros verboten«, sagt Manfred, »Alkohol ebenfalls. Man kann im Werksladen auch keinen Alkohol kaufen.«

Thomas von der Mercedes-Benz Kundenkommunikation bestätigt, daß hier aus den üblichen Gründen kein Alkohol gekauft werden kann. Es gibt jedoch noch einen weiteren Grund, fügt er hinzu.

Und welcher wäre das?

Das Unternehmen möchte die religiösen Empfindungen einiger seiner Mitarbeiter nicht verletzen, deren Religion Alkohol verbietet.

Dies zu einem Grund dafür zu machen, daß man keinen Alkohol verkauft, ist eine extreme Form politischer Korrektheit.

Je länger ich in diesem Land bin, desto stärker beschleicht mich das Gefühl, daß diese Gesellschaft zu extrem ist. Ich muß darüber nachdenken, aber nicht jetzt. Jetzt muß ich mit Thomas sprechen.

Wie kommt es, daß ich in Ihrem Werk keinen Arbeiter habe Kaffee trinken sehen? Bei BMW habe ich gesehen, wie etliche der Arbeiter Kaffee tranken –

»Wir bezahlen die Arbeiter nicht dafür, Kaffee zu trinken.«

Ich liebe kurze, klare Antworten. Jetzt kenne ich immerhin den Unterschied zwischen MB und BMW.

Was würden seiner Meinung nach die Arbeiter auf meine Frage antworten?

»Ich verstehe die Frage nicht. Ich arbeite für Geld, nicht um mich zu vergnügen. Unser Ziel ist hundertprozentige Qualität.«

Also macht es Ihnen nichts aus, wenn die Arbeiter nicht glücklich sind?

»Mir? Nein.«

Während unseres Gesprächs kommt ein gutgekleideter Mann vorbei, und Thomas rutscht nervös auf seinem Stuhl hin und her. Der Mann heißt Volker Stauch, läßt Thomas mich wissen, und hat hier 17 000 Beschäftigte unter sich. In Stuttgart ist er der Boß. Sein offizieller Titel lautet »Leiter des Bereichs Produktion Powertrain Mercedes-Benz Cars«. Er ist für das hiesige Werk und einige andere in diesem großen Land verantwortlich.

Ob er Zeit für einen kleinen Plausch mit mir hätte?

Aber gerne. Topleute lieben Journalisten.

Eine Ausstellung hier listet diverse Meilensteine der Firmengeschichte auf. Im allgemeinen steht auch das entsprechende Datum bei dem Ereignis. Mir ist aber aufgefallen, daß ein Datum nicht aufgeführt ist, nämlich wann dieses Unternehmen Entschädigungszahlungen an Zwangsarbeiter aus dem Zweiten Weltkrieg geleistet hat. Ich frage Volker, ob er das Datum kennt.

Er reagiert ziemlich emotional: »Meine Mutter lebte damals in Polen und verlor ihr Zuhause. Zu jener Zeit war das Deutschland. Das ist, was mich interessiert. Das ist MEINE Geschichte. Dafür interessiere ich mich. Sie hatte einige unschöne Nächte mit russischen Soldaten!«

Wissen Sie, wann das Unternehmen Entschädigungen an seine Zwangsarbeiter zahlte?

»Ich weiß, daß das Unternehmen Leute beauftragt hat, ein Buch über das zu schreiben, was hier geschah, aber ich kenne die Details nicht.«

Er ist ein emotionaler Typ, Volker. Er liebt seine Mutter.

Ich muß meinen Halb und Halb in Hamburg fragen, ob die Italiener auch so reden.

Ich bleibe eine Nacht in Stuttgart und fahre dann nach Frankfurt, der Kapitale der Kapitalisten wider Willen.

KAPITEL 14 *Aus dem hervorgeht, wie der Emir von Katar mein Freund wurde und China den Zweiten Weltkrieg beendete*

Der erste, dem ich in Frankfurt begegne, ist Hikmet. Kennen Sie Hikmet? Hikmet ist Taxifahrer. Gerne würde er heute nachmittag zum Public Viewing des Spiels Deutschland gegen Serbien gehen. Kann er aber leider nicht. Heute ist Freitag, Hikmet muß in die Moschee. Am Tag Allahs möchte Hikmet lieber bei Allah sein. Allah kann mehr für einen tun als die FIFA.

»Wir haben eine schöne große Moschee in Frankfurt«, erzählt Hikmet. »Einschließlich Minarett«, fügt er mit einem Lächeln hinzu, in Anspielung auf das Schweizer Minarettverbot.

Noch zwei Jahre, verspricht mir Hikmet, dann geht er mit seiner Frau zurück in die Türkei.

Trägt Ihre Frau einen Hijab? frage ich meinen neuen Freund hienieden.

»Ja, tut sie.«

Ihre Mutter auch?

»Ja, sie auch.«

Und auch eine Burka? frage ich. Keine Ahnung, warum mich dieses Burkathema immer wieder umtreibt.

»Nein, keine Burka.«

Und Ihre Frau?

»Meine Frau?«

Burka?

»Nein.«

Warum nicht?

»Das ist nicht Teil unserer Religion!«

Wie meinen Sie?

»Es steht nicht im Koran.«

Und der Hijab?

»Der Hijab?«

Steht der im Koran?

»Sie meinen –?«

Wo im Koran steht das Wort *Hijab*? Haben Sie es mit eigenen Augen gesehen?

Hikmet starrt mich an, Frankfurts neuen Imam.

»Sie kennen den Koran?«

Ja, antwortet Imam Tuvia.

»Es steht nicht drin, stimmt.«

Er lacht. Jetzt ist es eine Sache zwischen Muslimen. Zwischen Männern. Steht drin, steht nicht drin, wen juckt's? Wir Männer tragen sowieso keinen. Wir lachen drüber. Wir verstehen uns. Ich verabschiede mich von Hikmet, ich möchte jetzt einen Juden treffen. Nur, um so unparteiisch zu sein wie die EU. Man soll sich ja den örtlichen Gepflogenheiten anpassen.

Mein Jude für heute ist Roman Haller, Direktor der »Claims Conference Nachfolgeorganisation« in Frankfurt.

Worum geht es bei der Nachfolgeorganisation?

»Geldeingänge«, erzählt er mir. Das ist klar und deutlich. Zweck dieser Organisation ist es, Besitztümer aufzuspüren, die vor dem Zweiten Weltkrieg in jüdischer Hand waren, und sie zurückzufordern.

Er stellt sich vor:

»Ich wurde in Polen geboren, bin aber kein Pole, weil ich Polen schon als Baby verließ. Es ist mir aufgrund dessen, was meiner Familie hier widerfahren ist, unmöglich, mich als Deutscher zu bezeichnen. Was bin ich? Ich bin ein Münchner. Ich bin ein Bayer, das kann ich sagen. Ich bin ein Jude und ich bin ein Bayer.«

Ich frage Roman, wieviel Geld die Firma Daimler für ihr Verhalten im Zweiten Weltkrieg ausgezahlt hat und in welchem Jahr das geschah. Er kann es für mich nachschauen, sagt er, aber: »Soweit ich weiß, waren nur 15 Prozent der Zwangsarbeiter bei Daimler Juden. Alle Welt schrie, daß die Juden Geld fordern, aber das meiste ging an Nichtjuden.«

In der Claims Conference hier, sagt er mir, »haben wir es nur mit Vermögenswerten zu tun. Und die jüdischen Besitztümer müssen in jüdische Hände. Basta.«

Was ist mit Ansprüchen, die nichts mit Besitz zu tun haben? Sollen sie weiterhin geltend gemacht werden, wie es gegenwärtig der Fall ist, oder eher nicht? Roman Haller würde diese Frage gerne beantworten, vorausgesetzt, daß ich aufhöre mitzuschreiben. Ich höre auf und er redet. Was er im folgenden sagt, ist nicht für die Öffentlichkeit bestimmt.

Alles in allem, verrät er mir, als ich aufbreche, »gibt es heute in Deutschland weniger Antisemitismus als in den USA«. Freut mich zu hören. Ich habe den permanenten Antisemitismus, unter dem ich in den vergangenen 30 Jahren in New York zu leiden hatte, mit Ach und Krach überlebt und empfinde es als eine tolle Neuigkeit, daß die Situation in Deutschland besser ist.

Draußen vor seinem Büro machen sich lautstarke Gruppen von Leuten – oder *Vereine* – bereit. Es ist Zeit für einen weiteren deutschen Sieg. Ja, dies ist ein *Verein*. Gewissermaßen. Dieselbe Grundidee. Menschen, die die Spiele in einer Gruppe sehen wollen. Zu Hause zu sitzen und fernzusehen, dasselbe

Programm zur selben Zeit, reicht nicht. Wir müssen die Spiele zusammen mit anderen Deutschen sehen, vielen Deutschen. Wir alle zusammen.

An einem Spieltag durch Frankfurts Straßen zu gehen, erfordert Übung. Es ist ein Sport für sich. Man muß sich durch die Menschenmassen lavieren. Aufgeregt sind sie, die Leute. Vor allem in der Nähe von Public-Viewing-Bereichen wie am Roßmarkt.

Abertausende von Zweibeinern, viele von ihnen mit deutschen Fahnen, stehen in den Startlöchern. Und plötzlich sehe ich hier aber auch einige serbische Fahnen. Werden sie den anderen den Spaß verderben? Die Fans, von denen nicht wenige von weit her mit dem Zug angereist sind, nur um hier zu sein, nur um das Spiel zusammen mit anderen zu sehen, skandieren geistreiche Gedichte mit blumigen Zeilen wie »Deutschland vor, / Schieß ein Tor!«.

Mit einemmal, aus dem Nichts heraus, schießt Serbien ein Tor. Die serbischen Fans frohlocken. Na klar! Im Grunde ist ja auch das Tor einzig und allein ihr Verdienst! Man sollte sie allerdings bloß nicht daran erinnern, daß sie eigentlich nicht wirklich in Südafrika auf dem Platz stehen, sondern auf dem Roßmarkt in Frankfurt eine gigantische Videowand anstarren. Die Deutschen hier haben schlechte Laune, schlechtere Laune als die Palästinenser in Gaza. In der Halbzeitpause hält ein Mann mit einem Mikrophon auf einer Bühne die Leute zu mehr Fröhlichkeit an. Wir liegen nur 0:1 zurück, erinnert er sie. Zeitverschwendung; sie sind zu deprimiert.

Auch in der zweiten Halbzeit will der deutschen Mannschaft einfach kein Tor gelingen. Eine junge Frau wischt sich die Farben der deutschen Flagge aus dem Gesicht und geht.

Es sind vielleicht 10 000 Menschen hier. Was sind das eigentlich für Leute?

Mit meinem Presseausweis in der Hand darf ich die Bühne betreten und die Menge von oben betrachten, der Menschenmasse ins Gesicht blicken. Wenn man sie von der Bühne aus anschaut, unter den riesigen Großbildleinwänden, strahlen die Tausende von Gesichtern zurück wie ein seltsames Gemälde, Gesichter über Gesichter, die zu einer unteilbaren Einheit von Anbetern verschmolzen sind. Einige scheinen zur Leinwand zu beten, und ich fühle mich wie Gott. Sie brüllen in meine Richtung, diese Anhänger, die andere verwünschen.

Die schweigende Mehrheit derer, die nicht schreien, steht beinah reglos da, wie die Bäume im Schwarzwald. Der Anblick wirkt wie das Gemälde eines Gestörten.

Ich kann meinen Blick kaum von der Menge abwenden. Es ist ein Bild von überwältigender Schönheit und staunenswerter Häßlichkeit zugleich. Man kann es nicht reproduzieren. Kein Foto und kein Film kann die Ungeheuerlichkeit dieses Moments einfangen.

Einem Gerücht zufolge, dessen Übermittler ich nicht preisgeben kann, ist der Emir von Katar heute in Frankfurt. Er soll im Steigenberger Frankfurter Hof abgestiegen sein, wo auch sonst. Das ist ein wirklich angenehmes Hotel. Und in diesem angenehmen Hotel hat es angenehme Menschen. Und die angenehmen Menschen dieses angenehmen Hotels begrüßen auch mich als einen Gast ihres Hotels. Vier königliche Tage zum Nulltarif. Ich bekomme sogar eine Führung durch das Haus. Eine schöne Repräsentantin desselben zeigt mir die Thomas-Mann-Suite und einige andere interessante Refugien in diesem Riesenbau. Ja, sie heißt Thomas-Mann-Suite, der Mann hat hier übernachtet. Mann, der Emir und Ich. Ein prächtiges Triumvirat. Die Anwesenheit des Emirs ist, nebenbei bemerkt, ein großes Geheimnis. Ich sollte davon nichts wissen. Als ich einen Hotelbediensteten darauf anspreche, fragt er:

»Woher wissen Sie das?« Und dann:

»O Gott, habe ich es Ihnen jetzt verraten?«

Nein, sage ich, der Emir und ich, wir sind Busenfreunde!

Das Heilige Dreieck erweitert sich, als ich einen vierten Mann kennenlerne: Patrick Bittner. Ein Mann ganz nach meinem Geschmack. Ein Chef. Der Küchenchef des französischen Hotelrestaurants. Nicht bloß ein Chef, sondern auch ein Läufer. Dieser Mann, ob man es glaubt oder nicht, ist jeden Tag 25 Kilometer unterwegs. Nicht in seinem Auto, nicht auf seinem Motorrad und auch auf keiner Jacht. Sondern auf seinen Beinen.

Werter Patrick, was ist Ihr Motto? Irgend etwas, wofür Sie gerne in Erinnerung bleiben würden?

»Essen ist wie Frauen. Man muß es mit Respekt behandeln.«

Großartig. Kraft der mir von Zeus verliehenen Autorität befehle ich Ihnen, mir folgende Frage zu beantworten: Wenn ich Ihnen nur eins von beidem gestatte, Essen oder Frauen, was würden Sie wählen?

»Das Essen.«

Wenn Sie ein Gericht zubereiten, unterhalten Sie sich mit den Speisen und fragen sie um Rat? Sprechen Sie mit dem Essen?

Zeus allein weiß, wie mir diese Frage in den Sinn kommt. Patrick aber, schau mal an, versteht sie.

»Ja, das tue ich.«

Es gibt 41 Suiten in diesem Hotel. Falls Sie interessiert sind: Die Präsidentensuite ist für 4600 Euro die Nacht zu haben. Und Patricks Restaurant, was Sie wohl kaum erschüttern dürfte, ist das teuerste hier in der Gegend. Ein Dinner für zwei wird Sie rund 400 Euro kosten. Letzte Nacht, verrät mir ein Angestellter ein kleines Geheimnis, kam eine Gruppe von zehn Leuten zum Abendessen, die am Ende 3000 Euro dalie-ßen.

Welche Speisen, fragen Sie sich vielleicht neugierig, lassen sich wandelnde Banken schmecken? Nun ja, gute. Ich weiß es, weil ich sie probiert habe. Geschenk von Patrick.

Kein Wunder, daß der Emir von Katar hier speist.

So wie Oscar. Kennen Sie Oscar? Oscar ist ein reicher, ein schwerreicher Mann, flüstert mir ein Hotelangestellter ins Ohr. Oscar hat das Spiel gesehen und Deutschlands Niederlage miterlebt. Die hat ihn so bestürzt, daß er sich jetzt die Kante geben muß. So ist er im Restaurant des Frankfurter Hofs aufgetaucht, teuer gekleidet, allerdings ohne Schuhe. Die ihm unterwegs abhanden gekommen sind. Irgendwo. Mit Niederlagen können die Reichen nicht gut umgehen, scheint mir.

Wie hat er es geschafft, heil hierherzukommen?

»Das hier ist mein Zuhause«, sagt er. »Nirgendwo ißt man so gut wie hier.«

Ich gehe vor die Tür, um eine Zigarette zu rauchen. Drinnen ist das Rauchen schließlich verboten. Wie in Dachau. Da kommt ein hochgewachsener Mann vorbei, nicht weit von dem überdimensionalen Euro-Symbol und der Europäischen Zentralbank entfernt. Er muß in seinen Fünfzigern oder Sechzigern sein und wirkt wie ein Durchschnittsverdiener. Plötzlich aber bleibt er bei einem Abfallbehälter stehen. Er angelt leere Flaschen heraus und verstaut sie in einer Plastiktüte.

Ein Mann, der ganz unten angekommen ist.

Der Kontrast zwischen diesem Unbekannten und Oscar, zwischen Reich und Arm, ist kaum auszuhalten.

Bin ich in einem Traum?

Wo bin ich?

Wann werde ich erwachen?

Und wo?

Im Frankfurter Hof, natürlich. Es gibt hier einen Frühstücksmanager. Was ich bislang nicht wußte. Er kennt mich übrigens. Er weiß so ziemlich alles über mich. »Sie waren beim Friseur«, bemerkt er, während ich an meinem morgendlichen Beerensaft nippe. Ich bin überrascht. Woher kennt er meine diesbezüglichen Gewohnheiten? Ist er ein enger Freund von mir und ich habe es nur vergessen? Ein Verwandter, von dem ich nichts wußte? Ein stiller Teilhaber meiner Geschäfte, von Goldman Sachs oder irgendeiner jüdischen Medienholding, der sich endlich zu erkennen gibt? Nein, nichts von alldem. Er ist ein Steigenberger Frankfurter Hof-Manager. Und Steigenberger Frankfurter Hof-Manager, die Welt sei mein Zeuge, kennen ihre Gäste. Sie bekommen jeden Morgen eine Who-is-Who-Liste mit Fotos, um sich auf die geschätzte Kundschaft vorzubereiten.

Nein, keine Sorge: Die Mitarbeiter von Steigenberger Frankfurter Hof sind nicht die CIA.

Sie sind besser.

Hätte die US-Regierung den Frankfurter Hof konsultiert, bevor sie in Irak oder Afghanistan einmarschierte, hätte sie ein Vermögen sparen können.

Ich sitze jetzt seit Stunden hier und mache mir dumme Gedanken dieser Art, während ich unentwegt bedient werde und unentwegt esse. Meine ganze Welt dreht sich jetzt um Geschmack und Service. Und von beidem immer mehr.

Zu jedem Fisch gibt es einen eigenen Wein, habe ich gestern gelernt. Und zu jedem Bissen beim Frühstück gibt es ein eigenes Getränk, lerne ich heute.

Ich lerne gerne!

Abdul ist mein nächster Lehrer. Er sitzt draußen, mein neuer reicher Kumpel Abdul, und genießt eine Zigarette.

Abdul interessiert sich sehr für Politik. Das geht ja manchen so. Er kommt aus Kalifornien und liest viel über den Nahen Osten. Was so ziemlich das letzte Thema ist, über das ich heute diskutieren wollte. Abdul aber schon.

»Ich schätze Ministerpräsident Netanjahu«, sagt Abdul. »Er ist ein starker Führer, und in dieser Gegend braucht man starke Männer.«

Ich bin jetzt schon eine Weile in Deutschland, habe aber noch niemanden auch nur annähernd so reden hören. Was ist los mit Abdul?

Ich versuche, ein Gespür für den Mann zu kriegen. Äußerlich gleicht er Präsident Obama. Wortgewandt, von dunkler Hautfarbe, elegant gekleidet und von klugem Eigensinn.

Sie heißen Abdul?

»Ja, so heiße ich.«

Sie müssen der einzige Abdul auf dem Planeten sein, der so denkt. Was bringt Sie dazu –

»Schauen Sie«, unterbricht Abdul mich. »Ich habe zwei Cousins im Nahen Osten. Der eine Jude, der andere Araber. Manchmal hat der eine Cousin recht, manchmal der andere. Dieses Mal hat dieser Cousin recht, der jüdische. Um dort zu überleben, muß man taff sein.«

Wird unser Denken zum Großteil davon bestimmt, wo wir leben? frage ich mich. Und warum denken nicht mehr Deutsche wie er? Warum denken nicht mehr Amerikaner wie Deutsche? Wir alle halten uns für eigenständige Denker, aber ist dem auch so? Wie kommt es, daß ich nie einen Günther getroffen habe, der solche Ansichten äußert wie Abdul?

Manchmal ist die Realität einfach zu kompliziert. Vielleicht sollte ich mir einen Opernbesuch gönnen. In der Oper Frankfurt wird heute abend *Daphne* von Richard Strauss gegeben.

Der Japaner, neben dem ich sitze, fragt mich, ob ich eine Rezension über die Aufführung schreibe.

Dieses Frankfurt ist voller Spione.

In *Daphne* geht es um das Thema Liebe und Tod, wie auf so vielen Bühnen in diesem großen Land. Die Musik ist majestätisch und die Besetzung vom Feinsten, nur daß die schauspielerischen Bemühungen der Sängerinnen und Sänger so gar nicht überzeugen. Alles in allem aber ist es ein toller Abend.

Ich kehre in mein Besser-als-die-CIA-Hotel zurück. Auf meinem Kopfkissen liegen ein Stück Schokolade sowie ein Blatt mit einer Gutenachtgeschichte. Wir kriegen jeden Abend eine neue. Wir. Die Mitglieder des Clubs. Mein eigener kleiner *Verein*.

Nur ein kleiner Rat für euch, meine lieben Vereinsmitglieder: Wenn ihr in diesem Hotel nächtigt, dann treibt es nicht allzu wild. Verratet niemandem, daß ich es euch gesteckt habe, aber: An den Betten, den fabelhaften Betten, sind unten Räder angebracht. Wenn ihr euch ein bißchen zu ungehobelt benehmt, findet ihr euch am nächsten Morgen in einem anderen Land wieder. Wenn ihr also euren Reisepaß nicht dabeihabt, verhaltet euch lieber ruhig und bleibt hier.

Und laßt euch das Frühstück nicht entgehen.

Das herrliche Frühstück, das ich just in diesem Moment genieße.

Ein Hotelangestellter, einer dieser CIA-Agenten, wendet sich mit den Worten an mich: »Da Sie Jude sind –«

Ich bin was?

»Man hat mir gesagt, daß Sie –«

Ach, ja ...

»– und so, wie ich es auch mit Angehörigen der muslimischen Gemeinschaft halte, werde ich Ihnen keinen Speck servieren.«

Noch während er mir das mitteilt, versuche ich, so gut es eben geht, die Würste und alle anderen fragwürdigen Leckereien zu verbergen, die ich nur Minuten zuvor auf meinen Teller gehäuft habe. Ach, Jude zu sein ist schon ein schweres Los!

Es kann allerdings auch ganz amüsant sein. Manchmal zumindest.

Die nächsten zwei bis drei Stunden bin ich mit Essen und Trinken beschäftigt. Warum auch nicht? Das sind meine Turnübungen für heute, Gymnastik für die Kaumuskeln.

Nach meinem morgendlichen Workout treffe ich mich mit einem Frankfurter Finanzmann. Bank of America Merrill Lynch. So steht es auf der Karte. Klingt so einleuchtend wie Daimler Mercedes AG. Auf der Karte steht auch der Name dieses Bankiers, aber ich darf ihn noch nicht nennen, weil die Bank of America Merrill Lynch mein Interview erst genehmigen muß – was nichts anderes heißt, als daß drei verschiedene Abteilungen ihren Segen geben müssen. In der Zwischenzeit muß ich diesen Menschen mit einem Namen versehen, der nicht der seine ist. Nennen wir ihn also George.

George wurde nicht in diesem Land geboren. Vor vielen Jahren ging er ins Bankgeschäft und ist heute einer der Topleute von BOA ML. Nicht ganz oben in der Hierarchie, aber fast. Wenn er wollte, könnte er das stattliche Haus auf der anderen Straßenseite kaufen. Er braucht es aber nicht. Nicht heute.

Was macht für Sie das Leben aus?

»Kennen Sie Thomas Mann? Auch er hat diese Frage gestellt ...«

Sie können origineller sein, oder?

»Ich weiche Ihrer Frage aus, nicht wahr?«

Ja, das tun Sie. Was macht für Sie das Leben aus?

»Als Banker?«

Fangen wir damit an.

»Meine Arbeit ist wichtig. Sie nimmt den Großteil meiner Zeit in Anspruch. Wochenenden eingeschlossen. Es ist ein kompliziertes Geschäft. Es herrscht enormer Wettbewerbsdruck; es ist hart, aber interessant.«

Was ist das Ziel? Geld zu verdienen?

»Nein.«

Was ist es dann?

»Spaß zu haben.«

Am Wochenende zu arbeiten macht Spaß?

»Von den anderen Dingen habe ich Ihnen ja noch gar nichts erzählt.«

Ich bin ganz Ohr.

»Gestern hatten wir eine Party auf dem Flughafen – wir fuhren einen Riesenlaster mit einer Schaufel vorne dran –, und ich traf eine Menge Leute, die ich kenne und mag. Vergangenes Wochenende besuchten mich Freunde aus dem Ausland, Freunde, die ich seit Jahrzehnten nicht gesehen hatte. Heute abend gehe ich Golf spielen. Nächste Woche angeln, fliegenfischen, um genau zu sein. Wenn ich Freizeit habe, gönne ich mir einen halben Tag zum Angeln; es gibt nichts Schöneres! Dann gehe ich auch gerne in die Oper. Musik ist mir sehr wichtig. Literatur ist mir sehr wichtig. Und all das ist eingerahmt von meiner Arbeit. Man braucht Geld, um diesen Lebensstil zu finanzieren.«

Sie haben genügend Geld, um diesen Lebensstil beizubehalten, auch wenn Sie Ihren Job in diesem Augenblick an den Nagel hängen. Oder?

»Ja.«

Was also ist das neue Ziel?

»Das primäre Ziel besteht darin, Geld für die Shareholder zu verdienen.«

Lassen Sie mich die Frage anders stellen. Was ist Ihr innerer Antrieb?

»JPMorgan zu schlagen.«

Was??

»Sie sind die Besten, und wir wollen sie schlagen. Nummer eins werden.«

Darum geht es?

»Bis wir sie geschlagen haben. Dann sehen wir weiter.«

Okay. Lassen wir die Unternehmen für den Moment beiseite. Sprechen wir über Sie. Sie haben eine Menge Geld verdient, oder?

»Ja.«

Und Sie wollen noch mehr?

»Ja.«

Wieviel Geld ist genug? Wann heißt es, jetzt ist's genug? Wann werden Sie sagen: Ich habe genug?

»Sie stellen mir da eine schwierige Frage.«

Wann wird »George« sagen: Genug!?

»Das werde ich Ihnen nicht verraten.«

Sind Sie nicht Millionär?

»Doch. Ich bin Millionär, aber es gibt Millionen Millionäre. Ich brauche Geld für dieses und jenes. Für meine Familie. Für Verwandte, die ich unterstützen will.«

Ich bin mir sicher, Sie haben schon genügend Geld für diese Zwecke beiseite gelegt. Haben Sie doch, oder?

»Ja.«

Also, was ist das neue Ziel? Warum weiterarbeiten?

»Ich würde gerne eine neue Sprache lernen. Und ich würde gerne auf die Universität gehen und Musik studieren.«

Kaum zu glauben, was dieser Mensch da sagt. Können Sie das glauben? Darum bin ich kein Millionär; ich kann auf Fragen nicht antworten wie George. Ein ganzes Semester kostet 500 Euro, und dieser Millionär erzählt mir, er müsse weiterarbeiten, um sich die Studiengebühren leisten zu können. Das gefällt mir!

»Wie viele Menschen arbeiten unter Ihnen?«

»Nicht einer.«

Man täusche sich nicht. George ist nicht Pförtner bei der Bank of America Merrill Lynch.

»In meiner Position haben Sie keine Beschäftigten unter sich. Ihre Beschäftigten sind virtuell. In meiner Position haben Sie Kunden. Sie treffen die Kunden, dann stellen Sie Teams zusammen.«

Wer sind Ihre Kunden?

»Siemens, Lufthansa.«

Sie sind also eine große Nummer. Sie machen haufenweise Geld.

»Stimmt.«

Und Sie wollen mir nicht verraten, bei welcher Summe Sie sagen, jetzt ist's genug?

»Nein.«

Noch ist es nicht genug?

»Noch nicht.«

Auch der Emir von Katar hängt sich noch rein. Der hat auch noch nicht genug. Noch nicht. Er nicht und Sie nicht.

George lacht wie ein Kind, das man dabei ertappt hat, wie es heimlich eine verbotene Frucht ißt. Er zeigt auf ein Fahrrad auf der gegenüberliegenden Straßenseite. »Sehen Sie das? Das ist mein Porsche.«

O Sie armer Mensch. Haben Sie denn kein Auto?

»Nein.«

Wirklich nicht?

»Wirklich nicht.«

Und Ihre Frau?

George lacht. »Na ja, sie hat einen Mercedes, aber nur einen kleinen …«

Einen Versuch war's wert. Was hat er auch schon zu verlieren? Gehört mit zum Spiel.

George muß jetzt gehen. Es ist Sonntagnachmittag, und er muß an einem Corporate Meeting teilnehmen.

»Also *Daphne* haben Sie sich gestern abend angesehen«, sagt George, bevor er sich verabschiedet. »Er hatte eine fragwürdige Vergangenheit«, merkt er an, womit er Strauss meint, den Mann, der Joseph Goebbels einmal ein Lied widmete, während er gleichzeitig alles versuchte, um seine jüdische Schwiegertochter zu beschützen.

Und ich dachte, ich könnte mich heute einmal von Juden und Nazis erholen.

George aber mußte diese beiden Fliegen mit einer Klappe für mich schlagen.

So ist das eben, wenn man an einem Sonntag einen Bankier in Frankfurt am Main trifft.

Er bricht auf, ich auch. Er bricht zu seiner Besprechung auf. Ich zum Roßmarkt.

Italien gegen Neuseeland. Keine deutschen Flaggen heute, tut mir leid. Das Spiel endet 1:1, und ich gehe zu einem McDonald's. Ich bestelle mir ein Menü und einen Latte und setze mich nach draußen, um mein Vier-Euro-Mahl zu verspeisen.

Ein Mann am Nebentisch, der offensichtlich ein Redebedürfnis hat, spricht mich an. Er heißt Herr Kraus und verreist gerne. Das ist sein Hobby. Er wurde 1936 in Berlin geboren und kann sich nicht entsinnen, jemals einen SS-Mann oder ein Mitglied der Gestapo gesehen zu haben. »Ich bin im Krieg aufgewachsen«, erzählt er mir, »ich kannte nichts anderes, für mich war das Normalität.« Woran er sich jedoch erinnert, sind die Luftangriffe der Alliierten. »Mein Vater sagte mir, daß man in Rom für uns beten wird. Das war mein Religionsunterricht.«

Es wäre doch einmal interessant zu sehen, was für einen Unterricht die jungen Menschen in Deutschland heutzutage genießen. Um das herauszufinden, ziehe ich am folgenden Tag los und besuche zwei Schulen in Frankfurt.

Die erste ist die Freie Schule für Erwachsene. Das ist eine Einrichtung für die Jungs und Mädels, die das Pech hatten, zuvor jene Schulen besuchen zu müssen, mit deren Abschluß sie später garantiert einen schlechtbezahlten Job bekommen. In diesem großen Land gibt es eine überaus komplizierte Formel, die ich mit meinem kleinen Kopf nicht recht erfassen kann, die aber darüber entscheidet, auf welcher Schule man landet. Ein Schultyp bereitet einen darauf vor, Arzt, ein anderer darauf, Techniker zu werden, und der dritte bringt einem bei, wie man einen Döner macht und Klos putzt. Das ist etwas zugespitzt, aber mehr oder weniger so funktioniert das System.

Die Schülerinnen und Schüler hier haben gleich doppelt Pech. Sie kommen aus dem Toilettenbereich des Bildungssystems und sind obendrein auch noch Schulabbrecher, was bedeutet, daß sie an irgendeinem Punkt ihres Lebens den Grundkurs Toilettenreinigung abgebrochen haben. Die gute Nachricht jedoch ist, daß diese Jungs und Mädels sich dazu entschlossen haben, wieder auf die Schule zu gehen, und deshalb sind sie hier. Nein, nicht um das zu schaffen, was hierzulande Abitur heißt und dem Verein der Glücklichen Jungs und Mädels vorbehalten ist. Aber als zweitbeste Sieger bekommen sie immerhin die CHANCE, weiter zu lernen und VIELLEICHT IRGENDWANN EINMAL das ABITUR zu machen.

Höchstwahrscheinlich wird aus ihnen kein »George« werden, kein Volker, kein Otto und natürlich auch kein Halb und Halb und kein Rabbi Schmidt. Aber diese Leute wollen etwas Besseres, als sie jetzt haben, sie wollen mehr aus sich machen und versuchen, sich gegen das System zu wehren.

Heute finden Prüfungen statt. Mündliche Prüfungen. Wenn sie bestehen, dürfen sie weitermachen, wenn nicht, sind sie raus.

In wenigen Minuten werden diese Schülerinnen und Schüler das, was sie wissen oder auch nicht wissen, vor einem Ausschuß von Lehrkräften vortragen: dem Tribunal.

Das Tribunal ist rein weiß besetzt. Die Prüflinge sind ein »Mosaik« von Menschen: Schwarze, Weiße und alles mögliche dazwischen.

Wenn sie mit einer Sechs benotet werden, sind sie durchgefallen. Die beste Note ist eine Eins.

Das Fach ist Geschichte. Über welche Epoche sie sich prüfen lassen, bleibt ihnen selbst überlassen.

Der erste Schüler hat sich für eine Präsentation des Aufstands im Warschauer Ghetto entschieden.

Ich frage ihn, ob er Jude ist.

»Nein«, antwortet er. »Aber diese Geschichte bedeutet mir viel.«

Alles klar. Es ist ein freies Land, wie mich der Italiener Alvaro gelehrt hat.

Vor dem Tribunal spricht dieser Teenager über die Juden und über das, was die »Deutschen den Juden angetan haben«.

Die weißen Deutschen hören zu, wie dieser Ausländer über sie, die »Deutschen«, spricht. Das ist großes Theater! Besser als jedes deutsche Theaterstück, das ich je gesehen habe.

Es ist absurdes Theater, in gewissem Sinn. Ich weiß nicht, ob ich lachen oder weinen soll, als ich begreife, was dieser Schüler eigentlich macht. Er dreht den Spieß um; er verwandelt seine Richter in die Angeklagten.

Der Bewunderer des Warschauer Ghettos kriegt eine zwei minus.

Der nächste, bitte!

Sein Thema: der Zweite Weltkrieg.

Was hat der sich in den Kopf gesetzt? Den Zweiten Weltkrieg? Etwas Leichteres ist ihm nicht eingefallen?

Nun, seine Entscheidung.

Einige Fakten kriegt er auf die Reihe. Wie zum Beispiel die Vernichtung der Juden. (Ich kann nicht glauben, daß wir schon wieder bei diesem Thema sind!) Dann springt er rasch zum Ende des Krieges. Rußland, sagt er, hat ihn beendet.

Nur Rußland? fragt einer der Richter.

»Amerika auch, glaube ich«, sagt der Schüler.

Und das ist alles? fragt der Richter.

»Und China.«

Der sollte mindestens eine Neun kassieren.

Eine der Richterinnen jedoch, die letzte der Mohikanerinnen, will ihn partout nicht durchfallen lassen. Sie heißt Ines und ist eine Linke von der Sorte, wie sie einem nur selten begegnet. Keine Linke wie der linke Durchschnittspolitiker, der den Ausdruck *links* beleidigt. Sie ist eine Linke im wahrsten Sinne des Wortes, jemand, der glaubt, daß JEDER eine Chance im Leben verdient, selbst unser Entdecker Chinas.

Der Entdecker Chinas verdient eine gute Note, weil er »seine Präsentation selbstbewußt vorgetragen hat«. Die erlaubt sich wohl einen Scherz. Aber nein, sie meint es ernst. Wahrlich ein schräger Vogel. Sie kämpft nun um jeden Notenpunkt. Und obwohl man sich ihren Argumenten nun wirklich nicht anschließen kann, darf sich das Vaterland glücklich schätzen, eine Tochter wie Ines zu haben.

Sie setzt sich durch. Der China-Entdecker bekommt eine Vier minus.

Basta, wie Roman von der Claims Conference zu sagen pflegt.

Die zweite Schule, die ich besuche, ist die Wöhlerschule. Wer hier hingeht, gehört zu den Besten der Besten und sieht auch so aus. Gut frisiert, mit gutem Benehmen, gut angezogen und gut für die Zukunft gerüstet.

Ich sitze in einem Klassenzimmer. Mathematik-Leistungskurs. Ganz klar: Die Schülerinnen und Schüler hier sind die Klügsten der Klugen. Der nächste Rabbi Schmidt wird von hier kommen, der nächste Scheich Jens. Aber nicht Halb und Halb. All diese Schüler, sieh an, sind deutsche Deutsche. »Das hat sich so ergeben«, sagt der Lehrer. »Normalerweise haben wir viel gemischtere Klassen.«

Wie kommt es, daß diese es nicht ist?

»Das liegt daran, daß das hier die Mathematikgruppe ist.«

Klar, logisch. Wie konnte mir das entgehen! Um wirklich klug zu sein, muß man weiß sein. Ich schaue diese hochprivilegierten Jugendlichen an und frage sie:

Was würdet ihr gerne werden, wenn ihr erwachsen seid?

Nach zweiminütigem Schweigen – Fragen dieser Art haben sie anscheinend so gar nicht erwartet – mache ich einen Ton aus:

Schüler 1: »Ich möchte frei sein.«

Was sein?

»Frei.«

Frei, um was zu tun?

»Alles, was ich will.«

Gut. Und was willst du?

»Frei sein!«

Das ist alles?

»Ja.«

Er sollte auf der Stelle sein Abitur bekommen. Heute. Noch in dieser Stunde. In dieser Minute.

Seine Äußerungen zeugen von mathematischer Denkfähigkeit und profunder Kenntnis der Ableitung exponentieller Funktionen; sein Scharfsinn sollte daher umgehend gewürdigt werden. Dieser Junge ist ein wahres Genie. Nicht daß ich ihn verstehe, aber wer versteht schon Genies? Genau deswegen ist man schließlich ein Genie, oder?

Schüler 2: ein gequälter Gesichtsausdruck und ein unterdrücktes Lachen.

Schülerin 3: »Ich weiß nicht.«

Schülerin 4: »Ich möchte Doktorin werden.«

Gelobt sei Goethe! Wir haben eine Gewinnerin! Doktorin in was? frage ich.

»Doktorin.«

Jaja. Soviel habe ich schon verstanden. Aber in was?

»Doktorin in, in, ähm. Doktorin!«

Zahnmedizin?

»Nein, nicht Zahnmedizin!«

Psychiaterin?

»Vielleicht.«

Frauenärztin?

»Vielleicht.«

Das führt zu nichts. Also stelle ich ihnen eine andere Frage: Seid ihr glücklich darüber, in diesem Land zu leben?

»Es ist okay«, antwortet einer der Schüler.

Wenn es zu einem Krieg zwischen Deutschland und Frankreich käme, wie viele von euch würden sich dann freiwillig melden, um Deutschland zu beschützen?

Nicht einer von ihnen. Also das überrascht mich schon.

Mein Fehler, denn: »Wir sind hier nicht in Amerika«, erklärt mir einer der Jungen, »wir sind nicht so wie die amerikanischen Schüler. Wir sagen nicht jeden Morgen den Fahneneid auf.«

Was für ein Glück, daß ich hier in Deutschland endlich herausfinde, wie das in New York jeden Morgen so war. Irgendwie war mir das nie bewußt.

»Mein Urgroßvater«, meldet sich plötzlich ein Schüler zu Wort, »war im Krieg Lokomotivführer. Im Dienst der Nazis. Ich weiß nicht, ob er Menschen zum Ort ihres Todes gebracht hat.«

»Mein Großvater«, sagt ein anderer, »war in der SS.«

Wollt ihr deshalb euer Land nicht verteidigen, unterbreche ich diesen plötzlichen gruppendynamischen Prozeß.

»Ja. Das ist unsere Geschichte.«

Denkt ihr oft über diese Geschichte nach?

»Ja.«

Warum denken junge Leute wie ihr an einen Krieg, der so lange zurückliegt? Liegt es daran, daß euch eure Lehrer zu viele Holocauststudien unter die Nase reiben?

Nein. Ganz und gar nicht. Im Gegenteil. Leidenschaftlich fleht mich ein Schüler unter den Augen seines Lehrers fast schon an: »Unsere Lehrer bringen uns nicht genug bei. Nur Zahlen und Daten. Sie gehen nicht in die Tiefe. Sie erzählen uns nicht, was wirklich passiert ist. Wir wollen mehr wissen.«

Das entspricht nicht dem Bild, das ich von deutschen Schülern hatte. Aber Zeitungen zu lesen ist eines, die Realität etwas anderes. Andere Schüler nicken zustimmend, während ihr Klassenkamerad spricht. Und wieder ein anderer ergänzt: »Sie erzählen uns nicht, wie es geschehen ist, warum es geschehen ist.«

Schieben sie euch nur Zahlen und Statistiken rüber, ohne sich die Mühe zu machen, euch genau zu erklären, was wirklich geschehen ist?

»Ja, so ist es.«

Ich erzähle ihnen eine Geschichte über den Krieg, ein Beispiel für das, was sich lange vor ihrer Geburt in diesem Land zugetragen hat.

Damals brachte man den jungen Frauen im Bund Deutscher Mädchen bei, daß sie weder Deodorant noch Lippenstift benutzen sollten, weil es sich um Erfindungen von Juden handelte. Und warum haben die Juden das erfunden? Die Juden, behaupteten die Nazitheologen, kommen mißgestaltet zur Welt und sondern ständig merkwürdige Gerüche ab. Die deutsche Frau jedoch, die von Geburt an schön ist und von Natur aus gut riecht, braucht keine künstlichen Hilfsmittel.

Die Schülerinnen und Schüler schauen mich völlig gebannt an.

Unsere Lehrer, sagen sie, sollten uns auch solche Dinge beibringen!

Ihr Lehrer sitzt neben mir. Er ist fassungslos und beschämt. Er starrt seine Zöglinge an. »Ich wußte das nicht«, sagt er zu mir.

Ja, ich kann es den Schülern nicht verdenken, daß sie diesen einen Traum haben: frei zu sein.

Als ich die Schule verlasse, habe ich nur einen Gedanken im Kopf: Ich liebe diese jungen Leute.

Vielleicht bin ich ja leicht psychotisch. Nachdem ich mich von diesen vom Glück gesegneten Jugendlichen verabschiedet habe, suche ich die Junkies auf. Fragen Sie mich bitte nicht, warum.

In dieser Einrichtung hier ist das Heroin legal. Es gibt hier nämlich ein staatliches Programm, in dessen Rahmen sich die Süchtigen selbst Heroin spritzen können; es wird ihnen vom Staat zur Verfügung gestellt.

Während ich die Räumlichkeiten betrete, erzählt mir ein Mann: »100 Personen, plus minus fünf, erhalten hier jeden Tag ihre Dosis Heroin, weitere 100 kriegen eine Methadonbehandlung.«

Der jüngste Süchtige hier ist 23, das Durchschnittsalter liegt bei 40. Alle, die hierherkommen, haben schon andere Behandlungsformen versucht und sind damit gescheitert. Dreimal täglich kriegen sie ihre Dosis zugeteilt, das Maximum liegt bei 900 Milligramm am Tag.

Werner Heinz, der für die psychosoziale Begleitung des Projektes zuständig ist, sagt, es sei wichtig, daß sich die Menschen nicht von der Gesellschaft ausgeschlossen fühlten. Viele der »Patienten« begannen im Alter von zwölf oder 13 Jahren,

Drogen zu nehmen, und »brachen«, so Heinz, »ihre Biographie ab«.

Ich nehme an, es ist Ihnen geradezu ein Bedürfnis, mit diesen Menschen zu arbeiten. Woher kommt das?

»Ich empfinde es als intellektuelle Herausforderung.«

Verraten Sie mir mehr!

»Ich würde mich als politisch links bezeichnen. Da ist eine Wut, die in mir steckt. 1968, da war ich 16, hat mich stark geprägt. Die Marxschen Frühschriften haben mich beeinflußt, und ich entdeckte meine Sympathien für die Dritte Welt. Ein Pendant zu ihr ist hier, bei den Heroinabhängigen.«

Werner erzählt mir auch, daß jemand, der mit Heroin anfängt, etwas »erlebt, wofür ein normaler Mensch 20 Jahre auf dem Himalaya meditieren müßte«. Das Problem ist, daß sich dieser Effekt mit der Zeit verflüchtigt und nichts weiter als eine schreckliche Abhängigkeit übrigbleibt.

Dr. Hamid Zokai, der hier die psychiatrische Betreuung leistet, betritt den Raum.

Warum sind Sie hier?

»Ich hatte jede Menge persönliche Probleme. Ich steckte damals selbst in einer Krise.«

Genial! Ein Psychiater, der einem seine geheimen Neurosen, vielleicht sogar Psychosen anvertraut! Ich beginne übers ganze Gesicht zu strahlen wie ein Kind, das gerade einen Riesenlutscher geschenkt bekommen hat.

Werner, der meinen seligen Gesichtsausdruck sieht, warnt Dr. Hamid, daß alles, was er sagt, von vielen Deutschen gelesen werden wird.

Dr. Hamid läßt sich das durch den Kopf gehen und beschließt, nichts mehr von sich zu erzählen. Zu schade. Werner mit seinen Dritte-Welt-Träumen hat Dr. Hamid in Angst und Schrecken versetzt und mich heute um eine erstklassige Geschichte gebracht!

Aber so oder so ist jetzt keine Zeit dafür. Es ist Fütterungszeit. Nach und nach kommen die Süchtigen herein.

Mein Handy klingelt. Tolles Timing!

Es ist »George« von der Bank of America Merrill Lynch, der mir mitteilt, daß er eigentlich bei ihrer »Compliance-Abteilung« in London anfragen müßte, ob er unter seinem richtigen Namen von mir zitiert werden kann. Die Antwort wird voraussichtlich binnen 24 Stunden erfolgen und dürfte höchstwahrscheinlich negativ ausfallen; die andere Möglichkeit wäre, daß ich die Bank of America Merrill Lynch nicht erwähne. Was mir lieber sei?

Kontaktieren Sie London nicht, sage ich ihm.

»Okay. Sie nennen meinen Namen nicht, aber Sie können die Bank of America Merrill Lynch erwähnen. Wir treffen uns morgen.«

Zurück zu den Abhängigen, die inzwischen alle eingetroffen sind.

Es gibt »Stationen«, die die Süchtigen durchlaufen müssen, um ihre Dosis zu kriegen. An der ersten Station geben sie etwaige Taschen ab. Dann machen sie einen Alkoholtest. Wer etwas getrunken hat, kann sofort wieder gehen. Das hier ist eine ehrbare Einrichtung. Wer nüchtern ist, darf weiter. Nächstes Zimmer, bitte. Hier bekommen sie ihre Dosis. Aber das war es noch nicht. Nachdem sie sich einen Schuß gesetzt haben, geht es weiter zu den Reinigungsutensilien. Man muß sich und seine kleine Ecke saubermachen, wenn man fertig ist!

Drogenabhängige sind keine Einkaufsbummler. Drogenabhängige haben keine Zeit. Hochkonzentriert wie ein Tiger, der seit einem Monat nichts gefressen hat, stürzt der Abhängige an einen Tisch und macht sich unverzüglich an die Arbeit. Ärmel hochziehen, Hemd aufknöpfen oder Hose herunterziehen. Je nachdem, an welcher Stelle sie meinen, ihren flüssigen Traum in sich hineinspritzen zu sollen. Manche ziehen die unmittelbare Nähe ihrer Weichteile vor. Da und nirgendwo sonst muß es sein. So nah dran wie möglich. Konzentrierter als ein Sternforscher, der den Mond eines fernen Planeten betrachtet, suchen sie den Punkt, die Vene. Dann spritzen sie.

Ein älterer Mann setzt die Spritze am Oberschenkel an. Eine junge Frau mitten auf dem Venushügel. Jeder nach seinen Gewohnheiten, jeder nach seinen Vorlieben. Und dann sind sie fertig. Wieder in Ordnung bringen, was sie hoch- oder heruntergezogen haben, Abfälle beseitigen und weiter geht's zur letzten Station, einem geschlossenen Bereich. Hier rauchen sie, ruhen sich aus, unterhalten sich oder meditieren mit den Geistern. Sie müssen eine Zeitlang hier bleiben, bevor man sie gehen läßt.

Alles läuft hier wie am Schnürchen, wie ein Daimlermotor. Exakt und pünktlich. Keiner der Abhängigen hat die geringste Kontrolle über das, was er tut. Das Heroin hat sie unter Kontrolle. Es ist ihr Herr, und sie sind seine Sklaven. Aber man würde es ihnen nicht ansehen, wenn man ihnen auf der Straße begegnete. Sie sehen normal aus. Nicht wie Banker natürlich, aber trotzdem normal.

In dieser Kapitale der Kapitalisten wider Willen beherbergt diese Ecke der Stadt den äußersten Widerwillen. Einen größeren Widerwillen werden Sie nicht finden. Das hier ist das Ende der Welt. Danach kommt nur noch der Mond.

Thomas, ein älterer Abhängiger, befindet sich gerade im Entspannungsmodus. »Diese Einrichtung«, sagt er, »hat mir das Leben gerettet.« Mit 16, erzählt er, hat er zum ersten Mal

Heroin genommen. »Meine Freunde waren Künstler, Musiker. In München. Die besten Sachen wurden unter Heroineinfluß geschrieben. Ich war kein Künstler, aber meine Freunde. Damals habe ich angefangen und seitdem nicht mehr aufgehört. Ich war im Gefängnis. Oft. Ich hab geklaut – nicht von Leuten, sondern von Firmen – und war im Gefängnis. Ich habe Dope auf der Straße vertickt und wurde erwischt. In München im Gefängnis haben sie mir kein Heroin gegeben. Nicht mal Methadon. Nur Codein. War nicht leicht für mich. Codein, um mich zu beruhigen. Wenn ich kein Heroin habe, kotze ich und muß alle 20 Minuten pinkeln. Ich war an vielen Orten im Gefängnis. Elf Jahre insgesamt. Aber jetzt ist es gut. Morgens kriege ich hier meine Dosis und gehe dann zur Arbeit. In den Zoo. Ich muß gemeinnützige Arbeit leisten. 3000 Stunden, hat das Gericht gesagt. Ich arbeite mit den Affen. Ich füttere sie und mache sie sauber. Dann komme ich hierher und kriege wieder eine Dosis. Danach gehe ich Mittag essen. Eine große Mahlzeit kostet einen Euro. Es ist ein staatliches Programm. Sehr gut. Nach dem Essen geht's zurück zu den Affen und dann um 20 nach vier wieder hierher. Wer Arbeit hat, kann bis 20 nach vier kommen. Ich kriege meine Dosis und gehe anschließend in den Park. Treffe mich mit Freunden, spiele mit ihnen, und nachts gehe ich in meine Wohnung und schlafe dort. Dreieinhalb Jahre geht das schon so. Der Staat zahlt meine Miete und auch mein Essen. Und das Heroin. Ich muß kein Dope verticken. Jetzt brauche ich meine zweite Portion, meine zweite Hälfte, entschuldigen Sie mich, ich habe erst die erste Hälfte genommen.«

Das ist alles. Ein ganzes Leben, die vollständige Biographie eines Mannes namens Thomas.

Wenn man das zum ersten Mal sieht, nimmt man es in gewisser Weise nicht wahr. Man zieht einfach weiter. Zurück auf die Straßen Frankfurts mit ihrer wilden Mischung aus Prostituierten und Hijabträgerinnen, Bankern und Bettlern.

Es ist ein schöner Tag. Die Natur meint es gut. Keine Aschewolken und kein Regen. Ich schlendere durch die Straßen und schaue mir die Auslagen an. Hier ist ein kleines Portemonnaie in einem modischen Laden für nur 500 Euro. Ich bin mir nicht ganz sicher, aber es könnte sich um ein Sonderangebot handeln. Manche Menschen nutzen Portemonnaies, um ihr Geld aufzubewahren, andere nutzen Geld, um ihre Portemonnaies damit auszustopfen. Je nachdem, wieviel man davon hat. Wir sind hier in Frankfurt am Main, am Sitz der Europäischen Zentralbank. Dies ist die Stadt, in der, wenn die Summe stimmt, all deine süßen Träume zuckersüße Realität werden können.

Und dann stürzt er auf mich ein, der Alptraum. Unvermittelt. Die Männer und die Frauen und ihre Spritzen. Plötzlich starren mich ihre Gesichter an. Die Löcher in ihren Körpern springen mir ins Auge. Ich weiß nicht, wie es geschah, aber so war es. Die Menschen, die »ihre Biographie abbrachen«, kommen auf mich zu. Wie Mäuse in einem Käfig. Die Menschen verwandeln sich in Geister. Und diese Geister sind jetzt bei mir. Stunden, nachdem ich sie verlassen habe, kehren sie zurück. Um mich zu verfolgen. Sie schleichen sich in die verborgensten Winkel meines Herzens ein, sie mißachten alles, was an mir geheiligt ist, und sie verdüstern jedes innere Leuchten. Sie erzwingen meine Aufmerksamkeit und wollen, daß ich mit ihnen sterbe. Sie lassen mir keinen Ausweg. Ich kann sie nicht abschütteln, denn sie haben sich in mein Innerstes eingeschlichen. Ich kann meinen Blick nicht von ihnen abwenden, denn sie sind in meine Seele eingedrungen. Ich bin von ihnen besessen. Sie sind Zombies, gestiefelt und gespornt. Und sie stiefeln über mich hinweg. Wenn sie mich irgend etwas zu lehren haben, wenn sie mir irgend etwas zu sagen haben, dann ist es eine entsetzliche Botschaft: Das menschliche Leben ist wirklich wertlos. Ein bißchen Flüssigkeit in den Organismus, und schau, wie häßlich wir alle sind. Wir sind aus wahnsinnigem Fleisch gemacht, und mehr sind wir nicht.

Ich versuche, ihnen zu entfliehen oder sie zu verscheuchen. Was alles andere als leicht ist. Im Herzen bin ich bei ihnen, ganz gleich, wie leer und geistlos sie alle sein mögen. Aber ich weiß, daß ich ihnen nicht helfen kann; diese Maschinen sind nicht mehr zu reparieren.

Man kann eine Maus nicht in einen Adler verwandeln, nicht einmal in Frankfurt.

Hier kann ich nicht bleiben. Ich flüchte mit dem Zug. Nach Bad Nauheim.

Waren Sie schon einmal in Bad Nauheim?

Wenn die Menschen Sie enttäuschen, versuchen Sie, sich mit Gebäuden anzufreunden. Schönen Gebäuden. Villen. Villen im alten Stil. Bad Nauheim ist reichlich mit ihnen gesegnet. Mit Häusern, die so schön sind, daß man sie fressen, daß man ihre Fassaden ablecken möchte. Wenn Sie sich je in einer Krise befinden und weder ein noch aus wissen, versuchen Sie es mit Bad Nauheim, bevor Sie sich irgendwelche Flüssigkeiten injizieren.

Bad Nauheim hat sich den Beinamen *Die Gesundheitsstadt* gegeben. Ja, beweihräucher dich nur. Und heb die Preise entsprechend an, wo immer und wann immer du kannst. Alles, was der Gesundheit dient, ist folglich teuer hier. Das Gradierwerk oder die Saline, wie die Einheimischen sagen, ist eine interessante Erfindung: Über Reisigbündel, die an einer hohen Mauer befestigt sind, tropft Wasser. Ich verstehe nichts davon, aber die Leute hier glauben, daß das ihrer Atmung hilft. Ich probiere es aus. Ich setze mich hin, rauche eine Zigarette und genieße das Geräusch verschwendeten Wassers. Es ist ein Erlebnis. Wirklich! Das nächste Mal, wenn ich in der Sahara bin, werde ich es schrecklich vermissen.

Bad Nauheim ist eine Geldfabrik, in der man alles und jedes in Rechnung gestellt bekommt. Zumindest aber zum Zeitpunkt, da ich dies schreibe, berechnen sie einem nichts dafür, daß man die Straße entlangläuft. Das trifft sich gut. Die Schönheit des Ortes vertreibt die heroinspritzenden Mäuse aus meinem Kopf.

Bei Anbruch der Nacht fahre ich weiter nach Butzbach. Butzbach? Ein Ort, eine Stadt. Ein reizender Punkt auf der Landkarte. Ich übernachte bei Farah. Farah ist eine Perserin, die ich in Tunesien kennengelernt habe. Sie mochte den Großajatollah Ruhollah Chomeini nicht und übersiedelte nach Deutschland. Seit vielen Jahren schon war sie nicht mehr im Iran, ist aber trotzdem irre stolz darauf, Iranerin zu sein. Sie ist glücklich, in diesem Land zu leben, gibt den Deutschen aber trotzdem keine besonders guten Noten.

»Sie sind sehr genau«, sagt sie über die Deutschen, »und wenn sie Fehler machen, dann machen sie auch die sehr genau.« Farah hat viele Sprüche drauf. Ihr Aphorismus des Tages lautet: »Die Deutschen glauben, sie hätten die Juden getötet, aber in Wahrheit haben sie sich selbst getötet.« »Sie sind Menschen, die nicht gerne sie selbst sind.«

Farah hat, nebenbei bemerkt, eine Schwäche für die Juden. Angesichts der Finanzkrise, die die Welt in Atem hält, fragt sie mich: »Was wird mit den Juden geschehen?«

Warum sollte irgend etwas mit den Juden geschehen? lautet meine Gegenfrage.

»Weil man jetzt den Juden die Schuld geben wird«, sagt sie.

Den Juden? Wieso den Juden?

Sie wirft mir einen Blick zu, als wäre ich völlig debil. »Sie sind die Bankiers!«

Die Juden mal wieder. Mein täglich Brot gib mir heute.

Ich habe mich in meinem Leben noch nie so jüdisch gefühlt wie hier in Deutschland. Ich bin nach Deutschland gekommen, um die Deutschen zu entdecken, und was passiert?

Die Deutschen entdecken mich.

Wer hat gesagt, daß die Deutschen keinen Sinn für Humor haben?

Wer immer es war, er hat sich geirrt!

Mein Bankier George, fürs Protokoll, ist kein Jude. Und er ist bereit, sich noch einmal mit mir zu treffen. Schließlich ist er mir eine Antwort schuldig, eine Antwort auf die Frage, was ihn motiviert. Wir treffen uns, wo auch sonst, im Café des Frankfurter Hofs.

Yep, ich bin zurück in Frankfurt.

Also, warum arbeiten Sie immer noch so hart, um Geld zu verdienen? Was treibt Sie an?

»Schach«, sagt er. »Das Spiel. Es ist ein Spiel. Nicht Poker, sondern Schach. Es ist ein kompliziertes Spiel, man muß es beherrschen. Es ist ziemlich spannend. Ich tue es nicht wegen des Geldes, sondern wegen des Spiels. Wenn es sich ergibt, daß ich eine oder zwei Millionen mache, dann ist das wunderbar. Aber darum geht es nicht, es geht darum herauszufinden, wie die andere Seite tickt.«

Warum spielen Sie nicht Schach in der Kleinmarkthalle hier in Frankfurt? Ich würde Sie nur zu gerne zwischen all den

Würsten und Frikadellen und Hühnchen sehen. Ich kann einen Schachtisch für Sie organisieren, wenn Sie wollen. Soll ich?

»Sehr witzig. Ich schulde der Deutschen Bank ein hübsches Sümmchen für meine diversen Immobilien. Ich muß Geld verdienen, verstehen Sie?«

Gut, legen wir die Karten auf den Tisch: Wie viele Gebäude brauchen Sie?

George schaut mich an, als wäre ich Genosse Lenin. Bin ich aber nicht. Ehrenwort, ich spreche kein Wort Russisch.

George ist ausgesprochen intelligent. Wir sprechen über dies und jenes; er ist scharfsinnig, seine Argumente treffen stets den Kern der Sache. Nur nicht in diesem einen Punkt.

Warum stellt er sich bei dieser Frage so an? Ich habe nach meinen langen Gesprächen mit ihm das Gefühl, daß sein wahrer Antrieb Gier ist, er es aber nicht über sich bringt, dies zuzugeben.

Ich habe Zeit. Ich arbeite nicht für die Bank of America. Warum also nicht meine Zeit dazu nutzen, einem hilflosen europäischen Kapitalisten wider Willen zu helfen? Ich versuche, ihn ins Gelobte Land zu führen.

Sprechen Sie mir nach:

Ich –

»Ich –«

– bin –

»– bin –«

– gierig.

»Das sag ich nicht.«

Warum nicht?

»Ich käme mir billig vor.«

Er bestreitet seine Gier nicht, kann aber nicht zu ihr stehen, weil er sich sonst »billig« vorkäme. Ich weise ihn darauf hin und frage ihn, ob das eben eine dieser »fürchterlichen Freudschen Fehlleistungen« war. George starrt mich an, als wäre ich der Teufel persönlich.

Ja, ich weiß. Ich gebrauche die Ausdrücke ›Kapitalist‹ und ›Kapitalist wider Willen‹ nicht eben selten. Das liegt jedoch nicht an mir, sondern daran, daß ich sie immer wieder auf die eine oder andere Weise zu hören bekomme. Der Kapitalist bin immer ich, weil ich aus New York komme, und der Deutsche ist immer so eine Art Sozialist, weil – tja, einfach nur weil. Dieser Logik zufolge ist George eine Art Sozialist, während ich der reinste Kapitalist bin. Und an diesem Bild stimmt etwas nicht.

Ja, ich weiß: Mir gehören Goldman Sachs, AT&T, Macy's, Verizon und American Airlines, und die Außenpolitik der US-Regierung kontrolliere ich auch. Aber auch ich habe Schulden, der Irakkrieg kostet mich ein Vermögen!

Ich komme mit George einfach nicht weiter, solange wir über Finanzen sprechen. Ich muß das Thema wechseln. Eine fürchterliche Stille herrscht zwischen uns, dem gierigen Amerikaner und dem rechtschaffenen Europäer. Worüber soll ich mit ihm reden? Nun, warum nicht über mein Lieblingsthema: die Deutschen.

Was halten Sie von den Deutschen? Sie leben hier seit vielen, vielen Jahren –

»Die Deutschen sind konsensgesteuert, alles in allem nicht sehr charmant, nicht besonders humorvoll, schwerfällig und streng, unglaublich organisiert, ausgezeichnete Ingenieure, keine wirklich guten Bankiers, zum Extremismus neigend, und viele von ihnen haben eine angeborene Grausamkeit bewiesen.«

Wow!!! Irgend etwas Gutes?

»Sie haben fantastische Musik und Literatur geschaffen.«

Was meinen Sie mit »konsensgesteuert«?

»Alles muß im Konsens entschieden werden. Die Chefs zusammen mit den Angestellten, die Firmen mit den Gewerkschaften. In jedem Bereich der Gesellschaft. Sie entscheiden alles gemeinsam.«

Soll ich George von meiner Vereinstheorie erzählen? Nein, noch nicht. Ich möchte sie erst noch ein wenig überprüfen und verifizieren, bevor ich sie auf die Welt loslasse.

George verabschiedet sich, um noch mehr Geld zu verdienen, und ich bleibe mit einer Frage im Kopf zurück: Was ist das für ein starker Trieb, der Trieb zum Geld, von dem wir alle so besessen sind?

Der sinnvollste Ort auf der Welt, um eine Antwort auf diese Frage zu finden, müßte doch der hiesige Tempel des Geldes sein.

Ich mache mich auf den Weg zur Frankfurter Börse.

Ich schulde den guten Menschen von der Deutschen Börse, wie sie hier heißt, Dank. Sie meinen es gut mit mir und sorgen dafür, daß ich meine Ruhe habe und nicht zusammen mit den plappernden, brabbelnden und ihre klickenden Digitalkameras auf einfach alles richtenden Touristen hier herumlaufen muß. Ich bekomme eine »Privatführung«. Ich brauche sie. Ich brauche Zeit, um über den Allmächtigen Euro zu meditieren. Ich möchte mit dem Allmächtigen Euro eins werden, ich möchte wiedergeboren werden, um zu hören, wie Seine Stimme mich ruft, und um mich Ihm ganz hingeben zu können. Dafür brauche ich eine ruhige Umgebung.

Ich bin ebenfalls dankbar dafür, daß sie den Sicherheitsbediensteten abgezogen haben, dessen Sicherheitsatem ich im Nacken hatte. Jetzt gibt es nur noch mich und den Allmächtigen. Ich bete zu Ihm: Gesegnet seist Du, Allmächtiger Euro, gepriesen sei Dein Name.

Eine Etage unter mir, die ich komplett einsehen kann, ist die Armee des Allmächtigen stationiert: die Börsenmakler. Viele von ihnen werden diesen Ort in etwa zwei Jahren verlassen, weil dann Maschinen den Großteil des Handels abwikkeln werden. Jetzt aber sind sie noch hier und handeln alle mit verschiedenen Aktien. Einer handelt mit BMW-Aktien, ein anderer mit Siemens und so weiter.

Schauen wir uns die Soldaten des Allmächtigen einmal an. Der da links surft im Netz, der da rechts macht irgend etwas mit seinem iPhone, ein weiterer trinkt Kaffee, und ein athletischer Typ guckt, was sonst, Fußball, während zwei Damen in ein lebhaftes Gespräch vertieft sind.

Dafür, daß es sich um eine Armee handelt, ist es eine einzige Show. Die großen elektronischen Anzeigetafeln überall mit ihren Börsenkürzeln dienen lediglich theatralischen Zwekken. Kein Makler würdigt sie eines Blicks. Die Händler, von denen jeder vor sechs Bildschirmen und zwei Tastaturen sitzt, würden es nicht einmal bemerken, wenn die Tafeln ausgingen oder die Kurse plötzlich auf hebräisch oder altgriechisch anzeigten. Aber Theatralik ist gut fürs Geld. Nicht wenige Medien haben sich hier eingerichtet. Ich sehe unter anderem Deutsche Welle-TV und CNBC zu meiner Linken sowie Reuters und das Deutsche Anleger Fernsehen vor mir. Wenn man das Ganze von hier oben aus in echt sieht, muß man darüber lachen, wie »billig« das alles ist. Aber im Fernsehen macht es wahrscheinlich etwas her.

Was man an diesem Ort nicht ignorieren kann, ist die Fahne. Sorry, sind die Fahnen. Deutsche Fahnen, wohin man schaut. In jeglicher Größe und in jedem Winkel. An Wänden, Stühlen, Tischen. Deutschland ist in sich verliebt. Und die Börsenhändler machen es publik.

Die Händler finde ich faszinierend, und ich möchte mit ihnen sprechen.

Ich bin anscheinend ganz schön blauäugig.

»Wenn Sie mit Maklern sprechen wollen«, sagt man mir, »müssen Sie erst eine Genehmigung der jeweiligen Bank einholen, bei der sie angestellt sind.«

Warum die Banken solche Angst vor den Medien haben, ist mir wirklich nicht klar. Vielleicht wollen sie verhindern, daß ich zu hart arbeite.

Also schaue ich nur zu, was sich da unten tut. Ein Kamerateam von einem deutschen Sender kommt herein und tigert im Handelsraum auf und ab. Schließlich finden sich zwei Broker, ein Mann und eine Frau, die sie nebeneinander positionieren. Das Kamerateam, zwei Frauen, gibt seine Wünsche bekannt. Sie wollen einmal Daumen hoch von den Börsianern. Also gehen zwei Daumen hoch. Dann lassen sie den Mann beide Daumen hochrecken und die Frau auch. Sie sehen sich das Ergebnis auf ihrem Bildschirm an. Nicht gut. Jetzt lassen sie beide die Daumen zusammen hochrecken, jeder einen. Sie überprüfen das Resultat und entscheiden: Nein. Okay: Der Mann soll zweimal den Daumen hochrecken, während die Frau neben ihm steht und ein breites Lächeln unter ihr blondes Haar zaubert. Ja. Das ist gut.

Die Fernsehdamen schlagen zu und senden ein »spontanes« Daumen-hoch in der Börse.

Das sind Nachrichten!

Einen Mann von der Pressestelle frage ich angesichts der Unmenge von Fahnen, wie viele normalerweise hier hängen.

»Nur jetzt [während der WM] haben wir welche«, antwortet er mir. »Normalerweise gibt es hier keine Fahnen, nicht mal eine. Unsere Geschichte, wissen Sie. Wir sind nicht in Amerika.«

Meine lieben Deutschen: Warum seid ihr bloß so extrem? Könntet ihr nicht wenigstens einmal den Mittelweg wählen?

Ich bekomme ein kleines Spielzeug geschenkt, einen grünen Bullen. Nett.

Ich besuche Farah noch einmal, um mich von ihr zu verabschieden und mich für ihre wunderbare Gastfreundschaft zu bedanken. Sie zeigt mir eine alte Koranausgabe, ein Familienerbstück. Sie sagt, daß der Islam, wie er heute praktiziert wird, in diesem Buch nicht vorkommt, daß der Koran ein spirituelles Buch ist und daß sie sich an die Ältesten im Iran erinnert, die ihn mit leuchtenden Augen studiert haben. Doch diese Tage sind Vergangenheit. Jetzt ist sie in Deutschland.

»Ich fühle mich wie eine Jüdin«, erklärt sie mir. »Die Deutschen sagen, daß sie mich und meine Kultur respektieren, aber sie verstehen rein gar nichts von ihr und geben sich auch nicht die geringste Mühe. Sie reden nur. Sie verstehen nichts von meiner Kultur, vom Geist meiner Kultur. Ich verstehe ihre, aber sie haben sich nie bemüht, meine wirklich zu verstehen. Für sie bin ich eine Fremde, was auch immer sie sagen. Ich weiß es. Farah weiß es. Farah weiß, wie die Leute sind.«

Zurück am Frankfurter Hauptbahnhof, überlege ich, wohin ich fahren soll.

Das hier ist Deutschland. Flaggen allüberall, und die Leute decken sich ein. Drei Farben hat die Flagge, alle erdig, heiß, ernst, verhängnisvoll, trotzig und fast klar.

Kann mir irgend jemand dieses Land erklären, und zwar so, daß ich es verstehe?

Kai Diekmann, Chefredakteur der *Bild*, der auflagenstärksten Zeitung Europas, wie ich mir habe sagen lassen, ist bereit, einen Versuch zu wagen.

Nach Berlin geht die Fahrt, Antworten sind das Ziel.

KAPITEL 15 *In dem ich den Mann mit dem größten Penis interviewe, dessen Zeitung täglich von zwölf Millionen Menschen gelesen wird*

Nachdem man mich in einer flughafenähnlichen Sicherheitsschleuse durchleuchtet hat, werde ich in sein Büro geführt. Zwei weitere Herren wohnen dem Treffen bei. Anwälte? Die CIA? Der Mossad? Nein. Lediglich zwei freundliche Herren, die gut Englisch sprechen und auf die Namen Tobias und Ulrich hören. Nice to meet you.

Gesprächstermin. Kai tritt ein. Frisch rasiert, mit zurückgegeltem Haar, tadellos gebügeltem weißen Hemd und schwarzer Brille kommt er auf mich zu und gibt mir die Hand. Er nimmt mir gegenüber Platz, hinter sich ein kunstwerkähnliches *Bild*-Bild, und ist ganz Ohr für meine Fragen. In den Händen hält er eine große Schüssel Obstsalat, vermutlich sein Mittagessen. Gierig beißt er in die Obststücke, als hätte er schon seit geraumer Zeit nichts mehr in den Magen gekriegt. Seine Aufmerksamkeit gilt jedoch einzig dem bevorstehenden Interview. Er scheint gewappnet für ein paar schwierige Fragen, großes Kino. Vielleicht sind deshalb auch die zwei Herren aus Berlin mit von der Partie.

Um ihn nicht zu enttäuschen, stellte ich ihm die persönlichste, intimste Frage, die mir in den Sinn kommt: Ist Deutschland ein Volk oder eine Ansammlung von Stämmen? Die zwei Herren aus Berlin gucken aus der Wäsche, als hätten sie gerade eins mit dem Faustkeil über ihre nicht vorhandenen Mützen bekommen. Was ist das denn?! Ungläubig rollen sie mit den Augen. Kai aber bleibt konzentriert und antwortet.

»Definitiv ein Volk«, sagt er. »Besonders nach der Wieder-

vereinigung und dem Umzug der Regierung nach Berlin. Jetzt gibt es ein Zentrum. Jeder schaut auf Berlin.«

Was macht einen Deutschen zum Deutschen?

»Die Deutschen sind groß im Wiederaufbauen. Wissen Sie, was ich meine? Aber mit dem Erhalt, damit tun wir uns schwer.«

In Afghanistan wird es eine Menge wiederaufzubauen geben, sollte es dort je zu einem Frieden kommen. Ist er dafür, daß deutsche Truppen in Afghanistan stehen?

»In meinen Augen ist es gut, daß unsere Streitkräfte in Afghanistan sind. Wir sind die stärkste Wirtschaftsmacht Europas.«

In Deutschland ist das ein brisantes politisches Thema. Nicht alle sind in dieser Frage einer Meinung, gelinde gesagt. Ich wüßte gerne, wie Kai über die verschiedenen Parteien in Deutschland denkt. Also frage ich ihn:

Worin unterscheiden sich Konservative und Linke?

»Darin, wieviel Freiheit wir haben.«

Wie bitte?

»Die Konservativen wollen verschiedene Schultypen, mehr Auswahl, während die Linke die gleiche Schule für alle will. Die Menschen sind aber nicht alle gleich, und ich will sie auch nicht alle gleichmachen.«

Das ist nicht gerade das, was ich wissen wollte, interessant aber ist es allemal.

Wie auch immer es um die Unterschiede zwischen den Parteien bestellt sein mag, Kai glaubt trotzdem an den Konsens. »Einen Konsens herzustellen, ist sehr wichtig. Und das ist vielleicht auch die Antwort auf Ihre erste Frage nach dem Wesensmerkmal dieses Landes. Es ist der Konsens. Wir sind eine Gesellschaft, die einen Konsens findet. Wir geben einen Haufen Geld dafür aus, den Konsens zu wahren.«

Nicht, daß ein Konsens immer leichtfällt. »Dies ist das einzige Land auf der Welt, in dem die Mehrheit für Steuererhöhungen ist. Warum? Weil die Steuerzahler in der Minderheit sind. Und ich bin absolut dagegen, die Steuern zu erhöhen. Mehr als die Hälfte der Menschen bekommt mehr vom Staat, als sie bezahlt.«

Konsens ist ein Thema, Multikulturalismus ein anderes. »Der Multikulturalismus hierzulande ist schiefgegangen. Die Vorstellung war, daß sie [die Arbeiter aus der Türkei] weiter so sollten leben können wie zuvor, nur waren eben unter denen, die nach Deutschland kamen, viele arme Menschen. Viele der türkischen Mitbürger hier leben noch im Steinzeitalter. Wir haben nicht genügend getan, damit die Einwanderer die hiesige Kultur erlernen und annehmen.«

Das bringt mich auf mein Lieblingsthema in Sachen Mode: den Hijab.

Tragen heute mehr Türkinnen in Deutschland einen Hijab?

»Nein. Heute gibt es mehr, die einen Bikini tragen.«

Ich würde ihn gerne fragen, wo ich die finden kann, bin aber lieber artig und bleibe bei der Politik.

Was hat es mit dem Verhältnis Ihrer Zeitung zu Israel auf sich? Stimmt es, daß Sie in Ihrem Haus ein Vermächtnis haben, für Israels Sicherheit einzutreten –

»Mehr noch ... Jeder Journalist, der für uns arbeitet, muß sich vertraglich auf fünf ›Grundsätze‹ verpflichten:

Die Ablehnung jeglicher Art von politischem Totalitarismus.

Die Verteidigung der freien sozialen Marktwirtschaft.

Die Unterstützung des transatlantischen Bündnisses.

Das Eintreten für den freiheitlichen Rechtsstaat Deutschland und die Förderung der Einigungsbemühungen der Völker Europas.

Und, ganz wichtig: Das Herbeiführen einer Aussöhnung zwischen Juden und Deutschen, hierzu gehört auch die Unterstützung der Lebensrechte des israelischen Volkes.

Israel ist für mich der Staat, in dem die Überlebenden des Holocaust Zuflucht fanden, nachdem Deutschland sechs Millionen Juden ermordet hatte. Und aufgrund dieses besonderen Verhältnisses bin ich zutiefst davon überzeugt, daß wir nicht neutral sein können, wann immer Israels Existenzrecht in Gefahr ist, und unser Platz an der Seite Israels sein muß. Das ist unsere Verantwortung: Wir müssen für Israel Sorge tragen.

Das bedeutet nicht, daß wir Israel nicht kritisieren. Das tun wir.

Was ich unseren Journalisten sage, ist, stets zweimal hinzuschauen und nicht nur dem Mainstream zu folgen.«

Was halten Sie von Obama?

»Ich glaube, er wird sich als eine große Enttäuschung erweisen. Über eine Amtszeit wird er nicht hinauskommen. Er ist sehr charismatisch, politisch sehr naiv und sehr weit links. Mir gefällt seine Einstellung zu Israel nicht. Er hat gefährliche

Reden gehalten, weil er die arabische Welt nicht im geringsten versteht.«

Jemand aus seinem Umfeld sagte mir, daß Kai kaum noch Interviews gibt, daß er dieses Jahr tatsächlich nur *ein* weiteres Interview gegeben hat. Natürlich interessiert es mich, warum er ausgerechnet mir dieses Gespräch gewährt, noch mehr aber interessiert mich, wie er die *Bild*-Zeitung leitet und wie er seine Aufgabe versteht. Dieser Mann ist zur Zeit immerhin einer der einflußreichsten Menschen Deutschlands.

Ich stelle ihm dieselbe Frage, die ich auch Scheich Jens von der *Zeit* gestellt habe: Ist *Bild* die beste Zeitung Deutschlands?

»*Bild* ist die erfolgreichste Zeitung Deutschlands, die erfolgreichste in ganz Europa. Sie wird täglich von zwölf Millionen Menschen gelesen. In ihrer Kategorie ist sie die beste. Uns gelingt es, den Menschen Politik und andere Dinge zu erklären, die sie wahrscheinlich sonst nicht verstehen würden. Wir haben eine völlig andere Leserschaft als *Die Zeit.*«

Wer sind Ihre Leser?

»Größtenteils deutsche Durchschnittsbürger. Unsere Leserstruktur ist unserer Bevölkerungsstruktur sehr ähnlich. Sie ist ein bißchen jünger und ein bißchen männlicher. Was unseren Einfluß betrifft, so erreichen wir mehr akademische, gebildete Leser als die *FAZ*. Würde ich vor die Wahl gestellt, nur zwei Zeitungen lesen zu dürfen, dann die! Ich würde mich für die *FAZ* und *Bild* entscheiden.«

Und wenn Ihnen nur eine Zeitung erlaubt wäre?

»*Bild* natürlich ... Und wissen Sie warum? Die *FAZ* ist eine Zeitung, die logischen Kriterien folgt, sie berichtet einfach, was passiert. Die *Bild* hat einen emotionalen Ansatz, wir berichten nicht nur darüber, was passiert, sondern auch über das, von dem die Leute glauben, daß es passiert, wie sie darüber denken und wie sie darüber sprechen, und sehr oft ist das wichtiger als das, was sich in Wirklichkeit abgespielt hat. Um Ihnen ein Beispiel zu geben: Wenn man sich in New York die Wettervorhersage anguckt, bekommt man nicht nur die Temperatur mitgeteilt, ›minus zwei Grad‹, sondern auch den Windkältefaktor. Durch den Wind fühlt es sich wie minus 20 Grad an. Wenn Sie also aus dem Haus gehen, nehmen Sie nicht den Mantel für minus zwei, sondern den für minus 20 Grad. Das ist es, was *Bild* macht, und das ist es, was *Bild* so wichtig macht. Es gibt nichts auf der Welt, was mit *Bild* vergleichbar wäre.«

Was ist Ihr Beitrag zur *Bild*?

»Ich habe immer eine einzige Strategie verfolgt, und das ist in meinen Augen das wichtigste: Ich habe immer gesagt, *Bild* muß so sehr ›Boulevard‹ sein, daß uns keine andere Zeitung von unten angreifen kann. Wir müssen immer so boulevardesk sein – so einfach, so witzig, so unvorhersehbar –, daß keine andere Zeitung auf dieser Ebene besser sein kann als wir, besser auf die Massen zugehen kann als wir. Um uns aber neue Leser zu erschließen, um das Image der Zeitung zu verändern, um als Plattform für Politiker attraktiv zu sein, ist es auch wichtig, die Zeitung zu öffnen. Um mehr Leser anzuziehen, die normalerweise nicht *Bild* lesen würden, weil sie glauben, die ist nur für den Mann auf der Straße. Das machen wir jetzt seit neuneinhalb Jahren, wir versuchen, *Bild* zu öffnen. Und das haben wir ganz gut hinbekommen.«

Was heißt »öffnen« konkret?

»Ganz einfach: die Zeitung mit Themen, mit Inhalten zu füllen, die so nicht in der *FAZ* stünden.«

Er erzählt mir von einer Ausstellung, die *Bild* in einem Museum veranstaltete: die 60 wichtigsten deutschen Kunstwerke der letzten 60 Jahre. Ein *FAZ*-Redakteur rief ihn sogar an, um ihm zu sagen, wie er sich dafür schämte, daß nicht seiner Zeitung diese Idee kam. »Vor 15 Jahren hätte es das bei *Bild* nicht gegeben«, sagt Kai. »Vor 15 Jahren war Kultur in *Bild*, wenn auf der Bühne eine Leuchte umfiel und jemanden erschlug. Das war für *Bild* der Anlaß, über Kultur zu schreiben. Heute spielen wir ernsthaft mit. Ich habe für höhere Standards gesorgt. Das einzige Interview, das Präsident George W. Bush einer deutschen Zeitung gab, ein Einzelgespräch, war mit *Bild*. Wir bekommen für jedes wichtige Buch die Serienrechte für den Erstabdruck in *Bild*, wenn wir es wollen. Vor Jahren wäre das unvorstellbar gewesen. Und wir bezahlen nicht einmal dafür. Das war meine Idee. Wenn wir den Papst sehen wollen, fahren wir für ein Vieraugengespräch nach Rom. Etwas anderes, was ich in die Zeitung hineingebracht habe, ist Politik. Die Seite zwei ist der Politik gewidmet. Die ganze Seite.«

Wenn er über seine Zeitung spricht, sein Baby, rückt Kai näher und spricht ganz sanft. 800 Journalisten arbeiten bei *Bild*, erzählt er. »Wenn man die beste Zeitung Deutschlands machen will, braucht man 800 Journalisten.« Persönlich, sagt er, kennt er 300 von ihnen. Er hat als einziger die Autorität, die endgültigen Entscheidungen zu treffen. Und das tut er auch. Jeden Tag. Und zwar so oft, wie er es für wichtig hält, auf Tuchfühlung und auf der Kommandobrücke zu sein. Kurz gesagt: Alles, was in *Bild* veröffentlicht wird, egal in welcher Ausgabe, bedarf seiner Zustimmung.

Das wichtigste ist für ihn aber merkwürdigerweise Israel. Sobald die Rede auf Israel kommt, wird er leidenschaftlich. »Ein Journalist, der gegen Israel ist, hat keinen Platz in unserer Mannschaft«, erklärt er. »Wenn sich jemand als Antisemit erweist, fliegt er raus.«

Während des gesamten Interviews, und wir sprechen schon über eine Stunde miteinander, verrät Kai viel mehr Leidenschaft, wenn er über Israel spricht, als wenn er über Deutschland spricht. Er kommt gerade aus London zurück, wo er auf einer Party mit Elton John war, und ist ein bißchen müde. Fällt jedoch der Name *Israel,* dann kämpft er wie ein Löwe, um es zu verteidigen.

Ich versuche, die Grenzen auszuloten, und streue eine kritische Bemerkung über einige der israelischen Siedler ein, vor allem die extremen unter ihnen. Ich vergleiche ihr Weltbild mit dem der Nazis. Kai läßt mich ausreden, akzeptiert aber kein Wort von dem, was ich sage. Sollte ich jemals mit dem Gedanken gespielt haben, für *Bild* zu schreiben, vergiß es. Ich habe keine Chance. Dieser Mann, der definitiv kein Jude ist, engagiert sich für die israelische Sache. Ich glaube nicht, daß ich jemals einem so engagierten Juden begegnet bin.

Da er aber kein Jude und wahrscheinlich nicht beschnitten ist, wird es Zeit, über die wirklich wichtigen Dinge zu sprechen: seinen Penis. Ich frage Kai, ob er einen kleinen Penis hat.

Jetzt kommt wirklich Leben in den Mann. »Das ist nicht wahr«, sagt er. »Sie können es auf der Mauer da drüben sehen!« Er steht auf, bittet mich ans Fenster und zeigt auf ein Haus. »Sehen Sie die rote Fahne da drüben? Das ist das Gebäude der *taz*. Sehen Sie das gelbe Zeichen auf der Mauer? Das da links von dem gelben Zeichen, das ist die Spitze meines Penis. Vier Stockwerke hoch. Mein Penis. Das stimmt. Sie glauben mir nicht? Ist aber so.«

Ja, ist es wirklich. Über die ganze Front des Gebäudes zieht sich das Bild eines riesigen Penis, der angeblich Kais Penis ist. Und Kai Diekmann, der hier neben mir sitzt, ist unten zu sehen. Mit ansehnlichen Eiern, übrigens, wie er da jedem, der ihn sehen möchte, stolz sein Gemächt präsentiert. Das ist Kultur, nehme ich mal an. Nach deutscher Art und Sitte. Ein von der *taz* beauftragter Künstler hat das Mauerrelief geschaffen. Ich versuche, mir dasselbe in New York vorzustellen: der Penis eines Zeitungschefredakteurs auf dem Empire State Build-

ing. Ausgeschlossen. Nicht einmal wenn Gott es beföhle, würde sich ein gottesfürchtiger New Yorker so etwas trauen. Das hier aber ist Berlin. Das ist Deutschland. Anspruchsvoll. Kultiviert.

Wie sich herausstellt, hat die *taz*, warum auch immer, eine gefakte Meldung über Kai Diekmann gebracht, ihren ideologischen Hauptgegner. Kai, berichteten sie, hätte sich einer Operation unterzogen, um seinen kleinen Penis zu vergrößern. Ein überaus komplizierter Eingriff, wohlgemerkt, bei dem aus winzigen Teilen von toten Leichen dieses neue, vergrößerte Organ geschaffen wird.

In einem Schritt, der nur nach hinten losgehen konnte, verklagte Kai die *taz* auf 30 000 Euro. Er verlor den Prozeß. Und die Leute von der *taz* beauftragten einen Künstler, diese Plastik zu schaffen.

Was hat das mit Nachrichten zu tun? Ungefähr soviel wie Obamas Penis.

Kai überläßt mich meinen Gedanken und geht aus dem Zimmer, um gleich darauf mit einer schwarzen Mappe zurückzukehren. Er zeigt mir diverse Dokumente. Das eine oder andere aus der *taz* sowie eine gefälschte *taz*, die *Bild* damals herausbrachte. Ja, so etwas machen die.

»Sie wollten mich damit provozieren«, sagt er. »Sie hofften, daß ich von ihnen verlangen würde, es zu entfernen, ich aber sagte: ›Ist doch toll.‹ Wenn Sie aus dem Haus und dort entlanggehen, dann sehen Sie mich da. Das bin ich. Mein Gesicht und alles. Aber ich sage immer: ›Es ist ein großartiges Kunstwerk, aber es zeigt nicht mich, es zeigt ihren Rechtsanwalt.‹ Das hat sie verrückt gemacht. Sie sagten: ›Das ist nicht unser Anwalt.‹ Da sagte ich: ›Es ist ein linker Kolumnist von der *Berliner Zeitung*.‹ Und dann hatten sie eine Riesendiskussion, weil sie ja feministisch sind. Die Chefredakteurin war damals neu, und sie verkündete öffentlich in der Zeitung, daß sie ihr Fahrrad nicht für die nächsten zwei Jahre unter dem Penis von Kai Diekmann abstellen wolle. Daraufhin brachten wir heimlich eine Zeitung mit der Schlagzeile *Wir sind Schwanz!* heraus – im Stil der *taz*, im gleichen Layout –, in der wir dafür eintraten, daß das Mauerrelief erhalten bleiben muß. Und jeder dachte, das sei die echte *taz*. Wir hatten eine Menge Spaß!«

Kai ist nicht der Mann, der sich nach einer Niederlage in den Schmollwinkel zurückzieht.

»Als die *taz* vor vier Jahren 25 wurde, bat sie ihre Busenfeinde, ihre Jubiläumsausgabe zu produzieren. Sie baten mich, für einen Tag ihren Chefredakteur zu spielen. Das tat ich. Und noch heute ist diese eine Ausgabe die mit der höchsten Auflage in der Geschichte der *taz*. Als sie 30 wurden, begingen sie den Fehler, auch mir einen Brief zu schicken, den sie an viele andere geschickt hatten, und in dem sie mir die Möglichkeit anboten, ihrer Genossenschaft beizutreten.«

Kai nahm an. Und hat seinen Spaß damit! Er besucht ihre Jahresversammlungen und stellt dämliche Fragen. »Ich amüsiere mich prächtig.«

Auch ich amüsiere mich. Er und ich, wir verstehen uns.

Er steht auf, holt sein iPad und sein iPhone, setzt sich neben mich und zeigt mir die morgige Ausgabe. Sein iPad ist übrigens das glänzendste und sauberste, das ich je gesehen habe. Noch nagelneuer kriegt man es auch von Apple nicht.

Wir beginnen mit der Titelseite. Auf seinem Apple erscheint die Seite eins nach jetzigem Stand. Ihre Aufmachung und Anmutung gefallen ihm nicht. Noch nicht einmal die verwendeten Schrifttypen gefallen ihm. Und warum nicht?

»Das wirkt altmodisch«, sagt er. Es fehlt das Neue. Wir brauchen etwas anderes. So wird das nicht in Druck gehen; die Seite muß geändert werden. »Es gibt nur drei Leute, die die Zeitung machen dürfen, meine beiden Stellvertreter und ich. Ich bin von neun Uhr morgens an hier und leite alle Konferenzen. Ich treffe die Bildauswahl.«

Ich stehe auf, bedanke mich bei dem nichtjüdischen Judenfreund Kai Diekmann für seine Zeit und sage ihm, daß es mir ein Vergnügen war, mich mit ihm zu unterhalten. Er wirft mir einen Blick zu und sagt: »Sie sind aber kein Jude, hm?« Er meint das nicht böse, er ist nur immer noch entsetzt über die Kommentare, die ich vorhin von mir gegeben habe. Bevor ich gehe, werfe ich diesem Judenfreund einen Blick zu und »sortiere« ihn ein, speichere ihn in meinem Kopf respektvoll als »Jüdische Braut« (*Jewish bride*) ab. Gewiß, »Jüdischer Bräutigam« (*Jewish groom*) wäre wohl die treffendere Bezeichnung. Sie ist aber Gott vorbehalten.

Ich muß zugeben, Kai hat mich überrascht. Nach dem, was

mir so manch einer erzählt hatte, war ich auf einen Tyrannen gefaßt. Statt dessen begegnete ich einem Überzeugungstäter. Einem Mann, der tut, was er für richtig hält. Wir dürften nicht immer einer Meinung sein – wo Kai einen großartigen Juden sieht, sehe ich einen potentiellen Nazi, und wo er Bikinis sieht, sehe ich Hijabs –, aber er orientiert sich an Idealen und sagt, was er denkt. Das respektiere ich.

Habe ich erreicht, was ich erreichen wollte, nämlich mir einen Reim auf den deutschen Nationalcharakter zu machen? Nein. Kai beeinflußt vielleicht zwölf Millionen Männer und Frauen in diesem Land, er ist aber eine Nummer für sich. Ein Mann mit einem großen Penis auf einer Berliner Mauer und einer noch größeren Liebe zu den Juden im Herzen. Darin unterscheidet er sich vom normalen Deutschen, jedenfalls von dem, den ich bislang kennengelernt habe.

Vielleicht habe ich bislang aber auch einfach Pech gehabt und die ›falschen‹ Deutschen kennengelernt, und in Wirklichkeit sind die Deutschen gut, vielleicht sogar sehr gut? Könnte ja sein.

Etwas ratlos gehe ich in ein Restaurant inmitten von Berlin und lasse mir das ausgezeichnete Essen schmecken. Plötzlich bemerke ich, daß mich zwei Tische weiter ein altes Paar unentwegt anstarrt. Wer sind sie? Kenne ich sie?

Kurz darauf fängt die Frau meine Begleiterin auf dem Weg zur Toilette ab und vertraut ihr an, daß ihr Mann alles über Deutschland wisse. Er lebe seit seiner Geburt hier und werde hier auch sterben. Als ich das erfahre, denke ich, das könnte genau der Mann sein, den ich suche. Ich will ihn auf der Stelle interviewen, doch seine Frau ist dagegen. Dieses Restaurant ist einer der Lieblingsorte ihres Mannes, erklärt sie, und sein Inhaber hört gerne einmal mit, was an den Tischen so gesprochen wird. In diesem Fall aber wäre ihr Mann danach in diesem Haus nicht mehr willkommen.

Ich schlage daher vor, das Gespräch an einem anderen Ort zu führen.

KAPITEL 16 *In dem ein alter Jude seinen Gedanken, eine junge Dame ihren Küssen und eine deutsche Band ihrem englischen Liedgut freien Lauf lassen, während die Linken den Reiz einer Siedlungsbewegung für sich entdecken*

Wir treffen uns in der Bar des Park Inn Hotels am Alexanderplatz, dessen Inhaber anscheinend weniger die Ohren spitzt. Er kommt alleine, ohne seine Frau, und beginnt zu erzählen. Er heißt Herr Lippmann und ist 82 Jahre alt. Obwohl ich nichts über ihn weiß, ist er mir gleich sympathisch, und ich möchte mehr über ihn erfahren.

»Meine Eltern sind in Auschwitz«, sagt er, als ich ihn bitte, mir von seiner Familie zu erzählen. Sie wurden 1943 deportiert, mit dem »letzten Judentransport aus Berlin. Wir erfuhren erst nach dem Krieg, daß sie die Juden ermordeten.« Über zwei Jahre hielt er sich versteckt und schaffte es so zu überleben. Als der Krieg zu Ende war, verließ er Deutschland nicht. »Nach dem Krieg war alles billig hier.«

Das war der Grund? Deshalb sind Sie hiergeblieben, aus finanziellen Gründen?

»Nein. Nach dem Krieg war es in Deutschland ein leichtes, mit Mädchen auszugehen.«

Von denen es so viele gab, während Männer eher rar waren.

Über das heutige Deutschland sagt Herr Lippmann: »Die Deutschen sind antisemitisch. Ich weiß es, ich lebe hier.«

Warum sind sie antisemitisch?

»Es steckt in ihnen. Die Menschen haben Anlagen, zum Beispiel eine Anlage zur Furcht. Warum? Es steckt einfach in ihnen. Und die Deutschen tragen den Antisemitismus in sich. Er ist in ihnen. Aber ich werde dieses Land nicht verlassen, ich bin hier geboren.«

Herr Lippmann hat keine Kinder. »Ich wollte keine Kinder in diese Welt setzen.«

Bevor ich nach Deutschland kam, hatte ich keine Ahnung, wie kompliziert und komplex dieses Land ist.

Ich ziehe weiter. Ich bin mit Holger Franke verabredet, der 1972 in Berlin das berühmte Theater Rote Grütze gegründet hat. Er möchte nicht, daß Deutschland die WM gewinnt, da dies der gegenwärtigen Regierung nützen würde, die Holger für eine Katastrophe hält.

Sollte vielleicht, sagen wir, Nordkorea die WM gewinnen?

»Es wäre schön, wenn Nordkorea die WM gewinnen könnte, aber die sind ja schon ausgeschieden.«

Ah ja. Welcher Partei steht er nahe?

»Ich habe für Die Linke gestimmt.«

Dann gesteht er mir, nach kurzem Nachdenken, eine Sünde:

»Wenn ich ein Spiel sehe, dann wünsche ich mir in diesem Moment von Herzen, daß Deutschland gewinnt.«

Was empfanden Sie, als die Leute nach dem deutschen Sieg auf den Straßen »Deutschland!« riefen und sangen?

»Ich habe mich geschämt. Ich finde die deutsche Flagge nicht gerade erotisch.«

Holger sollte sich mit Erotik auskennen. Der Grundgedanke bei seinem Theater war, daß man sich der Erotik öffnen, »die Erotik zu einem Teil der öffentlichen Diskussion machen müsse«. Sein Theater wurde fast über Nacht zum Erfolg, und zwar aus genau diesem Grund.

Ich bin sehr für offene Erotik. Ich bitte Ricky, Holgers Frau, die 30 Jahre jünger ist als er, sich zu öffnen und mir zu erzählen, was sich in ihrem Schlafzimmer so abspielt.

»Mein Mann hat einen sexy Hintern, den ich jeden Morgen küsse«, verrät Ricky. »Drei Tage nach unserer ersten Begegnung hatten wir Sex. Er war damals mit einer wunderbaren Sängerin verheiratet, aber ich saß neben ihm, wir hielten uns an der Hand, und ich sah die Sterne in seinem Gesicht. Wir saßen auf der Terrasse, es war Vollmond, und ich sagte zu ihm: ›Das ist Liebe.‹ Seine Frau war zu der Zeit nicht zu Hause. Holgers Tochter hatte einen Wohnwagen draußen, und da gingen wir hin. Wir machten die Tür zu, und –«

Holger unterbricht: »Es war keine Affäre, es war Liebe. Für meine Frau war es der Horror, für mich war es schrecklich, weil ich mich zwischen meiner Frau und meiner Geliebten entscheiden mußte. Ich liebte meine Frau, aber mit Ricky war es wie ein Traum, ein Traum, der wie in einer Blase in mir geschlummert hatte und plötzlich aufgeplatzt und Wirklichkeit geworden war. Wir waren wie zwei Kinder.«

Gut, Holger, aber was geschah, nachdem Sie und Ricky die Tür des Wohnwagens zugemacht hatten?

Holger: »Möchten Sie vielleicht einen Rotwein?«

Wohl glaubt er an die erotische Offenheit und predigt sie. Aber zu predigen und auch danach zu handeln, ist zweierlei. Holger hat viele Jahre damit verbracht, die Botschaft zu lehren und zu propagieren, aber irgendwie dabei vergessen, sie auf sich selbst zu beziehen.

Holger ist mit seinen 68 Jahren alles andere als ein Dummkopf. Er sieht die Kluft zwischen seinen jahrzehntealten Lehren und dem, was er meiner Wenigkeit in den vergangenen zehn Minuten erzählt bzw. nicht erzählt hat. Also lädt er mich zu einem kleinen Spaziergang in die wunderschöne Umgebung ein. Tief im Innern hofft Holger wohl, daß ich ihn dann nicht mehr nach seinem Sexualleben befrage.

Nicht weit von Holgers Haus befindet sich eine Wohnwagenstadt.

Auf einem schmalen Streifen Niemandsland zwischen Ost- und Westberlin ist ein kleiner Wohnwagenkiez entstanden. Gegründet von jungen Menschen mit einem Hang zu alternativen Lebensformen, haben diese Landbesetzer entschieden, daß ein Niemandsland ihr Land ist. Sie leben in kleinen, ziemlich primitiv wirkenden Bauten – nicht unähnlich jenen der jüdischen Siedler in den Anfangstagen der Siedlungsbewegung im Westjordanland. Und wie ihre Brüder im Nahen Osten haben auch die Menschen hier ein politisches Anliegen, nämlich ökologisch zu leben. Sie hängen nicht am Stromnetz, da sie allesamt Solaranlagen haben, die sie mit Strom versorgen. Es gibt kein fließend Wasser. Und sie haben bestimmte Bäume angepflanzt. Darüber hinaus pflegen sie eine gewisse Gemeinschaftskultur. Heute zum Beispiel gibt es eine Musikaufführung. Als die Darbietung beendet ist, applaudieren, welch Überraschung, die Beteiligten.

Was sind das für Wesen?

Franziska – oder kurz Franzi – ist eine große Blonde mit einem Dauerlächeln. Ihr Vater, erzählt sie mir, ist Philosoph und Psychologe; ihre Mutter arbeitet in der Pharmaindustrie. Arm sieht diese Frau nicht gerade aus. Trotzdem hat sie sich entschlossen, mietfrei zu wohnen.

Nehmen Sie ab und zu mal eine Dusche?

»Ja.«

Und wo?

»In einem Schwimmbad nicht weit von hier.«

Jedesmal, wenn Sie duschen wollen, gehen Sie ins Schwimmbad?

»Die Leute hier in der Gegend kennen mich schon. Wenn sie sehen, daß ich mit einem Handtuch unterwegs bin, laden sie mich auch mal zu sich nach Hause ein.«

Wie sind Sie hierhergekommen? Ich meine, könnte ich auch mitmachen und einziehen?

»Ich habe mit dieser Gemeinschaft gearbeitet und für anderthalb Jahre ausgeholfen, bevor ich eingezogen bin.«

Gibt es hier eine gesellschaftliche Struktur, eine Art Boß?

»Derjenige von uns, der am längsten hier ist, hat das letzte Wort, wenn wir nicht zu einer gemeinsamen Entscheidung kommen.«

Da haben wir's. Noch so ein *Verein*.

Sie zeigt mir ihr Domizil, einen Holzbau auf Rädern. Ein heimeliger Ort und sorgfältig konstruiert. Hat sie das selbst gebaut? Ja. Sie ist Architektin. Und sie ist auch eine »Anhängerin der Linken«.

»Ich wuchs mit einem Haß auf dieses Land auf«, sagt sie mir.

Linksparteianhänger, wohin man schaut.

Ist dieses Deutschland hier dasselbe wie das im Süden, frage ich mich.

Nun, eines ist schon mal sicher: Die trinken hier mehr oder weniger wie die Bayern. Man sieht es an der Menge leerer Bierflaschen zwischen den Wohnwagen.

Es gibt aber noch weitere Gemeinsamkeiten: Die Studenten, die ich in München traf, wollten kostenlose Hochschulbildung; diese Siedler hier wollen kostenlose Unterkünfte.

Was ich bisher weiß, ist mithin folgendes: Fordere freies Wohnen und freie Bildung, trinke kistenweise Bier, sei Mitglied in irgendeinem Verein, sei politisch korrekt, verurteile Israel, iß bio, sei pünktlich, begehre deines Nächsten iPad, brülle »Deutschland!« oder sei für Nordkorea, kümmere dich entweder nicht darum, was deine Familie während des Kriegs gemacht hat, oder bezeichne dich als jüdisch, sei sehr sauber oder sehr verdreckt, nimm an der einen oder anderen Demonstration teil, diskutiere jedes Detail jeder Frage, bis deinem Gegenüber der Schädel brummt – und du bist ein Deutscher.

Habe ich alles richtig verstanden? Keine Ahnung. Leider habe ich auch keine Zeit, darüber nachzudenken, denn in wenigen Minuten spielt Deutschland gegen England, und das muß ich sehen.

20 Millionen Deutsche bevölkern die sogenannte »Fanmeile« in Berlin, als die deutsche Fußballnationalmannschaft auf die englische trifft. Verbürgen kann ich mich nicht für diese Zahl, aber ich persönlich habe in meinem Leben noch nie so viele Menschen auf einem Fleck gesehen. Dagegen war der Roßmarkt eine Bushaltestelle.

Und nun schaut euch mal an, was hier los ist. Als das 3:1 für die deutsche Mannschaft fällt, schießen Bierfontänen empor. Die Menschen sind so begeistert, daß sie den Himmel über Berlin mit ihrem Bier begießen. Sie springen, sie singen, und sie brüllen aus voller Lunge: »Deutschland!« Lustig, inmitten der 20 oder 50 Millionen Deutschen hier fallen mir drei Araber auf, die ganz in meiner Nähe stehen. Wie Mohammed und der Berg: Wenn ich nicht zu ihnen komme, kommen sie zu mir.

Doch sie sind im Aufbruch. »Halas«, sagen sie zueinander.

Halas? frage ich.

»Halas«, sagen sie. »Wir gehen.«

Warum?

»Deutschland gewinnt«, antworten sie niedergeschmettert.

Sie gehen. Und Deutschland schießt noch ein Tor.

Das war's. Die Menschenmenge ist im siebten Himmel.

Als das Spiel aus ist und alle – einschließlich meiner Wenigkeit – »Deutschland!« singen, bahne ich mir einen Weg nach draußen. Ich versuche, der Menge zu folgen. Was gar nicht so leicht ist, da alle in verschiedene Richtungen strömen. Ich nehme die Yitzhak-Rabin-Straße – ja, so etwas gibt es in Berlin, kein Scherz – und gehe an Dem deutschen Volke vorbei. Ungelogen, es gibt ein berühmtes Gebäude hier, auf dem das steht, es ist der Reichstag. Ich will zum Hauptbahnhof.

Von dort aus fahre ich zum Rosa-Luxemburg-Platz. An diesem Wochenende findet an der Volksbühne nämlich eine Veranstaltung mit dem Titel »Idee des Kommunismus« statt. Und da ich gerade einige Anhänger der Linken kennengelernt habe, möchte ich sie besser verstehen. Wenn es gut gemacht ist, kann uns das Theater erklären, was mit Logik allein nicht zu begreifen ist.

Ich bin bereit. Heute wird im Rahmen der Kommunismuskonferenz Bertolt Brechts *Lehrstück* in der Regie von Frank Castorf aufgeführt. Wie man mir gesteckt hat, ist Castorf der am zweitbesten bezahlte Regisseur der Stadt; er muß also etwas draufhaben.

Das Stück beginnt.

Rund 20 Schauspielerinnen und Schauspieler stehen auf der Bühne. Sie alle singen. Dann brüllen alle. Als sich der Effekt des bloßen Brüllens verbraucht hat, zertrümmern sie Stühle und reißen Kissen in Fetzen. Nachdem sie damit fertig sind, wird ein ausgestopfter Mann auf die Bühne gebracht und von zwei Akteuren, die ihn ebenfalls anbrüllen, erstochen. Ein Sadist hätte an dieser Inszenierung seine Freude. Und niemand wüßte um seinen Sadismus, da es sich hierbei ja um Kultur handelt. Clever, oder? Dann kommt plötzlich eine Darstellerin von ganz links auf die Bühne, verkündet, daß sie eine Jüdin ist, und wendet sich auf hebräisch ans Publikum. Sie rezitiert ein Gedicht von H. N. Bialk.

Wie sind wir schon wieder auf »die Juden« gekommen?

Dieses Stück hat weder Anfang noch Mitte noch Ende. Keiner der Darsteller entwickelt auch nur ansatzweise eine Persönlichkeit. Die Mimen sind allesamt ordentliche Mitglieder des Brüllvereins. Irgendwann schlafe ich ein, schrecke aber hoch, als doch tatsächlich ein Schauspieler auf mich zukommt und mich aufweckt. Mit aufgerissenen Augen und aufgesperrten Ohren verfolge ich, wie ein weiterer Akteur lautstark aus Lenins Werken rezitiert.

Ja, klar. Dieses Stück ist schließlich Teil der Kommunismuskonferenz.

Hat es aber wirklich irgend etwas mit Kommunismus zu tun? Nein. Mit Kunst? Auch nicht. Mit was dann, außer mit Sadismus? Da soll einer schlau draus werden! Nicht, daß sich nicht auch hier ein paar Geistesblitze fänden, doch, herrje, alles übrige! Unterm Strich ist das Stück am besten als ein Voice-Over-Kurs für Kinder zu verstehen. Seine einzige Leistung besteht darin, Menschen als brutal, idiotisch, maschinenhaft und häßlich zu zeigen. War das die Absicht?

In der Theaterlobby kann man sich ein Gratispäckchen Streichhölzer mitnehmen, auf dem in grünen Großbuchstaben ein Wort steht: Castorf.

Der Mann muß sich für den lieben Gott halten.

Als ich das Theater verlasse, ist mein Kopf leerer als zuvor. Ich laufe durch die Straßen von Ostberlin. Während ich die Bürgersteige entlangflaniere und über Fragen von äußerster Wichtigkeit für die Zukunft Deutschlands und meiner Wenigkeit grübele, fällt mein Blick auf zwei 14- oder 15jährige Mädchen, die Fotos von einem der Bürgersteige machen.

Ihr habt ein Faible für Bürgersteige?

Sie deuten auf zwei kleine Messingquadrate.

Was ist das? frage ich sie. Sie deuten auf die Inschrift auf den Quadraten und sagen:

»Das sind die Namen der Juden, die hier vor dem Krieg lebten.«

Weshalb stehen ihre Namen hier?

»Sie leben hier nicht mehr.«

Warum nicht?

»Weil wir sie getötet haben.«

Mich überwältigt diese Antwort in ihrer Schlichtheit.

Haben die beiden jemals persönlich einen Juden kennengelernt?

»Ich kenne einen Juden«, sagt das Mädchen zu meiner Rechten. »Eine Freundin meiner Mutter ist Freimaurerin, und ihr Freund ist Jude.«

Bist du dir sicher?

»Ja. Er geht in die Kirche der Juden.«

All das ist für mich nur schwer zu verdauen, so daß ich in das Deutsche Currywurst Museum eile, um in etwas Deutsches zu beißen.

Also, das ist ein Museum. Echte Kultur. Nein, was für ein Museum! Man kann sich hier seine eigene virtuelle Currywurst zubereiten. Und man kann hier etwas lernen, ohne Witz: Kardamom, erfahre ich, steigert die männliche Potenz. Im Eintrittspreis inbegriffen: eine halbe Portion echte Currywurst.

Am nahe gelegenen Checkpoint Charlie stellt einem ein falscher Soldat ein falsches Visum auf einem Stück Papier aus und stempelt es für ein paar echte Euro sogar ab.

Ich springe in einen Zug. Nichts wie raus aus Berlin.

Zeit, mal wieder zu schauen, was außerhalb Deutschlands so los ist.

Hier sind die »Top News, brought to you by the BBC«:

»Die Türkei hat einer israelischen Militärmaschine die Genehmigung zum Flug durch den türkischen Luftraum verweigert, offensichtlich in Vergeltung für den israelischen Angriff auf einen für Gaza bestimmten Hilfskonvoi. An Bord der abgewiesenen Maschine befanden sich israelische Offiziere auf dem Weg nach Polen, wo sie an einer Auschwitz-Besichtigung teilnehmen wollten.«

Hat irgend etwas davon irgend etwas mit Deutschland zu tun? Nicht wirklich. Oder doch?

Auf nach Dortmund. In einer Zeit, in der sich halb Deutschland dem Public Viewing hingibt, beschäftigt sich in Dortmund ein interessanter Künstler mit Public Thinking.

Ja, richtig. Public Thinking. Brought to you by Rolf Dennemann, Künstler. Daneben ist Rolf auch noch Regisseur, Produzent und alles mögliche dazwischen. Ich kenne ihn seit ein paar Jahren und habe schon mit ihm zusammengearbeitet. Gelegentlich ruft er mich in New York an und erzählt mir von einer seiner sonderbaren, aber stets erfrischend originellen Ideen. In diesem Jahr war es sein »öffentliches Denken«. Und er hat sogar eine Übernachtungsmöglichkeit für mich in Dortmund organisiert, im Jugendgästehaus Adolph Kolping. Soll ich sein Angebot annehmen? Ich denke schon. Nachdem ich zuletzt in Vier- und Fünf-Sterne-Hotels verwöhnt wurde, könnte eine Jugendherberge ja eine interessante Abwechslung darstellen.

Das erste, was ich sehe, als ich auf Adolphs Domizil zusteuere, ist eine Gruppe deutscher Jugendlicher, die mit vielleicht 40 Flaschen Bier bewaffnet sind. Beim Anblick der Flaschen befällt mich ein leiser Zweifel, ob ich mich richtig entschieden habe. Tja, zu spät. *Willkommen in unserer Welt*, sagt das Schild in Adolphs Lobby. Meine neue Welt, nur damit Sie's wissen, besteht aus einem Zimmer ohne Klimaanlage, dafür mit Fenstern, die sich nicht öffnen lassen. Es ist heiß und stickig heute, an einem der heißesten Tage des Jahres, aber Adolph ist nirgends zu sehen, und der Mitarbeiter, der hier die Stellung hält, hat von Ritz-Carltons Zwölf Geboten noch nie etwas gehört.

Die Autostadt ist das hier nicht.

Nun tritt eine Band auf, die sich vor allem aus verschwitzten Männern zusammensetzt. Eine Band aus Berlin, die Teil von Rolfs Programm ist. Sie spielt eines von seinen Liedern. Wie sich herausstellt, beschloß Rolf eines schönen Morgens, auch noch Songwriter zu werden. Und das auf englisch. Ich bitte die Band, mir seinen Songtext zu rezitieren. Hier ist er:

Time is not money, time is life.
It's not very funny,
In my hat there's a knife.

I once sat in a café,
It was a hot one by the way,
I was burning out my brain,
Thinking about my little games.

I once sat on a sandy shore,
Watched the seagulls in the sky,
Kissed a girl called Elinore,
I was hot and she was shy.

Chorus

I was hanging out at noon,
Knowing that the end is soon,
I was feeling rather sad,
I made many people mad.

Now society is insane.
It's time that we should remain.
All the vomit floods the planet.

The system is dead.
You will forget it.

Do what you want,
Do what you like,
Hand around and stay alive.

An dieser Stelle sind sich die Sänger nicht ganz sicher. Vielleicht heißt es auch »Hang around and stay alive«.

Dann der Schluß:

Time is not money, time's life.

Die Bandmitglieder wollen jetzt trinken und rauchen. Das Problem ist: Ihnen wurde gesagt, daß sie vor dem Hotel nicht trinken und im Hotel nicht rauchen dürfen. Wie schafft man es da, beides gleichzeitig zu tun? Gute Frage. Sie setzen sich an einen Tisch und trinken und rauchen trotzdem. Irgendwann hat irgend jemand gesagt, daß das um diese späte Stunde okay wäre. Yoyo, der Bassist, sagt, daß er gerne »die Gesellschaft kritisiert«.

Und warum?

»Weil ich es kann.«

KAPITEL 17 *In dem ich die größte Moschee besichtige, den komischsten Bürgermeister und den witzigsten Klavierspieler kennenlerne und endlich begreife, wie sexy ein Tattoo und wie wichtig eine Dusche sein kann*

Langsam dämmert mir, daß das eigentliche Öffentliche Denken erst in zwei oder drei Tagen stattfindet. Ich habe also plötzlich freie Zeit ...

Die Nacht über mache ich einen drauf und statte am nächsten Tag der Moschee einen Besuch ab. Wenn ich nach Duisburg komme, riet mir mein lieber Freund Christof vor einiger Zeit, dann sollte ich die größte Moschee Deutschlands besichtigen. Größe finde ich immer gut. Heute ist Freitag, und Freitag ist der muslimische Sabbat. Es soll auch der meinige sein.

Warum? Warum nicht?!

Allah nimmt die Gebetswünsche seiner Geschöpfe fünfmal täglich entgegen. Die genauen Zeiten ändern sich jeden Tag. Heute stehen 5.29 Uhr, 13.19 Uhr, 17.20 Uhr und so weiter zur Auswahl. Ich nehme mir 13.19 Uhr vor. Ja, ich habe es überprüft. Es stimmt. Die Juden, ich weiß, sehen das anders. Die Stunden, an denen Gott ihrer Meinung nach Gebete akzeptiert, sind ganz andere. Aber für mich klingt 13.19 Uhr recht plausibel, ohne daß ich das jetzt begründen könnte. Ich gehe zur Moschee. Welch herrliche Liegenschaft! Was für ein wunderschöner Bau! Allah muß reich sein. Der Muezzin beginnt. Es ist die Stunde des Gebets. Die Moschee ist rappelvoll. Es sind mindestens 1000 Männer hier. Wie kriegen die Türken eine solche Besuchermenge zusammen? Es ist noch nicht einmal Wochenende. Nicht einmal in ihren feuchtesten Träumen kommen die Juden auch nur auf einen Bruchteil dieser

Zahl. Tja – 13.19 Uhr. Scheint wohl doch die bessere Zeit zu sein!

Aber, um der Wahrheit die Ehre zu erweisen, leicht ist es auch nicht gerade, ein Muslim zu sein. Haufenweise Liegestütze während des Gebets. Da würde ein jeder Jude streiken. Liegestütze! Und nachdem sie ihre Schuhe am Eingang ausgezogen haben, setzen sich diese Muslime auch noch auf den nackten Boden. Fragen Sie mich nicht wieso. Allah mag es eben so. Und falls nicht, laßt Ihn damit in Ruhe. Oder sucht euch eine andere Religion. Das letzte Mal, als ich in einer Moschee gebetet habe, war in Amman, Jordanien. Aus irgendeinem Grund war es da lustiger. Ich weiß auch nicht warum.

Aber wir sind hier in Deutschland. Und jeder, der hereinkommt, schaut mich an. Warum bloß? Ich tue mein Bestes, um in der Menge zu verschwinden. Ich knie mich hin, ich verbeuge mich, ich stehe auf, ich setze mich hin. Das ganze Programm. Aber ich falle offensichtlich noch immer auf. Wie denn, gibt es keinen Türken, der so aussieht wie ich? Ein Mann nähert sich mir, läßt ein Paar Socken vor meinem Gesicht baumeln und sagt: »Ein Euro.« Ich frage ihn auf arabisch, was sein Problem ist. Er versteht kein Wort, aber sobald er begreift, daß ich Araber bin, ergreift er die Flucht. Sinnlos, mit einem Araber zu diskutieren; er weiß, daß er den kürzeren ziehen wird.

»Es gibt keinen Gott außer Allah und Mohammed ist sein Prophet.« Ich liebe es, wie sie das rezitieren! Ich rezitiere es auch. Warum auch nicht?

Wie in so vielen Kirchen und bei so manchen Kulturveranstaltungen geht ein Hut herum. Nur daß es sich hier nicht um einen Hut, sondern um Plastikgefäße handelt. Die Leute tun Geld rein; aber nur Scheine, keine Münzen. Da kommt ziemlich schnell ein hübsches Sümmchen zusammen.

Der Gottesdienst ist bald beendet. Und nach all den Verbeugungen suche ich den Imam auf. Er heißt Yusuf Incegelis.

Wie fühlt man sich als Türke in Deutschland? frage ich ihn.

»Sehr glücklich.«

Glücklicher als in der Türkei?

»Wohler als in der Türkei kann man sich nirgendwo fühlen.«

Dann sagt er noch, daß er jetzt geht. Nicht weiter mit mir sprechen kann. Seine Begründung? Er spricht weder Deutsch noch Englisch.

Sprechen Sie Arabisch? Wir könnten uns auf arabisch unterhalten.

Er lächelt und nimmt dieses Lächeln mit sich auf die andere Seite der Tür. Weg ist er.

Mohammed Al jedoch, der Vorsitzende des Moscheevereins der Merkez-Moschee, ist hiergeblieben und gesprächsbereit. Er kam mit sechs Jahren nach Deutschland, erzählt er mir. »Die Türkei ist für mich ein Urlaubsort.«

Wie fühlt man sich als Türke in Deutschland?

»Wir fühlen uns als Muslime in Deutschland gut. Es gibt Diskriminierung hier, aber sie ist nicht so stark, daß wir sagen würden, es gefällt uns hier nicht. Jedes Land hat ein gewisses Maß an Diskriminierung. Aber Deutschland ist heute ein Einwanderungsland, was dem Land guttut.«

Was ist die Türkei für Sie?

»Meine Herkunft.«

Wie denken Sie über Juden, Israelis, Deutsche? Können Sie das in einem Satz für mich zusammenfassen?

»Die meisten Türken in Duisburg mögen die Deutschen, mögen die Juden, mögen die Israelis und schätzen sich glücklich, in Deutschland zu leben.«

Sie belieben zu scherzen. Meinen Sie das wirklich ernst?

Ich wiederhole ihm seine Antwort. Er schaut mich ungläubig an, als kämen die Worte eines geistesgestörten Türken aus meinem Mund, fängt sich jedoch rasch und sagt:

»Ja, so sehe ich das.«

Jemand erzählte mir, daß Türken deutsche Frauen heiraten können, die keine Musliminnen sind, Türkinnen aber deutsche Männer nur heiraten können, wenn diese zu ihrem Glauben übertreten. Stimmt das?

»Ja. Muslime können nichtmuslimische Frauen heiraten. Musliminnen können keine nichtmuslimischen Männer heiraten.«

Warum das?

»Das sagt der Koran.«

Wo steht das im Koran? Können Sie mir den Vers zeigen?

»Das weiß ich nicht. Ich habe gehört, daß es so im Koran steht, aber wo genau im Koran, weiß ich nicht. Das müssen Sie unseren Theologen fragen, der weiß es.«

Wer ist der Theologe?

Wunder über Wunder: Hüseyin tritt ein. Der Theologe.

Hallo, Hüseyin. Wissen Sie, wo im Koran steht, daß ein Muslim eine Deutsche heiraten kann, die keine Muslimin ist, während eine Muslimin keinen Deutschen heiraten kann, der kein Muslim ist?

»Ja, weiß ich.«

Und wo?

Upps!

»Jetzt erinnere ich mich gerade nicht. Ich habe es vergessen. Haben Sie E-Mail?«

Ja, Theologe.

»Ich werde Ihnen eine E-Mail schicken.«

Ausgezeichnet.

Inzwischen – bis der E-Mail-Dienst soweit ist, daß er mir Hüseyins Nachricht mit den näheren Angaben zur Befugnis eines muslimischen Türken, eine blonde, blauäugige Frau zu heiraten, übermitteln kann – würde sich Hüseyin glücklich schätzen, mir die Moschee zu zeigen und ihre Schätze zu erläutern: »Die Moschee hat 7,5 Millionen Euro gekostet, von denen die Hälfte von der EU kamen.«

Der gewaltige, prächtige Kronleuchter, in den die 99 Namen Allahs eingraviert sind, ist »ein Geschenk der türkischen Regierung«.

All die wunderschönen Holzvertäfelungen, die »ohne einen einzigen Nagel zusammengefügt [wurden], sind ein Geschenk Ankaras. Der Regierung.«

»Wir haben 900 Mitglieder, jedes Gemeindemitglied muß monatlich zehn Euro zahlen. Wer arm ist, braucht nur fünf zu zahlen.«

Hüseyin macht mir ein Abschiedsgeschenk. Eine Messingmünze mit dem Bild der Moschee und einen Reiseführer für die Region.

Ein Mann tritt an mich heran. Er stellt sich als Journalist vor und fragt mich:

»Sind Sie Muslim?«

Ja, natürlich.

»Ach, ich habe neben Ihnen gebetet. Ich konnte Ihr Herz spüren, als Sie beteten. Sie haben ein goldenes Herz.«

Es freut mich, daß ihn meine Gebete beindruckt haben. Vielleicht sollte ich öfter kommen. Man weiß nie: Wenn das so weitergeht, werde ich vielleicht noch der nächste Imam von Duisburg. Kein Witz.

Je länger ich darüber nachdenke, desto besser gefällt mir der Gedanke.

Aber ich müßte erst einmal mehr über Duisburg erfahren, in jeder Hinsicht, bevor ich meinen nächsten Schritt mache. Wer kann mir helfen?

Ich muß mich mit dem einen oder anderen Amtsträger unterhalten, mit einem hohen Tier. Aber woher nehmen? Wie die Erfahrung lehrt, ist es oft ein Riesenproblem, Interviewtermin mit Politgrößen zu bekommen. Ich spüre sie lieber in Restaurants, Kneipen und auf Veranstaltungen auf.

Also, was geht heute in Duisburg ab?

Im Norden der Stadt findet in einem Park mit allerlei Reliquien aus dem Industriezeitalter ein Festival namens Traumzeit statt. Gesponsert wird es unter anderem von der Sparkasse Duisburg. Ich mag das Wort *Sparkasse,* es klingt besser als *Bank. Bank* ist so, so, so kapitalistisch.

Auf zur Traumzeit.

Schön ist es hier! Jede Menge Menschen, die meisten jung.

Irgendein hohes Tier zu sehen?

Ja. Adolf Sauerland, der Oberbürgermeister von Duisburg, ein CDU-Mann. Adolf und ich, wir sind beide sehr kulturinteressiert und besuchen beide gerne Kulturveranstaltungen, vor allem die Privatpartys im kleinen Kreis, die im Anschluß an solche Veranstaltungen stattfinden. Hier treffen wir uns und interviewe ich Seine Exzellenz.

Sie sind von der CDU. Wie haben Sie es geschafft, Bürgermeister einer Stadt zu werden, die, vornehm gesagt, nicht gerade für ihre konservative Politik bekannt ist?

»Gewählt zu werden«, sagt er, »ist nicht nur eine Frage der Politik. Es ist auch eine Frage des Ansehens.«

Stolz erläutert er mir, daß er direkt gewählt wurde.

Was ist Ihr Traum?

»Die Strukturen dieser Industriestadt zu verändern. Wir nehmen die alten Industrieansiedlungen und verwandeln sie in Kulturinstitutionen. Das bringt eine andere Art von Arbeit, eine andere Art von Arbeitsplätzen mit sich.«

Ist es also Ihr Traum, Duisburg in eine Kulturstadt zu verwandeln?

»Ja.«

Ich schaue mich in diesem Teil der zukünftigen Kulturhauptstadt um und blicke ausschließlich in weiße deutsche Gesichter. Damit drängt sich eine Frage auf:

Alle Menschen, die ich hier sehe, sind Weiße. Wo sind die Türken?

»Vergangene Woche hatten wir eine Veranstaltung, *Ruhrgebiet trifft Istanbul*, zu der viele Türken kamen.«

Schön. Das war letzte Woche. Warum sehe ich sie diese Woche nicht, jetzt zum Beispiel?

»Sie sind hier, überall.«

Überall Türken? Wo?

»Man kann sie nicht erkennen, weil sie sich äußerlich nicht unterscheiden. Wenn Sie lange genug in einem Land leben, dann verändert sich Ihr Aussehen. Ich habe Verwandte in Amerika, in New Jersey, die in Deutschland geboren wurden, aber mittlerweile anders aussehen.«

Eine Frage: Gibt es heute mehr Frauen, die einen Hijab tragen, als früher?

»Der Prozentsatz von Frauen, die einen Hijab tragen, sinkt, nur sinkt die Bevölkerungszahl in Deutschland noch schneller, weshalb Sie mehr Hijabs sehen. Es wirkt so, als gäbe es heute mehr Frauen mit Hijab, aber das liegt daran, daß es weniger Deutsche gibt.«

Seine Exzellenz, der Oberbürgermeister, hat seinen Beruf verfehlt. Er hätte der Theologe sein sollen.

Adolf erzählt mir, daß er »zwei- oder dreimal die Woche« in die Moschee geht.

Fasten Sie auch am Ramadan?

»Ich bin katholisch.« Er geht nicht zum Beten dorthin, erklärt er mir, sondern um in Kontakt zu bleiben. Gut. Es ist Zeit, diesem Herrn etwas auf den Zahn zu fühlen.

Ich zitiere einen Satz, Sie sagen mir, wer ihn mir gesagt hat. Einverstanden?

Er nickt, wobei er mir zuzwinkert und lächelt.

»Die meisten Türken in Duisburg mögen die Deutschen, mögen die Juden, mögen die Israelis und schätzen sich glücklich, in Deutschland zu leben.« Zunächst: Einverstanden oder nicht?

Die Leute, die neben uns sitzen, lachen.

Adolf sagt: »Nein. Nicht einverstanden.«

Und nun: Wer, glauben Sie, hat mir das gesagt?

»Der Imam.«

Nein. Noch ein Versuch.

»Muhammed Al.«

Woher wissen Sie das?

»Ich kenne ihn.«

Ist er ein Schwätzer?

»In solchen Dingen: Ja.«

Was hätten Sie zu Muhammed gesagt, wenn er versucht hätte, Ihnen dieses Statement zu verkaufen?

»Sie sind ein sprüchemäßiger Bombenleger, das stimmt überhaupt nicht.«

Manche in der Stadt, vor allem aus den Kreisen der freien Künstler, beklagen, daß Adolf ab dem kommenden Jahr ihren Etat reduzieren wird, wodurch sich die Off-Kulturszene in ihrer Existenz bedroht sieht. Adolf verweist auf den Mangel an Mitteln. Er muß die Oper bezahlen, das Theater Duisburg, die Philharmonie, viel bleibe da nicht übrig.

Zu spüren ist diese Auseinandersetzung mit der freien Kulturszene, als ein Pärchen an uns vorbeigeht: er mit fast hüftlangem Haar und sie mit einer Haartracht, die sich wie ein kahler Baumstamm in die Höhe windet. »Sehen Sie«, sagt Adolf, »so sieht hier die Kultur aus ...«

Aber ich bin immer noch bei meinen Türken.

Verändert die Anwesenheit von Türken die Kultur in diesem Land? Und wenn ja, wie?

»Vor 20 Jahren wußte niemand, was ein Döner ist, heute kommt er an zweiter Stelle nach der Currywurst.«

Und sonst?

»Das Essen ist immer der erste Schritt, um eine andere Kultur anzunehmen.«

Und sonst?

»Wenn man zu einer Verabredung mit Türken geht, muß man nicht pünktlich sein.«

Und sonst?

»Früher war es so, daß man sich schämte, wenn man zu spät kam. Heute kommen die Leute mit zehn, 15 Minuten Verspätung. Man ist zwangloser heute. Im Grunde genommen hätten wir ohne die türkische Gemeinschaft mehr Herzinfarkte.«

Und welche Veränderungen gab es bei den Türken? Was haben sie von euch Deutschen gelernt? Kriegen sie jetzt häufiger Herzinfarkte?

»Sie haben gelernt, daß sie sich entschuldigen müssen, wenn sie zu spät kommen. Früher kamen sie einfach eine halbe Stunde zu spät. Wenn sie heute eine halbe Stunde zu spät kommen, sagen sie: ›Es tut mir leid, daß ich zu spät bin, aber es gab einen Unfall …‹ Die Chinesen kommen zu früh, die Deutschen sind pünktlich, und die Honduraner kommen irgendwann am Tag der Verabredung.«

Sie hätten Komiker werden sollen –

»Die Politik ist auch eine Komödie.«

Was ist der nächste Schritt für Adolf, nach Duisburg?

»Das war's. Die Krönung.«

Kommen Sie, jetzt klingen Sie wie Muhammed Al. Geben Sie mir eine bessere Antwort, eine ehrliche.

»Nun gut. Mein Meßdienertraum war es, Papst zu werden.«

Adolf mag seine Stadt, er liebt sie. Er tut alles, was in seiner Macht steht, um ihr zu Bekanntheit und Ansehen zu verhelfen. Dies soll vor allem durch Kulturveranstaltungen erreicht werden. Er gibt sich darüber hinaus große Mühe, für friedliche Verhältnisse zu sorgen. Er besucht die Moschee, um eine freundschaftliche Beziehung mit der türkischen Gemeinde zu pflegen. Er glaubt, daß sie wichtig für diese Stadt ist. In seinen Augen spielen die Türken in Duisburg eine wichtige Rolle. Im Unterschied zu den deutschen Deutschen leben sie noch in Großfamilien. Dort findet sich heute die Jugend. Und der Jugend gehört die Zukunft.

Die Nacht senkt sich über den Park, und als es dunkel genug ist, beginnt eine unglaubliche Licht- und Tonschau und läßt ihre Magie erstrahlen. Alte, mit Kerben übersäte Stahlmaschinen werden in ein Spiel aus Licht, Farben, Schatten, Formen und Frequenzen getaucht. Auf wundersame Weise verwandelt sich der schrundige Stahl in funkelnde Diamanten. Zauberhaft!

Unmengen junger Leute tanzen. Laut. Schweißüberströmt. Voller Energie.

Adolf Sauerland wirkt glücklich.

Er fragt, wie lange ich in der Gegend zu bleiben gedenke. Ich erzähle ihm, daß ich eigentlich wegen einer Veranstaltung in Dortmund bin und danach abreise. Er bietet mir an, mich nach meinem Public Thinking für ein paar Tage in einem Duisburger Hotel unterzubringen. Was ich dankend annehme.

Jetzt habe ich genügend Zeit, um mich umzusehen.

Ich fahre nach Marxloh.

Wo ich Mustafa kennenlerne.

Marxloh ist ein türkischer Stadtteil von Duisburg oder zumindest als solcher bekannt und finanziell am Boden. »Wenn man eine Wohnung mieten will und sagt, daß man aus Marxloh kommt, dann vermietet einem keiner auch nur irgend etwas«, erzählt Mustafa. Er sollte es wissen, denn er hat es versucht und nicht geschafft, obwohl es ihm an Geld nicht mangelt. »Ich bot der Vermieterin an, ihr die Miete ein Jahr im voraus zu bezahlen«, erinnert er sich, »sie aber sagte: ›Nein. Ich weiß ja nicht, was Sie in Ihrer Wohnung verkaufen würden.‹«

Mustafa hat eine blauäugige blonde Freundin, wie er mir verrät. Aber das ist in Ordnung.

Warum ist es in Ordnung?

»Weil sie meine Kultur respektiert.«

Ich bitte Mustafa, mich über die islamische Kultur aufzuklären.

Wozu er gerne bereit ist. »Muslime nehmen zum Beispiel«, sagt er, »nach dem Sex immer eine Dusche.«

Wirklich?

»Ja, selbstverständlich.«

Selbstverständlich?

»Ja.«

Warum?

»Das steht so im Koran.«

Sicher?

»Ja!«

Weißt du, wo im Koran?

»Ja.«

Sicher?

»Ja!«

Wo?

»In dieser Sure, wie heißt sie gleich noch mal –«

Wenn ich dir den Koran gäbe, könntest du sie mir zeigen?

»Ja.«

Hast du den Koran hier?

»Ja.«

Können wir zusammen einen Blick hineinwerfen?

»Können wir, ja, aber nicht jetzt. Ich bin heute so müde!«

Mustafa liebt Marxloh. Zusammen mit einigen Freunden rief er eine Kampagne mit dem Titel »Made in Marxloh« ins Leben. Sie verteilen Postkarten und Aufkleber mit diesem Slogan.

Was wurde denn in Marxloh gemacht?

»Es geht darum, daß wir unseren Stolz haben, es geht nicht um Geld. Wir sind stolz darauf, von hier, aus Marxloh zu kommen.«

Übrigens will ich Ihnen nicht vorenthalten, was Mustafa mir auch erzählt:

»Meine Freundin ist zum Teil jüdisch.«

Tatsächlich?

»Das hat sie mir gesagt.«

Rabbi Helmut Schmidt, Sie haben viele Kinder hier!

Und wenn ihr beide ein Kind habt, werdet ihr es in die Moschee mitnehmen?

»Ja!«

Und auch in die Synagoge, da die Mutter Jüdin ist?

»Wenn ich mit ihm in die Synagoge gehe, ist das in Ordnung.«

Warum solltest du ihn in die Synagoge begleiten, möchtest du etwa auch Jude werden?

»Nein. Ich werde ihn begleiten, damit ich ihm beibringen kann, was richtig ist und was nicht.«

Dürfte interessant sein zu sehen, ob ein solches Kind auch nach dem Sex duschen wird, wenn es alt genug dafür ist.

Mustafa wendet sich an einen Freund, der bei uns sitzt, Halil. »Erinnerst du dich an die Frauen, die wir gesehen haben, vor allem an die eine im Hijab. War die nicht sexy? Extrem sexy, oder?«

Augenblick! Frauen, die einen Hijab tragen, sind sexy?

»Ja.«

Sexyer als die ohne?

»Das hängt ganz davon ab, wie man den Hijab trägt. Der Hijab kann sehr, sehr sexy sein! Er ist wie ein Juwel.«

Ja. Das ist Duisburg. Eine Stadt mit ihren Bildern, ihren Vorurteilen, ihren Leidenschaften, ihren bedeutungslosen Worten und manchen von bedrückender Bedeutung, eine Stadt, in der die Menschen dieselbe Sache auf völlig gegensätzliche Weise sehen. Eines weiß ich: Ich mag diesen Mustafa. Der Mann ist voller Leben und sehr, sehr warmherzig.

Mustafa verrät mir, daß er sich nicht als Türke sieht. »In der Türkei geht es nur um Geld. Das bin ich nicht. Deutschland aber auch nicht. Meine Identität ist Marxloh. Duisburg.«

»Komm wieder«, sagt er, als ich aufbreche, »und ich zeige dir wirkliche Menschen.«

Die Wirklichkeit aber wird warten müssen. Dortmund ruft!

In Dortmund findet die »15. Internationale Tattoo & Piercing Convention« statt. Wer wollte eine solche Gelegenheit verpassen? Ich jedenfalls nicht. Als ich von der Veranstaltung erfahre, bin ich praktisch auch schon da.

Die Halle ist überfüllt. Was mich nicht wundert. Viele Veranstaltungen, fällt mir in letzter Zeit auf, sind überfüllt. Praktisch alle, die ich besuche. Nur die Synagogen nicht.

So viele gepiercte und tätowierte Menschen auf einem Fleck sind ein merkwürdiger Anblick. Jeder von ihnen denkt wahrscheinlich, er oder sie sähe einzigartig aus, für den Beobachter jedoch sind sie alle Mitglieder desselben Vereins, des Jeckenvereins.

Hier haben wir Tim, dessen Körper zur Hälfte mit Tätowierungen bedeckt ist und der darauf wartet, an die Reihe zu kommen, um mit der anderen Hälfte weiterzumachen.

Was kostet Sie dieser Spaß?

»Heute werde ich 200 Euro für meinen linken Arm ausgeben. Das ist der Anfang einer Tätowierung, die mich am Ende 1500 Euro kosten wird.«

Warum machen Sie das?

»Ich möchte meinen Körper so verändern, daß er meinem persönlichen Geschmack und meinem Wesen entspricht.«

Können Sie mir erklären, was Sie auf Ihrem tätowierten Arm haben, dem rechten? Ich verstehe es nicht wirklich.

»Odin, der Donnergott, und zwei Raben, Hugin und Munin. Und eine Wikinger-Bestattungsszene.«

Wow. Dieser Mann ist eine Enzyklopädie auf zwei Beinen. Womit verdienen Sie Ihren Lebensunterhalt?

»Ich arbeite für einen Sozialversicherungsträger.«

Ist Ihr linker Arm ›nackt‹? Ich meine, fühlt er sich für Sie so an?

»Nein.«

Was also fehlt dann? Warum lassen Sie Ihre Haut nicht in Ruhe?

»Es ist total langweilig, nicht tätowiert zu sein.«

Was ist daran so langweilig? Sind Sie denn kein attraktiver Mann? Ist es das, was Sie denken?

»Mit Tattoos ist es –«

Er lächelt, entweder in sich hinein oder über mich. Wollen wir versuchen, ihn zu verstehen.

Ist es sexyer?

»Ja. Die Mädchen fahren wirklich drauf ab. Sie stehen auf das Bad-Guy-Image.«

Da sind Sie sich sicher?

»Ja.«

Ihre Tattoos finden die Mädchen anziehend?

»Ja.«

Haben Sie derzeit eine Freundin?

»Nein.«

Vielleicht brauchen Sie mehr Tattoos, um für die Damen anziehend zu sein? Geht es darum?

Tim nickt.

Wie sieht es mit den Frauen aus, hätten Sie es gerne, daß Ihre Freundin, wenn Sie eine haben, auch tätowiert ist?

»Ja.«

Spielen wir es zusammen durch: Welches Tattoo würde Ihnen auf den Brüsten einer Frau gefallen?

»Ein Tribal-Tattoo.«

Was ist ein Tribal-Tattoo?

»Schwarze Ornamente.«

Was sähen Sie gerne auf dem Hintern eines Mädchens?

»Ein kleines Herz oder einen Kuß. Große küssende Lippen.«

Schönes Bild. Und was hätten Sie gerne auf ihren Genitalien?

»Blumen mit Tribals.«

Was haben Sie auf Ihrem Hintern?

»Nichts.«

Also ist Ihr Hintern nicht besonders sexy?

»Nein.«

Und was weiter?

»Ich möchte gerne meinen gesamten Körper tätowieren lassen.«

Das ist Ihre Lebensaufgabe?

»Ja.«

Einer ähnlichen Lebensaufgabe hat sich Rolf verschrieben. Rolf steht auf Piercings und hat Metallteile im ganzen Gesicht. Seine Oberlippe ist voller Piercings, die einen Metallschnurrbart bilden. Aber das ist noch nicht alles. Seine Unterlippe ist durch das Gewicht, das permanent an ihr zieht, verformt. Vorsichtig geschätzt, hat Rolf 50 bis 60 Piercings im Gesicht. Wenn man sich traut, ihn anzuschauen, hat man die nächsten drei Nächte garantiert Alpträume. Mindestens. Wer ist er, ein Irrer, der aus einer Nervenheilanstalt entsprungen ist? Wollen doch einmal sehen, ob dieser Mann mit seinem Mund überhaupt sprechen kann.

Womit verdienen Sie sich Ihren Lebensunterhalt?

»Mit Computern.«

Computeranalyst?

»Ja.«

Warum so viele Piercings?

»Tattoos reichen mir nicht, sie vermitteln einem nicht dieselben ›Gefühle‹ wie Piercings.«

Sie spüren sie die ganze Zeit?

»Nicht die ganze Zeit, aber –«

Spüren Sie sie jetzt?

»Ich spüre sie jetzt.«

Das Gewicht, das Metall?

»Spüre ich.«

Warum tun Sie das?

»Die Mädels stehen drauf.«

Sicher?

»Ja, die Mädels stehen drauf!«

Haben Sie eine Freundin?

»Noch nicht.«

Aber Sie sind sich sicher, daß die Mädchen drauf stehen?

»Ja.«

Ich spreche eine hinreißende junge Frau an, die gerade vorbeigeht. Könnten Sie bitte für einen Moment zu uns kommen?

Sie willigt ein.

Halten Sie das für sexy?

»Ja.«

Okay. Würden Sie sich gerne mal mit ihm treffen?

»Ja.«

Wie wäre es mit heute abend? Ich kann es für Sie arrangieren.

»Nicht heute abend, aber –«

Irgendwann morgen?

»Nein, nein.«

Warum nicht?

Sie nimmt mich zur Seite und bittet mich, aufzuhören.

Rolf aber macht sich immer noch Hoffnungen. Wie Tim.

Und wie viele andere Menschen in Dortmund. Heute spielt nämlich Deutschland gegen Argentinien. Draußen marschiert eine Gruppe von Fans die Straße entlang und singt »Argentinien ist homosexuell«. Keine Ahnung, wie die zu dieser Information gekommen sind. Es wäre schön, wenn Tim und Rolf schwul wären; sie gäben ein tolles Paar ab.

Zur Halbzeit steht es 1:0 für Deutschland. Dann ergießt sich ein gnadenloser Platzregen auf die Public-Viewing-Fans am Friedensplatz. Man sollte meinen, daß sie sich schnellstens irgendwo unterstellen, aber nein. Ihre Begeisterung steigert sich sogar noch. Sie stehen unter Strom. Die Fahnen so hochgereckt, wie es nur geht, schreien-singen sie Deutschland! Immer und immer wieder. Ihre Loyalität, wenn man das so nennen kann, macht sich bezahlt. Deutschland gewinnt 4:0. Die Menge jubelt, als sie Bundeskanzlerin Merkel auf dem Bildschirm sieht, und buht beim Erscheinen des argentinischen Nationaltrainers Maradona.

Nach dem Spiel drängen die Fans in die Straßen, ihre Autos und in die Bahnen. In der Bahn, in der ich sitze, schikaniert eine Gruppe junger schwarzgekleideter Männer einen anderen Passagier und ist drauf und dran, eine Schlägerei anzuzetteln. Ich bin mir nicht ganz sicher, worum es hier geht, doch sind auf der einen Seite Neonazis und auf der anderen nicht. Die Schwarzgekleideten haben diesen Mann anscheinend von einer Demo in Bochum wiedererkannt, wo er bei einer Gegendemo mitmarschierte, und wollen sich jetzt rächen. Da springt eine Frau auf und stellt sich zwischen die Streitenden, nach dem Motto: Schlagt mich, bevor ihr meinen Mann schlagt. Warum taucht in meiner Gegenwart ständig diese Nazikiste auf? Können wir davor nicht mal Ruhe haben?

Das ist Deutschland.

Die Rufe und Drohungen legen sich schließlich bei der nächsten Haltestelle. Beide Seiten steigen aus. Was dann passiert, weiß ich nicht. Will ich nicht wissen.

Deutschland hat das Spiel gewonnen, der eigentliche Kampf aber scheint weiterzugehen.

Dann steige auch ich aus und treffe mich mit Rolf Dennemann, dem künstlerischen Leiter von »hanging around/Heimatquartier«, in einem Café.

»Ich liebe das Ruhrgebiet mehr als den Rest Deutschlands«, sagt er. »Es ist einsame Spitze. Zugleich hasse ich es, nirgendwo lebt man so schlecht wie hier. Ich liebe den Humor der Menschen hier, aber alles ist sehr provinziell. Die Projekte, die ich mache, sollen lieber schäbig und emotional sein als sauber und politisch korrekt – und das geht besser im Ruhrgebiet als irgendwo sonst in Deutschland. Hier sind die bodenständigen Menschen zu Hause. Diese Gegend war nie ein Hort des Bürgertums, wo du dreieinhalb Euro für einen läppischen Kaffee zahlst.«

Es ist dir vielleicht nicht aufgefallen, aber genausoviel kostet meine kleine Cola, genau hier.

Rolf sieht mich an.

Wieviel Geld treibst du im Jahr auf, minimal und maximal?

»Zwischen 60 000 und 180 000 Euro.«

Was versuchst du mit deiner Arbeit zu bewirken?

»Sie ist mein Leben. Ich muß das tun. Das ist eine dumme Antwort, ja. Ich ziehe es vor, im Offenen zu arbeiten, ich will atmen, nicht in einer Black Box stecken.«

Was willst du wirklich erreichen? Nur, daß du atmen kannst?

»Ich habe einmal ein Projekt auf einem Friedhof gemacht. Theater und Tanz. Die Leute kommen auf den Friedhof und müssen zwischen den Gräbern hindurchgehen und treffen überall auf verschiedene Tänzer, verschiedene Theaterstücke, zwei Gräber im Gespräch miteinander. Das ist sehr schön. Menschen, die normalerweise nie ins Theater gehen, kommen, um sich das anzuschauen. Und sie werden dieses Erlebnis nie vergessen.

Diese Möglichkeit, den Menschen die Erfahrung von Kunst machen zu lassen, verschafft mir ein gutes Gefühl. Meine Produktionen sind nichts für das übliche Theaterpublikum, also die Leute, die ins Theater gehen und sich dann darüber unterhalten, wie sie das Stück beim letzten Mal fanden, um die Inszenierung, die sie in Paris gesehen haben, mit der jetzigen zu vergleichen.«

Machst du deine Arbeiten für dich? Oder für die Menschen?

»Ich kann ohne sie nichts machen, und sie hätten sie nicht ohne mich. Ich mache es für uns beide.«

Wie viele Besucher haben deine Produktionen?

»Bei diesem Festival haben wir mit 500 Besuchern gerechnet, es kamen aber nur 20.«

Nur um das zu verstehen: Du gehst also zum Dortmunder Bürgermeister und sagst, ich hätte gerne 180 000 Euro, weil ich eine Performance für 20 Menschen machen will. Ist das so?

»Es gibt kein Gesetz in Deutschland, das Besucherzahlen vorschreibt. Geld wird für Kreativität ausgegeben. So hat es sich hierzulande historisch entwickelt.«

Ist das nicht krank?

»Nein. Ich halte es für absolut wichtig. Nur an Geld, an den Kommerz zu denken, zerstört die Kunst. Völlig.«

Was ist dir wichtig?

»Ich möchte einfach nur dasitzen und den Leuten dabei zuschauen, wie sie essen, gehen, trinken. Und dafür brauche ich Geld.«

Charles Schumann, darf ich Ihnen Ihren Kompagnon vorstellen?

Ich möchte sichergehen, daß ich dich richtig verstanden habe: Du willst von der Stadt Dortmund Geld dafür, daß du dir die Münder und Beine von Leuten ansehen kannst?

»Ja.«

Wirklich?

»Ja, weil das auf die eine oder andere Art zu einer kreativen Arbeit führt.«

So ist Rolf. Er hat keinen blassen Schimmer von PR und kann kaum ein Interview geben, hat aber immer erfrischende und brillante Einfälle, dafür verbürge ich mich. Sein Land muß ihn erst noch entdecken, und es ist traurig, daß die deutschen Kritiker ihn nicht kennen, daß sie seit drei Jahrzehnten zu bequem sind, hierherzukommen und die Arbeit dieses Mannes in Augenschein zu nehmen. Es ist aber eher ihr Schaden als seiner.

Gleich beginnt Rolfs Public Thinking. Und so sind die Regeln dieses Spiels: Man kommt herein und wird von einem jungen Mädchen gefragt, worüber man nachdenken möchte.

Man kann eines von zehn Themen auswählen oder sich selbst eins ausdenken. Vor einer ehemaligen Fabrik sind Stühle aufgestellt, man sucht sich einen aus und *denkt öffentlich*. Was in diesem Fall heißt, zusammen mit anderen, die ebenfalls über ihre bevorzugten Themen nachdenken. Mit anderen Worten: Es handelt sich um so etwas wie einen Verein, einen Verein von Leuten, die zusammenkommen, um nebeneinander zu denken. Vielleicht wußten Sie das noch nicht, aber in Deutschland tun wir Dinge am liebsten in Gruppen.

Ausgezeichnet. Ich mache mit und denke mir mein eigenes Thema aus: Fußball. Ein Thema, das mich natürlich jeglichen Nachdenkens enthebt. Ich betrachte den Himmel und die Wolken, wie sie gemächlich vorüberziehen. (Diesen Trick habe ich mir von arabischen Händlern in Ost-Jerusalem abgeschaut. An Tagen, an denen sich geschäftlich rein gar nichts tut, sitzen sie vor ihren Läden, rauchen ihre Wasserpfeifen und verfolgen den Lauf der Sonne. Versuchen Sie es einmal. Es macht Spaß!)

Wie viele Interessierte tauchen bei diesem Öffentlichen Denken auf? Das ist nicht wirklich entscheidend. Ich lege mich für etwa eine Stunde hin und denke an »Fußball«, wobei ich mich prächtig amüsiere.

Vor mir befindet sich eine Ausstellungshalle. Das Gebäude gehörte mal zu einer Fabrik, wird aber jetzt für Kunstausstellungen genutzt. In New York werden ehemalige Fabriken in Apartments für die reichste Schicht der Gesellschaft umgewandelt. Hier macht man Kunstzentren aus ihnen. Das gefällt mir.

Das Volk des Stahls brachte zweifellos eigensinnige Kinder hervor, die ihr Recht auf Kreativität einfordern. Ist doch schön. Sie sollten oben eine große deutsche Fahne anbringen. Dieses Land verdient sie.

Im Dortmunder U, einem »Zentrum für Kunst und Kreativität«, lassen sich auch nicht viele Menschen blicken. Und dieses Gebäude kostet Millionen. Dorthin gehe ich nach meinem Public Thinking.

Die aktuelle Ausstellung dreht sich um politische Provokationen. Ihr Titel lautet »Agents Provocateurs«. Hier kann man alle möglichen politischen Demonstrationen und Aktionen in Tat, Wort oder Bild sehen. Zusätzlich wird das Thema durch Videos veranschaulicht. Zu meiner Rechten läuft ein Film über drei schöne Frauen. Sie sind in einem Swimmingpool, die Kamera fängt ein, wie sie sich im Wasser bewegen – was einen schönen Schleier über die Bilder legt. Sie ziehen sich gegenseitig aus, mit langsamen und sinnlichen Bewegungen, und tanzschwimmen dann nackt. Es ist ein erotischer Film, wie er Holger Franke wohl gefallen würde. Auf der gegenüberliegenden Seite sehen wir ein Video, das einen Mann in brennender Kleidung zeigt, sowie ein Foto der Künstlerin Milica Tomić, die sich an einem Laternenpfahl hat aufknüpfen lassen – eine Anspielung auf die Antifaschisten, die in Belgrad von Nazitruppen erhängt wurden.

Für die Künstler, die diese Arbeiten geschaffen haben, müssen sie alle mit historischen, politischen und kulturellen Bedeutungen aufgeladen sein. Was ich jedoch hier sehe, ist eine Ausstellung zum Thema Sex und Tod. Wieder einmal.

Das Ruhrgebiet hat eine ganze Menge interessanter Kinder hervorgebracht. Eines von ihnen ist Helge Schneider, den ich in Mühlheim besuche. Der Mann empfängt mich mit den Worten:

»Ich wollte ja nach New York kommen, aber da haben sie 110 Volt, und meine Orgel spielt nur mit 220 ...«

Dieser Mann ist hierzulande ein bekannter Komiker, Klavierspieler und Entertainer, den ich bislang jedoch nicht kenne. Also frage ich ihn: Wer sind Sie?

»Ich lebe hier, seit ich vor 55 Jahren geboren wurde. Ich bin nie weggegangen.«

Aber wer sind Sie?

»Ich bin ein männlicher Bewohner des Ruhrgebiets und möchte ein männlicher Bewohner des Ruhrgebiets bleiben.«

Und warum?

»Mein Wohnort steht mittlerweile in meinem Ausweis, und es ist zu kompliziert, das zu ändern. Aber ich möchte gerne andere Städte sehen, New York zum Beispiel.«

Gut. Ich versuche es noch einmal mit meiner Frage: Wer sind Sie?

»Ein männlicher Bürger. Ein Klavierspieler, natürlich. Was sollte ich sonst sein?«

Etwas genauer. Wer sind Sie?

»Ich bin ein Klavierspieler, der sich für Menschen interessiert. Und manchmal versuche ich, die Leute zum Lachen zu bringen. Daran arbeite ich, seit ich ein kleiner Junge war.«

Und wie machen Sie das?

»Durch meine spezielle Art, mich zu bewegen, vielleicht durch mein Gesicht.«

Sie haben ein lustiges Gesicht?

»Nein.«

Warum lachen die Leute?

»Ich weiß es nicht.«

Haben sie gelacht, als Sie noch ein Kind waren?

»Ja. Auch wenn ich auf die Bühne komme, lachen sie.«

Helge sinnt nach. »Das ist mein letztes Interview. Mein allerletztes. Keine Talk-Shows mehr. Keine Interviews mehr. Vielleicht ändere ich auch meinen Namen.«

Helge Tenenbom?

»Vielleicht.«

Manche Leute sagen, die Deutschen hätten keinen Sinn für Humor. Was glauben Sie?

»Wir leben in einer Zeit, in der es unter Frauen angesagt ist, nicht zu lächeln; sie befürchten, Falten davon zu bekommen. Wenn Menschen ein schweres Leben haben, fällt ihnen das Lachen leichter.«

Ich möchte es noch einmal mit dieser Frage versuchen: Fehlt den Deutschen ein Sinn für Humor? Ja oder nein?

»Ich glaube nicht, daß den Deutschen ein Sinn für Humor fehlt. Wenn ich in der Schweiz bin, denke ich, witzig sind die aber nicht, doch sie selbst halten sich dafür.«

Die Schweizer halten sich für witzig? Das meinen Sie nicht im Ernst!

»Mehr kann ich zu den Schweizern nicht sagen.«

Wodurch entsteht Humor?

»Humor kommt oft von Traurigkeit. Etwa, wenn jemand

gestorben ist. Wenn man zur Beerdigung eines alten Menschen geht und jemand lacht, dann sieht man, wie die anderen mitlachen.«

Was ist es also, das uns zum Lachen bringt?

»Ich denke über derlei nicht nach. Humor ist viel komplizierter als Aggression. Er ist ein Grundbestandteil des Menschseins. Für mich besteht das Leben aus drei Dingen: Geburt, Humor, Tod.«

Sind Sie Deutschland dankbar für Ihren Erfolg?

»Nein. Wenn ich dankbar bin, dann meinem Schicksal. Keiner Nation und keinem Land. Ich habe nichts studiert, ich habe nicht einmal Abitur. Ich mache nur Musik. Ich denke doch nicht über Deutschlands Höhen- und Tiefflüge nach!«

Helge sagt mir, ihm sei es egal, wer die WM gewinnt. Er ist für alle. Helge muß politisch sehr korrekt sein. Oder, wie er es ausdrückt: »Dabeisein ist alles!«

Ich weiß nicht warum, vielleicht habe ich in letzter Zeit einfach zu viele politisch korrekte Menschen getroffen, jedenfalls geige ich ihm die Meinung. Ich sage ihm, daß er wie alle Künstler überall auf der Welt ein Friedensfreund ist, ein Make-Love-Not-War-Typ. Und dann sage ich ihm, daß auch ich diesen Slogan in der Welt der Künstler und Akademiker gehört habe, solange ich denken kann. Ja, wir alle in der Theater-, Musik- und Tanzszene sind gute Menschen. Nicht einer von uns ist böse. Und jetzt, welche Überraschung, wiederholt er dieselben alten abgegriffenen Slogans. Wow. Aber woher weiß er das? Ich kaufe es ihm nicht ab. Kann er nicht bitte etwas origineller sein? Seien wir ehrlich: Sind wir nicht alle große Dummschwätzer? Die Künstlergemeinde liebt es, gegen Krieg, Haß, Rassismus und Diskriminierung zu predigen – als wären wir die einzigen guten Menschen in einem Meer an Verkommenheit. Aber ist es nicht so, daß jeder Künstler letztlich glaubt, er sei dem anderen überlegen, sei besser als alle anderen?

»Wir sind alle saudumme, blöde Heinis. Das stimmt. Streichen Sie, was ich gerade gesagt habe.«

Was ist Ihr Traum, Helge?

»Ich habe keinen Traum. Ich lebe. Ich möchte, daß meine Gedanken frei sind, und dafür brauche ich keinen Traum. Martin Luther King hatte einen Traum, aber wenn zum Beispiel Angela Merkel sagt, sie hätte einen Traum, wirkt es doch ganz anders, mehr Richtung Kasperltheater. Im Fernsehen mag ich nur *Colombo*.«

Woran denken Sie gerade?

»An mein Baby. An die Wäsche im Keller. An meine nächste Show in Amerika. Ob es wohl zu früh oder zu spät ist, die Vereinigten Staaten anzurufen. Ich denke an die Nachrichten, an die Redakteure, die die Schlagzeilen machen. An Israel und Palästina.«

Noch so ein Deutscher und sein Naher Osten ... Aber das sage ich Helge nicht. Ich frage ihn nur: Wie denken Sie über Israel und Palästina?

»Zum Beispiel: Ich habe von dem Schiff aus der Türkei gehört. Und ich stelle mir vor, wie es sich anfühlen muß, dort zu sein. Israel, das Schiff, Palästina. Ich glaube, daß es überall da, wo man ist, Scheiße ist. Ich interessiere mich für Politik; manchmal denke ich über Ahmadinedschad nach, den Iran, den Nahen Osten. Und dann denke ich: Sollte ich da hingehen und mit den Leuten sprechen? Ihnen allen sagen, daß sie sich entschuldigen sollen?«

Großartige Idee! Warum tun Sie das nicht?

»Vielleicht mache ich es eines Tages.«

Wie Rudolf Heß?

»Wer?«

Sie wissen schon. Hitlers Stellvertreter, der auf eigene Faust in einer Friedensmission nach Schottland flog. Erinnern Sie sich nicht?

»Ach, der. Ja, ja. Bin ich wie er?«

Ich bin bereit, nächste Woche mit Ihnen nach Gaza zu gehen. Einverstanden?

»Ich möchte lieber alleine gehen.«

Hat er was gegen mich? Er guckt so merkwürdig.

Okay, aber bevor Sie gehen, stellen wir uns einfach vor, Sie wären schon in Gaza.

Ich deute auf Helges Manager Till, der bei uns sitzt, und sage:

Ihr Manager ist der Palästinenser, und ich bin der Israeli. Schließen Sie Frieden zwischen uns!

»Sie sind der Israeli?«

Ja. Überzeugen Sie mich davon, Frieden mit den Palästinensern zu schließen.

Helge nimmt seine Aufgabe ernst und beginnt mit seiner imaginären Friedensstifterrolle. »Öffnet die Grenzen. Ich habe mit den Palästinensern gesprochen, und die sind sehr freundlich. Alle Israelis und Palästinenser, die gerne arbeiten wollen, können damit beschäftigt werden, den Schutt und Müll aufzuräumen, und dafür kriegt jeder 10 Dollar die Stunde. 35-Stunden-Woche. Das ist der Anfang.«

Werden Sie den Palästinensern dasselbe Angebot machen?

»Ja.«

Der Manager ist nicht wirklich bei der Sache. Wir sollten die Rollen tauschen. Ich bin jetzt der Palästinenser. Irgendein Problem damit, Helge?

Helge ist einverstanden, und ich spiele den Palästinenser:

Ich will keine Juden hier. Ihr Deutschen habt sie getötet; nehmt ihr sie. Ich habe sie nicht nach Auschwitz gebracht, das wart ihr. Ich wurde hier geboren, so wie mein Papa und mein Großpapa, seit unvordenklichen Zeiten. Nehmt eure Juden und zahlt ihnen, was immer ihr wollt. Nehmt sie mit nach Deutschland zurück und behaltet eure 10 Dollar!

Helge erschaudert. So hatte er sich das in seinen Friedensstifterträumen überhaupt nicht vorgestellt. Er sagt: »Ich bin fertig. Ich habe meinen Job getan. Schluß mit meinen Friedensbemühungen für heute.«

Offensichtlich beschäftigt ihn der Nahe Osten. Ich frage ihn, warum.

»Man sieht die Nachrichten, und prompt ist vom Nahostkonflikt die Rede. Mit Hitler dasselbe. Hitler kann man jeden Tag im Fernsehen sehen, wenn nicht bei diesem Sender, dann bei jenem.«

Apropos Hitler. Haben Sie Ihre Eltern oder Großeltern je über ihre Kriegsjahre befragt?

»Einmal sah ich einen Onkel von mir auf einem Foto in SS-Uniform. Oder ich sah ein Dokument, das einer Tante gehörte und mit Behördenstempel bestätigte, daß sie arisch war. Ich habe meine Eltern nie nach dem Krieg gefragt. Mein Vater hatte einen Buckel und war sehr klein, und meine Mutter hatte ein Bein kürzer als das andere. Ich habe immer gedacht, daß sie nicht am Krieg teilgenommen haben, ich wußte nur von einem Foto her, daß Mama im BDM war, ich habe nie danach gefragt. Als Kind schämte ich mich, wenn wir zusammen spazierengingen, und lief immer hundert Meter voraus. Erst als ich älter wurde, so mit 14, war ich stolz auf sie.«

Wären Ihre Eltern nicht körperbehindert gewesen, wären Sie dann heute ein anderer?

»Wahrscheinlich. Mein Vater war klein, ich hatte rote Haare und war spindeldürr. Meine Klassenkameraden machten sich über mich lustig. Du Eierkopf!«

Solche Eltern, rote Haare und ein spindeldürrer Körper, und dazu eine vollkommen koschere arische Familie ... Da hatten Sie ein ganz schönes Päckchen zu tragen, nicht wahr?

»Ja. Aber das ist das einzige Leben, das ich kenne, ich hatte kein anderes. Für meinen Vater waren alle Menschen gleich, die oben so gut wie die unten. Er war ja sehr klein. Und das habe ich von ihm gelernt.«

Ich versuche mir das vorzustellen: einen Zwerg, der sich umsieht und von seiner Position aus, wenn er nicht den Kopf in den Nacken legt, nur Beine sehen kann. Zwischen diesem Paar Beine und jenem Paar Beine kann er keinen Unterschied erkennen.

Ich vermute, das ist es, was Helge meint, wenn er sagt, daß alle Menschen gleich sind.

Helge kann es nicht lassen. Erneut muß er seinem Gast zeigen, wie politisch korrekt er ist. Alle Menschen sind gleich. Ja, auch ich bin der Meinung, daß vor dem Gesetz alle Menschen gleich sind. Was bedeutet, daß jedermann die gleichen Chancen, Möglichkeiten und Rechte haben sollte. Sind wir aber alle gleich? Nein. Manche von uns sind Zwerge. Wir haben nicht alle die gleichen Talente. Wir sind nicht alle gleich schön. Und wir sind nicht alle gleich intelligent.

Ich sehe Helge an, einen lustigen Mann, der einen sehr traurigen Start ins Leben hatte. Ist es das, was ihn so witzig gemacht hat, die schwierigen Umstände seiner frühen Jahre? Ich weiß es nicht. Es gibt Parallelen zwischen Helge und seinem Land. Aber Helge ist kein Land, sondern ein Mensch und ein Komiker obendrein. Man kann lachen, wenn man ihm zuhört, wollte man aber lieber weinen, wäre das genauso passend.

Die Bayern haben sich gegen das Rauchen in jeder Art von gastronomischem Betrieb ausgesprochen. Das ist eines der striktesten Rauchverbote in Deutschland. Rauchen verboten, steht auf dem Schild in Dachau. Die Geschichte verläuft in Zyklen und Kreisen. Zur »Feier« dieses Verbots macht Till mir ein kleines Geschenk, eine kubanische Zigarre. Ich halte sie in der Hand und denke, wieviel Absurdität dieser kleine Gegenstand in sich birgt. In den Vereinigten Staaten ist dieses Erzeugnis verboten. Per Embargo. Die Vereinigten Staaten gegen Kuba. Ein bizarres kleines Gesetz.

Mit der Zigarre in der Tasche fahre ich nach Duisburg.

Was sollte ich in Duisburg unternehmen?

In der Einkaufszone gibt es eine Tourismusinformation, vielleicht sollte ich da mal vorbeischauen. Die Frau am Schalter begrüßt mich mit einem Lächeln. Die Duisburger sind im allgemeinen sehr freundlich, sagt sie mir. Ist sie eine Duisburgerin? Ja, ist sie.

Was ist interessant in Duisburg?

Eine Bootstour macht Spaß, informiert sie mich, doch hat das letzte Schiff gerade abgelegt.

Können Sie ein Restaurant empfehlen? frage ich sie. Ich mag die türkische Küche. Wo ist das beste türkische Restaurant in der Stadt? Gibt es ein gutes in, sagen wir, Marxloh?

»Marxloh«, sagt sie, »ist in türkischer Hand.« Dort gibt es nichts zu sehen, es sei denn, »Sie interessieren sich für die Moschee«.

Moscheen sind gut. Aber gibt es in Duisburg nicht auch Kirchen und Synagogen?

Sie zeigt mir ein Bild der Synagoge, die sehr schön aussieht. Sie wirkt wie ein offenes Buch mit aufgeschlagenen Blättern.

Kann ich einen Gottesdienst besuchen? Das wäre schön. Wissen Sie vielleicht, wann dort Gottesdienste stattfinden?

»Es finden Gottesdienste statt, aber nur für Gemeindemitglieder.«

Um was für Gottesdienste handelt es sich?

»Um den Freitagabend-Gottesdienst, jeden Abend um viertel vor sieben.«

Klingt interessant. Auf zum Tempel.

Doch der ist geschlossen, alle Türen sind verriegelt. Niemand da. Und wie bei diesem jüdischen Zentrum in München fragt man sich, was das Ganze eigentlich soll.

Nachdem ich den Programmpunkt Synagoge-ohne-Juden abgehakt habe, besuche ich die Muslime. Marxloh, um genau zu sein.

Ich treffe mich mit Mustafa und Halil im Medien-Bunker Marxloh oder, kurz, im Bunker. Sie zeigen mir einen Film, den die Bunker-Leute gedreht haben. Man sieht eine Anti-G8-Demonstration in Marxloh. Die verschiedensten Schilder werden hochgehalten und zeigen, wogegen die Leute demonstrieren. Ich lese: »Befreit Palästina«. Befreit es von den Juden, vermute ich mal. Zumindest ist das die Lesart, die ich zu hören bekam, als ich vergangenes Jahr das letzte Mal in Katar war; auch dort wollten sie Palästina befreien. Aber wir sind nicht in Doha. Wie sich die Palästinenserfrage nach Marxloh hineingeschlichen hat, ist mir ein Rätsel. Und was hat sie überhaupt mit der G8 zu tun? Gehört Palästina zur G8? Oder Israel?

Ich weiß es nicht, bin aber ja hier, um zu lernen.

Mustafa erklärt mir, daß Israel die Bewohner Marxlohs, die sonst oft gespalten sind, eint. Hier leben nicht nur Türken, sondern auch Kurden. Und diese beiden Völker sprechen nicht einmal miteinander. »Ein Mann kann in einem Moment sein Brot mit dir teilen«, sagt Mustafa, »und im nächsten guckt er noch nicht mal mehr in deine Richtung – wenn er herausgefunden hat, daß du türkisch bist und kein Kurde.« Und umgekehrt. Der Haß auf Israel eint Türken und Kurden in Marxloh. Das ist der Punkt, an dem sie sich geistig und emotional treffen und vereinen, um diesen gemeinsamen Feind zu bekämpfen. Beide Volksgruppen waren »entrüstet« darüber, wie Israel mit der Gaza-Hilfsflotte umging, erklärt er mir, und beide gingen auf die Straße. Vereint. Im Haß.

Die Juden mal wieder.

Die Menschen hier sind besessen von den Juden. Aber ich will damit nichts zu tun haben. Ich verabschiede mich aus dem Ruhrgebiet, das dieses Jahr Kulturhauptstadt Europas ist, und nehme einen Zug nach Düsseldorf.

In Düsseldorf schaue ich mir das Heine Haus an. Ich liebe Heinrich Heine, den deutschen Juden und großen Dichter des 19. Jahrhunderts, aber das Heine Haus ist eine Buchhandlung, wie mir schnell klar wird. Das ursprüngliche Haus wurde zerstört, erzählt man mir, später wiederaufgebaut und befindet sich jetzt in Privatbesitz. Es gibt hier ein Café, das aber nur bei Veranstaltungen geöffnet hat. Werden Sie es heute abend zum Public Viewing öffnen? frage ich die Dame, die davor sitzt. Ich meine, es wäre schön, wenn man im Heine Haus Fußball gucken könnte. In den Augen der Dame habe ich eine Grenze überschritten, so daß sich jede Antwort erübrigt. Ich gehe. Im Schaufenster, in dem doch wohl die Höhepunkte ihres Angebots ausgestellt sein sollten, sehe ich: ein Buch über Palästina, ein Buch über den Holocaust sowie ein weiteres Buch eines israelischen Linken, der ein entschiedener Kritiker der israelischen Regierung ist.

Ein besessenes Land!

Bald trifft Deutschland in Südafrika auf Spanien. Ich sollte mir ein Public Viewing suchen. Besser als Israel gegen Palästina.

Der Public-Viewing-Ort meiner Wahl ist die »ESPRIT arena«. Der Eintritt kostet zwischen sechs und neun Euro. Warum Menschen Geld dafür ausgeben, im Stehen fernzusehen, wie es die meisten hier tun, darf man mich nicht fragen. Eine Sportprofessorin könnte das vielleicht erklären, ich nicht. Ich bin dafür nicht wirklich zuständig.

Anpfiff. Von Anfang an ist klar, daß die spanischen Spieler besser sind. Sie kontrollieren das Spiel und sind meistens in Ballbesitz. Sie funktionieren auch besser als Mannschaft, stimmen sich sehr gut miteinander ab. Die mehreren tausend Zuschauer hier registrieren dies und üben sich in Zurückhaltung. Merkwürdigerweise muß ich feststellen, daß ich wider alle Wahrscheinlichkeit auf einen Sieg der deutschen Mannschaft hoffe. Gott im Himmel, werde ich zum Deutschen? Bedauerlicherweise gewinnt Spanien das Spiel. Die Zuschauer sind niedergeschlagen. Sie haben ihre Fahnen mitgebracht, aber umsonst; manche tragen sogar Kleidungsstücke, die aus Fahnen gemacht sind, dazu ihre diversen Krachmacher und Unmengen von Bier – alles in der Annahme, daß Deutschland gewinnen würde.

Es hat nicht sollen sein.

Menschen weinen. Manche vergraben die Gesichter in ihren Fahnen. Andere liegen am Boden wie besiegte Soldaten. Sie nehmen es persönlich, als ob in Wirklichkeit sie die Spieler wären. Mehr noch: Für sie hat Deutschland verloren, und Deutschland sind sie. Die Quelle ihres Stolzes ist versiegt. Ihre Ehre, ihr Selbstwertgefühl, ihr innerer Kern wurde geschlagen. Niedergeschmettert. Hier sehen wir einen jungen Mann, der in seiner Verzweiflung gegen eine Mauer tritt. Die Großleinwand, auf der wir das Spiel gesehen haben, zeigt nun ein

hemmungslos weinendes Kind. Dieses schöne blonde Wesen, das in die Nationalfarben gehüllt ist, kann einfach nicht mehr aufhören zu weinen. Die Tausende von Menschen hier schauen zu. Sie wollen das Kind trösten, aber sie können sich ja nicht mal selber trösten. Eine Gruppe Teenager liegt vor mir auf dem Stadionrasen, sie halten sich in den Armen und streicheln sich. Die Arena wirkt wie ein Bestattungsinstitut. Als ich meine Kamera auf sie richte, bitten sie mich, sie nicht zu fotografieren. Man hört keine »Deutschland!«-Rufe mehr, außer von einem einsamen Irren, der das Ergebnis offensichtlich noch nicht mitbekommen hat.

Als ich auf dem Rückweg durch Düsseldorfs Straßen gehe, fällt mir ein Bestattungsinstitut auf – ein richtiges. Im Schaufenster sind Fußbälle und deutsche Fahnen zu sehen. Die Toten haben das Ergebnis auch noch nicht mitbekommen.

Jetzt brauche ich einen Komiker! Wen nehme ich denn da? Ganz klar: Helge!

Mal sehen, was ihn heute so umtreibt. Ah, darauf hätte ich selbst kommen können: Hitler.

Erst kürzlich habe er Hitler in einem Kinofilm gespielt, erzählt mir Helge.

Wie haben Sie sich vorbereitet?

»Ich habe mir eine Tonbandaufnahme angehört, die der schwedische Botschafter heimlich aufgenommen hatte. Darauf hört man Hitler in einer merkwürdigen und trotteligen Weise reden. Er spricht leise, schnell und viel. So etwas wie: ›Wir haben 20 000 Panzer ...‹ Er hebt seine Stimme nicht, er zählt nur seine Panzer und Flugzeuge auf ... Und so habe ich ihn in dem Film gespielt.«

Wird Deutschland wieder nazistisch?

»Wieso denn?«

Warum nicht?

»Dafür gibt es doch zu viele Türken, Perser, Afrikaner und Holländer hier.«

Plötzlich erlebe ich aus heiterem Himmel einen Moment der Wahrheit und sage zu ihm:

Ich stelle Ihnen Fragen über Politik und andere schwerwiegende Themen. Aber unter uns gesagt, woher sollten Sie es denn wissen? Unsere Generation vergöttert Popstars. Aber sind wir nicht einfach bescheuert? Ich meine, könnte ich dann nicht genausogut von Ihnen verlangen, daß Sie komplexe mathematische Gleichungen lösen, nur weil Sie es ins Showbusineß geschafft haben? Was ich mache, ist sinnlos, nicht wahr? Sie wissen es in Wirklichkeit auch nicht besser als irgend jemand sonst. Oder?

»Stars sind Geschäftsleute. Früher hat man für solche Fragen Kant herangezogen oder große Soziologen wie Alphons Silbermann. Heute wollen wir diese Dinge von Paris Hilton oder Bastian Schweinsteiger wissen ... Das ist der Grund, warum ich Ihnen sagte: Ich gebe keine Interviews mehr. Sie sind der letzte. Man soll mir diese Fragen nicht stellen. Weil ich einer der wenigen bin, der die Antworten kennt ...«

Na gut. Sprechen wir über persönliche Dinge. Hat Ihre Mutter mit Ihnen über ihre Jahre im BDM gesprochen?

»Nein. Man spricht nicht über diese Jahre. Als Kind habe ich einmal ein Foto vom Bund gesehen, und mittendrin war ein Mann, den ich wiedererkannte: mein Musiklehrer. Ich zeigte ihm das Bild und fragte ihn, ob er das sei. Er schlug mir ins Gesicht und schmiß mich raus. Ich hatte immer eine eins in Musik gehabt, nach diesem Vorfall aber war es eine sechs.«

Ihr habt eine schwere Last zu tragen, Sie und das deutsche Volk, nicht wahr?

»Ja.«

Dann zeigt er mir seine elf Schafe. Ja, er hält Schafe. Ich liebe Schafe! Und wenn ich Schafe um mich herum habe, spreche ich nicht über die WM, obwohl ich ja eigentlich nachfragen wollte ...

Auch Helges Manager ist hier. Wir halten einen Plausch.

Till wurde in Dresden geboren und verbrachte seine prägenden Jahre in der ehemaligen DDR. Er erzählt mir, daß er 20 Monate im Gefängnis war. Warum? Weil er in den Westen gehen wollte. Till sagt, daß er im Hier und Jetzt lebt und nach vorne schaut; er will sich nicht mit der Vergangenheit befassen. Aber ich bedränge ihn ein wenig.

Die Stasi, nehme ich an, hatte eine dicke Akte über Sie.

»Ja.«

Haben Sie sie gesehen?

»Ich ging zu der Behörde, in der sie aufbewahrt wird, und sah sie zwei Stunden lang ein.«

Das ist alles?

»Es ist eine umfangreiche Akte. Ich konnte nicht alles lesen. Ich bat sie, mir eine Kopie zu schicken.«

Und haben sie das gemacht?

»Ja, haben sie.«

Was steht drin?

»Ich habe sie nicht gelesen.«

Sie ist bei Ihnen zu Hause, und Sie haben sie nie geöffnet?

»Ja.«

Sind Sie denn nicht neugierig?

»Das ist Vergangenheit.«

Gibt es Berichte von Bürgern, die gegen Sie aussagten?

»Ja.«

Zum Beispiel?

»Mein Nachbar sagte der Stasi, ich betriebe ein Bordell.«

Sagen Sie das noch mal –

»Ich hatte damals viele Freunde, die mich besuchten, junge Männer und Frauen, und er glaubte, bei mir wäre ein Bordell.«

Haben Sie diesen Mann zur Rede gestellt?

»Nein.«

Warum nicht?

»Das ist Vergangenheit.«

Finden sich noch weitere Zeugenaussagen in Ihrer Akte?

»Vielleicht.«

Sind Sie denn gar nicht neugierig?

»Das ist Vergangenheit.«

Gab es noch andere in Ihrer Familie, die Schwierigkeiten mit dem Regime hatten?

»Mein Bruder. Gregor Gysi war sein Anwalt.«

Sie kennen Gysi?

»Ich habe gelegentlich beruflich mit ihm zu tun. Erst vor

wenigen Tagen wollte er, daß Helge an einer Veranstaltung teilnimmt, die er an der Volksbühne organisierte.«

Ich erzähle Till, daß ich gehört habe, Gregor Gysi sei Jude, möchte aber nicht, daß dies erwähnt wird.

»Er ist Jude?«

Wieso, wußten Sie das nicht?

»Ich höre zum ersten Mal, daß er Jude ist.«

Tills Geschichte klingt interessant, und so verabrede ich mich mit Tom Dahl, seinem Bruder. Er war Musiker, wollte aber auch raus aus der DDR. Eines Tages ging er zur Ständigen Vertretung Westdeutschlands, um ein Visum zu beantragen, und wurde anschließend von der Stasi verhaftet. Er verbrachte 20 Monate im Gefängnis.

»Ich bat Gregor Gysi, mich zu vertreten, weil er einen guten Namen hatte. Gysi sagte mir, daß er an meine Unschuld glaube, ich aber keine Chance hätte. Er erschien viermal vor Gericht, aber das war reine Show.«

Auch von Seiten Gregors?

»Ja, zweifellos.«

Etwa fünf Jahre nach dem Fall der Mauer bekam Tom seine Stasi-Akte, die aber nur Informationen über seine Zeit im Gefängnis enthielt. Was die restlichen Dokumente über ihn betraf, so wurde Tom gesagt, man werde nach ihnen suchen, wenn er sie anfordere. Hat er sie angefordert? Nein. In 15 Jahren, erzählt mir Tom, fand er nicht die Zeit, den Antrag abzuschicken. Ein vielbeschäftigter Mann.

Wie ist Ihre Familie mit der Verhaftung umgegangen?

»Nachdem ich festgenommen worden war, sprach mein Vater nicht mehr mit mir.«

Nicht mehr?

»Er war ein Kommunist.«

Und –

»Ich wurde zum Feind.«

Feind?

»Ja. Als ich im Gefängnis saß, pflegte meine Mutter mich zu besuchen, mein Vater aber wartete draußen im Wagen. Er wollte mich nicht sehen. Daran erinnere ich mich gut.«

Haben Sie nach dem Fall der Mauer irgend jemand von denen getroffen, die Sie ins Gefängnis gebracht hatten? Zum Beispiel den Richter?

»Nein.«

Haben Sie versucht, sie aufzuspüren?

»Nein. Warum auch?«

Um ihnen zu sagen, du Arschloch?

»Nein. Warum sollte ich das tun?«

Ich schlage Tom ein Rollenspiel vor:

Schauen Sie her, schauen Sie her! Hier ist er ja! Der Richter. Mann, so sagen Sie doch etwas zu ihm!

»Du Arschloch!«

Also das sind Ihre wahren Gefühle?

»Ja.«

Aber die Akte wollen Sie nicht anfordern ...

»Vielleicht. Irgendwann einmal. Wann, weiß ich nicht.«

Tom und Till, die beiden Ostdeutschen, zwingen mich dazu, alles zu überdenken, was ich über Deutschland und die Deutschen weiß und gelernt habe. Von jetzt an muß ich den Satz »Ich kenne Deutschland« mit einem Fragezeichen versehen. Vielleicht gehört der Satz auch komplett in die Tonne gekloppt.

Die Ostdeutschen haben mehr als ein Päckchen zu tragen. Während die übrigen Deutschen den Ballast ihres Landes schultern müssen, ihrer Familien, der Ermordung von »Fremden« wie Juden, Schwulen, Zigeunern oder Russen, haben die Ostdeutschen noch eine weitere Last zu tragen: daß sie ihre eigenen Brüder und Schwestern ermordet, ihre eigenen Freunde verraten und ihre eigenen Angehörigen ins Gefängnis gebracht haben. Das ist eine Last zu viel.

Wie gehen sie damit um?

Vielleicht ist eine Art und Weise, damit umzugehen, der Satz: Ich werde die Akte nicht lesen.

Erstaunlich.

Ein, zwei Stunden später setzt mich Tom am Bunker in Marxloh ab.

Die türkischen Aktivisten, angenehme Leute, laden mich ein, in einem nahe gelegenen Hotel zu übernachten. Ich nehme die Einladung an. Und habe nun Zeit, die Bunker-Leute und die türkische Gemeinde insgesamt besser kennenzulernen.

Hier im Bunker treffe ich in der obersten Etage auf eine Gruppe junger Leute, die das arme, desolate Viertel dem Verfall entreißen möchten. Der Geist, der diese Gruppe beseelt, verdankt sich Mustafa, Halil und noch einem Dritten, der gerade nicht hier ist. Dieser Dritte ist ein Deutschdeutscher; Mustafa und Halil sind Deutschtürken. Ich setze mich noch einmal mit Mustafa zusammen.

Wie wichtig ist es für dich, Türke zu sein?

»Kein bißchen. Das letzte Mal, als ich mit Halil in der Türkei war, trafen wir einen berühmten türkischen Regisseur. Er sprach über Deutschland. Er versuchte zu erklären, wie Deutschland zu einem so mächtigen Land werden konnte, nachdem es im Krieg fast völlig zerstört worden war. Er sagte, Deutschland sei so schnell wieder aufgestiegen, weil sie das ganze Geld der Juden gestohlen hatten. Und ich sagte, daß das nicht ausreichte, um Deutschland so erfolgreich zu machen, daß es auch noch andere Gründe für den Erfolg gab. Ich wollte ihm nicht widersprechen, sondern nur ergänzen, was er gesagt hatte. Als der Regisseur das hörte, konnte ich sehen, wie sich augenblicklich sein Gesicht verzog. Er unterbrach seinen Vortrag und nannte mich einen Dummkopf.«

Was willst du damit sagen?

»In der Türkei muß man einen Menschen mit höherer Bildung respektieren und darf ihm nicht widersprechen. Das ist die türkische Kultur, nicht meine.«

Seine Kultur heißt »Marxloh«. »Ich bin ein ›Deutschtürke‹«, sagt er.

Was heißt das?

»Ich erzähle dir eine kleine Geschichte. Als Kind fand ich einmal 100 D-Mark auf der Straße. Ich hatte einen sehr engen Freund und gab das Geld für Essen, Süßigkeiten, Eis und alles mögliche für uns beide aus. Binnen einer Woche hauten wir zusammen alles auf den Kopf. Das war viel Geld für mich, aber ich teilte es mit meinem besten Freund, einem deutschen Deutschen. In der folgenden Woche brauchte ich 50 Pfennig, um mir etwas kaufen zu können, hatte aber kein Geld dabei. Ich bat ihn, mir 50 Pfennig zu geben. Er gab sie mir. Dann kam er einen Tag später an und fragte: ›Kannst du mir das Geld zurückgeben?‹ Ich war überrascht, weil ich in der Woche davor so viel Geld für ihn ausgegeben hatte. Verstehen Sie? Er war ein deutscher Deutscher. Das sind unterschiedliche Kulturen. Diese Kultur will ich nicht; deshalb halte ich an meiner eigenen Kultur fest.«

Glaubst du nicht, daß ein deutschtürkischer Junge sich genauso verhalten könnte?

»Nein. Niemals. Sieh dir die türkischen Gemeinschaften an. Jeder steckt den Kopf mit jedem zusammen. Du mußt dich mit deinem Nachbarn nicht verabreden. Du klopfst an seine Tür und gehst rein. Verstehst du?«

Verstanden. Aber das ist die türkische Kultur, das ist die nahöstliche Kultur, das ist der Osten. Warum nicht einfach türkisch sein? Warum deutschtürkisch?

»Ich liebe die deutsche Ordnung. Pünktliche Züge, Polizeisicherheit, daß die Dinge richtig funktionieren ...«

Wer zieht dich mehr an, deutsche Frauen oder türkische Frauen?

»Deutsche! Die Launen der türkischen Mädchen ertrage ich nicht!«

Warum magst du keine türkischen Mädchen?

»Wenn man mit einem türkischen Mädchen ausgeht, ist das erste, was sie von einem erwartet, daß man sie einlädt. Dann setzt man sich zusammen und unterhält sich. Worüber? Das ganze Gespräch dreht sich um Eifersucht, Heirat, welche Verbote es gibt und wie man sie umgeht. Ich ertrage das nicht!«

Soll ich Mustafa verraten, daß die orthodoxen Juden keinen Deut anders sind? Vielleicht beim nächsten Mal.

KAPITEL 18 *In dem begründet wird, warum Juden so gerne auf Tote schießen*

Mustafa hat eine Mutter, die er liebt, seine leibliche türkische Mutter. Er hat aber auch noch eine zweite Mutter, eine Deutsche, die er Mama nennt. Diese deutschdeutsche Frau namens Gitti Schwantes, eine Friedensaktivistin aus Marxloh, ist der Geist und die treibende Kraft hinter »Rosen für Marxloh«, einer Friedens-und-Liebe-Initiative, die im wesentlichen aus einem Rosengarten besteht.

Gitti, deren Haus neben der Merkez-Moschee liegt, der »größten Moschee Deutschlands«, ist dieser Tage höchst beschäftigt. Die *Süddeutsche Zeitung* und ein Radiosender haben sich zum Interview angesagt. Sie ist gefragt und hat die Aufmerksamkeit ihrer Meinung nach auch verdient. Nachdem sie jahrelang darauf hingearbeitet hat, ist sie endlich im Besitz der diversen Genehmigungen und finanziellen Mittel, um nahe der Moschee einen Rosengarten anzulegen. [redacted] Worauf es aber wirklich ankommt, erfahre ich bald, ist die Idee hinter dem Ganzen. Der Garten, erzählt sie mir, wird es Angehörigen der verschiedenen Religionen ermöglichen, einmal bei der Moschee vorbeizuschauen und sich in muslimischer Umgebung wohlzufühlen. Anders gesagt: Es handelt sich um eine PR-Maßnahme zu dem Zweck, ein Bild der Moschee und des Islams zu zeichnen, das von Freundlichkeit und Liebe bestimmt ist.

Gitti kam 1972 mit ihrem Mann nach Marxloh. Die beiden, von ihrem Gerechtigkeitssinn erfüllte Intellektuelle, wollten die Arbeiter unterstützen und in ihren Anliegen bestärken. Gittis Mann, ein Ökonom, nahm eine Stelle in der Fabrik an – nicht, weil er aus der Arbeiterschicht stammte, sondern um letztere zu »infiltrieren«, wofür er zunächst einmal das Vertrauen der Arbeiter gewinnen mußte, indem er ackerte wie sie. Als er nach zehn Jahren glaubte, dies sei ihm gelungen, versuchte er sie zu einer sozialen Revolution gegen das Establishment anzustacheln. Die Arbeiter aber verweigerten sich.

Bald darauf ließen sich Gitti und ihr Mann scheiden.

Das muß ein wunder Punkt bei Gitti sein. Ich berühre ihn trotzdem.

Der Versuch, überall Liebe zu verbreiten, endete damit, daß Sie sich nicht einmal mehr gegenseitig lieben konnten. Stimmt das?

»Ach, es klingt schrecklich, wie Sie das formulieren.«

Aber stimmt es denn nicht?

»Ja, schon wahr.«

Und jetzt, was jetzt?

»Wir legen einen Rosengarten neben der Moschee an.«

Warum?

»Damit sich die Menschen begegnen können.«

Und einander lieben können?

»Ja.«

Derselbe alte Traum?

»Ja.«

Wer sind die Menschen, von denen Sie wollen, daß sie sich im Rosengarten liebhaben?

»Muslime, Juden, Christen.«

Und Sie glauben, Ihr Rosengarten werde dies bewirken?

»Ja.«

Warum und wie?

»Rosen riechen gut.«

Und deshalb wird man in den Rosengarten gehen?

»Ja.«

Sie werden den Weltfrieden und Liebe zwischen den drei Religionen mit einer Rose stiften?

»Das hoffe ich.«

Sie und Ihr Mann haben jahrzehntelang versucht, Liebe zwischen den Deutschen zu stiften, und sind damit gescheitert. Und jetzt glauben Sie, daß Sie –

»Warum sind Sie nicht vor zwei Jahren gekommen –?«

Noch nie hat jemand den Sinn Ihres Tuns angezweifelt, so daß sie sich jetzt wie ein totaler Idiot vorkommt. Doch zwei Minuten später bereut sie ihre Reue.

»Nein. Die Menschen werden kommen und miteinander sprechen –«

Glauben Sie wirklich, daß Juden in einen Garten nahe einer Moschee gehen, um Muslime zu treffen? Können sie ihnen nicht in einem türkischen Restaurant begegnen? Es gibt hier wunderbare türkische Restaurants. Ich habe sie selbst ausprobiert. [redacted]

Also warum –

»Ich weiß nicht. Aber der Garten wird schön werden –«

Würden Sie gerne in einen Rosengarten neben einem NPD-Büro gehen?

»Nein!«

Warum sollen dann Menschen, die von Muslimen gehaßt werden, in Ihren Garten kommen?

»Ich weiß es nicht.«

Vielleicht sollte man das Ganze einfach abblasen?

»Dafür ist es zu spät.«

Warum?

»Was soll ich sagen – daß ein Mann zu mir kam und mir

Fragen stellte, die ich nicht beantworten konnte? Wie beschämend!«

Sind Sie religiös?

»Nein.«

Und Ihre Eltern?

»Ja.«

»Glauben Sie an Gott?«

»Was meinen Sie damit?«

Den Gott der Bibel zum Beispiel?

»Nein. Nicht mehr.«

Glauben Sie an die Emanzipation der Frauen?

»Natürlich!«

Sie sind eine nichtreligiöse Feministin, kann man das so sagen?

»Ja.«

Und Sie unterstützen die Muslime hier und ihre Moschee?

»Ja, ja.«

Und glauben die Muslime an den Gott, der auch der Gott der Bibel ist?

»An ebenden.«

Und ihre Frauen müssen einen Hijab tragen, so ähnlich wie bei den orthodoxen Juden?

»Worauf wollen Sie damit –«

Sie sind keine orthodoxe Jüdin, oder?

»Ich? Nein.«

Warum unterstützen Sie eine religiöse Einrichtung, die glaubt, Frauen –

»Muslime glauben an den Frieden.«

Woher wissen Sie das?

»Das haben sie mir gesagt.«

Und Sie glauben ihnen?

»Frieden ist die Bedeutung des Wortes *Islam*.«

Woher wissen Sie das, sprechen Sie Arabisch?

»Nein, tue ich nicht. Aber das haben sie mir gesagt.«

Islam ist arabisch für *Unterwerfung*.

»Unter wen?«

Unter Allah.

»Okay.«

Haben Sie einmal einen Gottesdienst in der Moschee besucht?

»Ich war einmal dabei und bin dann wieder gegangen.«

Beten Frauen und Männer zusammen?

»Nein.«

Wer ist im schönen Teil der Moschee und wer im anderen? Wo befinden sich die Männer in der Moschee und wo die Frauen?

»Die Frauen müssen kochen, oder nicht?«

Glauben Sie also, daß die Frauen in die Küche gehören, während die Männer sich amüsieren dürfen?

»Sind Sie ein Therapeut?«

Sie haben meine Frage nicht beantwortet.

»Habe ich nicht.«

Warum nicht?

»Ich weiß es nicht.«

Sie unterstützen eine Institution, die an einen Gott glaubt, an den Sie nicht glauben, eine Institution, der zufolge Frauen in die Küche gehören und ihren Leib verhüllen sollen – Praktiken, die Sie ablehnen, während Sie zugleich, wie Sie gerade –

»Ich möchte an den Frieden glauben, ich möchte glauben, daß –«

– daß all diese feinen Dinge, um die Sie wissen, keine reale Grundlage haben?

»Ja, vielleicht.«

Weil?

»Fehler zu machen ist nun mal menschlich.«

Ein System zu unterstützen, das an etwas glaubt, an das Sie nicht glauben?

Gitti antwortet nicht. Sie starrt mich nur an.

Ich habe nicht wenige Menschen wie Sie kennengelernt: weiße, intellektuelle Aktivisten, die sich für Freiheit und Frieden einsetzen und aus irgendeinem Grund islamische Institutionen unterstützen, die das genaue Gegenteil von dem predigen, woran sie selbst glauben. Ich versuche zu verstehen, warum das so ist.

»Ich kann jetzt nicht damit aufhören!«

Da kreuzt Shukaryeh auf, eine alleinstehende Türkin auf der Suche nach Liebe und Gesellschaft. Was sind ihrer Meinung nach die Gründe für Gittis Engagement für die Moschee?

»Vielleicht vermittelt es ihr ein gutes Gefühl, weil die Leute sie für das mögen, was sie tut.«

[redacted]

Später am Abend lerne ich weitere Gäste kennen, unter ihnen Nurcan. Die 30jährige Deutschtürkin ist »modern« gekleidet, mit bloßen Armen und Schultern, und trägt natürlich keinen Hijab. Sie ist Angestellte der Stadt Duisburg, quirlig, voller Leben, witzig und überaus scharfsinnig.

Sagen Sie mir, Nurcan, tragen in diesem Jahr mehr Frauen aus Ihrer Gemeinschaft einen Hijab als in vergangenen Jahren? Ich meine, gibt es da einen zunehmenden Trend?

»Es gibt mehr Hijabs, viel mehr.«

Haben Sie irgendeine Vorstellung, warum?

»Die erste Generation der Türken in Deutschland war sehr religiös. Die zweite Generation, also meine, ist dies in viel geringerem Maß. Die dritte Generation aber ist sogar noch religiöser als die erste.«

Warum leben Sie in diesem Land und nicht in der Türkei?

»Mein Bruder starb bei einem Autounfall in der Türkei, und ich reiste hin. Ich wollte in der Türkei bleiben, um ihn nicht allein zurückzulassen. Aber dann fand ich doch, daß das Leben in Deutschland besser ist.«

Warum?

»In Deutschland ist es sicherer.«

Was meinen Sie damit?

»In der Türkei wird man nicht mal angesehen, wenn man in eine Bank geht und die Mitarbeiter anspricht. Als ich in der Türkei war und das am eigenen Leib erfuhr, hätte ich sie erschießen können.«

Eine schlechte Erfahrung mit einer Bank, und Ihr Urteil über die Türkei steht?

»Es ist allgegenwärtig. Sie scheren sich nicht um das Leben eines Menschen, wenn er kein Geld hat.«

Wovon sprechen Sie?

»Im Krankenhaus müssen Sie Angehörige haben, die über die Kranken wachen, oder man läßt sie sterben.«

Was halten Sie von den führenden Politikern der Türkei? werfe ich in die Runde.

»Erdogan ist der schlimmste Mensch nach Hitler«, antwortet eine von ihnen. »Es gibt Aufnahmen davon, was er in der Vergangenheit gesagt hat, und heute sagt er das genaue Gegenteil. Er ist jemand, der die Menschen aufzuheizen versucht und Haß zwischen den verschiedenen Lagern sät.«

Oh, interessant.

Aber ich möchte diese junge Frau nicht in Schwierigkeiten

bringen und frage nicht weiter nach. Ich wende mich statt dessen wieder Nurcan zu und frage sie, ob es einen Unterschied gibt zwischen ihr, einer Deutschtürkin, und den deutschdeutschen Frauen ihres Alters.

»Eine Deutschtürkin meines Alters weiß ihr Leben hier mehr zu schätzen und hat einen weiteren Horizont als die deutschdeutsche Frau. Ich kenne die Türkei und habe die Armut dort gesehen. Eine Deutschtürkin hat mehr Perspektiven, weil sie auch eine zweite Kultur hat.«

Glauben Sie, daß die Deutschdeutschen auf Sie herabschauen?

»Ja.«

Schauen Sie auf sie herab?

»Nein. Früher einmal habe ich zu ihnen aufgeschaut, aber das ist vorbei. Jetzt arbeite ich mit ihnen zusammen und kenne sie besser ...«

Und was halten Sie von Marxloh?

»Es heißt, daß sich nicht einmal die Polizei hierher traut, aber ich mag Marxloh.«

Adolf Sauerland hat recht. Die Türken sind ein Segen für diese Stadt.

Nurcan hat mich so beeindruckt, daß ich am nächsten Tag drei Generationen türkischer Familien besuche, die alle in einem Haus wohnen.

Hamiyet, eine junge Mutter, eröffnet den Reigen. Sie gehört zur mittleren Generation, ist eine ausgebildete Krankenschwester und stolz auf das, was sie ist: eine türkische Muslimin. Vom ersten Moment an geht sie, warum auch immer, zum Angriff über. Das ist insofern eigenartig, als ich zum Mittagessen eingeladen bin und die Devise dafür normalerweise Gastfreundschaft lautet.

»Warum habt ihr Juden den Sabbat abgelehnt, als Allah ihn euch angeboten hat? Sagen Sie es mir!«

Was führt diese Frau im Schilde? In welche Löwenhöhle bin ich hier geraten?

»Ich möchte einfach nur wissen, warum ihr Juden das getan habt! Warum? Warum?«

Ja, mir ist diese Denkweise vertraut. Die Muslime glauben schließlich, daß Allah Sein Buch zuerst den Juden gab, diese es aber verfälschten. Aber warum diese Frage jetzt? Wie war das noch mal mit der Gastfreundschaft? Ach was, Gastfreundschaft, wie war das noch mal mit zivilisierten Umgangsformen?

Was soll dieser Angriff?

Ich versuche, die Wogen zu glätten, und antworte ihr. Ich sage zunächst, daß die drei abrahamitischen Religionen ihren Glauben auf drei ähnliche Geschichten gründen, zwischen denen aber auch Unterschiede bestehen.

Hamiyet unterbricht mich.

»Nein, das ist alles ein und dasselbe.«

Nehmen wir zum Beispiel die Opferung von Abrahams Sohn. Es gibt große Unterschiede in der Art und Weise, wie der Koran und wie die Bibel das beschreiben.

»Nein, das ist dasselbe.«

Nun, dann schauen wir uns den Namen jenes Sohns an. In der Bibel heißt er Isaak, im Koran Ismail.«

»Isaak und Ismail sind identisch!«

Nein, sind sie nicht.

»Wie wollen Sie das wissen, sind Sie ein Spezialist dafür? Sie kennen noch nicht einmal den Koran und schwingen nur Reden!«

Ich muß Sie leider enttäuschen: Ich bin ein Koranprofessor.

Keine Ahnung, wie mir dieser Titel in den Sinn gekommen ist, aber warum nicht? In Coburg habe ich eine Sportprofessorin kennengelernt, und wenn jene Frau Sportprofessorin sein konnte, dann kann ich gut und gerne Koranprofessor sein.

Fragen Sie mich bitte nicht warum, aber Hamiyet glaubt tatsächlich, daß ich ein Koranprofessor bin. Sie sagt: »Als ein Mann, der sich auskennt – Sie sind ein Professor –, wie können Sie da die Wahrheit nicht sehen?! Die Wahrheit des Korans?! Es gibt Unterschiede zwischen den Religionen, das ist wahr, aber Allah schuf eine endgültige Version, den Koran. Schluß, aus, Ende!«

Sie glauben das, und das ist in Ordnung, aber nicht jeder tut es. Können Sie das akzeptieren?

»Allahs Botschaft endet mit dem Propheten Mohammed, Sallallahu 'Alaihi wa Sallam. Warum können Sie das nicht akzeptieren?«

Erlauben Sie mir eine Frage: Woher wissen Sie, daß das richtig ist, was Sie sagen?

»So steht es geschrieben!«

Hamiyet würde das nicht gerne hören, aber sie spricht buchstäblich wie eine orthodoxe Jüdin. Wie ja auch beide ihr Haar bedecken. Sie sehen sich gleich, reden gleich und verhalten sich gleich. Die Parallelen sind erschreckend. Ich sehe eine Chassidin vor mir statt einer Muslimin. Beziehungsweise eine Muslimin, die in Wirklichkeit chassidisch ist ... wie meine eigene Schwester, eine Ultraorthodoxe, die genauso wie Hamiyet redet und fast genauso denkt wie sie. Man tausche nur Moses gegen Mohammed aus und hat ein und dasselbe. »Woher weißt du, daß die Bibel recht hat? – So steht es in der Bibel geschrieben.«

Bingo.

Doch jetzt ist nicht die Zeit, über diese Gemeinsamkeiten nachzudenken.

Auch Hamiyets Schwester Samide versteht nicht, warum dieser Professor noch kein Muslim ist.

Samide ergänzt, daß sie weiß, was in der Bibel steht. Ich könne keine Spielchen mit ihr spielen.

Was steht denn in der Bibel?

»Daß alle Propheten ohne Sünde waren.«

Wer hat das gesagt?

»So steht es in der Bibel.«

Haben Sie die Bibel gelesen?

»Nein.«

Woher wissen Sie es dann?

»Meine Schwester hat die Bibel gelesen und es mir erzählt.«

Es ist ein heißer Tag heute in Marxloh, um die 40 Grad. Und diese Frauen tragen Hijabs.

Warum tragen Sie einen Hijab?

»Um die Männer nicht in Versuchung zu führen.«

Glauben Sie, daß Ihr Haar sie in Versuchung führen würde?

»Im Koran steht, daß Frauen einen Hijab tragen sollen, um nicht vergewaltigt zu werden.«

Das ist ein starkes Argument.

Endlich setzen wir uns an den großen Tisch in der Küche, um mit dem Essen zu beginnen.

Und Hamiyet sagt, daß der Koran sagt, daß die Juden Unruhe stiften wollen und Kriegstreiber sind.

Glauben Sie, daß das zutrifft?

»Ja. Deshalb gibt es den Nahostkonflikt.«

Redet sie von Israelis oder von Juden?

Für sie macht das keinen Unterschied. »Die Juden haben Jesus getötet!« schreit sie mich an.

Aber Jesus war selbst ein Jude, oder nicht?

»Jesus war kein Jude. Keiner der Propheten war ein Jude.«

Es wird Zeit für ein anderes Thema.

Wie denken Sie über die Gaza-Hilfsflotte?

»Wie denken Sie denn darüber?«

Ich war nicht dabei und weiß es nicht.

»Wenn Sie es nicht wissen, wenn Sie dumm sind, dann sollten Sie kein Buch schreiben. Die Leute da waren unschuldig, aber die Juden haben sie getötet. Sie töteten einen Mann, einen 19jährigen, sie erschossen ihn. Dann schossen sie wieder auf ihn. Und noch mal. Und noch mal.«

Ich habe diese Behauptung auf meinen Reisen in der arabischen Welt schon oft gehört. Die Juden schießen und töten, dann schießen sie noch mal auf den Leichnam, und noch mal, und noch mal. Warum? Weil Juden gerne Blut sehen.

Ich akzeptiere ihre Vorwürfe nicht, bewundere aber ihre Ehrlichkeit. Sie kommen direkt zur Sache: den Juden. Sie spielen nicht das Spiel: »Ich bin sehr israelkritisch, aber ich mag die Juden.« Nein, auf diese Idee kämen sie nicht. Sie sagen, was sie denken. Sie haben einen Glauben, sie haben Ideale, an die sie glauben, und sie scheuen sich nicht, laut auszusprechen, was sie denken.

Hamiyet, Sie sagten, im Koran stünde, daß Frauen einen Hijab tragen müssen –

»Das stimmt.«

Haben Sie es im Koran gelesen?

»Ja, habe ich. Soll ich Ihnen die Stelle zeigen?«

Das wäre toll. Bitte.

»Soll ich den Koran holen?«

Wenn es Ihnen keine Umstände bereitet.

»Ja, ich werde ihn holen.«

Ich habe ihn auf meinem iPad, wenn Ihnen das lieber ist.

Das gefällt ihr! Der Koranprofessor trägt den Koran immer

bei sich, wo auch immer er ist. Wir durchsuchen den elektronischen Koran, finden dort aber keinen Hijab.

»Ich muß mein Buch holen.«

Hamiyet holt den Koran und legt ihn auf den Tisch.

»Hier!« sagt sie; das Buch ist noch nicht aufgeschlagen.

Danke. Können Sie es mir bitte *im* Buch zeigen?

»Sie kennen den Koran selbst, oder?«

Ja, natürlich. Aber ich erinnere mich nicht mehr an diesen speziellen Vers.

»Soll ich Ihnen den Vers zeigen?«

Ja.

»Er ist in der Sure An-Nisa.«

Das ist eine lange Sure. Können Sie mir sagen, welcher Vers?

»Ja, kann ich. Wissen Sie, als ich anfing, den Koran auf türkisch zu lesen, verstand ich zunächst überhaupt nichts. Ich kannte ihn auf deutsch. Es war das erste Mal, daß ich ihn auf türkisch las.«

Interessant.

»Dann las ich ihn noch einmal – und verstand ihn immer noch nicht.«

Interessant.

»Aber beim dritten Versuch passierte etwas.«

Sie lasen etwas über den Hijab ...

»Hijab?«

Wo ist der Vers über den Hijab?

»Im Buch.«

Wo im Buch?

»Ich bin heute leider sehr müde und muß auch noch zur Arbeit.«

Eine der Schwestern mischt sich ein: »Das kann man googeln!« Was sie auch tut. Sie findet die Stelle durch eine Goo-

gle-Suche. Ich sage ihnen, daß wir sie im Original überprüfen müssen, im Koran selbst. Wir schlagen den Koran auf, gehen zu der Sure und dem Vers, den sie aus Google haben, können aber nichts von einem Hijab-Gebot finden. Es folgt eine zweistündige Diskussion, bei der die Schwestern lautstark und leidenschaftlich ihren Glauben bekunden. Ich nehme für einen Augenblick die schöne Samide zur Seite.

Samide, verraten Sie mir: Wären Sie gerne eine Paradiesjungfrau?

»Wer wäre das nicht!«

Hamiyet, die mitgehört hat, fällt ihr sofort ins Wort. Mit erhobener Stimme fährt sie mich an:

»Warum sprechen Sie davon, wollen Sie sich über uns lustig machen?!«

Hamiyet redet lauthals auf ihre Schwester ein, auf türkisch, damit ich nichts verstehe. Doch greift sie zu einigen islamischen Ausdrücken, die mir vertraut sind. Auf Geheiß ihrer älteren Schwester revidiert Samide ihre Aussage. Sie will nun in den Himmel kommen, um Allah zu begegnen, nicht als Paradiesjungfrau. Und dann geht sie ohne Vorwarnung an die Decke.

»Mir gefällt nicht, was Sie tun. Ich ärgere mich über Sie!«

Ich beruhige sie. Das dauert eine Weile. Am Ende umarmen wir uns.

Gute Nacht, meine Liebe!

Am nächsten Morgen bereitet mir Mustafas Mutter ein so köstliches Frühstück zu, daß ich verkünde, jeden Morgen bei ihr zu Gast sein zu wollen. Als wir unseren türkischen Kaffee getrunken haben, stellt die Mutter ihre Tasse umgedreht auf einen Teller. Ihr Nachbar, ein Kaffeesatzleser, wird die Zukunft daraus lesen ...

Mustafas Schwester, ein sehr intelligentes junges Mädchen, erzählt mir, ihr Traum sei, in die Türkei auszuwandern. »Ich bin eine Fremde in diesem Land, die Deutschen schauen auf mich herab.« Marxloh mißfällt ihr zutiefst, obwohl sie versteht, warum ihr Bruder sich so viel Mühe gibt, das Ansehen ihrer Geburtsstadt zu verbessern.

Wie sieht es mit deinen Freundinnen in der Schule aus, wollen die auch in die Türkei gehen?

»Ausnahmslos alle.«

Dann schlägt Mustafa vor, daß ich mich mit einem Kommunalpolitiker treffe. Ich erzähle diesem von der interessanten Begegnung mit Hamiyet & Co. Nach einigem Zögern ruft er den Imam an und berichtet ihm von deren antisemitischen Ausbrüchen. Es folgt ein langes Telefonat. Ein sehr langes. Als er endlich auflegt, meint er, der Imam sei schockiert und werde kommenden Freitag in der Moschee darüber sprechen. Das sei purer Antisemitismus, den er uneingeschränkt verurteilen werde.

Er erklärt mir dann, wie die Duisburger Merkez-Moschee funktioniert – genauer gesagt, wie die 900 Moscheen in Deutschland funktionieren. In der Türkei gibt es einen Rat von 80 Theologen, denen ein Präsident vorsitzt. Nach ihren Beratungen gibt der Präsident den Imamen der 900 Moscheen in ganz Deutschland, die zur DITIB (*Diyanet İsleri Türk İslam Birliği* – der Türkisch-Islamischen Union der Anstalt für Religion) gehören, den Text ihrer Freitagspredigten vor. Erst nachdem diese Predigt beendet ist, dürfen die Imame über lokale Angelegenheiten sprechen. Ich kann es kaum erwarten ...

Da es jedoch bis Freitag noch einige Tage sind, treffe ich mich zunächst mit Rainer, einem professionellen Fotografen. Er ist Deutschdeutscher und der dritte in jener Dreifaltigkeit, zu der Mustafa und Halil gehören und die das Team des Medien-Bunkers ausmacht.

»Ich komme gerade aus Palästina«, begrüßt er mich. »Sie reisen nicht nach Palästina?«

Unüberhörbar liebt er es, »Palästina« zu sagen.

As-Salamu 'Aleikum, Rainer. Reisen Sie von Zeit zu Zeit auch einmal nach Israel?

»Ich war gerade in Tel Aviv.«

Wie ich sehe, fällt es ihm schwer, »Israel« zu sagen.

Sie waren in Israel?

»Ich wollte nach Gaza, aber sie ließen mich nicht.« *Sie.*

Ich nehme an, Sie stehen auf der Seite der Palästinenser. Ist das so?

»Nein. Ich bin unvoreingenommen. Ich weiß, daß es zwei Seiten gibt. Ich suche nur nach Gerechtigkeit.«

Und Sie glauben, daß beide Seiten sich bessern müssen –

»Genau.«

Sie sind Fotograf, richtig?

»Ja.«

Haben Sie fotografiert, um die Ungerechtigkeit im Bild festzuhalten?

»Ja, das habe ich!«

Also haben Sie die Ungerechtigkeiten festgehalten, die die Israelis an unschuldigen Palästinensern verüben?

»Was wollen Sie damit sagen?«

Was haben Sie mit Ihrer Kamera eingefangen?

»Die Trennmauer. Ich bin 50 Kilometer an ihr entlangmarschiert.«

Sie sind offensichtlich auf der palästinensischen Seite, stimmt doch, oder?

»Warum wollen Sie so etwas –«

Sie sind 50 Kilometer marschiert und haben fotografiert –

»Gerechtigkeit, Mann!«

Haben Sie auch näher vor Ihrer eigenen Haustür nach Gerechtigkeit gesucht? Zum Beispiel in Kurdistan, Tschetschenien –

»Was wollen Sie damit sagen?«

Warum sind Sie so auf Israel fixiert?

»Denken Sie vielleicht an etwas Bestimmtes –?«

Ich frage mich nur, warum ein Deutscher wie Sie so an Juden wie denen interessiert ist?

»Können wir darüber morgen sprechen?«

Klar, natürlich. Um wieviel Uhr?

»Um elf.«

Perfekt.

Es kommt ein neuer Tag, und ›morgen‹ ist heute. Ich finde mich für unsere Verabredung im Bunker ein. Es wird elf. Kein Rainer. Zwölf. Kein Rainer. Eins. Kein Rainer. Zwei. Kein Rainer.

Ich verlasse den Bunker und gehe zur Moschee. Muß für die Deutschen beten. Halil schließt sich mir an. Als wir gerade den Rosengarten erreicht haben, kreuzen der Imam und der Vorsitzende des Moscheevereins, Herr Al, unseren Weg. Beide haben sich so richtig in Schale geworfen. Schlecht kann es ihnen nicht gehen. Ich wende mich an den Imam. Ich möchte wissen, ob man mit ihm über die »Juden« gesprochen hat.

Die Szenerie hier ist interessant, ja bühnenhaft. Die Moschee im Hintergrund, der im Entstehen begriffene Rosengarten direkt vor uns, und jeder spricht eine andere Sprache. Der Imam spricht türkisch. Halil dolmetscht. Auch der Vorsitzende Al bemüht sich zu übersetzen, besteht aber darauf, deutsch statt englisch zu sprechen. Ich versuche, mich auf arabisch an den Imam zu wenden, gewinne aber den Eindruck, daß er die Sprache nicht beherrscht, da er beim Türkischen bleibt. Also bediene ich mich wieder des Englischen.

Wird der Imam am Freitag eine Predigt über »die Juden« halten? Nicht wirklich. Wie sich herausstellt, ist er am Freitag noch nicht einmal in Deutschland, er fliegt in die Türkei. Hat man mich also mit Lügen abgespeist? So sieht jedenfalls die Version des Imams aus: Ja, man hat mit ihm gesprochen, doch sagte er in dem Gespräch nicht das, was der Politiker mir gegenüber behauptet hatte. »Ich sagte, daß ich der Sache nachgehen würde, um herauszufinden, ob es wahr ist, ob jemand diese Dinge gesagt hat. Ich sagte, daß ich nachforschen würde, wer das gesagt hat, und ich sprach mit meinem Vorgesetzten darüber, und er sagte, daß niemand in dieser Gemeinde irgend etwas gegen irgend jemand hat und daß es folglich auch keinen Grund gibt, am Freitag eine Predigt darüber zu halten.«

Wie viele Mitglieder hat diese Gemeinde?

»1000.«

Haben Sie mit allen gesprochen?

»Nein.«

Ich versuche mir vorzustellen, woher er weiß, daß niemand etwas gesagt hat, wenn er nicht mit ihnen gesprochen hat.

Er erklärt es mir.

»Ich habe es nicht selbst gehört. Und wir können nichts aufgrund eines bloßen Verdachts tun ...«

[redacted]

[redacted]

[redacted]

[redacted]

[redacted] Ich frage mich: Ist diese Fähigkeit, die Tatsachen mit kindischem Starrsinn zu ignorieren, eine deutsche Eigenschaft?

Muß ich die älteren Deutschen, die behaupten, sie hätten während des Kriegs von nichts gewußt, so verstehen? Muß ich die jüngeren Deutschen, die schon so entschieden antiisraelisch sind, bevor die Tatsachen überhaupt auf dem Tisch liegen, so verstehen?

Ein paar Schritte von der Moschee und dem Rosengarten entfernt treffe ich auf eine Türkin, die ich aus naheliegenden Gründen nicht beim Namen nennen werde. Sie erzählt mir:

»Vor einigen Wochen richtete die Moschee einen Gedenkgottesdienst und eine Gedenkfeier für Alparslan Türkes aus, den 1997 verstorbenen Gründer der rechtsextremen türkischen Partei MHP [*Milliyetçi Hareket Partisi,* Partei der Nationalistischen Bewegung] sowie der Grauen Wölfe. Kennen Sie die? Dies ist eine rassistische, rechtsextreme, antisemitische Organisation. Die Wölfe sind gleichermaßen antikapitalistisch und antikommunistisch, weil ihrer Meinung nach beide Denkschulen von Juden begründet wurden. Einige türkische Bürger wollten dagegen demonstrieren, aber Deutsche wie Gitti waren dagegen. Sie haben kein Problem mit den Grauen Wölfen.«

Soll ich Gitti und die anderen deutschen Unterstützer der Moschee fragen? Ehrlich gesagt halte ich es für witzlos, sie auf dieses Thema anzusprechen. Sie werden behaupten, daß die hier abgehaltene Gedenkfeier einem anderen Alparslan Türkes galt, bei dem es sich in Wirklichkeit um einen betrunkenen türkischen Juden handelte, daß MHP für Muslimisch-Hebräische Partei des Friedens steht und die MHP und die Grauen Wölfe Todfeinde sind.

Lieber verlasse ich diesen Ort und sein Gemisch aus Kulturen.

Im Zug frage ich mich, was ich in Marxloh gesehen habe. Ich traf auf Stolz unter den Türken, großen Stolz, aber auch auf viel Haß. Ich bewundere ihr Rückgrat, ihre Leidenschaft, ihr Engagement und ihre Herzenswärme. Ihr unsinniger Haß aber, ihre grenzenlose Judenverhöhnung und die Leichtigkeit, mit der ihre Gemeinschaft sich dem Fanatismus an den Hals wirft, widern mich an. Tut mir leid.

Und dann sind da noch die Deutschen. Was sie beschützen, ist nicht der Koran oder der Islam, da sie von beidem keine Ahnung haben, sondern die Art von Islam, die in ihrer Gesellschaft vorherrscht. Hier sind Deutsche, die die Schande, die Judenmörder von gestern zu sein, dadurch auslöschen wollen, daß sie sich mit den Judenhassern von heute zusammentun. Diese Deutschen haben kein Rückgrat, keinen Stolz, keine Ahnung und nur sehr wenig Menschlichkeit. Tausendmal am Tag sagen sie *peace and love*, ohne es wirklich zu meinen. Mit zwei Fingern machen sie das Friedenszeichen, ihre Herzen aber singen *Sieg Heil*.

Doch hier geht es nicht nur um Gitti und ihre Freunde, sondern auch um die Rolle der deutschen Medien. Sie brüsten sich damit, wahrheitsliebende und ehrliche Übermittler von Nachrichten zu sein, und sind weder das eine noch das andere. Nicht nur daß sie es unterlassen, diese Gemeinde und diese Moschee als das zu entlarven, was sie sind: Judenhasser, nein, sie eilen sogar herbei, um sie zu tarnen. Was die deutsche Presse über die Gemeinde und die Moschee schreibt, ist niederschmetternd. Nicht einmal Kai Diekmann mit seinen 800 Journalisten ist hier, um diese Schande für Deutschland zu enthüllen.

Ich bin heute in schlechter Stimmung. Bitte um Entschuldigung. Nein, das Problem sind nicht die türkischen Frauen, die hier einen Hijab tragen, es sind die 82 Millionen Deutschen, die eine Burka tragen. 82 Millionen Deutsche, die nichts Besseres zu tun haben, als von den 106 000 Juden besessen zu sein, die unter ihnen leben. Es haut einen wirklich um.

Ja, ich weiß, ich klinge wie ein Prediger in der Wüste. Haben Sie jemals versucht, mit einem deutschen Intellektuellen zu argumentieren? Wie stark auch immer Ihre Argumente sein mögen, er wird niemals zugeben, im Unrecht zu sein. Im Gegenteil: Er wird Sie bei einem semantischen Fehler erwischen und ein Buch schreiben, um nachzuweisen, wie ignorant Sie sind. Er wird tausendundeine Quelle zitieren, von denen keine etwas mit dem Kern dessen zu tun hat, was Sie gesagt haben, um Sie der Unwissenheit und der Voreingenommenheit zu überführen. »Daß Tuvia ›er‹ schreibt und nicht ›sie‹, beweist ohne den geringsten Zweifel, daß er an einem schweren Fall von Sexismus leidet.«

Die Türken hier bilden eine wunderbare Gemeinschaft, aber sie haben dieses gewisse Gebrechen, diese kleine Krankheit: Sie sind allergisch gegen Juden.

Während ich in ihrer Gesellschaft war, sagte ich ihnen, was ich von ihnen denke. Ich hatte nie die Befürchtung, daß »diese Türken« mir etwas zuleide tun würden. Im Gegenteil: Ich sagte ihnen unverblümt meine Meinung. Ich respektierte sie mehr als jene deutschen Journalisten, die sich so sehr darum bemüht haben, die »Türken« zu »beschützen«. Wir fühlten uns in der Gegenwart des anderen trotz allem so wohl, daß wir auch bei allem Respekt anderer Meinung sein konnten. Es war Rainer, der Deutsche aus der Bunker-Gruppe, der sich mir nicht stellen wollte.

Und da war Gitti, die deutsche Dame, die für Frieden und Liebe ist, vorausgesetzt der Jude bleibt draußen.

An diesem Tag, da ich die Pforten von Frieden und Liebe hinter mir lasse, verläßt mich auch die Liebe. Ich kann die Deutschen nicht lieben. Ihre Maskeraden, ihre endlosen Diskussionen, ihre andauernden Predigten, ihren unausgesprochenen oder ausdrücklichen Judenhaß, ihren Mangel an Rückgrat, ihre Akkuratesse, ihren versteckten Rassismus, ihr ständiges

Bedürfnis, geliebt und beglückwünscht zu werden, und ihre vorgebliche Rechtschaffenheit.

Und am schlimmsten: Zum ersten Mal in meinem Leben fühle ich mich wie ein »Jude« – und das ist ein schreckliches Gefühl.

KAPITEL 19 *In dem sechs Millionen Touristen dank engagierter deutscher Journalisten über den »israelischen Terrorstaat« ins Bild gesetzt werden, 11 000 Jungfrauen gegen 11 000 tote Juden stehen und die Saudi Mecca Theater Company uns schließlich alles verrät, was wir schon immer über Sex wissen wollten*

Der Zug gleitet durch die Landschaft, immer neuen Horizonten entgegen. Vergiß Duisburg, Köln, ich komme.

Von den Türken und den Deutschen weiter zu den Schwulen und den Heteros.

Das erste, was man sieht, wenn man am Hauptbahnhof aussteigt, ist der gewaltige Kölner Dom. Beeindruckend. Seine majestätische Schönheit strahlt ein Gefühl der Ruhe aus.

Auf Wiedersehen, »Juden«, willkommen, prachtvolle Kirche mit deinen Schätzen!

Reines Wunschdenken. Zwischen dem Dom und mir steht Arnold. Arnold und Konsorten betätigen sich als politische Aktivisten. Seit vielen Jahren schon, hier auf dem Domvorplatz. Sie haben eine Dauerausstellung aufgebaut, die sich »Kölner Klagemauer« nennt. Was natürlich eine Anspielung auf das größte Heiligtum der Juden in Jerusalem, die Klagemauer, ist. Was für ein Name. Kölns Klagemauer. Gib's den Juden nur, immer feste drauf! An dieser Mauer hier hängen Poster, Bilder, Flyer, politische Erklärungen und Nachrichten. Von Deutschen angebracht, die den Frieden wollen. Das einzige Problem ist, daß ihnen der jüdische Staat Israel im Weg steht, welch Überraschung. Israel, machen sie deutlich, verübt »Massaker«, »Landraub«, »ethnische Säuberungen«, »Staatsterror« und andere Nettigkeiten.

Diese Klagemauer zeigt Bilder von toten palästinensischen Kindern in Blutlachen, israelische Soldaten, die mit Gewehren über Zivilisten hinwegstürmen, Leichenberge, wie wir sie von Bildern aus Auschwitz kennen, und ähnliche Kunstwerke. Ein toter Jude ist hier nicht zu sehen. Einen Juden hat es noch nie erwischt, falls Sie sich das gefragt haben sollten. Selbstmordattentate hat es noch nie gegeben, falls es Sie interessiert. Die Linien, die hier gezogen werden, lassen an Klarheit nichts zu wünschen übrig: Die Juden sind die Mörder, die Araber die Opfer.

Das Wetter ist heute angenehm mild, und ich unterhalte mich mit Arnold, der ein Schild mit antiisraelischen Botschaften in der Hand hält.

Sie, Arnold, lieben also die Palästinenser und hassen die Israelis. Ist das so?

»Nein. Beide Seiten sind im Unrecht.«

Wirklich?

»Ja. Und ich bin ihrer müde.«

Wollen mal schauen, was hier steht: »Boykottiert Israel«. Das ist also Ihre Forderung. Sollten wir nur die Israelis boykottieren oder auch die Palästinenser?

»Beide.«

Warum rufen dann Ihre Plakate nur zum Boykott Israels auf?

»Wir meinen beide damit.«

Also sollte auf Ihren Plakaten vielleicht »Boykottiert Palästina« stehen, damit wir wissen, daß auch Israel gemeint ist?

»Fragen Sie so was nicht mich. Ich bin hier nicht der Boß.«

Wer ist der Boß?

»Er ist auf der Toilette.«

Der Boß ist auf der Toilette.

»Er muß ein großes Geschäft machen. Darf er das etwa nicht?«

Laßt ihn nur ›machen‹. Während der Boß ›macht‹, treffe ich mich mit Eva Gronbach, einer jungen Modedesignerin. Eva erörtert für ihr Leben gern ihre Modeideen. Stundenlang könnte sie über ihre Kleidungsstücke referieren. Sie spricht und spricht und spricht, und ich versuche mein Bestes, um mitzukommen. Wir sitzen in einem Café in einem von Kölns hippen Vierteln, wo man bio ißt. Die deutsche Jugend schwört auf Naturkost, alles muß bio sein, organisch, echt. Hoffentlich serviert man mir hier keinen Sand.

»Ich liebe es, Deutsche zu sein. Dies ist ein freies Land, eine echte Demokratie. Hier kann man sein, wie man will. Vor acht Jahren entwarf ich eine Kollektion auf der Grundlage unserer Fahne. Das waren damals andere Zeiten. So etwas konnte man damals nicht machen. Wenn ich in ein Restaurant oder eine Kneipe kam und in die deutsche Fahne gekleidet war, verstummten die Leute auf einmal. Niemand wollte in meiner Nähe sitzen. Man hielt mich für eine Extremistin oder einfach nur für verrückt. Aber ich liebe Deutschland. Früher habe ich es gehaßt, mit seiner bedrückenden Geschichte. Aber dann habe ich es liebengelernt. Das tue ich wirklich. Ich liebe die deutsche Flagge. Sie ist oben schwarz, das ist bedrückend, unten aber golden. Und was ist in der Mitte? Rot. Das ist die Energie. Ich habe auch eine starke Affinität zum Judentum. Haben Sie die goldenen Quadrate auf den Bürgersteigen gesehen? Ich kriege jedesmal Gänsehaut, wenn ich sie sehe. Jüdische Musik, ich liebe jüdische Musik. Manchmal gehe ich in die Synagoge hier in Köln. Einfach so. Vielleicht werde ich eines Tages eine Kollektion nach dem Vorbild chassidischer Kleidung entwerfen. Eine meiner Kollektionen ist aus originalen Bergarbeitermonturen gefertigt, die manchmal sehr verdreckt und verschwitzt sind. Aber die Kunden lieben es. Menschen, die nicht körperlich arbeiten, tragen gerne diese Kleidung. Sie verschafft ihnen ein gutes Gefühl. Meine Mäntel kosten um die 700 Euro, die T-Shirts 89.«

Wie es die Regel auf meiner Deutschlandreise ist, bin ich aus einer Laune heraus nach Köln gefahren. Ich hatte genug von der ganzen islamischen, jüdischen, nazideutschen Geschichte und brauchte eine Pause. Köln lächelte mich auf der Landkarte an, und deshalb bin ich jetzt hier. Ich habe allerdings keine Ahnung, wo ich übernachten soll.

In der hiesigen Touristeninformation frage ich nach einer Empfehlung. Manche Hotels in Deutschland bieten Sondertarife für Journalisten an. Zwei Stunden später teilt man mir telefonisch mit, daß man ein Hotel für mich gefunden hat: das Excelsior Hotel Ernst. Und ich muß nichts zahlen. Ich habe eine Suite. Direkt gegenüber dem Dom. Die Geschichte starrt mich an. 600 Jahre hat es gedauert, diese Kirche zu bauen, wie mir ein Fremdenführer heute verriet. Zwei Stunden hat es gedauert, mich ganz in ihren Genuß zu bringen. Ich kann mich nämlich auf den Balkon setzen und sie berühren. Jedenfalls fast. Der Kühlschank ist mit Leckereien vollgestopft, alles im Preis inbegriffen. Ich habe ein Jacuzzi und zwei Badezimmer. Marmorfußboden in einem Teil des Zimmers, moderne Malerei in einem anderen, schöne Läufer und Teppiche, und jeden Tag stehen frische köstliche exotische Früchte bereit. Diverse Zweiersofas, Ledersessel, sogar ein Drucker – für den Fall, daß ich ausdrucken möchte, was ich schreibe. Das ist ein Palast. Ich werde von Kopf bis Fuß verwöhnt, mein ganzer Körper jubelt vor Vergnügen. Das Essen im Hotel ist exotisch, mehr will ich gar nicht sagen. Kurzum, das hier ist eine spirituelle Erfahrung. Man kann über Gerechtigkeit, Sozialismus, Kommunismus, Kapitalismus, Fairneß, Religion, Glauben, Freiheit, Humanität, Rechtschaffenheit, Frieden, Liebe und all die anderen schönen Wörter sagen, was man will. Im Excelsior schmelzen sie dahin wie der Schnee von gestern. Nur dieses Hotel ist real. Der Himmel. Das Leben in dieser Suite ist das einzige, was zählt, die einzige Wahrheit. Ich verliebe mich wieder in Deutschland. Darf ich das etwa nicht? Im Ernst, ist nicht alles andere egal? Mir schon. Nichts ist mehr wichtig. Gar nichts.

Ich fühle mich erhaben hier. Ich spüre, daß ich ein Guter bin. Ich bin nett. Ich fühle mich pudelwohl mit mir. Und mit der Welt. Alle Menschen sind gut. Solange ich diese Suite habe. Alle sind wunderbar. International fühle ich mich heute. Meine Zeitung für heute soll die *International Herald Tribune* sein. Warum? Weil sie das Wort *international* im Titel führt. Ich liebe alle und jeden. Die Liebe ist meine Religion, politisch korrekt meine Seele, Excelsior, das bin ich. Ich setze mich auf eines der kleinen Sofas und beginne mit der Zeitungslektüre. Wie immer lese ich die wichtigsten Meldungen in der rechten Spalte der Titelseite zuerst. »Überleben statt Leben in Gaza«. So ist der heutige Aufmacher überschrieben. Ich schäume vor Wut. Schon wieder? Auch die Amerikaner haben nichts Besseres zu tun? Kümmert euch mal lieber um eure Mormonen! Warum belästigt mich alle Welt ständig mit Israel? Seit dem Tag, an dem die Christen vor 2000 Jahren begannen, einem italienisch aussehenden Juden zu folgen, können sie es einfach nicht lassen. Wenn ihre Zeitungsredakteure nichts finden, worüber sich zu schreiben lohnt, schreiben sie über Juden. Ich hätte da einen Vorschlag für euch, Redakteure: Warum nehmt Ihr euch nicht einfach mal die *Gay Games* vor? Ich weiß zwar nicht so recht, was das ist, aber hier in Köln sind viele Leute eifrig damit beschäftigt, sich darauf vorzubereiten. Es handelt sich um so etwas wie Olympische Spiele für Schwule und Lesben und Transvestiten und andere. So in der Art. Klingt doch nicht uninteressant. Das gäbe eine nette Schlagzeile ab: »Schwule Spiele in der Moschee«. Jeder wird das lesen wollen. Garantiert. Die Zeitung wird sich verkaufen wie geschnitten Brot, und die Verleger werden genug verdienen, um sich ein Wochenende im Excelsior leisten zu können. Bestimmt.

Gut, aber jetzt hätte ich gerne den Zimmerservice. Doch was bestellen? Was brauche ich, das ich nicht schon habe? Werfen wir einen Blick auf die Liste.

Auf meinem Bett liegen drei Kissen, eins besser als das andere. Dazu eine kleine Mitteilung für mich.

Um mir meine Nachtruhe so angenehm wie möglich zu gestalten, heißt es dort, freut sich das Hotel, mir eine zusätzliche Auswahl an Kissen anzubieten.

Zur Auswahl stehen unter anderem antiallergische Kissen, Roßhaarkissen, Kirschkernkissen ...

Wo sind wir hier? Was für Leute kommen hierher, die verwöhnter sind als der liebe Gott?

Faszinierend, das muß ich herausfinden.

Wilhelm Luxem, der einen äußerst kompetenten Eindruck auf mich macht, ist der geschäftsführende Direktor des Excelsior Hotel Ernst. Wir treffen uns auf einen lockeren Plausch.

Wie muß ich mir den typischen Hotelgast hier vorstellen?

»Mit einem großen Ego, aber nicht im negativen Sinn.«

Erinnern Sie sich an irgend jemand Bestimmtes, der in »meinem Bett« geschlafen hat?

»Henry Kissinger.«

Wie hoch ist der Anteil von Gästen, die wiederkommen?

»Ziemlich hoch. 38 Prozent. Es gibt Gäste, die ihr eigenes Bett bei uns haben. Ein Gast aus Wien zum Beispiel. Er will in keinem anderen Bett schlafen. Ich weiß nicht, warum. Also ließ er sein Bett zu uns verfrachten, damit er in ihm schlafen kann, wenn er hier ist, und in seiner Abwesenheit lagern wir es für ihn ein. Er kommt ungefähr viermal im Jahr.«

Sie lagern sein Bett für ihn?

»Ja, wir behalten es hier. Manche Gäste lassen auch ihre Kleidung bei uns. Um nichts mit sich herumschleppen zu müssen.«

Berechnen Sie ihnen die Lagerkosten?

»Nein! Warum sollte ich? Das ist die beste Werbung, die es gibt: Ich weiß, daß sie wiederkommen. Ihr Bett ist hier. Ihre Kleidung ist hier. Wir glauben an Service, Service ist sehr wichtig.«

Wilhelm hat Stil. Er behandelt mich, König Tuvia, wie es mir gebührt. Ein glänzender neuer Mercedes wartet vor dem Hotel auf mich, um mich zu meiner nächsten Erkundung zu bringen: Ich bin mit den Organisatoren der Gay Games verabredet. Statt dessen jedoch stolpere ich, wie es der Teufel so will, in eine Schwulenbar. Dort lerne ich Eric kennen, einen Mann mit einer ziemlich seltsamen Frisur und so etwas wie einem Bart.

»Man lebt hier gut als Schwuler«, erklärt er mir, »und ich fühle mich akzeptiert. Man wird uns natürlich nie hundertprozentig akzeptieren, weil wir immer eine Minderheit bleiben werden. Die Natur will, daß die Menschen sich vermehren, und wir tun es nicht. So ist das halt. Wie heißen Sie? Ah, sprechen Sie hebräisch? Unser Barmann, der Geschäftsführer, spricht auch hebräisch. Möchten Sie ihn kennenlernen?«

Ist er denn Jude?

»Nein, aber er spricht hebräisch.«

Wie kommt's?

»Fragen Sie ihn. Er heißt Oliver.«

Oliver ist schwerlich zu übersehen. Er küßt einfach jeden auf den Mund und wird von jedem geküßt.

»All diese Küsse«, sagt er zu mir, »und nie werde ich krank. Irgend jemand da oben muß mich gerne haben.«

Ist es also gut, schwul zu sein?

»Ja.«

Was ich mich frage: Jetzt, wo Sie alles erreicht haben, was Sie erreichen wollten, ich meine auf das Schwulsein bezogen, was kommt jetzt? Sie haben ein Leben damit zugebracht, für gleiche Rechte und Anerkennung zu kämpfen, und jetzt haben Sie beides. Jedenfalls die meisten. Wie geht das Leben jetzt weiter – für einen Mann, der es gewohnt ist zu kämpfen, der aber keinen Anlaß zum Kämpfen mehr hat? Was können Sie jetzt noch machen?

»Geschäfte.«

Wie bitte?

»Was wir hier machen. Geschäfte ...«

Sie meinen, wie diese Schwulenbar?

»Genau.«

Sind Sie Jude?

»Lo«, antwortet Oliver auf hebräisch. Nein.

Sie können Hebräisch?

»Ken«, sagt Oliver – ja – und fährt auf hebräisch fort.

»Vor Jahren brachte mir mein Vater einmal ein Geschenk mit nach Hause: eine hebräische Bibel. Ich konnte sie nicht lesen, wußte nicht einmal, wo Anfang und Ende ist. Ich legte sie beiseite und vergaß sie. Als ich einen katholischen Pfarrer kennenlernte und wir zusammenkamen, fiel mir das Buch wieder ein, und ich gab es ihm.«

Ihr Freund ist ein katholischer Pfarrer?

»Wir sind nicht mehr zusammen.«

Tja, interessant. Aber woher kann er Hebräisch?

»Als mein Vater starb, dachte ich an sein Geschenk, die hebräische Bibel. Ich wollte sie von dem Pfarrer zurückhaben und bekam sie auch. Ich konnte sie immer noch nicht lesen. Da beschloß ich, daß ich das unbedingt tun mußte. Ich flog nach Israel und lernte dort in einem *ulpan* [Sprachschule] Hebräisch.«

Oliver schiebt eine israelische CD in den CD-Spieler der Schwulenbar, in der nun lautstark hebräischer Gesang anhebt.

»Ich habe schon zweimal israelische Partys hier veranstaltet. Beim letzten Mal bin ich vorher zur jüdischen Gemeinde gegangen, um zu schauen, ob sie mir eine Menora für unsere Party leihen. Die Synagoge ist orthodox. Ich ging hinein, der Rabbi war aber in einer Besprechung. Ich zitterte. Man stelle sich nur einmal vor, ich würde zum Erzbischof gehen und ihn um einen religiösen Gegenstand für eine Schwulenparty bitten. Der würde mich hochkant rausschmeißen! Aber hier sitze ich in einer orthodoxen Synagoge, bin nicht einmal Jude und möchte mir von ihnen einen religiösen Gegenstand für eine Schwulenbar ausleihen. Mir zitterten wirklich die Hände. Und dann sieht mich der Rabbi an und sagt: ›Vergessen Sie nicht, sie nach der Party zurückzubringen.‹ Ich konnte es kaum glauben! Wir hatten die Menora genau hier, in der Mitte!«

Fast jeder, dem ich bislang auf meiner Deutschlandreise begegnet bin, war gegen Israel. Was stimmt mit Ihnen nicht, Oliver?

»Die Menschen in Deutschland, die meisten jedenfalls, verstehen nicht, was es bedeutet, wenn man sich darum sorgen muß, ob man seinen Sohn am Abend wiedersieht oder nicht, weil er inzwischen tot sein könnte. Für die Israelis ist das Realität. Ich habe einige Monate dort gelebt und es gesehen. Die Europäer aber begreifen das nicht. Nicht nur die Deutschen. Ich versuche ihnen zu erklären, daß es bei dem, was sich dort abspielt, nicht nur um Politik geht, sondern um das Leben und um eine bestimmte Mentalität. Sie glauben, daß es nur um Politik geht, so wie hier. Aber nein, dort geht es nicht um Ideen und Meinungen, sondern ums Leben.

Möchten Sie übrigens ein koscheres Bier? Ich hab welches da. Möchten Sie eins probieren?«

Oliver nimmt kein Geld von mir, was auch immer ich zu mir nehme. »Sie sind mein Gast«, sagt er.

Die »Jüdische Braut« würde sich in seiner Bar wohlfühlen.

Erfrischt und bestens genährt treffe ich mich am nächsten Tag mit Paul Bauwens-Adenauer. Paul ist ein Enkel Konrad Adenauers, des ersten deutschen Bundeskanzlers und Mitbegründers der CDU, der so etwas wie der deutsche Kennedy oder doch wenigstens Kölns Kennedy war.

Paul ist Präsident der Industrie- und Handelskammer zu Köln und hat seine eigene Firma.

Ist Deutschland eine Nation?

»Wenn wir vom Fußball sprechen, dann ja.«

Abgesehen vom Fußball. Ist dies ein Land?

»Es ist auf dem Weg dahin.«

Gibt es eine Eigenschaft, einen gemeinsamen Zug, den alle Deutschen teilen?

»Ja.«

Und worin besteht er?

»Die Deutschen sind Romantiker. Sie glauben, daß es für alles und jedes eine Lösung gibt. Wenn Sie sich deutsche Talk-Shows ansehen, werden Sie feststellen, daß es auf jede Frage eine Antwort gibt. Es gibt die Überzeugung, daß der Staat jedes erdenkliche Problem lösen kann. In den Vereinigten Staaten glaubt man an sich selbst, man hat das Gefühl ›ich kann das‹. Das ist hierzulande nicht der Fall. Hier herrscht die Überzeugung, daß jemand anderes, üblicherweise der Staat, alles tun kann und alles tun sollte. Das führt zu der Einstellung, daß es keinesfalls mein Fehler war, wenn etwas, das ich getan habe, nicht funktioniert, sondern immer der einer anderen Instanz.«

Kann man damit den Zweiten Weltkrieg erklären?

»In gewisser Weise ja. Es gibt einen Glauben an und ein Vertrauen auf Autorität. Es ist dieses Gefühl, das Hitler genutzt und ausgenutzt hat.«

Wollen Sie damit sagen, daß die Klischees der Wahrheit entsprechen? Ich meine, würden Sie sagen, daß die Deutschen gerne gehorchen?

»Die Deutschen lassen sich gerne führen und verführen.«

Mehr als andere Völker?

»Ja.«

Paul auch?

»Wie bitte?«

Sie. Sie auch?

»Ich hasse es. Ich folge niemandem gerne, ich würde –«

Also sind Sie kein Deutscher?

»Da bin ich ein echter Kölner. In Köln trieben die Menschen vor Jahrhunderten ihren Regenten, den Erzbischof, zu den Stadttoren hinaus. Das ist unsere Geschichte.«

Könnte es sein, daß der Grund, warum Sie nicht gerne gehorchen, in Ihrer Zugehörigkeit zur herrschenden Klasse besteht? Nicht jeder in dieser Stadt kann sich so glücklich – oder unglücklich – schätzen, einen Bundeskanzler zum Großpapa zu haben.

»Vielleicht. Aber ich glaube, daß es auch am Wesen der Kölner liegt. Es entspricht nicht ihrer Mentalität, anderen zu folgen. Sie halten sich lieber an sich selbst.«

Dann sind sie also keine Deutschen?

»Nein, sie sind nicht die typischen Deutschen ...«

Was sind typische Deutsche?

»Deutsche arbeiten gerne, zum Beispiel sind sie gute Handwerker.«

Warum arbeiten sie gerne?

»Ich weiß nicht. Sie arbeiten lieber, als Geld zu verdienen. Amerikaner schätzen das Geld, Deutsche die Arbeit. Deutsche perfektionieren gerne Dinge. Eine gute Arbeit ist sich selbst Lohn genug. Die Deutschen hassen es, wenn etwas nicht richtig funktioniert.«

Paul macht einen intelligenten Eindruck auf mich. Ich überlege, ob ich das »jüdische« Problem ansprechen soll, und entscheide mich dafür. Vielleicht kann er mich von meinem »jüdischen Schmerz« in diesem Land heilen. Ich lege das Problem auf den Tisch:

Ich kann Ihnen berichten, daß mit einer Ausnahme in einer Schwulenbar alle Deutschen, die ich »zufällig« getroffen habe, antijüdisch waren. Warum sind so viele Deutsche negativ gegenüber den Juden, gegenüber Israel eingestellt?

»Ich glaube, daß diese Einstellung in anderen europäischen Ländern stärker ist als in Deutschland.«

Lassen Sie uns über Deutschland sprechen. Stimmt es, daß die Deutschen den Juden und Israel sehr kritisch gegenüberstehen?

»Wenn Sie es so formulieren, gebe ich Ihnen recht.«

Alle politischen Lager?

»Die Linken stehen Israel kritischer gegenüber als die Konservativen.«

Paul hat auch eine Erklärung für diese Haltung.

»Israel muß manchmal robust auftreten, glaube ich, weil es ein so kleines Land ist, ein kleines, von Feinden umringtes Land. Der durchschnittliche Deutsche sieht dies jedoch nicht, er glaubt, daß Probleme auf sanfte Weise gelöst werden sollten. Das ist die deutsche Reaktion auf die Geschichte des Dritten Reichs. Man schickt Soldaten nach Afghanistan, glaubt aber, daß niemand verletzt werden darf.«

Wie erklären Sie sich den Antisemitismus, dem ich beispielsweise in Duisburg begegnet bin?

»Es gibt so gut wie keine Juden in diesem Land, wirklich nur sehr wenige. Das Verhältnis, das die Menschen hier zu den Juden haben, ist ein theoretisches, kein reales.«

Deutsche von der Sorte, die angeblich entschieden gegen alles sind, was auch nur nach Antisemitismus riecht, waren dabei, als ich mit antisemitischen Verunglimpfungen überhäuft wurde, ohne diesen in irgendeiner Weise zu widersprechen. Warum haben sie nicht protestiert?

»Die Deutschen folgen lieber. Sie sind nicht die Sorte

Mensch, die politisch immer ihren Mann steht. Sie haben kein ausgeprägtes politisches Rückgrat.«

Bald wird die DITIB hier über eine Moschee verfügen. Was sagen Sie dazu? In Duisburg propagieren sie ihren Leuten gegenüber unverhohlenen Judenhaß und feiern sogar bekannte Antisemiten. Ja, sie tun es auf türkisch und nicht auf deutsch. Aber sie tun es. Das ist es, wofür sie in Wirklichkeit stehen. Und bald kommen sie hierher, in Ihre Stadt, und dann wird das in Ihrem Hinterhof stattfinden. Wie gehen Sie damit um?

»Gute Frage.«

Begrüßen Sie die Idee, daß hier eine Moschee entsteht?

»Dazu habe ich zwei Gedanken. Bei uns herrscht Glaubensfreiheit, warum also sollten wir keine Moschee haben?

Wenn ich aber höre, was Sie über diese Saat, dieses Gift des Judenhasses sagen, dann fände ich es schrecklich, wenn sich das in Köln ausbreiten würde. Die Deutschen haben eine falsche Vorstellung von Toleranz.«

Was werden Sie tun?

»Soweit es mein Einfluß erlaubt, werde ich die öffentliche Aufmerksamkeit darauf lenken.«

Nach einer langen Diskussion, in der er einräumt, keine klare Antwort oder praktikable Lösung parat zu haben, sagt er:

»In Köln schürfen wir in solchen Dingen nicht sehr tief, wir kratzen nur an der Oberfläche. Wir feiern lieber ...« Paul hält Köln für die Vergnügungshauptstadt Deutschlands. »Hier haben sich eher die lebenslustigen als die ernsten Menschen versammelt. Das ist Köln für mich.«

Letzte Frage: Was bedeutet es, aus der Familie zu stammen, aus der Sie stammen?

»Der Name legt mir mitunter Fesseln an.«

Als nächstes treffe ich Arnd Henze, Fernsehredakteur beim mächtigen WDR. Ein Blick genügt, und ich meine zu »wissen«, mit wem ich es hier zu tun habe: ein Moralapostel, politisch absolut korrekt, hundertprozentig den Menschenrechten verpflichtet, ein selbstgerechter Fürsprecher der Schwachen, Armen und der Minderheiten. Der perfekte Journalist. Der rechtschaffene Journalist. Wenn er könnte, würde er folgende Frau wählen: eine alte jüdische schwarze muslimische buddhistische Lesbierin, die unter schwerer Unterernährung leidet und Aids im fortgeschrittenen Stadium hat. Ich meine, wenn das möglich wäre.

Mal sehen, wie er wirklich ist.

Warum tun Sie, was Sie tun?

»Um Transparenz für die Menschen herzustellen und sie zu informieren, weil nur so die Demokratie bewahrt werden kann. Demokratie hat mit Beteiligung zu tun, und dafür muß man gut informiert sein. Mir ist bewußt, daß ich als Person voreingenommen bin, aber das sind meine Kollegen auf ihre Weise auch.«

Groß-artig!

Haben Sie einen Themenschwerpunkt?

»Na klar. Menschenrechte, Klimaschutz.«

Wie ist das prozentuale Verhältnis zwischen Geschichten, für die Sie sich stark machen und die Ihren politischen Überzeugungen entsprechen, und denen, die das nicht tun?

»Ich habe Bush-Zitate gebracht, die ich völlig abwegig fand.«

Kommen Sie! Das ist doch selbstverständlich. Wenn ich 1939 darüber hätte berichten müssen, was damals auf der Welt los war, hätte ich über das berichtet, was Hitler gesagt hat. Das hat doch nichts damit zu tun, ob man neue Denkansätze forciert, das ist rein nachrichtlich.

»Den Vergleich mit Hitler habe nicht ich gemacht, das waren Sie.«

Ich bin mir dessen vollkommen bewußt und werde niemals behaupten, daß Sie Bush und Hitler in irgendeiner Form verglichen hätten. Und nun: Vergessen Sie die Zitate. Es geht um Geschichten. Solche, die Ihre Anschauungen bestätigen, und solche, die das nicht tun. Wie ist das Verhältnis? Wie viele der Geschichten, über die Sie persönlich berichten, sind zufälligerweise Geschichten, die Ihre eigenen Ansichten untermauern?

»90 Prozent der abendfüllenden Reportagen, die ich mache, bestätigen meine Ansichten.«

Arnd erzählt mir, daß »die Einschaltquoten fallen, wenn wir über den Nahen Osten berichten, weil die Leute uns für israelfreundlich halten«. Ich weiß nicht viel über den WDR, aber es ist gut zu wissen, daß diese große Medienanstalt die Juden liebt. Irgend jemand muß sie doch lieben, oder etwa nicht?

Ich spaziere durch die Straßen von Köln, einer Stadt, die im Zweiten Weltkrieg fast von der Landkarte gelöscht wurde. Mein Blick fällt auf ihre wiederaufgebauten Mauern und Bauten: Wie penibel die Deutschen gearbeitet haben müssen! Sie haben jeden kleinen Stein rekonstruiert, jede alte Linie nachgezogen und jeden Tropfen in den Wasserhähnen wieder aufgefüllt. Das muß eine unerschütterliche Entschlossenheit, enormen Einsatz und Ströme von Schweiß gekostet haben. Aber sie haben es getan. Punkt für Punkt, Tropfen um Tropfen, Träne um Träne. Das ist bewundernswert, es ist berührend, und faszinierend ist es auch.

Was aber sagt es über die Menschen aus?

Wer weiß?

Spazieren wir weiter. Sie werden sehen, wie kultiviert diese Stadt ist. Und wie lächerlich.

Hier steht die Kirche St. Ursula, erbaut zu Ehren einer Jungfrau, die für die rechte Sache starb, wobei sie 11 000 ihrer Gefährtinnen mitnahm, die ebenfalls samt und sonders Jungfrauen waren. Ja, wirklich.

Vielleicht werden Sie sagen, daß es sich dabei bloß um eine Legende handelt. Nur riskieren Sie dann den Zorn Gottes. Kein Witz. Wenn Sie lange genug in dieser Kirche verweilen, werden Sie auf die sogenannte »Goldene Kammer« stoßen. Hier finden Sie eine Ausstellung von »Gebetszeilen«, die aus Menschenknochen geformt sind. Jawohl. Menschliche Knochen, und nicht wenige, die man golden angemalt und überall in dieser Kammer aufgehängt hat. Ringsherum. Es ist ein verstörender Anblick. Menschenknochen an den Wänden, die den Hühnerknochen auf meinem Teller von gestern erschrekkend ähnlich sehen. Als ob die Mauern in dieser Kirche den Zweck hätten, uns zu lehren: Das ist alles, was du bist, ein Hühnchen, das jemandes Hunger stillen wird.

Was machen diese Knochen hier? Fragen Sie nicht mich. Malek, ein Deutschpole, der die Schatzkammer beaufsichtigt, steht an der Eingangstür und berechnet zwei Euro für das Vergnügen, diese menschlichen Überreste zu sehen. Ich halte einen kleinen Schwatz mit ihm.

Ist es nicht furchtbar, täglich diese Menschenknochen zu sehen?

»Überhaupt nicht«, antwortet er. »Ich bin Archäologe und an solche Anblicke gewöhnt.«

Und diese Art von Ausstellung, die ihn ständig an den Tod erinnert, stört ihn nicht?

»Jeder Gläubige sollte ständig an den Tod denken!« predigt er mir.

Warum?

»Wenn Sie nicht gläubig sind, kann ich Ihnen dazu nichts sagen, da Sie es doch nicht verstehen würden.« Punkt.

Glauben Sie mir, wenn ich diese Knochen sehe, dann glaube ich alles, was man mir über die Jungfrau Ursula erzählt. 11 000 Jungfrauen? Ja, glaube ich. Bevor meine eigenen Knochen golden angemalt werden und ein Deutschpole ein Bündel Euros aus meinen toten Teilen herausholt.

11 000 Jungfrauen. Christliche Jungfrauen, keine islamischen. Samide aus Marxloh kommt nicht hierher. Das hier ist nicht das Paradies, sondern ein gräßlicher Ort mit einer gräßlichen Legende.

Wenn Sie weiter durch die Stadt laufen, gelangen Sie zur großen Synagoge. Eine der schönsten Synagogen, die ich je gesehen habe. Ihre Architektur stellt die Einfachheit in den Dienst der Schönheit, sie läßt Bögen und Kreise in ein endloses Ende auslaufen, vielleicht in die Tiefe der Seele und des Heiligen. Jemand, der hier beschäftigt ist, sagt mir, Pauls Opapa, Konrad Adenauer, habe diese Synagoge errichten lassen. Wer auch immer es war, sie muß Millionen gekostet haben.

Als ich an einem Freitagabend hineingehe, bin ich von ihrem Anblick so überwältigt, daß mir zunächst gar nicht auffällt, wie leer dieser Tempel mit seinen 500 Plätzen ist. Erst als mir der Kantor bedeutet, ich möge meinen Kopf bedecken, fallen mir die Menschen hier drinnen auf oder besser, ihre Abwesenheit. Dort ist der Rabbi, da der Kantor und da drei Russen, die hier arbeiten. Das ist alles. Und ich, ja. Mehr nicht. Der Nachmittagsgottesdienst geht zu Ende, gleich wird der Abendgottesdienst gefeiert. Vier Touristen kommen herein. Füllt sich doch, Mann! sage ich zu mir. Die Abendandacht beginnt, und wir sind insgesamt elf Personen, mich eingeschlossen. Vier Touristen, Rabbi und Kantor, drei Beschäftigte, meine Wenigkeit sowie ein »Überlebender«, wie es heißt.

Wenigstens ein Deutscher, sage ich zu meinem Nebenmann.

»Das ist kein Deutscher«, wird mir entgegnet, »sondern ein Russe.«

Touristen und Angestellte nicht mitgezählt, ist heute abend ein Gottesdienstbesucher aufgetaucht.

Eine Millionensumme und eine Riesenanlage für einen alten russischen Juden. Ginge es nach mir, würde ich ihn für den Rest seines Lebens im Excelsior Hotel Ernst einquartieren, was entschieden billiger wäre.

Das deutsche Judentum in seiner untergegangenen Pracht war größtenteils liberal, man gehörte zur Reformbewegung. Die heutigen deutschen Juden, die Benutzer von immens teuren, aber leeren jüdischen Tempeln und Institutionen, sind größtenteils orthodox. Und in der Regel importiert. Der Rabbi hier ist Schweizer, der Kantor Israeli. Auf meiner Reise durch Deutschland habe ich ebendieses Phänomen in vielen Städten beobachtet. Die geistigen Führer der jüdischen Gemeinden in Deutschland, die ich getroffen habe, sind oft Leute, die es in ihren Heimatstädten nicht geschafft haben. Sie sind nicht gut genug für ihre Heimatländer, aber jeder ist gut genug für die Leere des jüdischen Lebens in Deutschland.

Ich kann die Frau am Tisch des Oberrabbiners in München mir ins Ohr flüstern hören: Hab ich's Ihnen nicht gesagt?

Die jüdische Gemeinschaft in Deutschland – in Köln wie in den anderen Städten, die ich besucht habe – ist ein einziger riesiger Friedhof. Wohl mag es hier und da gewisse Lebenszeichen geben, aber das sind bloß Geister. Lebende Tote.

In diesem großen Gebäude befindet sich ein Mahnmal für die 11 000 Kölner Juden, die im Zweiten Weltkrieg umkamen.

11 000 Jungfrauen. 11 000 Juden. Köln liebt die 11 000. Eine schöne Zahl.

Der Gottesdienst ist zu Ende, und alle elf Besucher verlassen die heilige Stätte. Der stellvertretende Rabbiner und ich machen einen Spaziergang und schlendern an Schwulenkneipen vorbei, während wir in unsere Gedanken, ins Gespräch und in sonstige heilige Aktivitäten vertieft sind. Der stellvertretende Rabbiner erzählt mir von einem neuen Problem, mit dem es die Kölner jüdische Gemeinde und der Tempel zu tun haben. Ein Kölner städtischer Beamter rief in der Synagoge an und bat um einen kleinen Gefallen: Einige israelische Juden aus der dortigen Schwulenszene kommen bald nach Köln. Wie sie dem Beamten sagten, würden sie gerne einen Gottesdienst im Tempel besuchen, und er versucht nun herauszufinden, ob sich das machen läßt.

»Verstehen Sie jetzt«, sagt der stellvertretende Rabbiner zu mir, »warum es manchmal besser ist, stellvertretender Rabbiner zu sein als Rabbiner? Das ist eine schwierige Frage, aber ich muß sie nicht beantworten, es liegt nicht in meiner Verantwortung.«

Was hat der Rabbi dem Beamten gesagt?

»Der Rabbi bat um mehr Zeit für die Antwort.«

Worauf wartet er?

»Er wird die Frage dem Vorstand vorlegen, und der Vorstand wird entscheiden.«

Jawohl. Wir brauchen sündhaft teure Riesenbauwerke sowie importierte Geistliche, um zu entscheiden, ob ein schwuler Jude beten kommen darf.

Ich meine – und Sie dürfen mich ruhig zitieren –, daß sich die jüdische Gemeinde in Köln und die muslimische Gemeinde in Duisburg, die beide über so eindrucksvolle Bauten verfügen, vereinigen sollten. Vielleicht sollten sie einen gemeinsamen *Verein* gründen, die Diskriminierer-und-Vorurteilsbeladenen-Vereins-GmbH.

Das wäre ein neuer Weg, Frieden zwischen Juden und Muslimen zu stiften, zumindest zwischen den religiösen Teilen ihrer Bevölkerungen.

Ich frage den stellvertretenden Rabbiner, was er anstelle des Rabbiners täte.

Er persönlich glaubt nicht, daß es eine gute Idee wäre, besagte Juden einen Gottesdienst besuchen zu lassen.

Und warum nicht?

»Das würde die Gottesdienstbesucher erschrecken«, sagt er, »und am Ende kommen sie nie wieder in den Tempel.«

Die Gottesdienstbesucher. Was hat der Plural hier zu suchen? Es gibt einen Gottesdienstbesucher, den Überlebenden. Würde es den alten Mann erschrecken?

»Ja«, antwortet der stellvertretende Rabbiner.

Armer Jude. Ist es nicht schlimm genug, daß er die Nazis erlebt hat? Der Anblick eines schwulen Juden könnte ihm endgültig den Garaus machen.

Köln.

Spazieren Sie weiter, und Sie gelangen zu einem Museum, einem modernen Museum, einem Köln-Museum. Es heißt, wie Sie vielleicht schon vermutet haben, Schokoladenmuseum. Ja: Dort sehen Sie, wie Schokolade hergestellt wird, von der Sie obendrein ein Stück geschenkt bekommen.

Willkommen in Köln.

Ich gehe weiter. Schöne Aussichten und Plätze. Eine Fußgängerzone beispielsweise. Hier findet gerade eine Demonstration statt. Deutschiraner demonstrieren gegen die Brutalität des iranischen Regimes. Sie zeigen Bilder zum Beweis. Blutverschmierte Köpfe und andere Organe, Gaben des Regimes an alle, die nicht gehorchen oder anders sind. Anhand der Fotos läßt sich nicht entscheiden, ob irgendeines der hier fotografierten Opfer tot oder lebendig ist. Nicht, daß es einen großen Unterschied machen würde. Angesichts der Verfassung, in der sich die Leute auf diesen entsetzlichen Bildern befinden, wäre der Tod vielleicht sogar vorzuziehen.

Als ich die Demonstranten näher betrachte, kommt mir irgend etwas an ihnen falsch oder befremdlich vor. Ich kann es zunächst nicht benennen. Es dauert ein paar Minuten, dann wird es mir klar: Ich sehe unter den Demonstranten keine deutschen Deutschen. All diese Deutschen, die sofort mit dabei sind, wenn es darum geht, palästinensische Demonstrationen gegen Israel – oder die Juden – zu unterstützen, fehlen hier. Obwohl diese Iraner ähnlich schreckliche Bilder zeigen.

Willkommen in Köln. Gönnen Sie sich eine Wurst und ein Bier und versuchen Sie, alles andere zu vergessen.

Köln.

Heute präsentiert die Kölner Philharmonie eine Produktion der Gershwin-Oper *Porgy and Bess,* gespielt vom New York Harlem Theatre.

Eine Dosis Englisch kann ich gut gebrauchen! Also gehe ich hin.

Im Unterschied zu den Gottesdiensten in den Synagogen ist diese Veranstaltung bis auf den letzten Platz besetzt.

Die Oper beginnt. Es sind so viele Menschen auf der Bühne, daß sie sich kaum bewegen können.

Sie singen. Angeblich auf englisch.

Wer ist diese New York Harlem Theatre-Gruppe? Wo genau in Harlem hat sie ihren Sitz? Einen New Yorker Akzent haben diese Leute nicht. Seltsam.

Rund zwei Stunden später treffe ich zufällig auf den Chefdirigenten der Gruppe.

Wo in Harlem befindet sich Ihr Theater? frage ich den weißen Mann.

Tja, um mich des Titels eines Gershwin-Stücks aus ebendieser Oper zu bedienen, *It Ain't Necessarily So.* Der Name der Truppe, wie Sie vielleicht schon vermuteten, ist genau das: ein Name. Ausgezeichnete Geschäftsidee. Sollten Sie nächstes Jahr im Kölner Schauspielhaus das Musical *Was Sie schon immer über Sex wissen wollten* in einer Inszenierung der Saudi Mecca Theatre Company sehen, dann verraten Sie niemandem, daß ich dahinterstecke.

Zeit, mich in meiner wundervollen Suite zu erholen.

Dort steht ein hübscher großer Fernseher, der nur darauf wartet, von mir eingeschaltet zu werden.

Helge Schneider hatte recht. Kaum macht man den Fernseher an, sieht man gleich wen? Adolf Hitler. Eine feine kleine Sendung. Man erörtert Hitlers sexuelle Gewohnheiten. Die gelehrten Fernsehköpfe diskutieren Hitlers Beziehung zu seiner Nichte, Geli Raubal. Wie war Hitler beim Sex? Eine wichtige Frage, deren Beantwortung etwas Sensationelles enthüllen wird: Hitler hatte eine ungewöhnliche sexuelle Vorliebe, nämlich daß seine Geliebte auf ihn uriniert.

Diese Geschichte wurde diversen historischen Werken zufolge 1943 von Otto Strasser in Umlauf gebracht. Die meisten seriösen Historiker halten sie für falsch. Warum diskutieren wir im Jahr 2010 darüber? Weil Hitler immer noch gute Einschaltquoten bringt.

Weitere Nachrichten des Tages:

Im Ruhrgebiet findet an diesem Wochenende eine Party statt: *Still-Leben Ruhrschnellweg*. Die A40 ist für den Verkehr gesperrt, 20 000 Tische stehen auf dieser vielbefahrenen Autobahn, und drei Millionen Menschen sind gekommen.

Ist das auch nur wieder eine Form von *Verein*?

Ich habe mich beim letzten Mal so wunderbar mit Paul Bauwens-Adenauer unterhalten, daß ich ihn noch ein weiteres Mal besuche. Vielleicht kann er mich noch mehr erleuchten.

Warum strömen diese Millionen von Deutschen auf die Straßen, um im wesentlichen – nichts zu sehen?

»Sie lieben es, zusammen zu sein.«

Das ist alles? Sie suchen nur nach einem Vorwand, um mit so vielen anderen Deutschen wie möglich zusammen zu sein?

»Ja. Gesellschaft schafft Gleichheit.«

Sind die Deutschen ein Volk auf der Suche nach Gleichheit?

»Da gibt es den Ausspruch: Wenn man lange genug an einem Deutschen kratzt, kommt darunter ein Sozialist zum Vorschein.«

Das habe ich vor geraumer Zeit schon mal gehört. Mit einem kleinen Unterschied: Statt ›Sozialist‹ hieß es ›Nazi‹. Wenn man lange genug an einem Deutschen kratzt –

»›Etwas‹ ist jedenfalls darunter.«

Aber was?

»Ein Gefühl der Zusammengehörigkeit. Wir sind Mitglieder desselben Stammes.«

Ist es das, was Hitler machte, dieses ›Etwas‹ zu benutzen und dann den Stamm als ›arisch‹ zu definieren?

»Ja.«

Bedeutet das, es besteht die Wahrscheinlichkeit, daß der Nazismus zurückkehrt?

»Ja, möglich ist das überall, aber hier nicht jetzt.«

Danke, Mann! Und was ist sonst noch deutsch?

»Die deutsche Treue. Es ist wichtig, treu zu sein.«

Augenblick! Diese beiden Eigenschaften, Loyalität und Treue auf der einen Seite, eine Stammeszugehörigkeit, die ins Tödliche und Barbarische umschlagen kann, auf der anderen Seite, sind Gegensätze –

»Das größte Problem der Deutschen ist, daß sie sehr romantisch sind, total romantisch. Und Romantik kann gefährlich werden. Sie schlägt leicht ins Gegenteil um.«

Ich erwähne Paul gegenüber einen Brief, den ich vor vielen Jahren las. Ein Nazikrieger schreibt kurz vor Weihnachten an seine Frau. In diesem wahrlich sehr romantischen Brief ließ er sie wissen, daß sie stolz auf ihn sein könne. Sie hatten einen Wettbewerb im Lager, schrieb er. Sie warfen jüdische Kleinkinder in die Luft und erschossen sie, bevor sie zu Boden fielen. Du wirst stolz auf mich sein, verkündete er seiner Geliebten, denn ich habe den Wettbewerb gewonnen.

Paul ist nicht im geringsten überrascht.

Ich frage ihn, ob er Gelegenheit hatte, über das nachzudenken, worüber wir beim letzten Mal gesprochen haben – die

Möglichkeit, daß der islamische Fanatismus nach Köln vordringt, und wie man mit ihr umgehen sollte.

Ja, hatte er.

»Wir in Deutschland werden abwarten und sehen, was andere Länder tun, Frankreich zum Beispiel. Sie haben das gleiche Problem oder werden es bekommen. Wir lassen zuerst sie etwas unternehmen und machen dann dasselbe.«

Von Paul lerne ich eine Menge über Deutschland und die Deutschen. Wenn er recht hat, dann ist das Dilemma, mit dem ich diese Reise begann, gelöst. Die schreckliche Nazivergangenheit dieses Landes auf der einen Seite und die schöne, romantische deutsche Literatur auf der anderen widersprechen sich nicht wirklich.

»Das größte Problem der Deutschen ist, daß sie sehr romantisch sind, total romantisch. Und Romantik kann gefährlich werden. Sie schlägt leicht ins Gegenteil um.«

Hat er aber auch recht? Wie Schwester Jutta-Maria aus München möchte ich der Sache auf den Grund gehen.

Vielleicht ist es an der Zeit, sich auf die Geschichte zu besinnen und herauszufinden, wie alles begann. Vielleicht könnte sich eine kleine Erkundung des Doms als hilfreich erweisen. Das ist schließlich Geschichte, eine lange zurückreichende Geschichte. Wenn Rabbi Schmidt mich etwas gelehrt hat, dann dies: Als erstes sollte man sich immer mit der Geschichte vertraut machen!

Ich gehe zum Dom, um mich mit der Dombaumeisterin Barbara Schock-Werner zu treffen, der ersten Frau, die diese Position innehat. Wilhelm Luxem vom Excelsior, der mich mit Paul bekannt gemacht hatte, stellt mich auch Barbara vor.

»Dieser Abschnitt«, sagt sie und zeigt im Eingangsbereich nach draußen, »wurde im Zweiten Weltkrieg beschädigt.«

Ich dachte, die Alliierten hätten den Dom verschont, oder etwa nicht?

»Überwiegend. Aber ein Großteil der Umgebung des Doms wurde bombardiert. Eigentlich wollten die Briten auch hier Bomben abwerfen.«

Warum?

»Die Kölner Nazis hielten bis zum Schluß stand.«

In Erinnerung an das, was Paul mich über das Wesen der Kölner gelehrt hat, sage ich: Ich dachte, die Kölner wären keine –

Sie unterbricht mich: »Ja, natürlich. Und in Deutschland gab es auch keine Nazis ...«

Sie lacht, während sie das sagt. Diese Frau ist sarkastisch und hat einen Sinn für Ironie.

»Im Dom hing ein Hakenkreuz«, fährt sie fort.

Das verträgt sich nicht gut mit den Geschichten, die ich bisher in dieser Stadt gehört habe. Aber Fakten, denke ich mal, wiegen stärker als Fiktionen.

»Sechs Millionen Besucher kommen jedes Jahr hierher«, sagt Barbara, abrupt das Thema wechselnd. Sechs Millionen? Die Zahl kommt mir bekannt vor.

Barbara ist praktizierende Katholikin, was ihr bei ihrer Arbeit sehr hilft. Täglich finden hier fünf Gottesdienste statt, erzählt sie mir. Klingt für mich nach einer Moschee, was ich aber für mich behalte. Statt dessen frage ich etwas entschieden Wichtigeres:

Wo sind die Aktgemälde? Ich sehe so gerne Akte in einer Kirche.

»Der Dom stammt aus einer späteren Epoche. Selbst Adam und Eva, ursprünglich nackt gemalt, mußten auf Geheiß bedeckt werden, und so sehen Sie sie hier.«

Sie zeigt sie mir. Aber ich hake nach: Wirklich gar keine Akte in dieser Kirche?

»Interessante Frage. Ich muß das überprüfen. Ich habe nie darüber nachgedacht. Ah, ein Akt fällt mir ein, ein Höllenbildnis. Wollen Sie es sehen?« Natürlich. Ist ja umsonst! Wir gehen hin. Sehr erotisch ist das, was wir da sehen, allerdings nicht. Ich frage: Noch irgend etwas? »Ich gehe dem nach«, antwortet Barbara. »Jetzt bin *ich* neugierig geworden.«

Sie zeigt mir noch einige Schätze, die die Touristen normalerweise nicht zu sehen bekommen. So zum Beispiel die Bauzeichnungen für den Dom, herrlich detailliert auf Pergament ausgeführt. Im Jahr 1270. »Eine Frau in Darmstadt hat darauf Erbsen getrocknet«, erzählt Barbara, was auf die Wege verweist, die dieses historische Dokument nahm, bevor es wieder an seinen angestammten Platz zurückkehrte.

Barbara weiß eine Menge, keine Frage. Sich mit ihr zu unterhalten, ist ein Vergnügen. Sie ist lebhaft, direkt, witzig und hochintelligent. Nach einer Weile treten wir aus dem Dom heraus, damit ich während unseres Plauschs eine rauchen kann. Nach einer Weile fällt mir auf, daß die Kölner Klagemauer verschwunden ist.

Was ist mit der Klagemauer passiert? frage ich sie.

»Montags sind die nie da.«

Barbara erzählt mir von der Zeit, als die Leute von der Mauer praktisch hier lebten, direkt am Eingang des Doms. »Sie hatten jahrelang ein Zelt hier, sie lebten hier.« Es dauerte eine Weile, bis die Anwälte der Domkirche es schafften, sie zwangszuräumen, was ihnen jedoch nur gelang, weil das Zelt auf dem Grundstück der Kirche stand.

Was halten Sie von diesen Leuten und ihrer Mauer?

»Es ist schlicht antisemitisch und rassistisch. Es gibt ein paar reiche Leute in Köln, die Walter Herrmann [Initiator und Unterhalter der Mauer] unterstützen. Auch sehe ich, wenn er hier auf dem Platz ist, daß die Menschen ihm viel Geld zukommen lassen. Vor einiger Zeit versuchte eine jüdische Organisation, die Mauer verbieten zu lassen, was die Stadt jedoch mit Verweis auf die Demonstrationsfreiheit ablehnte.«

Würde eine ähnliche Mauer, die sich gegen die Türken richtet, aus Gründen der Demonstrationsfreiheit genehmigt werden?

»Auf gar keinen Fall!«

Die Befestigungssteine – die Steine, in denen die Kölner Klagemauer verankert ist – sind sehr schwer. Ohne sie gäbe es die mobile Mauer nicht. Wo aber sind sie jetzt? Ich kann mir nicht vorstellen, daß Herr Herrmann oder seine Freunde, die hier stehen, wenn er etwas ›macht‹, die Steine mitnehmen, wenn sie abends nach Hause gehen. Unlängst sah ich einen von ihnen, der an diesem Tag Dienst an der Mauer schob, nach der ›Arbeit‹ nach Hause gehen, und er hatte keinen dieser Steine bei sich.

Wissen Sie vielleicht, wo sie diese Befestigungssteine aufbewahren?

»Nicht bei uns!«

Wissen Sie denn, wo?

»Möchten Sie das wirklich wissen?«

Ja.

»Beim WDR.«

Das zu glauben fällt mir schwer. Ich versuche mir eine vergleichbar mächtige amerikanische Medienanstalt vorzustellen, die bei einer vergleichbaren Aktivität »aushelfen« würde, aber mir fällt kein Name ein. In Amerika würde eine Nachrichtenagentur dieser Größenordnung eher den Betrieb einstellen, als so etwas zu tun.

Vielleicht habe ich sie ja nicht richtig verstanden. Ich frage daher nach:

Wollen Sie mir sagen, daß der WDR –

»Sie helfen ihm.«

Sie helfen dieser Gruppe, antisemitische Propaganda zu verbreiten?

»Ja.«

Warum?

»Fragen Sie sie. Soll ich Ihnen die Befestigungssteine zeigen?«

Ja.

Barbara geht mit mir über die Straße und zeigt mir, wo Herr Herrmann jeden Abend die schweren Befestigungssteine deponiert, bevor er heimkehrt. Direkt neben einer Eingangstür zum WDR, die nicht weit von der Klagemauer entfernt ist.

Das ist eine Medienanstalt. Sind die so dämlich?

»Fragen Sie sie.«

Ich beherzige Barbaras Rat und gehe in das WDR-Gebäude, genauer gesagt, ich versuche es. Der WDR residiert in einem Hochsicherheitsbau mit elektronischen Toren, roten Ampeln und Wachpersonal.

Die Frau, die vor dem Sicherheitseingang sitzt, kommt heraus, um mit mir zu sprechen. Sie sagt, sie wisse nicht, wovon ich rede. »Welche Steine? Welche Mauer?«

Könnte ich bitte mit jemand weiter oben in der Hierarchie sprechen? frage ich sie, da sie so freimütig zugibt, keine Ahnung zu haben. Sie kehrt ins Gebäude zurück und ruft irgend jemanden an, keine Ahnung, wen. Ich muß inzwischen natürlich draußen warten.

Nach einer Viertelstunde anscheinend fieberhaften Telefonierens tritt die Frau wieder heraus und sagt mir: »Der Chef sagt, daß das alles nicht stimmt.« War nicht, ist nicht. Keine Befestigungssteine hier. Gab es nicht und gibt es nicht.

Ich sollte mich mit dieser Antwort zufriedengeben und gehen.

Auf Wiedersehen.

Mir ist aber nicht danach zumute, mich einfach so wegschicken zu lassen.

Ich habe sie gesehen, sage ich ihr. Ich kann sie Ihnen zeigen. Wollen Sie mitkommen und mir das erklären? Ich habe auch Fotos, falls Sie Ihren Posten nicht verlassen dürfen.

»Sie haben Fotos gemacht –«

Ja.

»Entschuldigen Sie mich«, sagt sie und kehrt wieder zu ihrem Telefon zurück.

Ich warte. Etwa 40 Minuten.

Am Ende dieser überaus gastfreundlichen Vorstellung des WDR gibt sie mir die Telefonnummer eines gewissen Herrn

Krenke, der für die Sicherheit zuständig ist. Den sollte ich gleich mal anrufen.

Kann ich jetzt mit ihm sprechen?

»Nein, er ist in einer Besprechung. Warten Sie 15 Minuten, und rufen Sie ihn dann an. Aber nicht von hier.«

Ich bleibe da und warte. Die 15 Minuten machen mir nun auch nichts mehr aus. Und vielleicht ergibt sich ja noch etwas.

Was in der Tat auch geschieht.

Ein Mann im Anzug kommt aus dem Gebäude und erklärt mir alles, was ich wissen sollte. Er sagt:

»Herr Herrmann war seit einer Weile nicht mehr hier. Früher wurden diese Steine, die Befestigungssteine, in einem nahe gelegenen Café deponiert. Der Besitzer des Cafés gestattete dies. Aber das war früher so. Jetzt gibt es nichts mehr, worüber man sprechen könnte, da besagte Mauer, Sie können zum Domvorplatz gehen und sich selbst davon überzeugen, nicht mehr vorhanden ist.«

Der WDR sollte seinen Namen in WDA ändern, Wir Dementieren Alles.

Warum lügen Sie mich an? frage ich diesen namenlosen geschniegelten Herrn. Montags ist ihr freier Tag. Herr Herrmann und seine Gruppe stehen montags nie hier. An den anderen Tagen aber sind sie da. Wenn Sie glauben, ich sei heute den ersten Tag in Köln, muß ich Sie leider enttäuschen: Ich sah sie vergangene Woche jeden Tag.

»Wirklich?« sagt der Mann. »Das wußte ich nicht.«

Er verschwindet wieder im Gebäude. Er sollte nach Marxloh fahren und mit dem Imam zu Mittag essen.

Ich gehe auf einen Sprung in das Café und unterhalte mich mit seinem Betreiber, Heinz-Josef Betz.

Sind Sie das, der Herrn Herrmann mit seinen Befestigungssteinen hilft?

»Ich? Ich verkaufe Kuchen und Eis.«

Die Leute vom WDR sagten mir, daß Sie hier Herrn Herrmann seine Steine deponieren lassen –

»Kommen Sie, ich zeige Ihnen, wo er seine Steine aufbewahrt.«

Dorthin gehen wir, und Heinz-Josef sagt:

»Sehen Sie, das ist mein Lokal, und hier endet es. Sehen Sie die Steine? Das bin nicht mehr ich, das ist der WDR. Sie geben es nicht gerne zu, aber sie sind diejenigen, die das erlauben. Dieser Grund und Boden gehört mir nicht. Ich kann niemandem vorschreiben, was er dort lagern darf und was nicht.«

Er hat absolut recht. Die Steine liegen weit entfernt von seinem Zaun. Ich gehe zum Haupteingang des WDR. Ein eindrucksvoller Eingang. Sehr geschmackvoll. Eine attraktive Dame sitzt am Empfangstresen. Ich spreche sie an, und die Schöne wird zum Biest.

»Ich weiß, wer Sie sind«, sagt sie. »Gehen Sie zum Dom. Die Kirche unterstützt diese Leute, nicht wir.«

Wirklich? Ist das die offizielle Antwort des WDR? Alldieweil ich Fotos habe und bereits mit den Leuten vom Dom und mit dem Wirt des Cafés gesprochen habe –

»Warten Sie!«

Die biestige Schöne führt ein Telefonat, so wie die andere Dame, mit dem Unterschied, daß diese hier mir ihr Telefon in die Hand drückt. PR-Assistentin Tanja Lütz ist am anderen Ende der Leitung. Sie möchte meine Telefonnummer und meine E-Mail-Adresse. Sie verspricht mir eine Antwort, kann aber nicht garantieren, daß diese binnen einer Stunde kommen wird, weil »die Kollegen in der Mittagspause sind«.

Das muß eine lange Mittagspause sein. Sechs Stunden sind inzwischen verstrichen, und noch hat niemand angerufen oder geschrieben.

Nach einem solchen Haufen Lügen frage ich mich, was als nächstes kommt.

Deutschland. Immer noch antisemitisch.

O Gott! Das ist das letzte, was ich sehen oder entdecken wollte! Ich hasse alle, mich eingeschlossen, und kehre Köln den Rücken.

Bevor wir auf die Mauer zu sprechen kamen, zeigte Barbara mir eine Frau, eine Bettlerin, die zitternd und mit bedecktem Haupt am Fuß des Doms sitzt. »Schauen Sie sich ihre Beine an«, sagte Barbara. »Sehen Sie, wie jung sie ist? Sie ist keine alte Frau; in Wirklichkeit zittert sie auch nicht. Und dieser alte Mann im Rollstuhl, sehen Sie den? Sobald es Abend wird, steht er aus seinem Rollstuhl auf und zieht durch die Kneipen.«

Der Schein trügt.

Und Rundfunkanstalten erst.

KAPITEL 20 *In dem die bekannte Tatsache erörtert wird, daß zwei Juden, die sich irgendwo auf der Welt über den Weg laufen, sofort einen Draht zueinander haben*

Also, wenn das hier immer noch ein Naziland ist, dann möchte ich, solange ich in Deutschland bin, wie der größte Nazi aller Zeiten leben! Was immer der Führer hatte, sollte ich auch haben. Finden Sie nicht auch?

Ich bin im Hotel Elephant in Weimar. Adolf Hitlers Zimmer war die Suite Nummer 100. Und jetzt bin ich hier. Tolles Gefühl!

Gewiß, das Zimmer wurde umgestaltet, die Möblierung verändert, das Badezimmer vergrößert, nebst einiger anderer Umbauten dieser Art. Aber dennoch. Das hier ist sie. Seine Suite. Heil Tuvia!

Eine sehr talentierte Künstlerin, Maria Giménez, erzählte mir vor meiner Reise nach Weimar, daß Hitler Deutschland haßte und deshalb tat, was er getan hat.

Wie bitte?

»Hitler war ein Künstler mit der Mentalität eines Künstlers. Künstler sind keine Nationalisten.«

Wirklich?

»Hitler gebrauchte seine Macht nicht dazu, Menschen zu helfen, er dachte nur an sich. Künstler sind im Grunde ihres Herzens selbstsüchtige Wesen, sie können keine Nationalisten sein.«

So habe ich das noch nie betrachtet, aber sie hat nicht ganz unrecht. Eine interessante Frau, diese Maria.

»Ich erinnere mich an ein Bild von Obama mit seinem Slogan ›Yes we can‹, und als ich sah, wie die Menschen ihn ver-

ehrten, dachte ich: Das ist dasselbe, was hierzulande geschah, als die Menschen Hitler verehrten. Es ist dieselbe Geschichte. Die Leute verlangen nach einem Führer, den sie anbeten können. Damals war es Hitler, heute ist es Obama.«

Ich aber sage: Vergeßt Obama. Vergeßt Rabbi Helmut. Vergeßt Halb und Halb. Vergeßt Scheich Jens. Vergeßt die »Jüdische Braut«. Sieg Heil! Heil Tuvia! Sollen die Drei Raben es sehen und der Welt verkünden. Heil!

Damals, als das heißgeliebte Wölfchen in diesem Hotel weilte, riefen die Menschen draußen den brillantesten, poetischsten Vers zu ihm hinauf, der je in deutscher Sprache verfaßt wurde:

»Lieber Führer, komm heraus, aus dem Elephantenhaus.«

Und der allerliebste Führer pflegte, um dem Genius seiner Anhänger Tribut zu zollen, auf das zu treten, was als Führerbalkon bekannt geworden ist, sie zu grüßen und ihnen zuzuwinken. Sie sozusagen zu heilhitlern. Und wenn er das konnte, warum nicht auch ich? Ja. Genau das werde ich jetzt tun. Ich gehe auf den Balkon, der auf den Platz blickt, pflanze mich so auf wie er und schaue nach unten.

Eine Gruppe älterer Leute geht vorbei. Ich winke ihnen im Hitlerstil zu.

Sie finden es toll! Sie winken zurück. Was für ein Land!

Ehrengard, deren Job es ist, Besuchern aus aller Welt so viel über Weimar zu erzählen, wie sie aufnehmen können, ist heute mit mir unterwegs. Sie erzählt mir von dieser Stadt, in der die NSDAP ihren ersten Reichsparteitag nach ihrer Neugründung durchführte. Von hier aus begann die Partei ihren Siegeszug. Was kein Zufall war; die Nazis wollten sich unbedingt in dieser Stadt beweisen. Immerhin war hier das Zentrum der aufgeklärtesten Nation der Welt: der Weimarer Republik. Und genau hier wurden Hitler und seine Partei mit offenen Armen empfangen.

Wie konnten so aufgeklärte Menschen so schnell zu solchen Barbaren werden?

Ehrengard weiß es nicht. Es existieren verschiedene Erklärungsansätze, sagt sie, und empfiehlt mir sogar ein Buch, das ich schon kenne, aber endgültige Antworten auf diese Frage gebe es nicht. So schnell lasse ich nicht locker und frage sie, wie sie über die Zeit denkt. War irgendein Familienangehöriger von ihr am Krieg beteiligt? Ich denke an die Frankfurter Schüler. War ein Großvater vielleicht Lokomotivführer in Kiew ...?

»Nein. Lokführer nicht. Etwas anderes hingegen schon.«

Was, wer?

»Lutz Graf Schwerin von Krosigk, Finanzminister im Dritten Reich, war mein Großonkel.«

Das ist ein großer Fisch. Zumindest ein größerer Fisch als meine eigenen Angehörigen.

Was hat er Ihnen erzählt? Hat er zugegeben, schlimme Dinge getan oder wenigstens von ihnen gewußt zu haben?

»Er erzählte mir, daß er von den KZs wußte, aber nichts von der Grausamkeit.«

Glaubten Sie ihm das?

»Nein.«

Weiter ging das Gespräch nicht?

»Ich fragte ihn: Warum hast du nichts unternommen?«

Was hat er geantwortet?

»Man kann nicht von einem fahrenden Zug springen.«

Und das war alles?

»Nein. Er kam immer an den Punkt, an dem er sagte: ›Das wirst du nie verstehen.‹«

Ehrengard, die diese Führung schon seit vielen Jahren macht, sagt mir, dies sei das erste Mal, daß ihr jemand solche Fragen gestellt habe.

Ja. Ich bin wahrscheinlich zu weit gegangen. Ich wechsle daher das Thema und spreche über Fußball und Fahnen.

Anschließend geht's zurück zum Elephanten. Nicht weit von meinem Hotel steht das Weimarer Rathaus, von dem eine israelische Flagge herabhängt. Die war letzte Nacht noch nicht da. Ich versuche herauszufinden, was es damit auf sich hat, erhalte aber keine klare Antwort. Schau an.

Im Elephanten wartet Martin Kranz auf mich. Ich kenne den Mann nicht, also setze ich mich auf einen Kaffee und eine Cola light mit ihm zusammen und lausche, was er mir zu erzählen hat. In der DDR als Sohn eines Pfarrers aufgewachsen, konnte er nicht aufs Gymnasium gehen und Abitur machen.

Der Grund?

»Weil mein Vater Geistlicher war.«

Während ich an meiner Cola nippe, erzählt er mir weitere Details aus seinem Leben. Ich notiere auf meinem iPad: Ging zur Volksarmee. Als in Leipzig die Demonstrationen gegen die Regierung ausbrachen, wurde er für zehn Wochen ins Gefängnis gesteckt. Den als zuverlässig eingeschätzten Soldaten hingegen wurde befohlen, die Demonstrationen zu stoppen. Nach zehn Wochen im Gefängnis, während denen die Mauer fiel, wurde er zusammen mit anderen Soldaten zum Schutz der Wirtschaft der DDR in einer Zigarettenfabrik eingesetzt. Der reinste Unsinn. Vier Monate später sagten die Soldaten: Genug! Was machen wir hier eigentlich? Ist nicht die Mauer gefallen? Sie wurden nach Hause geschickt. Er studierte dann Musik, was auch ohne Abitur möglich war. Vor rund zehn Jahren, als Weimar Europäische Kulturhauptstadt war, betätigte sich Martin als Fundraiser, um israelische und palästinensische Musiker nach Weimar zu holen.

Hier unterbreche ich ihn. Wie zum Teufel haben sich Israelis und Palästinenser schon wieder durch die Hintertür in diese Geschichte hineingeschlichen? Was haben die Juden in diesem Bild zu suchen? Schon wieder?!

Warum Israelis und Palästinenser?

»Warum nicht?«

Warum ja? Nichts Besseres oder Schlechteres zu tun?

»Nun ja, wir luden Daniel Barenboim ein, und der wollte mitmachen.«

Warum ihn?

»Er ist ein Großer!«

Andere Große gab's nicht?

»Warum nicht ihn?«

Er ist ein durch und durch politisches Wesen, überaus streitlustig und manchmal gegen Israel.

»Damals noch nicht.«

Wirklich? Kennen Sie die genaue Geschichte von Daniel, wann, wie und wo er war, als er begann, sich politisch zu engagieren?

Nein, kennt er nicht. Und dann, nach einer langen, nahezu endlosen Diskussion, sagt er mir: »Fragen Sie Herrn Kaufman.«

Wer zum Teufel ist das?

»Er hatte die Leitung.«

Also, Sie wissen nicht wirklich, warum Daniel eingeladen wurde?

»Nein.«

Gut zu wissen.

Martin weiß es vielleicht nicht, aber Tatsache ist folgendes: Daniel Barenboim gründete das West-Eastern Divan Orchestra zusammen mit dem bekannten Aktivisten für die Rechte der Palästinenser, Edward Said; die Aufführung in Weimar war die Premiere des Orchesters.

Martin ist auch Kulturmanager und Festivalproduzent. Eines der Festivals, das er jährlich organisiert, sind die Jüdischen Kulturtage in Berlin.

Warum Sie?

»Ich wurde gefragt.«

Sie sind kein Jude, nicht wahr?

»Bin ich nicht.«

Was haben Sie über die Juden gelernt?

»Sie sind alle miteinander verbunden. Weltweit. Ganz gleich, wie einer denkt, ganz gleich, welche politischen Ansichten einer hat, sie sind alle miteinander verbunden.«

Die Nazis würden sich freuen, wenn sie Sie so reden hörten. Sie denken genauso.

»Nein, nein! Nein! Das habe ich nicht gesagt!«

Was haben Sie denn gesagt?

»Die Juden sind geistig miteinander verbunden. Auf der ganzen Welt.«

Wirklich?

»Wenn ein Jude irgendwo auf der Welt einem Juden begegnet, dann haben sie sofort einen Draht zueinander. Ich weiß das. Ich habe es gesehen. Das ist einzigartig an den Juden!«

Gut, daß Martin besagtes Festival organisiert. Endlich ist da draußen jemand, der den Juden sagen kann, wer sie sind.

Paul Kernatsch, Direktor des Hotel Elephant, macht seine Aufwartung.

»Ich bin gebürtiger Ire. Meine Frau liebt es, Schuhe zu kaufen, und ich liebe den Apple Store.«

Na, da haben wir es doch. Wir haben sofort einen Draht zueinander.

Ich bitte ihn, mir den Unterschied zwischen Ostdeutschen und Westdeutschen zu erklären.

»Die ostdeutschen Mädchen sind schöner und aufgeschlossener.«

Wirklich?

»Ja!«

Nennen Sie mir ein Beispiel!

»In Ostdeutschland ist eine Schwangerschaft keine Krankheit.«

Ich bin erst einen Tag hier, und ich mag total falschliegen, aber ich habe den Eindruck, daß die Ostdeutschen Kritik nicht so gut vertragen wie die Westdeutschen und daß sie starrköpfiger sind. Liege ich total falsch?

»Nein. Beide Beobachtungen stimmen.«

Dieses Hotel wurde auf Hitlers Befehl gebaut oder umgebaut. Ist es das einzige Hotel, das er bauen ließ?

»Soweit ich weiß, ja.«

Können Sie mir sagen, wie viele Gäste speziell in diesem Zimmer schlafen wollten, so wie ich?

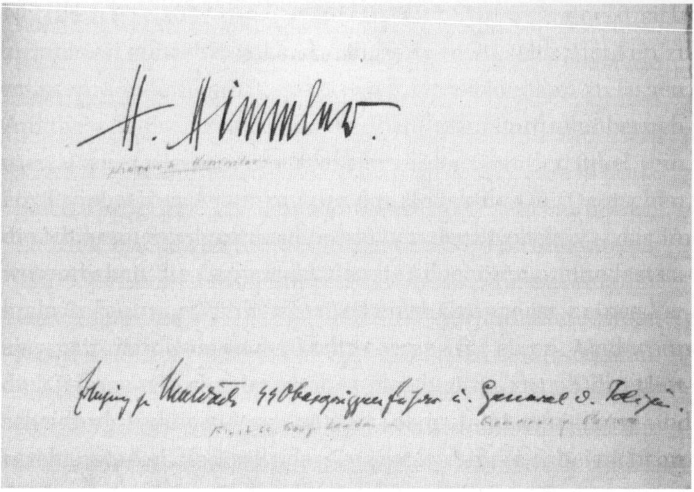

»Seit ich hier bin, also seit mittlerweile 13 Jahren, waren es genau zwei.«

Ich vermute mal, daß ich in guter, in exklusiver Gesellschaft bin. Paul zeigt mir noch das Gästebuch des Hotels aus der Nazizeit. Hier sieht man die Unterschrift von Magda Goebbels, Josephs Frau. Es steht auch das Datum dabei: 26. Oktober 1941. Und hier ist Heinrich Himmlers Unterschrift, ohne Datum.

KAPITEL 21 *In dem wir vom Unterhaltungszentrum des KZ Buchenwald zu einer Demonstration gegen Israel geführt werden*

Volkhard Knigge, Direktor der »Stiftung Gedenkstätten Buchenwald und Mittelbau-Dora«, kreuzt im Elephant auf. Er hat gehört, daß ich hier bin, und kommt auf einen Plausch vorbei. Während dieses Interviews sprechen wir über dies und das, so auch über eine israelische Bar namens »Uganda«. Den Bar-Besitzern zufolge spielt der Name auf eine alte Idee an. Gemeint ist die Idee, daß sich die Juden in Uganda statt in Palästina hätten ansiedeln sollen. Die Bar hat sich unter anderem dadurch einen Namen gemacht, daß man hier »mit der palästinensischen Misere mitfühlt«. Volkhard Knigge trägt bei dem Interview ein T-Shirt dieser Bar. Warum sich der Direktor der Buchenwald-Gedenkstätte die Finger an dem israelisch-palästinensischen Schlamassel verbrennt, geht über meine Vorstellungskraft.

Am nächsten Tag treffe ich Dietrich-Daniel Gaede, den Leiter der Abteilung Gedenkstättenpädagogik an der Gedenkstätte Buchenwald. Er führt mich durch das Lager. Ehrlich gesagt, wäre ich von allein nie hierhergekommen. Aber das Touristeninformationsbüro in Weimar, das sich um all meine Bedürfnisse während meines Aufenthalts hier kümmert, hat den Besuch arrangiert. Sie hörten, daß ein Jude kommt, also arrangierten sie einen KZ-Besuch für ihn. Und deshalb bin ich jetzt hier.

Aber ich sollte mich nicht beklagen. Man zeigt mir Dinge, die kein normaler Besucher zu sehen bekommt. Ich bin auf einem offiziellen Besuch und erhalte einen intimen Einblick

in einen Ort des Grauens. Und der Unterhaltung. Ja, der Unterhaltung. Wieso Unterhaltung? Nun ja, es gab hier einen Zoo. Es gab tatsächlich einen Zoo neben dem Krematorium. Ich hätte das alleine nie herausgefunden, aber Daniel zeigt es mir. Das heißt, eigentlich zeigte er mir gerade das Krematorium, als ich ihn bat, mir eine merkwürdig aussehende Konstruktion zu erklären, die neben einer am Krematorium vorbeiführenden schmalen Straße liegt. Ich werde darüber aufgeklärt, daß sie für die Braunbären bestimmt war.

Braunbären? Was machen Braunbären in einem Krematorium?

Wie sich herausstellt, unterhielt die SS zum Amüsement der Soldaten einen Zoo direkt neben dem Ort, an dem Menschen in Asche verwandelt wurden. Vergaste Menschen links, Braunbären rechts. Beides zusammen hat sicher für tolle Unterhaltung gesorgt.

Wir betreten die Pathologie. Dieses Konzentrationslager Buchenwald ist eigentlich ein Themenpark, falls Sie es noch nicht gemerkt haben. Disneyland im Vaterland. Ich meine das ganz ernst. In dem Raum, in dem ich mich gerade befinde, sieht man, wie diese Einrichtung funktionierte. Hier findet sich eine erhöhte Steinkonstruktion mit Wasserhähnen und diversen Schneidwerkzeugen, auf der den Leichnamen die Organe entnommen wurden, bevor sie ins Krematorium kamen. Manchmal wurde ein Herz zu irgendwelchen Forschungszwecken entnommen, manchmal ein Schädel auf Faustgröße geschrumpft und als Schmuckstück an Freunde verschenkt. Hatte der Leichnam eine interessante Tätowierung, dann wurde die Haut vom Fleisch getrennt, getrocknet und später zu Lampenschirmen verarbeitet. Was für ein Leben! Lampenschirme, Braunbären und kleine Schädel als Schlüsselanhänger. Eine gute Verwendung von toten Juden. Alles für Sie angefertigt von Herrschaften mit Doktortiteln.

Weint nicht, wenn ihr dies lest, meine Lieben, oder ihr hört nie wieder auf.

Unten im Keller sieht man Haken zum Aufhängen von Menschen.

Ich stehe hier, stelle mir dieses Geschehen vor und bin sprachlos.

Mit einem Aufzug wurden die Leichname direkt in die Öfen »befördert«.

Das Unternehmen, das die Öfen herstellte, erfahre ich, war von seiner eigenen Ingenieursleistung so begeistert, daß es sie zum Patent anmeldete.

Nach Stunden grauenvoller Schilderungen, dieser und anderer, setze ich mich draußen vor dem Lager mit meinem iPad hin und frage mich, was Daniel so umtreibt.

Ich finde heraus, daß er anderthalb Jahre in Israel verbracht hat, wo er für die ›Aktion Sühnezeichen Friedensdienste‹ arbeitete. Seine Tätigkeit bestand darin, Dokumente in Yad

Vashem zu sortieren, jener israelischen Einrichtung, die sich dem Gedenken an den Holocaust widmet.

Das ist aber nicht alles, was er in Israel tat. Zusätzlich zu seiner Arbeit in Yad Vashem ließ er sich auch auf den israelisch-palästinensischen Konflikt ein, indem er acht Wochen als Freiwilliger in einem arabischen Krankenhaus in Nazareth tätig war.

Während seines Aufenthalts in Israel ging er nach Nablus, um mit dem stellvertretenden Bürgermeister der Stadt zu sprechen und sich von ihm über die palästinensische Seite informieren zu lassen; er wollte die Palästinenser besser verstehen. Schließlich ist er ein Freund des Friedens. Als er und sein Bruder nach dem Treffen zu ihrem Auto zurückgingen, explodierte der Wagen. Was war passiert? Ein Palästinenser hatte eine Bombe unter dem Fahrzeug angebracht. Daniels Bruder starb, Daniel selbst verlor ein Auge.

War das das Ende seines Engagements im israelisch-palästinensischen Konflikt?

Nein. Vorletztes Jahr hat er in Weimar an einer Demonstration für Gaza teilgenommen. Was hat Weimar mit Gaza zu tun? Ganz einfach: Die Stadt Weimar hat einem Anwalt aus Gaza, Issam Younis, einen Menschenrechtspreis verliehen.

Daniel hat natürlich jedes Recht, Israel zu kritisieren, gegen es zu demonstrieren und zu tun, was immer er will. Das ist das Wesen der Demokratie, und ich habe kein Problem damit. Was ich aber nicht verstehe, ist, warum jemand, der in einem Konzentrationslager arbeitet, einem System, in dem Millionen von Juden ihren Tod fanden, nicht das Bedürfnis verspürt, ein klein wenig sensibler gegenüber dem jüdischen Empfinden zu sein und von derlei Aktivitäten abzusehen. Die Geschichte von Israel und Gaza ist ziemlich kompliziert und vielschichtig. Tatsache aber ist, und jeder, der arabisch spricht oder liest, weiß es: Nirgendwo auf der Welt leben so viele Menschen, die die Juden am liebsten ins Meer treiben würden. Warum sollte jemand aus Buchenwald sich ihnen anschließen?

Weil.

Im Divan, einem türkischen Restaurant, findet im Rahmen des »Yiddish Summer Weimar«-Festivals, das in diesem Jahr unter dem Motto »Yidishkayt!« steht, eine Jam-Session statt. Da mir danach ist, ein wenig Zeit unter Juden zu verbringen, lebenden Juden mit Schädeln, die größer sind als eine Faust, schaue ich mir das an. Olaf ist einer der Sänger.

Sind Sie Jude?

»Meine Urgroßmutter war Jüdin.«

Olaf erzählt mir sogleich seine Lebensgeschichte. In Kurzform: Theologiestudium, kurzzeitig Pfarrer im Rheinland und dann nach Berlin, wo er immer noch lebt. Heute singt er hier und da bei jiddischen Konzerten, bestreitet seinen Lebensunterhalt aber von der »Sozialhilfe«.

Warum will sich ein deutsches Publikum jüdische Musik anhören?

»Für Deutsche ist das Interesse an jüdischer Musik ein bißchen wie Disney.«

Wie er mir ebenfalls verrät, sind die Musiker, die in Deutschland jüdische Musik spielen, keine Juden.

Meine Annahme, ich würde hier Juden antreffen, war wohl etwas naiv.

Und warum machen Sie das?

»Als Wiedergutmachung für die Vergangenheit. Die deutsche Geschichte.«

Olaf redet weiter. Er sagt, er sei gegen das israelische Vorgehen. »Jüdische Viertel in Jerusalem zu bauen, ist illegal.«

Israel schon wieder?

Ich möchte mich mit jemand anderem unterhalten.

Auch Conny aus Hamburg nimmt an dem »Yidishkayt!«-Festival teil. Sie spielt Geige.

Jüdin?

»In meinem letzten Leben war ich Jüdin.«

In diesem nicht?

»Nein.«

Aber Sie interessieren sich für die Menschen, die diese Musik gemacht haben?

Tut sie.

Daniel ging nach Nablus, vielleicht ging Conny nach Tel Aviv.

Waren Sie schon einmal in Israel, frage ich sie.

Conny findet das gar nicht lustig. Sie regt sich auf. Sie fühlt sich von mir beleidigt. Sie scheint zu glauben, daß ich sie in irgendeiner Weise oder Form mit Israel in Verbindung bringe. Mit erhobener Stimme sagt sie: »Ich muß nicht nach Israel gehen! Meine Musik hat damit nichts zu tun! Ich möchte das Gespräch beenden!«

Dieser Ausbruch kommt mir komisch vor. Weg ist sie. Ich brauche mehr Musiker!

Ulla, eine Sängerin aus Wuppertal, setzt sich zu mir.

Sind Sie Jüdin?

»Nein.«

Warum dann jüdische Musik?

»Mein Vater hat sich sehr für die jüdische Geschichte interessiert und mir viel darüber erzählt. Er war im Krieg Soldat und geriet in Rußland in Kriegsgefangenschaft.«

Sind Sie eine Philosemitin?

»Kommt darauf an. Wenn es darum geht, wie Israel die Palästinenser behandelt, dann definitiv nicht.«

Die Palästinenser wieder! Was zum Teufel ist nur mit diesem Deutschland los?!

Ich weiß wirklich überhaupt nicht mehr, woran ich hier bin. Ulla schon.

»Mein Exmann war ein Araber aus Jordanien«, erzählt sie mir. Ohne Vorwarnung fügt sie plötzlich hinzu: »Ich vermisse die deutschen Juden.«

Sie tun WAS?

»Seit 1820 waren die jüdische und die deutsche Kultur miteinander verflochten. Der berühmteste deutsche Schriftsteller des 19. Jahrhunderts, Heinrich Heine, war Jude. Was wäre der Sozialismus ohne Karl Marx? Und sein Großvater war ein Rabbiner. Psychologie: Sigmund Freud. Ein Jude.«

Der aber Österreicher war, oder?

»Das ist alles die deutsche Kultur. Man kann das nicht trennen.

Stefan Zweig: ein Jude.

Das deutsche Kabarett gäbe es gar nicht ohne die Juden.

Alle berühmten deutschen Soziologen waren Juden. Und sie sind in die Vereinigten Staaten ausgewandert.

Ich bin aber dagegen, daß die Israelis eine Mauer bauen. Das ist wie in Berlin vor der Wiedervereinigung. Es gibt jede Menge Palästinenser, die sehr, sehr friedliebend sind. Ich möchte nicht, daß die Juden dieselben Fehler begehen wie wir Deutschen im Krieg.«

Ja. Israel ist bekannt dafür, Zoos neben Krematorien anzulegen, in denen regelmäßig Palästinenser vergast werden.

Auch Christiane, eine Klezmersängerin, erzählt mir ihre Geschichte.

»Meine Großmutter war sehr für die Juden und für Israel. Sie war eine gläubige Baptistin, und sie machte mich mit der israelischen Musik bekannt.«

Sind Sie so gläubig wie sie?

»Nicht mehr.«

Noch für Israel?

»Ja und nein. Ich befürworte das Recht der Juden auf ein Land, aber ich bin gegen die Politik –«

Während ich mitschreibe, schaut sie auf mein iPad und unterbricht mich. Sie ist richtig verärgert.

»Nein, nicht ›befürworte‹ und ›gegen‹. Das gefällt mir nicht! Ich bin eine Skeptikerin. Ich halte die Israelis für paranoid. Sie wollen all ihre Probleme alleine lösen –«

Das scheint ein sehr emotionales Thema für Sie zu sein. Warum?

»Ja, ist es. Weil Sie mich als Antisemitin bezeichnen werden.«

Ich? Warum glauben Sie das?

»Weil wir sofort als Antisemiten abgestempelt werden, wenn wir Israel kritisieren! Wenn Deutsche irgend etwas über –«

Nur Deutsche? Was geschieht, wenn ein Franzose –

»Die Franzosen auch!«

Warum haben Sie dann ausdrücklich von ›Deutschen‹ gesprochen?

Ich habe keinen Schimmer, was sie von diesem Moment an sagt. Sie fährt fort, über Israelis und Palästinenser und Gaza zu reden, und ich möchte nur noch das nächste Flugzeug nach Gaza besteigen und die Deutschen sich selbst überlassen. Wirklich, mir steht es bis hier. Mein ursprünglicher Instinkt, nach Gaza zu reisen, war richtig, wie mir jetzt deutlich bewußt wird. Ich hätte mich da wesentlich besser amüsiert.

Aber ich sage nichts. Ich sitze nur da. Und höre zu. Versuche, hier und da etwas einzuwerfen, aber ich bin nicht ganz bei der Sache.

Ich bin in meinen Gedanken versunken.

Ich erinnere mich, wie vor einiger Zeit ein deutscher Schauspieler zu mir sagte: »Was wir den Juden im Zweiten Weltkrieg angetan haben, ist entsetzlich. Das waren wirklich tolle Menschen, und wir hätten sie nie nach Auschwitz schikken dürfen. Aber die heutigen Juden? Ihr alle miteinander, ab nach Auschwitz!«

Ich weiß nicht, ob dieser Schauspieler das als Witz oder im Ernst meinte. Aber ich habe gelacht.

Auf die Leute hier, die Musiker und Sängerinnen des jiddischen Andenkens, paßt dieses Bild ziemlich gut. Sie feiern die toten Juden, sind aber in ihrer Kritik an den lebenden Juden unbeirrbar. Aus welchen Gründen auch immer scheinen sie zu glauben, dieser Planet würde sich in ein Paradies verwandeln, wenn nur die Israelis weniger aggressiv wären.

Ich wünschte, sie hätten recht. Was leider nicht der Fall ist. Denn selbst wenn Israel jedes Verbrechens schuldig wäre, dessen man es anklagt, muß man entweder völlig naiv oder extrem antisemitisch sein, um zu glauben, daß die Wurzel aller Menschheitsleiden in diesem winzigen Staat zu suchen ist.

Was für ein Pech die Juden doch haben, daß selbst diejenigen, die ihre Kultur feiern, ihnen feindlich gesonnen sind.

Ich brauche einen Zoo. Ein Zoo mit ein paar Braunbären wäre jetzt wirklich nett.

Es ist spät geworden. Ich sitze vor dem Weimarer Rathaus. Junge Deutsche schlendern vorbei. Einige von ihnen sehen blendend aus! Aber mit keinem von ihnen möchte ich ins Gespräch kommen. Es ist nach zwei Uhr morgens, und ich brauche keine Alpträume.

Mir kommt ein Gedanke. Die Deutschen, entschuldigen Sie die Verallgemeinerung, würden absolut alles dafür tun, gut auszusehen, schön rüberzukommen, klug zu wirken. Aber wer sind sie in Wirklichkeit? Sie sind das narzißtischste Volk auf Erden. Sie halten sich für wunder was und wollen alle Welt davon überzeugen.

In ihren albernen Theaterinszenierungen nehmen sie noch die schönsten Stücke auseinander, weil sie glauben, sich auf diese Weise »hochkulturell« zu gebärden. Sie sind gegen Israel, weil sie glauben, sich so als »Menschenrechtsfreunde« gerieren zu können. Wenn manche Briten gegen Israel sind, dann wollen die Deutschen noch stärker dagegen sein. Sieht einfach besser aus. Und wenn sie dabei, wie Daniel, ein Auge verlieren, dann ist das halt so. Sie werden weitermachen, weil sie gut aussehen wollen. Friedensfreunde. Wie Gitti. Wie der WDR. Die Palästinenser liegen den Deutschen dabei ungefähr so sehr am Herzen wie die Iraner. Nämlich null. Nullkommanull. Aber schönes Design machen sie, die Deutschen, weil sie unbedingt gut aussehen wollen. Und darin sind sie Genies, keine Frage. Mehr als jedes andere Volk auf der Welt konzentrieren sich die Deutschen auf visuelle Schönheit – mit Erfolg. Aber das genügt ihnen nicht. Unbewußt glauben die Deutschen, daß sie, wenn sie sich den Palästinensern im Gazastreifen widmen, die Braunbären in Buchenwald aus dem Gedächtnis tilgen – und in den Augen der Welt schön aussehen werden.

Deutschland ist eines der reichsten Länder der Erde, aber die Deutschen jammern, als wäre es eines der ärmsten. Besser ist nicht gut genug, das Beste ist nicht gut genug; sie wollen mehr. Immer mehr. Sie sind antisemitisch und rassistisch bis ins Mark, verdecken es aber mit Masken, Liebesbekundungen und öffentlichen Umarmungen des anderen. Sobald ein Thema hip erscheint, springen sie auf den Zug auf und fahren mit. Sie wollen cool aussehen. Sie lieben es, auf jede Frage mit einer ausführlichen Einleitung zu reagieren, bevor sie sich zu einer Antwort bequemen, weil sie von einer echten Antwort keinen Schimmer haben, aber trotzdem gescheit aussehen wollen. Nichts Schöneres für sie, als gescheit zu wirken. Sie sind, kurz gesagt, so selbstbetrügerisch und selbstgerecht wie kein zweites Volk auf der Welt.

Diese Gedanken gehen mir an die Nieren. Weil ich tief in mir die Deutschen liebe.

Laßt mich jetzt schlafen gehen und etwas Schönes träumen.

Morgen wird ein toller Tag.

Schlaf gut, Gaza. Gute Nacht, allerseits. Ich bin im Bett. Hallo Wölfchen, kannst du mich hören? Ein bequemes Bett hast du. Gefällt mir.

KAPITEL 22 *In dem man uns sagt, daß die Israelis Nazis sind*

Die ersten Naziminister der Geschichte nahmen 1930 in Weimar ihre Amtsgeschäfte auf, erzählt mir eine Frau am nächsten Tag. Und der erste Reichsparteitag nach der Neugründung der NSDAP fand ebenfalls in Weimar statt, und zwar im Juli 1926.

Anja, die für das Touristeninformationsbüro arbeitet, fährt mich zum Panorama Museum in Bad Frankenhausen, damit ich mir dort Werner Tübkes Monumentalgemälde anschauen kann. Anja wurde in Ostdeutschland geboren, sie kennt die DDR aus eigener Erfahrung und ist froh darüber, daß die Mauer fiel.

Was war Ihr erster Eindruck vom Westen?

»Ich ging in einen Supermarkt und konnte es nicht fassen: Wofür braucht man 20 verschiedene Sorten Senf?«

Das ist alles?

»Ich war in einem McDonald's und konnte den Geruch nicht ertragen. Den Geruch unnatürlichen Essens. Und erst der fürchterliche Geschmack! Bis heute kann ich da nichts essen!«

Ich bin mir sicher, Anja hätte noch viel zu erzählen, aber wir sind jetzt bei Werners *Frühbürgerliche Revolution in Deutschland* angekommen. Ein erstaunliches, 14 mal 123 Meter großes Werk, das, da es ein Rundbild ist, weder Anfang noch Ende hat. Das Gemälde ist in die vier Jahreszeiten unterteilt, die durch die jeweiligen Hintergrundfarben betont werden; man kann aber an jedem beliebigen Punkt beginnen, es zu betrachten. Die DDR beauftragte den Künstler seinerzeit, die letzte Schlacht im Bauernkrieg von 1525 zu malen. Werner ging jedoch über eine getreue Abbildung des Freiheitskampfs der Bauern gegen ihre Feudalherren hinaus. Sein Bild ist voller Erzählungen über Reiche und Arme, über Gerechtigkeit und Rechtlosigkeit und bedient sich ausgiebig biblischer Überlieferungen aus dem Alten und dem Neuen Testament. Damit öffnete der Maler seine Welt einem größeren Publikum.

Das Gemälde kann einem Alpträume bescheren. Faktisch läuft seine Botschaft darauf hinaus: Es gibt böse Menschen und wird sie immer geben, was auch immer man dagegen tut. Das ist eine irritierende Lehre, selbst wenn sie zutrifft. Und trotzdem lenkt sie nicht von der Schönheit der Arbeit ab.

Dieses Museum wurde als Museum für ein Bild angelegt. Heute befinden sich in den Sälen, die zu Werners Werk hinführen, noch zahlreiche andere Gemälde. Hier ist ein Bild von jemandem, der den gelben Stern trägt. Ja, den berüchtigten »Judenstern« aus der Nazizeit.

Wie haben es die Juden geschafft, sich ausgerechnet *hier* einzuschleichen?

Das war es. Ich fahre zurück nach Weimar, verabschiede mich von Hitler, Schiller, Goethe und steige in den Zug nach Leipzig.

In Leipzig lerne ich ein lustiges Geschöpf namens Birgit kennen. Sie fragt mich, ob ich die amerikanische Botschaft besuchen möchte. Warum sollte ich? Na ja, sagt sie, »es ist nur über die Straße«. Ich drehe mich um und kann sie nicht entdecken. Das einzige, was in meinem Rücken zu sehen ist, ist ein McDonald's.

Klaro. Ich Dummerjan. Die »amerikanische Botschaft«.

Birgit weinte, als die Mauer fiel, erzählt sie mir. Sie fuhr in den Westen und kaufte eine Banane.

Eine Banane?

»In der DDR gab es Bananen nur an Weihnachten.«

Birgit hat etwas auf dem Herzen. Während wir die Straßen entlangspazieren, erzählt sie: »Die Westdeutschen haben uns bestohlen. Nach dem Fall der Mauer kamen sie herüber, unsere Schwestern und Brüder, und bestahlen uns. Sie brachten uns Müll und präsentierten uns anschließend die Rechnung dafür. Sie kauften ganze Fabriken vom Staat für nicht mehr als eine Mark, weil sie versprachen, die Region zu entwickeln. Dann schlossen sie die Fabriken, verkauften die Einzelteile, die Gerätschaften, den Grund und Boden, und zurück blieben viele ohne Arbeit. Die Menschen wissen das nicht. Schauen Sie hier, ein Denkmal für Felix Mendelssohn Bartholdy. Er war Christ, obwohl die Juden ihn für einen Juden halten. Israelische Touristen erzählten mir, daß ein Jude immer ein Jude bleibt, was auch immer passiert.«

Birgit ist mit einem Engländer zusammen, der sie gelegentlich als Nazi tituliert. Sie ist aber eine nette Frau. Sie engagiert sich für Human Rights Watch. Und sie hörte mit dem Rauchen auf, als die deutsche Regierung die Tabaksteuer anhob.

»Sie setzten die Steuer rauf, weil sie Geld für den Krieg in Afghanistan brauchen. Und ich unterstütze diesen Krieg nicht!«

Nachdem ich mich von Birgit verabschiedet habe, treffe ich mich mit Tobias Hollitzer, dem Leiter des Museums in der »Runden Ecke«, des Stasi-Museums in der ehemaligen Leipziger Bezirksverwaltung der Staatssicherheit. Er erzählt mir, daß »wahrscheinlich jeder zweite Bürger eine Stasi-Akte hatte«.

Damals gehörte Tobias einer Umweltschutzgruppe an. Er schrieb ein Gutachten zu Umweltrisiken durch, beispielsweise, Fabrikemissionen. Aus seiner Akte geht hervor, daß die

Stasi seine Expertise als Herausforderung der Machthaber verstand. Am unteren Rand eines Blatts hat der Stasi-Mitarbeiter, der seine Akte führte, jedoch vermerkt, daß Tobias' Gutachten falsch sei. Begründung? Die wirklichen Gefahren für die Umwelt seien viel größer ...

Witzig, diese Stasi-Leute!

Tags darauf setze ich mich für ein Gespräch mit Pfarrer Christian Führer zusammen, einem der Initiatoren der berühmten Montagsdemonstrationen, die 1989 von der Nikolaikirche in Leipzig ausgingen.

Glaubt er, daß die Demonstrationen die DDR zu Fall brachten?

»Ja. Und die Kirche, die das Richtige tat.«

Seit diesen Tagen ist es ihm ein Anliegen, den Leitspruch der Leipziger Demonstrationen – »keine Gewalt« – weltweit zu verbreiten.

Glaubt er nach all diesen Jahren, daß gewaltfreie Demonstrationen die Politik oder ganze Regime verändern können?

»Ja. Wir haben es ja geschafft!«

Ich möchte das besser verstehen: zwölf Jahre Drittes Reich. Warum hat Ihr System damals nicht funktioniert?

»Damals wurden die Menschen hingerichtet.«

Heißt das, daß friedliche Revolutionen nur in schwachen Regimen funktionieren?

»Nein. Jesu Botschaft hat hier funktioniert, obwohl die DDR ein mächtiges Regime war.«

Wenn morgen die Nazis in Deutschland wieder an die Macht kämen, würde eine Demo unter dem Motto »keine Gewalt« helfen?

»Nein.«

Offensichtlich ist Adolf stärker als Jesus.

Ich schlendere abseits des touristischen Zentrums durch Leipzigs Straßen, die ich sehr ansprechend finde. Hier sieht man zum Beispiel einen Laden namens »Licht Design«. Im Schaufenster: eine Leipziger Ampel, die Rot zeigt, und drum herum ist auf englisch zu lesen: »Don't stop now!« Nett, gefällt mir. Ein paar Schritte weiter informiert mich ein Schild: »Entschuldigung. Wir haben geöffnet.« Charmant.

Später dann steige ich in die erste Tram, die meines Weges kommt, und fahre bis zur Endhaltestelle. Dort steige ich aus. Wo bin ich? Ich stehe neben einer Ampel. An ihr hängt ein farbiges Plakat, das mir erklärt, was ich tun soll, wenn ich es bis hierher geschafft habe. Rot, erklärt es, heißt Steh. Und Grün, sagt es, bedeutet Geh. Wie im Fall der Neuen Pinakothek in München scheinen auch die hiesigen Behörden fest davon überzeugt zu sein, daß wir alle geistig zurückgeblieben sind. Wo bin ich? Ist hier ein Museum in der Nähe? Ein Passant verrät mir, daß ich in Wahren bin. Schon mal gehört? Ich auch nicht. Ich gehe in eine Kneipe. Ich habe keine Ahnung, wer diese Menschen hier sind. Nur, daß sie alle Bier trinken, ist unübersehbar. Ich setze mich zu ihnen und frage sie: Ist es gut, daß die DDR der Vergangenheit angehört? Drei Gäste sind in der Kneipe, trinken Bier und Schnaps und antworten mir:

»Die DDR war viel besser. Wir hatten alle Arbeit. Wir waren alle krankenversichert.«

Sie öffnen sich, der eine nach dem anderen und der andere nach dem einen:

»Es ist nicht wahr, was man über die Stasi erzählt. Wir hatten ein gutes Leben. Alles, was sie wollten, war, daß die Menschen nicht weggehen. Ja, wenn man etwas gegen die Regierung gesagt hat, dann haben sie dir etwas angetan. Aber das ist heute auch nicht anders. Sprich dich gegen das System aus, und du wirst dafür bezahlen.«

»Zu DDR-Zeiten waren wir alle zusammen, das ganze Volk, und kümmerten uns umeinander. Heute ist es nicht mehr so. Die Westdeutschen sind individualistisch. Sie ziehen hierher, in unser Viertel, und bauen sofort Zäune um ihre Häuser. Sie wollen nichts mit uns zu tun haben.«

»In dieser Gegend ist die Hälfte der Menschen arbeitslos. Sie können keine Arbeit finden. Die Mauer fiel, und was war dann? Schauen Sie sich doch um. Die Leute essen aus den Mülltonnen. In der DDR hatten alle Menschen das Recht auf Arbeit, und es war ganz egal, ob sie klug waren oder nicht. Das ist heute anders. Sie sagen, daß wir zu DDR-Zeiten eine Diktatur hatten. Was haben wir denn heute? Demokratie mit Kriminellen. Überall Verbrechen.«

»Ich bin seit 35 Jahren verheiratet. Meine Frau arbeitet seit 39 Jahren für dieselbe Firma. Und nach dieser ganzen Zeit verdient sie 620 Euro im Monat, netto. Für 170 Stunden. Brutto sind das 5,62 Euro die Stunde. Sie ist Floristin. Wie können wir davon leben? Fragen Sie Frau Merkel.«

»Es gibt zwei Deutschlands, eins im Westen und eins im Osten. Wir haben die gleichen Wurzeln, aber wir sind unterschiedliche Leute. Die Westler sind arrogant und behandeln uns wie Dreck. Wir Menschen hier halten alle zusammen. Wir hatten es mal besser. Die Mauer ist gefallen, und wir müssen dafür blechen. Die Westdeutschen sind reicher geworden und wir ärmer.

Schreiben Sie das auf? Gut. Höchste Zeit, daß die Menschen mitbekommen, was hier wirklich los ist.«

»Nach dem Fall der Mauer unterschrieb ich einen Vertrag über ein Sparbuch in einer Geschäftsstelle im Westen. Ich gab ihnen 30 000 DM. Im ersten Jahr bekam ich so etwas wie Zinsen von ihnen, aber dann ging die Firma pleite. Mein ganzes Geld hatte sich in Luft aufgelöst. Ich beauftragte einen Anwalt, aber das brachte mir nur neue Kosten ein. Ich hätte mein Geld besser unter der Matratze verstecken sollen.«

»Was ist das für ein Gerät, das Sie da haben? Ist das eine versteckte Kamera?«

Ein neuer Gast, der auf einen Tee vorbeigekommen ist, führt aus: »Früher war dieses Land ein Gefängnis mit einer Mauer. Jetzt ist es ein Gefängnis mit Geld.«

Und ein anderer: »Geschäftsleute sind Menschen, die besser betrügen können als andere.«

»Es ist besser, der erste Mann in einem kleinen Dorf zu sein als der zweite in Rom«, philosophiert ein weiterer.

Und noch ein Mann betritt das Lokal. War es in der DDR besser? frage ich ihn.

»Viel besser.«

Niemand hier findet die deutsche Innenpolitik gut. Wie sieht es mit der Außenpolitik aus? Ja, auch zu der hat jeder seine Meinung. Geharnischte Meinungen.

»Raus aus Afghanistan. Eine Mauer drum und abziehen!«

»Israel sollte man zeigen, wo der Hammer hängt. Denen muß man mal sagen, daß jetzt Schluß ist!«

»Die Israelis sind Nazis.«

»Die machen mit den Palästinensern, was wir mit ihnen gemacht haben.«

Mögen Sie Gregor Gysi?

»Ja!«

Ist Gregor Gysi Jude?

»Nein.«

»Kann nicht sein«, sagt ein anderer.

Warum nicht?

»Geht nicht. Unmöglich«, sagt eine blonde Frau.

Ja, natürlich. Sie schätzen Gregor Gysi so sehr, daß er einfach kein Jude sein darf. Was für eine Welt!

Draußen sieht man heruntergekommene Gebäude mit »Zu verkaufen«-Schildern. Die baufälligen Häuser sind mit Unmengen von Elvis-Presley- und Michael-Jackson-Postern beklebt. Auch einige Neubauten gibt es, an denen Hinweisschilder »Luxusapartments« versprechen. Am Rand des Viertels wurden Wohneinheiten hochgezogen und mit Zäunen eingefaßt, die die zugezogenen Mieter vor dem »Dreck« ringsum schützen sollen. Geht man ein Stückchen weiter, dann enthüllt sich dem Auge bald eine herrliche Landschaft mit fließendem Gewässer und prächtigem Grün.

Dazwischen hat sich ein Kleingartenverein angesiedelt. Unweit ihrer eigentlichen Wohnungen pflanzen die Städter hier in ihren Gärtchen mit putzigen Miniaturhäusern Blumen, Obst und Gemüse an oder lassen es sich in ihrer Freizeit gutgehen: trinken Bier, essen in der freien Natur und unterhalten sich miteinander. Ich habe schon einige dieser Anlagen gesehen, aber diese hier ist meine erste im Osten.

Und ich habe noch nie eine so reizvolle und malerische Schrebergartenkolonie gesehen.

Willkommen im Kleingartenverein Wettinbrücke e.V. Zwei Männer, Stefan und Uwe, diskutieren eine bedeutende Frage: den Rattenzug von Deutschland nach Rom.

Rattenzug?

»Ja. So nennen wir ihn, weil die Nazis ihn zu ihrer Flucht nach Argentinien nutzten.«

An diesem schönen, etwas kühlen, aber sonnigen Samstagnachmittag haben diese Leute anscheinend nichts Besseres zu tun, als sich über die Nazis zu unterhalten. Sind die noch ganz bei Sinnen?

Stefan bittet mich zu sich herein. »Wir sind die Schattendeutschen, im Schatten der Mauer«, sagt sein Nachbar Uwe. »Sie können uns auch ›die Dunkeldeutschen‹ nennen.«

Gibt es einen Unterschied zwischen Ost- und Westdeutschen?

Beide bejahen dies.

»Wäre ich ein Westdeutscher«, sagt Stefan, »dann würde ich Sie bestimmt nicht in meinen Garten bitten.«

Nach einigem Überlegen fügt er hinzu: »Unter der DDR war es besser. Wir hatten ein besseres Leben. Wir lernten, wie man sich gegenseitig vertraut, und wir hatten viele Freunde. Zöge ich morgen um, würden mir zehn bis 15 Leute helfen. Im Westen wäre das ganz anders. Wir sind zwei Nationen, zwei Welten. Wir haben viele Freunde, und das liegt an der DDR.«

Ich stichele: Freunde wie die Stasi ...?

»Ach«, sagt Stefans Frau Gabi, »darüber könnte man ein eigenes Buch schreiben.«

Haben Sie nach Ihrer Stasi-Akte gefragt?

»Nein!« antwortet Stefan.

Warum nicht?

»Ich habe viele Freunde und befürchte, wenn ich mir die Akte anschaue, müßte ich die Beziehung zu etlichen von ihnen abbrechen. Das will ich nicht. Ich will es nicht wissen.«

Ostdeutschland. Eine Welt für sich.

Nur Stunden später plötzlich die Nachricht von der Massenpanik bei der Love Parade in Duisburg. 19 Menschen, heißt es, sind ums Leben gekommen. Schätzungen zufolge waren fast anderthalb Millionen Besucher auf dem Technofestival. Adolf Sauerland ordnet eine Untersuchung an. Der witzige Mann, den ich in Duisburg traf, hat heute nichts zu lachen.

Bundeskanzlerin Merkel zeigt sich entsetzt und fordert eine »gründliche« Untersuchung des Unglücks, berichtet die BBC. Auch Papst Benedikt XVI. drückt seinen tiefen Schmerz über die Todesfälle aus. »Ich gedenke in meinen Gebeten der jungen Menschen, die ihr Leben verloren haben.«

Tags darauf lasse ich mich von der Tram in den Stadtteil Grünau entführen. Haus an Haus, Wohnblock an Wohnblock, aber kaum jemand auf der Straße. Das wirkt insofern etwas seltsam, als hier Tausende von Menschen leben müssen. Hier sehe ich eine Mutter in einem Hijab, die ihr Baby bei sich trägt. Was mich daran erinnert, daß mir kaum ein Hijab in Leipzig aufgefallen ist. Interessant. Ich spaziere noch etwa zehn Minuten herum, bis ich schließlich ein paar Leute erblikke, von denen einige vor einem kurdischen Bistro sitzen, während sich die anderen im Stehen unterhalten.

Es ist heiß heute, und ich trage einen Hut, den ich mir vor ein paar Tagen bei Jack Wolfskin gekauft habe. Es handelt sich um einen lustigen Sonnenhut aus einem Material namens Supplex mit umlaufender Krempe, der meine Stirn, Augenbrauen, Ohren und noch einiges mehr bedeckt – sagen wir, ein Drittel meines Kopfes. Und während ich auf das Bistro zusteuere, fällt der Blick eines davorsitzenden Mannes auf mich. Er sagt etwas zu seinen Freunden, die nun alle ihre Köpfe nach mir recken. Sie mustern mich, verfolgen jeden meiner Schritte. Als ich nahe genug herangekommen bin, um Hallo zu ihnen zu sagen, kriege ich keine Antwort. Da nehme ich den Hut ab, und sie erwärmen sich.

Langsam. Ja. Mein Hut hat sie anscheinend mißtrauisch gemacht ...

Keine 15 Minuten später reden sie nonstop. Über das Leben. Ihre Stimmen vermischen sich miteinander.

»Nach dem Fall der Mauer konnten wir reisen. Das ist gut, aber wer hat schon Geld, um zu verreisen? Sonst war alles besser unter der DDR.«

»Unter der DDR konnte man noch Kinder haben, weil sich der Staat um sie kümmerte. Es gab Schulen, Bildung und Essen. Heute kann man ohne Geld keine Kinder mehr auf die Welt bringen. Das ist Merkels Methode. Sie hat keine Kinder, und da will sie auch nicht, daß sonst jemand welche hat.«

»Sie hätten die Mauer doppelt so hoch machen sollen, als sie war.«

»Sie sollten sie wiederaufbauen, doppelt so hoch.«

»Ich habe Die Linke gewählt, aber die meisten hier wählen NPD.«

»Zu viele Ausländer hier. 1000 Prozent mehr, als es sein sollten.«

»Ich sage Ihnen nicht, was ich von Merkel denke. Diese Frage beantworte ich nicht.«

»Deutschland den Deutschen.«

»Ich weiß nicht, ob es einen Gott gibt oder nicht. Eines aber weiß ich: Es gibt keinen Gott, der mir hilft.«

»Wenn meine Frau mich heute nacht rein läßt, dann gibt es einen Gott.«

Der Besitzer des Bistros ist ein Iraker. Er erzählt mir: »Letzte Nacht saßen hier junge deutsche Kids um 23 Uhr direkt vor meinem Bistro. Zehnjährige waren das. Sie tranken Bier und rauchten Zigaretten. Die Eltern lassen sich nicht blicken, weil sie allesamt betrunken sind. Hier gibt es Mädchen, die sind mit 13 schwanger. Vor zwei Jahren kam eine 15jährige ins Bistro. Sie war im Bikini und hatte ein Baby im Arm und eine Flasche im andern. Die Polizei kam und nahm sie mit. Neulich sah ich dieses Mädchen alleine, und ich fragte sie: ›Wo ist dein Baby?‹ Und sie sagte: ›Welches Baby?‹«

Ein Deutscher aus dem Viertel sagt mir: »Die DDR hat einen großen Fehler gemacht: Sie schlugen die Türen zu. Sie hätten sie offen lassen sollen. Alle, die weggegangen sind, wären wiedergekommen. Das Leben in der DDR war besser und leichter.«

Ich kann dazu nichts sagen. Ich war nicht hier, als die SED in diesem Teil des Landes herrschte. Vielleicht sollte ich noch ein bißchen mehr im Osten umherstreifen, andere Städte besichtigen.

Wohin als nächstes? Dresden klingt interessant. In einer Stadt, in der es so viele Tote gab und die im Bombenhagel des Zweiten Weltkriegs fast dem Erdboden gleichgemacht wurde, blüht jetzt wieder das Leben.

Das schauen wir uns an.

KAPITEL 23 *In dem sich so manche Frage stellt, nicht zuletzt die, wer den BH erfunden hat, wer sich eine Vase für 100 000 Euro leisten kann und warum sich das echteste Heilige Grab in Görlitz befindet*

Ich bin in Dresden, einer Stadt, die auch als »Florenz an der Elbe« bekannt ist.

Was ist Dresden? Wer lebt in Dresden?

Viele leere Geschäfte in der Innenstadt sind »zu vermieten«, während nebenan neue Häuser und Ladenlokale entstehen. Wo ist da die Logik?

Ich bin mit Dr. Bettina Bunge verabredet, der Geschäftsführerin der Dresden Marketing GmbH. Ich bitte sie, mir Dresden zu erklären. Das tut sie wie folgt: »In Leipzig handelt man, in Chemnitz arbeitet man, und in Dresden gibt man sein Geld aus ... und genießt das Leben.«

Wofür ist Dresden berühmt?

»Wir haben den Büstenhalter erfunden. Und den Teebeutel. Und dazu jede Menge Kultur.«

Wissen Sie, wer den Bikini erfunden hat?

Die Doktorin blickt mich an, unsicher, wie sie diese Frage verstehen soll.

Wenn Sie herausfinden, welche Stadt den Bikini erfunden hat, sage ich zu ihr, dann könnten Sie mit ihr vielleicht eine Städtepartnerschaft eingehen.

Die Doktorin, eine lebensfrohe Frau, bittet ihre Assistentin, mir die entsprechenden Angaben zu besorgen. Wahrscheinlich glaubt sie, ich würde mich über sie lustig machen, was wirklich nicht der Fall ist.

Die Assistentin kommt mit der folgenden Information zurück: Am 5. September 1899 erschien eine Dresdnerin namens Christine Hardt auf dem Patentamt und beantragte, den BH zu patentieren, den sie als »Frauenleibchen als Brustträger« definierte.

Nachdem wenigstens das geklärt ist, fährt die Doktorin fort, mir von der fast vollständigen Zerstörung dieser Stadt im Zweiten Weltkrieg zu berichten. Sie erzählt von den »Trümmerfrauen«, die die Stadt Stück für Stück, Stein für Stein wiederaufgebaut haben. »Es gab keine Männer, die das hätten tun können, die waren alle tot«, erklärt sie.

Nach dieser fröhlichen Einführung verabschiede ich mich, besteige einen Dresdner Doppeldecker und steige an einem Ort aus, den ein Schild als »Loschwitz« ausweist. Und alles, was ich je zu Dresden im Kopf hatte, ist wie weggewischt. Bevor ich hierherkam, rechnete ich mit einem armen östlichen Musterbeispiel städtischen Verfalls. Doch was für eine Überraschung! Loschwitz wirkt wie eine dieser malerischen Schweizer Städte. Eine echte Perle!

Ich lerne ein Paar kennen, Herrn und Frau Schmidt. Er ist gebürtiger Dresdner, sie stammt aus Köln. Sie leben bei Köln und verbringen ihren Urlaub hier. Warum hier? Um den Kindern, die in der Nähe spielen, Papas Heimatstadt zu zeigen. Vermißt er die Stadt? Ja, tut er. Würde er gerne hierher zurückziehen? Er wünschte, er könnte, aber er hat eine Stelle in Köln, die er verlöre, wenn er wegginge. Was für eine Stelle? Er ist beim WDR.

Ich betrachte ihn genauer. Nein, er hat bestimmt nicht mit diesem Herrmann von der Kölner Klagemauer zusammengearbeitet. Nein. Glaube ich jedenfalls.

Zusammen bewundern wir die Landschaft, und er sagt mir, was er sieht.

Die Alpen der Sächsischen Schweiz. Ja, so nennt man die Gegend am Horizont hier.

Dieser Mann könnte der Sohn einer Trümmerfrau sein, geht mir durch den Kopf.

Mit was für einer geschichtlichen Last dieses Land ständig zurechtkommen muß.

Im deutschen Fernsehen und in der Presse ist die Love Parade in Duisburg nach wie vor das beherrschende Thema. Die Zahl der Verletzten ist auf über 500 gestiegen. Auch die internationalen Medien beschäftigen sich mit dieser Geschichte.

Der *Telegraph* berichtet: Bürgermeister der Love-Parade-Stadt beim Besuch der Unglücksstätte angepöbelt.

»Sie gieriger Idiot!« brüllte einer. »Zurücktreten, du Feigling«, brüllte ein anderer. Ein Mann warf mit Müll aus einem Papierkorb nach ihm.

Adolf Sauerland ist einer der witzigsten und kompetentesten Menschen, die ich auf meiner Reise kennengelernt habe. Er gibt sich große Mühe, es einem jeden Duisburger rechtzumachen. Aber jetzt scheint er zu einem der meistgehaßten Menschen dort geworden zu sein. Wie schnell sich das Schicksal wenden kann!

Soweit ich das mitbekomme, fordern die deutschen Medien seine Amtsenthebung.

Vielleicht haben sie recht. Aber ist es für ein Urteil nicht ein bißchen zu früh? Warum übereilt Schlüsse ziehen, wenn noch nicht einmal alle Fakten bekannt sind? Könnte es nicht sein, daß die Schuld auch bei der Polizei liegt, die die Besucherströme falsch gelenkt hat? Oder auch – ich war nicht dabei und kann es daher nicht wissen – ein wenig bei den Technofans selbst? Könnte es nicht auch der Fehler der Veranstalter sein, die sich schließlich besser mit den Details auskannten als der Bürgermeister?

Wenn die Medien gerne mit dem Finger auf jemanden zeigen wollen, dann sollten sie auf alle Beteiligten zeigen. Jeder sollte seinen Teil der Schuld tragen. Die Medien jedoch machen es sich leicht und suchen den einen Schurken, den sie an den Pranger stellen können.

Ich sollte Paul Adenauer nach seiner Meinung zu alldem befragen.

Ich nehme eine Tram und fahre bis zur Endstation. Ich bin jetzt in Hellerau. Weiß Gott, was es mit diesem Ort auf sich hat. Kleine und mittelgroße Häuser überall, auf den Straßen und in den Gärten jedoch keine Menschenseele. Aber Moment, hier, ein Mann mit Hund. Er hält mir einen Vortrag. »Diese Gegend wurde vor dem Krieg von NSDAP-Mitgliedern besiedelt. Sie investierten hier nach Hitlers Machtergreifung. Wollten sich ein schönes Leben machen. Sie überlebten die Bombardements von 1945, weil sie nicht in der Stadt waren. Nach dem Krieg flohen diese Nazi-Funktionäre nach Westdeutschland. Nach Frankfurt und sonstwohin. Die Häuser, die sie zurückließen, wurden vom Staat beschlagnahmt und an Menschen gegeben, die ihr Zuhause bei dem Bombenangriff auf Dresden 1945 verloren hatten. Nach dem Fall der Mauer gab der Staat die Häuser ihren ursprünglichen Eigentümern oder deren Familien zurück, wenn sie beweisen konnten, vor der Beschlagnahmung in ihrem rechtmäßigen Besitz gewesen zu sein. Einige von ihnen kamen hierher, um hier zu leben, andere verkauften ihren Besitz. Meine Familie und ich, wir mußten zum Glück unser Haus nicht verlassen. Niemand verlangte das, und der Staat bot uns an, das Haus zu einem sehr günstigen Preis zu kaufen. Meine Großmutter, die der Kommunistischen Partei angehörte, war vor dem Krieg Ministerin.«

O Gott, diese Leute haben wirklich eine komplizierte Geschichte. Ich nehme die nächste Tram zurück in die Innenstadt und steige in den Zug nach Meißen.

Waren Sie schon einmal in Meißen? Ich auch nicht, aber jetzt bin da.

Ein älteres Paar steht am geöffneten Fenster seiner Wohnung im zweiten Stock. Sie beobachten die Menschen auf der Straße, darunter mich, und unterhalten sich. Ob sie gegen die DDR demonstriert haben, frage ich sie. Ja, sie haben damals an den Demonstrationen teilgenommen, und »jetzt haben wir Freiheit. Wir sind alt und frei. Hätten wir damals nicht demonstriert, dann wären wir vielleicht nicht ›frei‹, aber wir hätten eine gute Gesundheitsversorgung. Wir haben einen Fehler gemacht, wer hätte das gedacht? Damals hatten wir es besser.«

Natürlich hat nicht jeder in Meißen einen so trostlosen Blick aufs Leben. Nehmen wir zum Beispiel Gottfried Herrlich, den Besitzer des Weinguts und Restaurants Vincenz Richter hier in der Stadt.

Meine Psyche oder, genauer gesagt, mein Magen verlangt nach gutem Essen, der Fünf-Sterne-Variante, sonst breche ich zusammen. Ja. Ich bin dafür geboren, reich zu sein, im Ernst.

»Am Sonntagnachmittag«, predigt Gottfried, »als Gott entspannt war und sich sehr wohl fühlte, erschuf Er das Restaurant Vincenz Richter.«

Wenn man Deutschland wirklich kennenlernen will, muß man in einem Weinrestaurant wie dem von Vincenz Richter einkehren. Dort findet man die deutsche Seele.

»Ich bin ein dummer alter Deutscher, aber ein paar Dinge weiß ich. Die Deutschen kombinieren alle fünf Sinne, alle zugleich, wenn sie Wein trinken: Fühle das Glas. Schau dir die Farbe an. Rieche den Wein. Trinke ihn. Höre den Wein.«

HÖRE den Wein?

Statt mir zu antworten, läßt Gottfried seinen Kellner drei verschiedene Weine in identische Gläser einschenken. Dann hält er mir seine Tischpredigt:

»Der Vater aller Weine ist der Burgunder, ein reiner Wein, der wie Bach ist – der Vater der Musik.

Der Riesling, der König der deutschen Weine, ist wie Mozart – der König der Musik.

Der Traminer, ein kraftvoller Wein, ist wie Beethoven – der Vater der Götter.«

Bei jedem Glas Wein erklingt eine andere Musik. Auf diese Weise »hören« wir den Wein.

Er beschließt seine Unterweisung mit den Worten: »Tief zu denken, einer Sache auf den Grund zu gehen, das ist deutsch.«

Das glauben Sie nicht? Überlegen Sie es sich noch mal. Hier können Sie lesen, was Gottfried an die Frontseite seines Betriebs geschrieben hat, direkt über dem Namen des legendären Restaurants:

»Schöne Frauen, die macht der Herrgott allein, schöne Häuser aber und Wein müssen von Menschenhand geschaffen sein.«

Während ich mir in diesem 500jährigen Haus ein köstliches Abendessen schmecken lasse, zeichnet Gottfried einige Kreise auf ein Blatt Papier. Der Kreis in der Mitte, erklärt er, ist Deutschland. In seinen Worten: »Wir sind in der Mitte. Nicht heiß wie im Süden, nicht kalt wie im Norden. Die Mitte. Bach konnte nur von uns kommen. Wir, die mitteleuropäischen Menschen, haben uns unter Kontrolle. Das ist deutsch.«

In Meißen gibt es Meissen, die berühmte Porzellanmanufaktur. Dort denkt man nicht an Frauen und Wein, wie Gottfried. Man denkt politisch korrekt. Ein großes Schild verkündet am Eingang: »Alle Nationen sind willkommen.« Ein kleines Hinweisschild darüber verrät: »Restaurant Meissen, täglich geöffnet ab 11.00 Uhr«.

Sobald man drinnen steht und merkt, man ist willkommen, kann man auf Einkaufstour gehen. Die hier angebotenen Artikel rangieren zwischen 39 und 100 000 Euro. Welcher Nationalität auch immer Sie sind, man wird Ihre 100 000 Euro akzeptieren.

Zugegeben, es ist ein schöner Laden. Die Reichtümer hier sind von prahlerischem Stolz.

Zu viele Gegensätze in Sachsen. Kann mir jemand dieses Sachsen erklären?

Vielleicht Stanislaw Tillich, der sächsische Ministerpräsident. Aber anstatt mit mir über Sachsen zu sprechen, werde ich von ihm über Israel belehrt und warum immer noch kein Friede zwischen Israelis und Palästinensern herrscht. Seine weitschweifige Erklärung läuft letztlich auf folgendes hinaus: Die Israelis möchten ohne Umwege zum Strand am Toten Meer.

Als wir uns verabschieden, erzähle ich ihm, daß ich mit dem Gedanken spiele, nach Görlitz zu fahren. Er bestärkt mich in diesem Vorhaben. Ich solle das Heilige Grab besuchen. Es sei eine genaue Kopie des Grabes in Jerusalem.

Israel schon wieder ...

Bevor ich nach Görlitz fahre, bringe ich mich auf den neusten Stand darüber, was die Welt bewegt, zumindest in Deutschland.

»Deutsche Wut über die Festivalopfer richtet sich gegen den Bürgermeister«, meldet die *Associated Press.*

Unter der Überschrift »Tödliche Stampede in Deutschland hat ihren Bösewicht gefunden« berichtet die *New York Times*, daß »Politiker im ganzen Land, Zeitungen und Fernsehkommentatoren sowie viele Duisburger Bürger Herrn Sauerland zum Rücktritt auffordern«.

Und die *Deutsche Welle* berichtet, daß NRW-Landesfürstin Hannelore Kraft den Oberbürgermeister aufgefordert hat, »sich zu seiner moralischen Verantwortung zu bekennen«.

Zeit, über Deutschland und die Deutschen nachzudenken.

Ich weiß nicht, ob dieser Adolf schuldig ist oder nicht. Und es ist mir auch egal. Jedoch die Feindseligkeit, die sich bis zu kochender Blutrünstigkeit steigert, ist im Zusammenspiel mit den brutalen Angriffen der Presse etwas Neues für mich. Jemanden zu verurteilen, bevor alle Fakten bekannt sind, ist keine demokratische Vorgehensweise und sollte es auch nicht sein. Was geht hier vor sich?

Als jemand, der wie ich in den USA lebt, wo die Leute – selbst in Zeiten der Not – eher auf sich gestellt sind, erscheint mir das Ausmaß, in dem sich die Leute hier auf den Staat verlassen, befremdlich. Anscheinend führt dies aber dazu, daß sie hier Autoritäten viel mehr Respekt entgegenbringen, als es Amerikaner je täten. Diese Wahrnehmung »des Deutschen« ist wenigstens in diesem Stadium meiner Reise die einzige Möglichkeit, wie ich mir erklären kann, daß sie so scharf auf Adolfs Blut sind. Es leuchtet mir ein, daß diejenigen, die ihr ganzes Vertrauen in einen anderen gesetzt haben, in ihrer Enttäuschung boshaft werden können, wenn diese Autorität ihrer Meinung nach versagt hat. Es ist diese Riesenenttäuschung, die ein unkontrolliertes Bedürfnis nach Rache auslösen kann.

Nur so ein Gedanke. Ein Eindruck. Ein »erster Eindruck«.

Noch ein Gedanke: Das Bedürfnis nach Autorität speist sich, zumindest teilweise, aus dem Wunsch, nicht selbst denken zu müssen, sondern jemand anderen für einen denken zu lassen. Auf diese Weise muß man nie selbst Verantwortung übernehmen. Dieser »jemand anderer« kann der Gott der Bibel sein, ein Prophet aus Amerika oder das Kollektiv. Die Deutschen, die ich kennengelernt habe, verleihen dem Kollektiv – das im wesentlichen die Gruppe ist, der sie angehören – eine fast sakrale Bedeutung. Wenn man Teil einer Gruppe ist – eines *Vereins*, natürlich –, dann denkt die Gruppe für einen. Und wenn die Gruppe entscheidet, daß es gleichgültig ist, ob ihre Entscheidung richtig oder falsch ist, dann folgt man eben und macht mit. Auf die Größe der Gruppe kommt es dabei nicht an. Sie kann so groß sein wie die UN oder so klein wie eine WG.

In der Praxis funktioniert das so: Wenn man sich für einen radikalen Linken hält, dann wirft man Flaschen auf Polizisten. Wenn man sich als überzeugten Christen sieht, dann reiht man sich ein, um sich den Segen eines amerikanischen Propheten zu holen. Wenn man für Frieden und Liebe ist und 2000mal am Tag zwei Finger spreizt, dann wiegt einen der süße Traum, jeden zu töten, der nicht ist wie man selbst, in Sicherheit. Wenn man sich für einen Intellektuellen hält, dann ist man für Palästina. Wenn man sich als Fußballfan versteht, dann reckt man die Fahne so hoch empor, wie es dämlicherweise geht. Und wenn man zur Gruppe der Medienvertreter gehört, dann fordert man den Kopf eines kleinen Bürgermeisters. Wenn das stimmt, dann erklärt sich mir vieles, was ich bislang in Deutschland erlebt habe. Aber warum sind die Deutschen so, falls sie wirklich so sind, wie ich sie beschrieben habe? Weil sie Kleinkinder sind. Mich fröstelt, da ich dies notiere.

Einen Ort muß ich noch sehen, bevor ich nach Görlitz fahre.

Möchten Sie wissen, welchen? Kommen Sie einfach mit.

Wow! Was für eine Schönheit. Waren Sie je hier? Waren Sie je im Asisi Panometer? Sie müssen es wenigstens einmal mit eigenen Augen gesehen haben. Das ist wichtiger, als nach Mekka zu pilgern.

Hier wird einem Barockarchitektur ganz nahegebracht. In diesem ehrfurchtgebietenden Werk zeigt uns Yadegar Asisi, wie das barocke Dresden vor ein paar hundert Jahren aussah. In einem ehemaligen Gasometer untergebracht, wird der Panometer – dessen Name aus den Wörtern *Panorama* und *Gasometer* zusammengesetzt ist – Ihre Liebe zum Barock und zur klassischen Malerei entflammen. Steigen Sie die Treppe in der Mitte dieses Museums hinauf – ja, es gibt hier ein Treppenhaus –, und Sie machen eine Zeitreise in die Vergangenheit, da Asisis Gemälde dreidimensional wirkt. Es lebt. Es bewegt sich mit Ihnen, wenn Sie am Ende des Treppenaufgangs von Standort zu Standort schreiten. Nehmen Sie sich Zeit und lassen Sie das hier eingesetzte Lichtdesign auf sich wirken. Die Zeit schreitet von der Nacht zum Tag voran, und währenddessen hat man das Gefühl, all dies wäre real. Häuser, Kirchen, Gras, Wasser, Menschen: alles »real«.

Einfach unglaublich!

Das ist Dresden. Das ist Deutschland. Das Land der Meister, der visuellen Meister. Genies. Und wenn Sie das erleben, werden Sie Gott dafür danken, daß es Deutschland gibt.

Jetzt kann ich endlich guten Gewissens nach Görlitz fahren.

Sind Sie je in Görlitz gewesen? Was für ein hinreißender kleiner Ort!

Görlitz, eine schöne deutsche Stadt an der Lausitzer Neiße gegenüber der polnischen Stadt Zgorzelec.

Beide Städte waren einmal eine, nämlich Görlitz, doch hat der Krieg sie getrennt.

Die Ortsansässigen erzählen, daß die Deutschen auf der anderen Seite des Flusses 1945 zur Flucht gezwungen wurden und so Platz für die Polen machten, die vorher aus ihren Häusern an der ukrainischen Grenze geflüchtet waren. Es gibt also zweierlei Flüchtlinge hier. Als aber die verschiedenen Nationen 1990 der deutschen Wiedervereinigung zustimmten (»Vertrag über die abschließende Regelung in bezug auf Deutschland«), legten sie fest, daß alle deutschen Ansprüche auf ehemalige Gebiete zu erlöschen hätten. Pech gehabt.

Das Gute daran ist, daß sich die Menschen dazu entschlossen, nicht für immer Flüchtlinge zu bleiben und sich bis in alle Ewigkeit in ihrem Unglück einzurichten. Im Gegenteil: Sie taten alles, was in ihrer Macht stand, um es im Leben zu etwas zu bringen. Und wie auch immer die deutsche Grenze am Ende aussehen würde, sie leisteten ihren Teil, um wiederaufzubauen, was ihnen geblieben war.

Görlitz, das die alliierten Bombardements fast unbeschadet überstanden hatte, wurde in der DDR-Zeit dem Verfall überlassen. Nach dem Fall der Mauer dachten manche, daß man die meisten Gebäude in der Stadt würde abreißen müssen. Doch die Bewohner der Stadt entschieden sich statt dessen für Instandsetzung und Wiederaufbau. Wahrlich eine weise Entscheidung. Heute durch die Straßen von Görlitz zu schlendern, erfreut Auge und Geist. Die Stadt ist einfach wunderschön. Und sehr geschichtsträchtig.

Da wäre zum Beispiel das Heilige Grab. Ja, das von Jesus. Echt. Minsterpräsident Tillich hatte recht. Wie kommt Jesus hierher? Das ist eine nette Geschichte: Vor langer Zeit, im 15. Jahrhundert, hatte der Bürgermeister der Stadt eine heiße Affäre mit einer verheirateten Frau. Hinterher aber packte ihn

die Reue. Man weiß nicht genau, warum. Es gab damals noch kein Google, kein YouTube, kein iPad und kein Facebook. Er bereute es und ging nach Jerusalem, um das Heilige Grab zu besuchen. Wie er von einer heißen Liebe zu einem kalten Grab fand, liegt nach wie vor im dunkeln. Aber so war es. Und auch noch heute, während wir uns unterhalten, werden alle möglichen seltsamen Geschichten in Jerusalem angesiedelt, einer Stadt engelsgleicher Messiasse und fliegender Boten. Wie dem auch sei, unser deutscher Bürgermeister beließ es nicht bei dem Besuch, sondern fertigte Abmessungen des Heiligen Grabes an. Er nahm sie mit nach Hause und ließ hier eine Kopie von ihm errichten.

Ja. Und für einen Euro und 50 Cent können Sie es besichtigen. Ein Flug nach Israel kommt Sie teurer. Aber schauen Sie, was es hier sonst noch gibt: Adams Grab nämlich. Ja, wirklich, der aus der Bibel. Der erste Mensch. Woher ich das weiß? Es steht in der Broschüre, die man mir am Eingang zum Heiligen Grab in die Hand gedrückt hat.

Jesus, teile ich Ihnen hiermit voller Freude mit, ist nicht hier. Er ist auferstanden. Das ist schon der ganze Trick. Was noch? Die Aufseher hier sagen, daß dieses Heilige Grab dem Original mehr entspricht als das heutige in Jerusalem. Jenes nämlich, informiert man Sie beim Betreten dieser heiligen Stätte, ist seinerseits eine Rekonstruktion des Originals, das vor einigen Jahrhunderten in Brand gesteckt wurde.

Verstehen Sie mich nicht falsch. All das bedeutet, daß das vor 500 Jahren errichtete Heilige Grab in Görlitz ›originalgetreuer‹ ist als das in Jerusalem.

Ich frage mich, was aus jener Frau wurde, dem Objekt der bürgermeisterlichen Begierde, und ob jemand ein Bild von ihr hat. Sie muß verdammt sexy gewesen sein.

Was mich heute am meisten an Görlitz fasziniert, ist, daß es das Ende eines Landes und einer Kultur und der Anfang einer anderen ist. Einer völlig anderen. Der polnischen nämlich. Ein Wort zur Warnung in diesem Zusammenhang: Wenn Sie die Brücke nach Polen überqueren, versuchen Sie, die Graffiti auf der deutschen Seite zu ignorieren. Ignorieren Sie das »Sieg Heil« neben dem Hakenkreuz und das »Nationaler Sozialismus jetzt!«, weil Ihnen sonst die Lust vergehen könnte, das köstliche polnische Essen zu probieren, was wirklich ein Jammer wäre.

Kommen Sie mit. Ich bin in einem Restaurant auf der anderen Seite des Ufers, in Zgorzelec, Polen. Nur für einen kleinen polnischen Kuchen. Ich komme mit der Bedienung ins Gespräch. Und das über nichts Geringeres als die englische Sprache. Nach einigen Minuten fällt mir auf, daß ich sie so anfasse, wie ich es nur bei einem engen Freund machen würde. Sie macht im übrigen dasselbe bei mir. Als ob wir enge Freunde wären. Und ich weiß nicht einmal ihren Namen.

Das ist mir auf der anderen Seite des Flusses nie passiert.

Diese Nähe zwischen Menschen, diese Freundlichkeit, diese grenzenlose und unmittelbare Zuneigung, die Menschlichkeit hat ihren Ort hier und nicht dort.

Zurück in Görlitz, streife ich noch einmal durch die Straßen und wandere durch Gegenden, in die sich kein Tourist verirrt. So viele leerstehende Gebäude, es fällt schwer, sich das anzuschauen. Es war einmal eine Zeit, da wurden hier Familien gegründet und Kinder aufgezogen; jetzt ist alles Staub.

Stellen Sie sich vor, Deutschland hätte nie Krieg geführt.

Stellen Sie sich vor, es hätte den Krieg nie gegeben.

Stellen Sie sich vor, die Weimarer Republik hätte weiterbestanden.

Stellen Sie sich vor, Deutschland hätte nicht versucht, mehr Land an sich zu reißen.

Stellen Sie sich vor, Deutschland wäre noch viel größer, als es schon ist.

Stellen Sie sich vor.

Stellen Sie sich vor, Deutschland würde nicht folgen.

Stellen Sie sich vor, Deutschland würde statt dessen führen.

Es gibt eine große Synagoge in der Stadt. Ihre Tore sind seit rund 80 Jahren geschlossen. Sie hat mehr von einem Mahnmal als irgend etwas anderes. Für die Menschen, die da waren und starben, und für die, die sie umbrachten.

KAPITEL 24 *In dem bewiesen wird, daß Ahmadinedschad ein Jude ist*

Ich steige in den Zug nach Norden, zurück nach Hamburg, zu meinem Fixpunkt, wenn ich in Deutschland bin.

Ein reizendes Paar sitzt in meinem Abteil. Er promoviert in Biotechnologie, sie studiert dasselbe Fach. Er war einmal ihr Lehrer, erzählt sie mir. Jetzt ist er ihr Mann. Sie beide studieren in Deutschland und sind beide Perser. Er stellt sich als Amir vor und sagt etwas Ähnliches wie Farah in Butzbach: daß der Westen rein gar nichts über den Iran weiß. Aber er hat mehr Details parat, die er mir anvertrauen will: Nicht der Präsident, Ahmadinedschad, kontrolliert die Regierung. Woher weiß Amir das? Ganz einfach: »Jeder weiß das.« Jeder? Warum dann nicht auch ich? Nun, ich bin kein Perser. Die Perser, so Amir, wissen, daß die Person auf der Bühne, der Mann, der im Fernsehen auftritt, der Mann, der ständig in den Nachrichten ist, kein Fünkchen Macht besitzt.

Ist das irgendein Spleen des persischen Volkes?

»Nein. In den Vereinigten Staaten ist es dasselbe. Nicht der amerikanische Präsident oder der amerikanische Kongreß trifft die Entscheidungen. Sie sind bloß die öffentlichen Gesichter der wirklichen Macht.«

Wer ist die wirkliche Macht?

»Die Juden.«

Amirs Frau, Maryam, ist vollkommen einverstanden. Im Iran, sagt sie, würde man sie »festnehmen und auspeitschen, wenn man mich so in einem Zug erwischen würde«. Ohne Hijab. Und das ist noch nicht alles: Ihr fließendes Haar zeigt sich in seiner ganzen Pracht, auch ihre Hände sind zu sehen und sogar ein kleiner Ausschnitt, in dem Männer, möge Allah uns retten, den Ansatz, Allah behüte, ihrer verführerischen Brüste ausmachen können.

Sollte natürlich ein Mann versucht sein und sie seinen Avancen nachgeben, dann würde sie »zu Tode gesteinigt. Ein Mann kann mindestens vier Ehefrauen haben, während ich nicht einmal zwei Ehemänner haben kann.«

Davon abgesehen aber ist nicht alles im Iran so, wie es scheint. »Ahmadinedschad«, sagt Amir, und Maryam stimmt zu, »ist ein guter Freund der Juden.«

Guter Freund?

»Ja.«

Wie das?

»Ahmadinedschad leugnet den Holocaust. Warum tut er das? Weiß er etwa nicht, daß er wirklich stattgefunden hat? Jeder weiß das. Aber weil so viele den Holocaust leugnen, will Ahmadinedschad sicherstellen, daß die Menschen ihn nicht vergessen. Nur deshalb rückt er dieses Thema immer wieder in den Vordergrund. Seine vermeintliche Leugnung des Holocaust zwingt die Leute dazu, immer wieder zu beweisen, daß es ihn doch gegeben hat. Gibt es eine bessere Möglichkeit, die Erinnerung an den Holocaust wachzuhalten? Nein.«

Ahmadinedschad liebt die Juden. Vielleicht ist er sogar selbst einer.

»Warum«, fragt der angehende Doktor, »schickt jedes Land eine Hilfsflotte nach Gaza, nur der Iran nicht?« Der Mann hat bewiesen, daß er recht hat. Das Leben ist so einfach, nur ich hab's mal wieder nicht gewußt.

Nicht so einfach ist die Geschichte von Ulrich, der in Hamburg koscheren Wein verkauft. Jemanden wie ihn findet man dort nicht alle Tage, einen Juden mit einer großen Kippa. Möchten Sie etwas trinken? fragt er mich.

Ich setze mich zu Ulrich und höre ihm zu. Deutschland ist gut, sagt er. Er war noch nie mit irgendeiner Form von Antisemitismus in diesem Land konfrontiert. Es ist ein gutes Land für die Juden, wirklich gut. Kommt er aus Hamburg? Ja, hier geboren. Seine Eltern auch? Ja, die auch. Er ist nebenbei Zahnarzt, erzählt er mir. Wie sein Vater. Nicht nur das: Sein Vater war darüber hinaus ein Insektenspezialist. Er sammelte Käfer und wußte alles über sie. Selbst während des Kriegs. Das Leben in Hamburg ist gut. So gut, daß sein Papa sogar den Krieg überlebt hat.

Wie hat er das angestellt?

»Sie vergaßen, ihn abzuholen.«

Vergaßen es?

»Ja.«

Wie das?

Es ist eine komplexe und komplizierte Geschichte. Ulrich ist nämlich ein Konvertit. Er war ein Deutscher und ist jetzt ein Jude. Seine Mutter war nicht jüdisch, sein Papa schon. Papa schrieb sogar ein Tagebuch während des Kriegs, in dem er aufzeichnete, was geschah. Und was geschah? Er sammelte Käfer. Papa »schrieb über Insekten«, aber nie über diesen ganzen anderen Kram. Das nicht. Das Leben ist gut. Hamburg ist gut für die Juden. Mama jedoch, die keine Jüdin war, »verlor nach dem Krieg den Verstand«. Sie wurde verrückt.

Warum?

Sie wurde vom Regime »schlechter behandelt als eine Hure«.

Ich verstehe Ulrich. Nicht, weil das, was er sagt, einen Sinn ergibt. Das tut es nicht. Aber es fällt mir kaum auf: Irgendwann im Lauf meiner Reise hat die Kategorie Sinn ihren Sinn verloren. Die Vorstellung, daß Deutschland nicht gut für die Nichtjuden, aber gut für die Juden ist, scheint mir in diesem Stadium plausibel.

Insekten. Er schrieb über Insekten.

Und dann sagt Ulrich: »Ich habe sie gefragt. Sie sagten mir, daß sie es wußten. Sie sagten mir, daß alle alles wußten. Daß die Juden getötet wurden. Jeder wußte es.«

Ein Insekt zu verstehen, ist nicht immer leicht. Menschen zu verstehen, ist praktisch unmöglich. Ich zünde mir eine Zigarette an und starre dem Rauch nach. Meiner eigenen kleinen Aschewolke.

Mit einer Aschewolke bin ich hergekommen. Mit einer Aschewolke beende ich meine Reise.

Auftrag erledigt. Reise zu Ende.

Jetzt, wo das Buch geschrieben ist, brauche ich Urlaub.

In der Nähe einer Grenze, nur für den Fall.

KAPITEL 25 *In dem es uns nach Sylt verschlägt, wo die reichen Deutschen Gold essen*

Alles Folgende ist eine Zugabe. Sie wird Ihnen ohne Aufpreis gewährt, weil Sie dieses Buch all Ihren Freunden empfohlen haben. Falls nicht, beenden Sie Ihre Lektüre bitte hier! Und zwar jetzt.

Nach Sylt, nahe der dänischen Grenze, zieht es mich.

Doch bin ich jetzt im Urlaub. Ich interviewe niemanden mehr. Wer immer etwas über Nazis, Juden, Araber oder sonstwen zu sagen hat, möge es für sich behalten. Ich bin nicht interessiert. Ich habe meinen Teil getan. Sorry. Sollte jemand Streit suchen, nur zur Erinnerung: ohne mich. Die einzigen Themen, die zu erörtern ich bereit bin, heißen: Geld, Essen, Sex. Sonst nichts. Ich bin im Urlaub.

Als erstes besuche ich Kampen, eine kleine Gemeinde auf Sylt, in der namhafte Designerläden und gutbetuchte Kunden zueinanderfinden.

Damit trage ich, wie ich hoffe, dem Geldaspekt meiner persönlichen Dreifaltigkeit Rechnung.

Es ist früher Nachmittag in Kampen. Gemütliche Cafés, in denen Menschen sitzen und Mineralwasser trinken, nicht Bier. Wer prassen will, gönnt sich dazu noch ein Fruchtsäftchen. Man muß auf sein Gewicht achten. Die meisten Damen haben mehr oder weniger die gleiche Brustgröße. Es ist Sommer, Urlaubszeit, Zeit für einfache Kleidung wie T-Shirts. Nur daß die T-Shirts, die ich hier sehe, nicht aus Ein-Euro-Läden stammen. Sie sind teuer. Ich gehe in einen kleinen Laden und probiere einen Pullover an. Kostet nur schlappe 1195 Euro. Leider zu eng. Die Verkäuferin sagt, ich müsse etwas abnehmen. Recht hat sie. Ich bin der dickste Mann auf Sylt.

In der Tourismusinformation begrüßen mich zwei blonde Models. Jeder in Kampen ist ein Model. Ich schaue sie an, so ein netter Anblick, und gehe wieder. Ich brauche ein Stück Kuchen. Wollen mal sehen, ob Kampen besseren Kuchen hat als Zgorzelec.

Die Kellnerin, die mich bedient, hat mehr von einem Model als von einer Kellnerin. Den Küchenmeister sehe ich nicht, wahrscheinlich ist auch er ein Model. Ein großer Meister seines Faches ist er leider nicht. Der Kuchen in Zgorzelec war zweifellos besser.

Eine 90jährige magere Schönheit sitzt mit ihrem Göttergatten und bestem Freund neben mir.

Er tut Zucker in seine Latte. In seinem früheren Leben war er Zuckerhändler, deshalb hält er den Zuckerpreis hoch, witzelt er mir zugewandt, wirkt dabei aber ziemlich ernst. Witzig. Ich weiß nicht, warum, aber ich bin der einzige, der hier sitzt und lacht. Die anderen Gäste, die durch die Bank mager und sexy sind, haben alle diesen galligen Gesichtsausdruck.

Nachdem ich mit dem Kuchen fertig bin, ist es Zeit zum Essen, dem zweiten Teil meiner persönlichen Dreifaltigkeit. Ich treffe mich mit Johannes King, Küchenchef im Hotel-Restaurant Söl'ring Hof. Er zählt mir seine Besitztümer auf: fünf Suiten, zehn Zimmer. Im Schnitt 500 Euro pro Nacht für das Doppelzimmer inklusive Frühstück, Fahrräder, Wellness und Getränke. Der Höchstpreis liegt bei 1000 Euro die Nacht.

»Rudolph Mooshammer [der verstorbene Modeschöpfer] fragte einmal nach einem Zimmer, wurde aber abschlägig beschieden, weil er seinen Hund Daisy mitbringen wollte.«

Ein Rolls-Royce aus Monaco verläßt die Hotelanlage, während wir uns unterhalten.

Wer ist das?

»Der wollte ein Zimmer für August nächsten Jahres, aber da sind wir schon ausgebucht.«

Rolls-Royce hat, nebenbei bemerkt, eine Sondervereinbarung mit diesem Etablissement. Sie stellen Johannes einen Wagen zur Verfügung, den seine Gäste nutzen können. Kostenlos. Die Idee ist simpel: Laß die Reichen das Auto erst genießen, dann begehren und am Ende eines kaufen.

Durchschnittspreis für ein Abendessen hier: 300 Euro pro Person.

»Für das Restaurant reservieren die Leute vier Wochen im voraus. Wir bringen ihnen bei, wie sie ihr Geld ausgeben sollen.«

Bislang machen die Menschen, die mir auf Sylt begegnet sind, einen verbitterten Eindruck auf mich. Haben Sie irgendeine Erklärung dafür?

»Das ist typisch deutsch. Lebensfreude ist nicht unbedingt das, was einem Deutschen ins Gesicht geschrieben steht. Die Brieftasche zählt, das Auto und die Armbanduhr. Sie sind sehr angespannt. Das Auto darf keinen Kratzer haben, der Nachbar keine bessere Uhr, und eine Platinkarte muß es mindestens sein. Wie soll man angesichts dieser drei Grundvoraussetzungen noch Spaß am Leben haben?«

Einige elegante Frauen flanieren vorbei, perfekte Brustgröße, gertenschlank.

»Achten Sie auf die Augen der Frauen, und Sie werden verstehen, warum die Männer bitter sind«, fügt er hinzu.

Unwillkürlich fällt mir der Mann aus der Autostadt ein, der zu mir meinte, seine Frau sei besser als das Auto, weil sie »weicher« ist. Was würde er zu diesen Knochenladies sagen?

Sind Sie glücklich, Johannes? Sind Sie verheiratet?

Ist er, aber »kaum je zu Hause«.

»Ein glücklicher Koch ist ein besserer Koch. Er ist spontaner. Der ernste Koch guckt in einen Topf. Der glückliche Koch guckt überallhin. Der ernste Koch probiert nicht, der glückliche hingegen schon.«

Essenszeit. Abendessen heute: Schwarzer Kaviar. Jedes kleine Löffelchen: 38 Euro. Vorspeisen, eine Auswahl von: 36 Euro. Hirschrücken mit Trüffeln: 55 Euro. Wein: grenzenlos viele Euros.

Bedient werde ich von Christina, einer überaus charmanten jungen Frau. Würde sie gerne irgend jemanden hier heiraten?

»Nein. Die sind mir zu versnobt.«

Gläser werden gefüllt. Rot, weiß, was immer. Jedes Glas hat eine andere Form.

Warum unterscheiden sich die Formen, frage ich meine Weinkellnerin, Bärbel.

Auch sie ist sehr charmant. Jede Kellnerin und jeder Kellner hier ist charmant. Das ist Teil des Erlebnisses. Johannes weiß, wie er seine reichen Gäste verhätschelt.

»Jeder Wein braucht ein anderes Glas, um seinen Geschmack zu entfalten«, sagt Bärbel.

Würde derselbe Wein in unterschiedlichen Gläsern unterschiedlich schmecken?

»Auf jeden Fall.«

Können wir einen Test machen? Ich verbinde Ihnen die Augen, so daß Sie die Gläser nicht sehen, und dann halte ich sie Ihnen an den Mund –

»Jetzt?«

Ja.

Sie errötet. »Ich bin zu beschäftigt ... Vielleicht später.« Ich kann nicht glauben, daß ich das wirklich zu ihr gesagt habe.

Aber wen juckt's? Ich bin reich, und was ich sage, ist sakrosankt.

Das Essen hier, erklärt der Gastrokritiker Ihres Vertrauens, ist jeden Penny wert, wenn Sie es sich leisten können. Ihr Körper wird es Ihnen danken.

Johannes sagt mir, daß ich den Rolls-Royce nutzen kann, wann immer ich mag.

Ja, ich wußte es die ganze Zeit: Ich bin dafür gemacht, reich zu sein.

Wer hätte gedacht, daß ich dieses Land in einem Rolls-Royce verlasse?! Es macht Spaß, ein Kapitalist wider Willen zu sein. Ich konvertiere. Und gehe als neuer Mensch schlafen. Danke, Deutschland. Endlich habe ich meine Bestimmung gefunden. Ich habe meinen Glauben gefunden. Einen neuen Glauben. Etwas, für das zu sterben sich lohnt. Nacht allerseits. Mein Rolls-Royce wird morgen auf mich warten. Das Leben ist schön.

Am nächsten Morgen erwache ich mit Blick auf den grandiosen Sylter Himmel und stehe vor einer schwierigen Entscheidung: Soll ich Johannes anrufen und mir meinen Rolls-Royce hole oder aber meinen Rolls-Royce vergessen und lieber an den Nacktbadestrand gehen? Ja, ich habe gehört, daß es hier eine Nudistenkolonie gibt, und das, wo ich doch von Kindesbeinen an – ich weiß auch nicht wieso – nackte Menschen liebe.

Wer die Wahl hat, hat die Qual. Zum ersten Mal in diesem seinem Leben als Gläubiger hat dieser neue Mensch mit der neuen Religion eine schwerwiegende Entscheidung zu treffen: auf seinen Rolls-Royce verzichten, um sündig an den Nacktbadestrand zu gehen, oder Gutes tun und zu dem großen Auto rennen?

Der Teufel reitet mich, wie sonst auch, und ich begehe meine Ursünde: Ich entscheide mich für die Nackten.

Wenigstens erreiche ich so das dritte Element meiner persönlichen Dreifaltigkeit: Sex.

Ja, ich weiß, es ist politisch nicht korrekt, das zu sagen, aber ich liebe den Anblick junger Frauen in ihrer natürlichen Gestalt. Liebe das Gefühl. Liebe die Spiritualität des Ganzen. Zum Schrein der Nacktheit also lustwandle ich.

Ja, meine Ursünde. Ich fühle mich wie Adam. Und hoffe, daß keine Schlange meinen Weg kreuzt.

Doch wie in allen Religionen zahlt sich die Sünde auch in dieser nicht aus.

Ich bin am Nacktbadestrand von Sylt.

Die meisten Nackten hier sind alte Männer und Babys.

Die jungen Schnuckelchen, wie wir sie in der chauvinistischen männlichen Welt nennen, bedecken ihre Schätze.

Warum macht es diese alten Männer so glücklich, nackt herumzulaufen?

Hier kommt eine schöne Lady vorbei. Sie ist fast komplett angezogen.

O Satan! Eines Tages kriege ich dich und dann wehe dir! Ja, am Tag des Jüngsten Gerichts schließe ich mich den Kindern Abrahams an, und dann wird dich mein Schwert kitzeln!

Versprochen!

Es hätte heute ein so schöner Tag werden können. Ah, ich und mein Rolls-Royce in der Gemeinde Sylt! Die schönen dünnen Damen wären mir bestimmt nachgerannt, um ihren Luxuskörper meinem Royce anzuvertrauen. Warum habe ich daran nicht gedacht! Ich hätte eine Nudistenkolonie in meinem Royce haben können.

Aber nein, ich mußte den Einflüsterungen des Teufels nachgeben. Ich Narr!

Statt Royce und die Schnuckelchen zu genießen, stehe ich hier wie ein Bettler und starre die Falten alter Männer an.

Ich muß um Vergebung bitten. Kennt meine neue Religion die Erlösung? Kann ein Mann Buße tun, auf daß ihm vergeben werde?

Mein neuer Gott, der Allmächtige Euro, gibt mir noch eine Chance. Gehe ins Sansibar! höre ich die Stimme des Allmächtigen Herrn Euro deutlich sagen, und guck nach, ob die einen Rolls-Royce für dich haben.

Als bereuender Euroist mache ich mich sofort auf den Weg.

Wer mit dem Auto zur Sansibar fährt, lasse sich gesagt sein: Es gibt keine freien Parkplätze. Alles ist besetzt. Teure Autos mit verbittert aussehenden Reichen warten in langen Schlangen. Ich schaue mich genau um, aber kein Rolls-Royce ist für mich in Sicht. Mein Allmächtiger Herr Euro hat nur mit mir gespielt. So, wie auch der Herr Israels gerne mit seinem auserwählten Volk spielt.

Dann laßt mich wenigstens gut essen. Ich setze mich und studiere die Karte. Als erstes die Weinkarte, ein ellenlanges Werk.

Hier springt mir ein Wein ins Auge: »2001er Château Cheval Blanc, 1er Grand Cru Classé A, Imperial 6,0 l.« Kostenpunkt: 6500 Euro. Eine Sechsliterflasche ist vielleicht ein bißchen viel auf einmal? Es gibt auch Normalgrößen: Romanée Conti, Année 2006, für nur 4000 Euro.

Herbert Seckler, Mr. Sansibar, kommt vorbei, um hallo zu sagen. Ich möchte von ihm wissen, wie er es soweit gebracht hat. Von einem seiner Mitarbeiter hörte ich, daß sie hier in der Saison im Durchschnitt 4000 Gäste am Tag haben. Das ist gewaltig. Was ist Ihr Geheimnis, frage ich ihn.

»Wenn man hierherkommt, spürt man es, aber beschreiben kann ich es nicht ...«

Dieser Seckler spricht wie ein Picasso. Plötzlich zum Künstler geworden?

Klären Sie mich auf, mein Freund!

»Ich höre auf meine Gäste. Als sie mir sagten, daß ihnen dieses oder jenes Gericht schmecke, hörte ich auf sie und gab ihnen, wonach sie verlangten. Als sie mir sagten, daß sie T-Shirts wollten, machte ich T-Shirts für sie. Meine Gäste sagen mir, was sie wollen, und ich gebe es ihnen. Das ist sehr wichtig. Und ich höre auf meine Frau. Ich habe nie eine andere Frau gehabt. Wir sind seit 30 Jahren ein Paar. Vielleicht ist das das Geheimnis. Als ich anfing, hatte ich keine Vorstellung davon, daß es mal so werden könnte.«

Und …?

»Ich komme aus einer sehr armen Familie. Meine Gäste sind sehr reich. Aber nicht einer von ihnen hat mich je in seinem Testament bedacht. Ich mußte sehr hart arbeiten. Mir hat nie jemand irgend etwas geschenkt.«

Worin besteht das typische Verhalten eines reichen Gasts?

»Sie wissen, was guter Service ist. Sie bestellen und beschweren sich nicht – ›wo bleibt mein Essen?‹ –, wenn sie es nicht sofort bekommen. Sie wissen, daß es Zeit braucht. Es ist etwas sehr Deutsches, zu sagen, daß die Armen gut sind und die Reichen schlecht. Aber das stimmt nicht. Ich war arm. Und jetzt bin ich reich.«

Bedienen Sie hier auch arme Menschen?

»Sylt ist der schönste Ort Deutschlands. Auf diese Insel kommen keine armen Menschen. Meine Gäste sind reich, schwerreich.«

Was zeichnet einen guten Geschmack aus?

»Zwischen einem guten und einem perfekten Geschmack besteht nur ein sehr geringer Unterschied. Ich verfüge über das Talent, Geschmack zu verstehen, aber in Worten ausdrükken kann ich ihn nicht.«

Was halten Sie von Johannes King? Kennen Sie sein Restaurant?

»In den letzten 15 Jahren war ich in keinem anderen. Außer vielleicht im McDonald's. Meine Kinder mögen das.«

Wie lange haben Sie noch vor, zu arbeiten?

»Wenn ich hier rausgehe, dann zum Friedhof.«

Wie denken Sie über das deutsche Volk?

»Man sollte den Deutschen nicht erlauben, Uniformen zu tragen. Steck einen Deutschen in eine Uniform, und er verändert sich zum schlechtesten. Wir hatten hier einen Mann, der den Eintritt für den Strand kassierte. Er hat hier jahrelang gearbeitet. Ein wirklich netter Typ! Dann entschied man eines Tages, ihm eine Uniform zu verpassen. Er bekam eine Mütze, auf der ›Wache‹ stand. Von dem Augenblick an, als er die auf seinem Kopf hatte, veränderte er sich. Er wurde unverschämt, aggressiv und fing an, Leute herumzuscheuchen. Man hätte ihm nie diese Mütze geben dürfen. Man konnte nicht mehr mit ihm reden. Er war ein netter Typ und verwandelte sich in einen unverschämten Kerl. Das ist ›deutsch‹. Etwas passiert mit uns, sobald wir eine Uniform tragen. Ich kann das nicht erklären.«

Sie würden bestimmt nie eine Uniform tragen, aber sagen Sie mir, welche Ängste haben Sie? Was quält Sie innerlich?

»Ich habe Angst, wieder arm zu sein, alles zu verlieren. Früher hatte ich diese Angst jede zweite Nacht, heute nur noch jeden zweiten Monat.«

Wie gehen Sie damit um?

»Wenn es passiert, wenn ich nachts eine Panikattacke bekomme, dann stehe ich auf und gehe an meinen Computer. Ich schaue mir die Zahlen an und fühle mich besser ...!«

Dieser Mr. Sansibar weiß, wie man sein Leben genießt. Er raucht zwei bis drei Päckchen filterlose Gauloises am Tag, ist ein starker Cola-light-Trinker und liebt Brot. Er ist übergewichtig, schaut vergnügt aus der Wäsche, ist ständig am Lächeln und wäre eine Idealbesetzung für den Weihnachtsmann im Kaufhaus Macy's.

Er lädt mich zum Essen ein. Ich nehme den Nordseesteinbutt, eine Fischmahlzeit von der Größe eines Traktors. Ich glaube, dazu brauche ich eine Flasche Romanée Conti. Bin ich doch neuerdings Kapitalist wider Willen.

Bevor ich gehe, schenkt mir Herbert noch einen hübschen Pullover. Paßt, genau meine Größe. Klasse.

Von der Sansibar bis zum örtlichen Supermarkt sind es mit dem Auto zehn Minuten. Der Aufwand lohnt sich. Definitiv.

In der Gewürzabteilung gibt es ein sehr spezielles Gewürz von gelblicher Farbe. Genauer gesagt, goldlicher. Oder, noch genauer, goldener. Und um absolut genau zu sein, 22-karatgoldener. Jawohl. Auf dem Etikett steht: »Goldflocken. Echtes Blattgold – 22 Karat. Trocken lagern.« Das kleine Glas kostet 25 Euro, das große 99.

Die Menschen hier essen offensichtlich Gold.

200 von den kleineren Gläsern wurden hier in den vergangenen Monaten verkauft, sagt mir ein Regalauffüller. Eine Kundin, die gerade vorbeikommt, sagt, sie würde das Gold auf ihre Kuchen streuen.

Anscheinend muß man ein Kapitalist wider Willen sein, um ein tolles Essen mit ein wenig Gold abzurunden. Man könnte dies auch schlicht Dekadenz nennen, aber wir wollen nicht politisch werden.

Fragen Sie nicht warum, aber ich kaufe mir einen Schnaps mit Gold. Er heißt, wie auch sonst, Goldwasser. Mein kleines Souvenir.

Sylt, Deutschland.

Das schönste an Sylt ist die Natur. Ihr Anblick grenzt ans Wunderbare.

Hier kann man Ebbe und Flut so richtig auskosten. Alle sechs Stunden verändert sich das Meer. Wenn es sich bei Ebbe zurückzieht, müssen Sie ihm einmal ein Stück weit hinterherlaufen. Sie werden auf trockenem Grund gehen, oder fast trokkenem Grund, aber in Wirklichkeit befinden Sie sich mitten im Ozean. Bleiben Sie dort stehen und schauen Sie sich um. Fangen Sie an, indem Sie nach oben blicken. Der Himmel gehört Ihnen. Der überirdische Himmel auch. Sie sehen den ganzen Himmel über sich, und Sie sind mittendrin. Das ist ein erstaunliches Erlebnis. Man hat das Gefühl, die ganze Welt zu umfassen, und meint, den Himmel noch nie in dieser Herrlichkeit erblickt zu haben. Klar, strahlend blau, wie eine Blase, ein rundes Juwel, ein Saphir über Ihnen, eine faszinierende Himmelskugel mit einem Diamanten in Gestalt einer Sonne – und er gehört Ihnen.

Das ist Sylt. Der Himmel auf Erden.

Aber verlieren Sie sich nicht in Ihren Gedanken und Träumen. In nur wenigen Stunden kehrt die Strömung zurück. Und wenn Sie dann nicht um Ihr Leben rennen, werden Sie in Ihrem Traum ertrinken.

Sylt ist schön, kann aber ziemlich schnell gefährlich werden. Mit Deutschland verhält es sich genauso. Eine glänzende Perle auf dem Planeten, ein unvergeßlicher Diamant. Mit der schönsten Musik. Und doch so gefährlichem Gedankengut.

Wird Deutschland sich vor seinen stürmischen Gewässern retten und auf sicheren Grund begeben, wenn Gefahr droht? Nur Deutschland kann diese Frage beantworten. Nur die Deutschen können sich von den Klischees und Stereotypen befreien, in denen sich traurigerweise ihr wahres Gesicht zeigt. Wer, wenn nicht die Deutschen, die jeden Stein ihrer Geschichte originalgetreu und bis ins kleinste Detail in seiner ganzen Pracht zu restaurieren vermögen, verfügt auch über die Fähigkeit, wieder zu Würde und Ansehen zu gelangen? Sie haben die Kraft, sich aus dem Nichts heraus ein starkes Rückgrat zuzulegen und die Kurve zum Besseren zu kriegen.

Wenn irgend jemand das kann, dann die Deutschen.

Befreit euch von zwanghafter politischer Korrektheit. Befreit euch davon, alles »gemeinsam zu entscheiden«. Befreit euch vom Gruppendenken. Befreit euch vom »Intellektualismus«. Und davon, auf Gedeih und Verderb über den Juden nachzudenken. Überlaßt die Juden sich selbst. Es ist Zeit, daß die Deutschen selbst denken, und zwar an sich selbst.

Und tut es vor dem nächsten Gezeitenwechsel.

Was mich angeht, so ist es Zeit, meine Reise zu beenden. Auf der anderen Seite der Meeresenge liegt Dänemark, und in zehn Minuten besteige ich die Fähre, die mich dorthin bringen wird.

Zurücklassen werde ich dieses Buch, ein Buch, das das Deutschland von heute in Wort und Bild enthält, so wie ich es mit eigenen Ohren gehört und mit eigenen Augen gesehen habe. Und obgleich es auch die Gedanken dieses Autors enthält, spiegeln diese nur die ersten Eindrücke wider, die die Menschen und Orte Deutschlands auf ihn gemacht haben.

Ich bin auf der Fähre. Während sie durchs Meer pflügt, blicke ich auf das Land zurück, in dem ich die letzten Monate verbracht habe. Ich denke an die Fragen, die ich ursprünglich im Kopf hatte: Wer sind die Deutschen? Gibt es, über den Besitz eines Ausweises hinaus, etwas »Deutsches«? Ist Deutschland eine Nation? Oder zwei, drei?

Ja, definitiv. Es gibt etwas »Deutsches«, es gibt vieles, was »deutsch« ist. Die Deutschen, die ich traf, ob im Osten oder im Westen, in der Mitte, im Norden oder im Süden, teilen Eigenschaften, die ich als deutsch bezeichnen würde: Technikbegeisterung, Selbstgerechtigkeit, eingefleischtem Antisemitismus, kulturelle Neugier, Sturheit, visuelles Genie, Amerikanachäfferei, Gesetzesfetischismus, blitzgescheite Dummheit und, am schlimmsten von allem, kindischen Extremismus.

Als ich in Berlin war, lernte ich den herausragenden Intellektuellen Peter Scholl-Latour kennen. Wir führten ein längeres Gespräch, und als ich seine Dachwohnung verließ, sagte er zu mir: »Als Deutscher bitte ich Sie, nicht zu glauben, daß die meisten Deutschen Antisemiten sind.«

Tja ... ja und nein. Der Antisemitismus, dem ich in Deutschland begegnet bin, ist vermutlich eher unbewußter als bewußter Natur. Wahrscheinlich handelt es sich eher um einen Teil der Seelengeschichte der Deutschen als um einen durchdachten Antisemitismus. Vielleicht in der Art: Ich muß dem die Schuld geben, den ich getötet habe. Es ist nicht derselbe Antisemitismus wie der, dem ich etwa in Polen begegnet bin. Der polnische Antisemitismus hat religiöse Wurzeln, soweit ich das beurteilen kann. Der deutsche gründet in Psychologie und Narzißmus. Opa und Oma haben Unterhaltungszentren wie den Zoo-mit-Krematorium gebaut, und damit kann ich nicht leben. Für sie war es das doppelte Vergnügen zum selben Preis, für ihre Enkelkinder jedoch ist es der doppelte Horror. Der schnellste und kindischste Weg, sich vom Gewicht eines solchen Gepäcks zu erleichtern, besteht darin, »den Juden« die Schuld zu geben. Sie sind die wahren Nazis; nicht Opa, und Oma schon gar nicht.

Vor ein paar Tagen hatte ich ein interessantes Gespräch mit Giovanni di Lorenzo, dem Halb und Halb dieses Buches. Er wollte mich an eine große Veränderung erinnern, die in Deutschland stattfindet, die Erkenntnis, daß es ein Einwanderungsland ist. Nun ist dabei natürlich die Frage, wer die Immigranten sind. Einige von ihnen habe ich kennengelernt und im vorliegenden Buch erwähnt, und sie sind so antisemitisch wie nur irgendein deutscher Deutscher. Es gibt andere, die ich nicht erwähnt habe, wie jenen Studenten in Hamburg, der mir mit seinem Glas Cola auf das Andenken meiner Familie zuprostete, »die bald sterben wird, so Allah will«. Das war kein Witz.

Doch ist es angebracht, in diesem Zusammenhang zur Vorsicht zu mahnen: Zwischen dem deutschen Antisemitismus und dem islamischen Antisemitismus, ob in Gaza oder in Duisburg, liegen Welten. Ich habe mich mit den Türken in Marxloh trotz ihres Antisemitismus blendend verstanden. So unterschiedlich wir auch dachten, so schätzten wir doch gegenseitig unsere Gesellschaft sehr. Ich halte sie für rassistisch, sie halten mich für rassistisch, aber wir fühlten uns absolut wohl miteinander. Wir sind beide »Rassisten«, und wir essen und lachen zusammen bis in die frühen Morgenstunden und amüsieren uns großartig. Mit den Deutschen geht das nicht. Kinder spielen nicht mit »schlechten« Menschen. Der islamische Antisemitismus wurzelt in der Politik oder in der Religion, der deutsche Antisemitismus gründet tiefer.

Es wird viel leichter sein, Frieden zwischen Israelis und Palästinensern und zwischen Arabern und Juden zu schließen, als den Judenhaß des Deutschen auszumerzen. Die ersten beiden Antisemitismen liegen offen zutage, Überraschungen sind da keine zu erwarten; der dritte hüllt sich in geistreiche, komplizierte Argumente und zauberbunte Inszenierungen, die das Auge blenden, ganz abgesehen davon, daß er sich hinter den tausend Masken verbirgt, die für unsere heutige westliche Welt so bezeichnend sind.

Verallgemeinere ich? Ja, tue ich. Tut mir leid, aber das ist es, was ich gesehen habe.

»Ihr Amerikaner verallgemeinert immer alles!«

Während mir diese Gedanken durch den Kopf gehen, habe nur noch ein Gefühl in mir: Mir ist zum Weinen zumute. Der

Traum, den ich einmal hatte, mir nämlich ein kleines Haus in Berlin zu kaufen, ist ausgeträumt. Ich glaube nicht, daß ich das jemals tun werde, jedenfalls nicht in diesem Leben.

Deutschland wird kleiner und kleiner, je näher ich Dänemark komme. Ich sehe es von weitem und stelle es mir als einen Teekessel vor.

Die Zeit verstreicht, das Schiff tuckert vor sich hin, und dann ist Deutschland verschwunden. Ich gehe in Dänemark von Bord, einem Land, das einen ruhigen Eindruck auf mich macht. Es könnte, aus der Entfernung betrachtet, ebenfalls ein Teekessel sein, aber keiner, der am Kochen ist. In Dänemark, scheint es, ist der Tee schon fertig, und die Leute sind entspannt und trinken ihn. Werde ich mich hier langweilen?

Es dauert keine Stunde, und ich vermisse Deutschland, den kochenden Teekessel, der womöglich nie abkühlt.

Ich habe das Goldwasser bei mir, mein Souvenir aus

Deutschland. Die Goldpartikel sind auf den Boden gesunken, wie das Gold auf der deutschen Flagge, nur daß oben nichts schwarz ist. Wenn man die Flasche ein bißchen schüttelt, dann steigt das Gold auf und erstrahlt in vollem Glanz. Wenn man das Vaterland ein bißchen schüttelt, dann steigt ja vielleicht auch sein Gold auf.

Shake it, baby! I love you, child.

DANKSAGUNG

Dank schulde ich den vielen Menschen, Institutionen und Unternehmen, die mir auf verschiedenen Etappen meiner Reise geholfen haben:

Den Mitarbeitern der *Zeit*, die mir am Anfang meiner Reise Orientierung gaben:

Helmut Schmidt, Bundeskanzler a. D.; Giovanni di Lorenzo, Chefredakteur; Dr. Christof Siemes, Kulturreporter; Peter Kümmel, Theaterkritiker; Jens Jessen, Ressortleiter Feuilleton; Evelyn Finger, Ressortleiterin Glauben und Zweifeln.

Paul Bauwens-Adenauer, Kai Diekmann, Helge Schneider, Adolf Sauerland, Barbara Schock-Werner, Peter Scholl-Latour – um nur einige zu nennen.

Den verschiedenen Fremdenverkehrsbüros im ganzen Land, die mir zu kostenfreien Aufenthalten in Hotels und Restaurants verhalfen; den Leitern und Managern von Institutionen, die mich persönlich durch ihre heiligen Hallen führten; all den Küchenchefs und Köchen, die mir ihre köstlichen Kreationen offerierten; den Managern unter anderem der Luxushotels Steigenberger Frankfurter Hof in Frankfurt am Main, Excelsior Hotel Ernst in Köln sowie Hotel Elephant in Weimar; verschiedenen führenden Politikern und Aktivisten aus dem gesamten politischen Spektrum; Vertretern der Kunst- und Kulturszene; diversen Ökonomen; dem einen oder anderen Industriekapitän, darunter denen von Volkswagen und Mercedes; Priestern, Pfarrern, Rabbis und Heroinabhängigen; den

Schülerinnen und Schülern, die mich in herzlicher Offenheit an ihrem Unterricht und Leben teilhaben ließen; der türkischen Gemeinschaft von Marxloh einschließlich des Imams von Deutschlands größter Moschee. Mein Dank geht auch an alle anderen, denen ich unterwegs begegnet bin, darunter Deutschlands Armen und Verlorenen in Städten und auf dem Land sowie seinen Reichen auf der Insel Sylt. Und an die vielen, vielen Ungenannten, die mir bereitwillig die Türen zu ihren Wohnungen und die Tore zu ihren Seelen öffneten.

Eine besondere Erwähnung gebührt Michael Eberth, der darum gekämpft hat, daß dieses Buch in Deutschland erscheint; meinem Lektor Winfried Hörning, der immer eine Cola light für mich in seinem Büro bereithält; meinem Übersetzer Michael Adrian für seine langjährige Hingabe sowie Isa Lowy dafür, daß sie die beste Schwiegermutter ist, die man sich nur wünschen kann.